Money
and
finance

貨幣と金融

歴史的転換期における
理論と分析

Theory and analysis
in a historical turning point

Dr. Tadanobu Okuyama's sixtieth birthday commemoration publication

勝村務
中村宗之
【編】

貨幣と金融──歴史的転換期における理論と分析＊目次

まえがき────────────────────勝村　務　7

第Ⅰ部　金融危機と貨幣理論

第1章　シャドウバンキングのプルーデンスについて──木下信行
はじめに　12
1　倒産手続きの意義　13
2　倒産手続きの機能の限界　14
3　危機対応とプルーデンス規制　19
4　シャドウバンキングのプルーデンス規制　24

第2章　今回の世界金融危機から何を学ぶか
　　──経済学の視点からの小論──────神津多可思
はじめに　31
1　何が起きたか　32
2　経済モデル作成に当たっての含意（1）
　　──マクロ・モデル──　37
3　経済モデル作成に当たっての含意（2）
　　──ミクロ・モデル──　40
4　経済モデル作成に当たっての含意（3）
　　──マクロ政策での利用──　42
おわりに　44

第3章　国際金融システムの再構築に向けて
　　──ブレイディ構想以降の国際金融の動向を踏まえて──本澤　実
はじめに　46
1　累積債務危機とブレイディ構想　47
2　金融グローバル化の進展と通貨・経済危機　50
3　サブプライム危機と世界同時金融危機　56
終わりに　62

第4章　グローバル金融危機と金融規制強化────冨家友道
1　金融危機の特性　65
2　基本的問題点と対応　68
3　包括的な提言　76
結び　78

第5章　貨幣の価値を決めるもの―――――――――――――勝村　務
　　　はじめに　79
　　　1　MV＝PTと貨幣の価値　80
　　　2　信用貨幣と貨幣の価値　84
　　　おわりに　91

第6章　市場の成り立ちに関する一試論
　　　――近年の政府紙幣発行論を手掛かりとして――　　　泉　正樹
　　　1　近年の政府紙幣発行論　96
　　　2　貨幣の国家理論――クナップの貨幣観――　99
　　　3　市場の成り立ちに関する一試論　102

第7章　金保有に向けた政府紙幣オペレーション
　　　――仮説的提案――　　　　　　　　　　　　　　　松田　学
　　　1　日本政府による金の買い上げ　112
　　　2　政府紙幣の発行　113
　　　3　デフレ対策として金融政策の限界を突破　114
　　　4　金との交換性　116
　　　5　時限性と永遠性　117
　　　6　激甚災害時に限定した政府紙幣発行（震災対応の特別措置）　118

第Ⅱ部　金融グローバル化の諸相

第8章　1998年、SEC規則「プレーン・イングリッシュ」の
　　　成立――――――――――――――――――――米山徹幸
　　　1　「プレーン・イングリッシュ」をSEC規則に
　　　　　～レビットSEC委員長のイニシアティブ～　122
　　　2　「プレーン・イングリッシュ・ハンドブック」の刊行　126
　　　3　プレーン・イングリッシュ、
　　　　　二転三転する歴代大統領の取り組み　128
　　　4　「21世紀情報開示イニシアティブ」にラッツ教授を指名　131

第9章　金融（資本）市場を支えるコーポレート・
　　　ガバナンス――注目される監査役制度の課題と展望――加藤裕則
　　　1　金融（資本）市場の問題意識　135
　　　2　監査役の理想と現実　138
　　　3　監査役の将来　144

第10章　電子マネーの新展開と電子マネー論争————————竹内晴夫
　　　　　はじめに　149
　　　　1　電子マネーの最近の展開　149
　　　　2　電子マネー論争　155

第11章　シンガポールと日本の電子マネー
　　　　――普及の特徴と進化の動向――————————青木登美子
　　　　　はじめに　168
　　　　1　シンガポールの電子マネー　168
　　　　2　日本の電子マネー　177
　　　　3　シンガポールと日本の電子マネーの普及の違い　186
　　　　4　日本の電子マネーの今後の進化と課題　190
　　　　　まとめ　192

第12章　ロシアにおける「安定化基金」の設立と再編
　　　　――第2期プーチン政権の経済政策との関連から――————日臺健雄
　　　　　はじめに　199
　　　　1　安定化基金の設立前史　202
　　　　2　第2期プーチン政権の経済政策と安定化基金　203
　　　　3　結びにかえて　210

第13章　韓国上場企業の所有構造と
　　　　パフォーマンスに関する実証研究————————劉　忠實
　　　　　はじめに　214
　　　　1　韓国における大企業集団の特徴　216
　　　　2　先行研究　223
　　　　3　仮説　227
　　　　4　推計方法とデータ　231
　　　　5　推計結果についての解釈　234
　　　　6　結論と今後の課題　236

第14章　中国の外貨準備について————————————薛　俊
　　　　　はじめに　243
　　　　1　外貨準備の理論　243
　　　　2　中国の外貨準備の変遷　245

第Ⅲ部　貨幣理論の展開と市場の形成

第15章　十八世紀の銀行券論
　　　　　——ジョン・ローとジェームズ・ステュアート——　　　古谷　豊

　　はじめに　254
　　1　ローの銀行券論、その形成過程　255
　　2　ステュアートの銀行券論、その形成過程　261
　　結　語　264

第16章　マルサス貨幣理論　　　　　　　　　　　　　　　佐藤　宏

　　はじめに　274
　　1　貨幣理論生成史におけるマルサスの位置づけ　275
　　2　「貨幣の中立性」問題　277
　　3　食料価格論・地代論から見たマルサスの貨幣観　279
　　4　マルサスとパティンキン　283
　　おわりに　285

第17章　デリバティブの歴史と今後の研究課題　　　　　　新井栄二

　　はじめに　290
　　1　金融商品の取引方法　291
　　2　オフ・バランスについて　292
　　3　ヘッジ会計について　293
　　4　取引相手の倒産リスクについて　294
　　5　デリバティブの契約書について　295
　　6　デリバティブの法律について　296
　　結　語　298

第18章　市場における主体の生成
　　　　　——インセンティブ論を契機として——　　　　　　山口系一

　　はじめに　300
　　1　インセンティブ論と所有する主体　301
　　2　市場と所有——商品論における二様の主体　304
　　3　主体とイデオロギー　307
　　4　欲望する主体の受動性
　　　　——〈持たざるモノ〉としての「主体」　310
　　おわりに——本源的インセンティブとしての欲望——　313

第19章 「シーニアの節欲説」批判と「スミスのドグマ」批判
―― 数式による解釈 ――　　　　　　　　　　　　　　　栗原春樹

概　要　317
1　シーニアの節欲説　317
2　スミスのドグマ　324

第20章 ホモ・サピエンスの交換性向
―― 類人猿の比較研究 ――　　　　　　　　　　　　　　中村宗之

はじめに　329
1　類人猿の生態と社会構造　330
2　直立二足歩行の利点と欠点　333
3　集団生活かつ単婚という社会構造　335
4　子殺しの圧力　336
5　理性一般と交換性向　338
結　語　339

第21章 法における「後期近代」と段階論
―― 厳罰化と「世間」をめぐって ――　　　　　　　　　佐藤直樹

はじめに　349
1　「第一の黒船」としての刑事司法の「近代化」
　　――自由主義刑法と帝国主義刑法――　350
2　「後期近代」とは何か――包摂型社会から排除型社会へ　353
3　日本における「後期近代」と「世間」
　　――なぜ厳罰化がおきたのか　355
4　「第二の黒船」としての「後期近代化」
　　――新たな段階規定を意味するか　359

追悼　金研究家・高橋靖夫
奥山山脈に孤峰なす独創の人　　　　　　　　　　　　　谷口智彦

はじめに　366
1　奥山門下におけるその位置　369
2　金研究に向かわせた原点　372
3　金本位制復活信じた根拠　378

あとがき　　　　　　　　　　　　　　　　　　　　　　中村宗之　382

まえがき

　金融に関して常識として共有されてきた様々な知見は、いまや、根本的な捉え直しを迫られている。その知見を結果として堅持することになる場合であっても、あくまでも再評価をおこなった上でのものとしてでなければ、昨今の金融論の動揺のもとでは説得力をもたない。

　管理通貨制では物価はインフレ基調で推移し、それを前提として経済運営が行われていく。管理通貨制移行の下での国民経済のありかたについて、国家独占資本主義論のみならず、さまざまな学派の論者が、このような見立てをおこなっていたのではなかったか。管理通貨制下でデフレ・スパイラルが経済問題として浮上してくることになろうとは、しばらく前までは、ほとんど想定外に近かったといってよい。

　また、昨今、経済危機やその国際的連鎖が深刻さを増す中で、金融政策・財政政策をはじめとして、各国の経済政策は、その裁量の限界を試す領域に立ち入りつつある。こうした状況に直面し、資本主義にとって経済政策とは何かという経済学方法論にも関わる問いの再検討が求められるところであろうが、金融論においても、ハイパワードマネーの通用根拠や金融・財政当局の規律のありかたなどについて、従来考えられてきた想定をあらためて問い直していく必要が生じている。

　さらに付け加えれば、グローバル化の進展は、世界をフラット化させるように見えて、実際は国家間・地域間の経済・社会の相違をクローズアップさせつつあり、それはまた、経済システムの国際的なありかたに再構築を迫りつつある。金融面においても、それは例外ではなく、それぞれの国や地域の金融システムが異質性を具えたまま国際的な枠組みに接続することとなっているのであるが、そのことが孕む問題はきちんと認識されているのであろうか。

　混迷を深めているこんにちの内外の金融現象の解明のためには、テクニカルな実証と純理論と両面からの接近が必要であるのみならず、その橋渡しともいうべき歴史実証・理論史も含めた、総合的な研究アプローチがおそらくは必須

である。そして、本書『貨幣と金融』は、まさにそのような試みとして企画されている。

　本書には、アクチュアルな観点から現代の世界と日本の金融に関わる現象・諸課題を扱って金融現象の本質に迫ろうとする論考と、貨幣・信用をめぐる純理論研究・学史研究の理論的な掘り下げとが収められている。それは、たんに様々な視点を脈絡なしに並存させることにとどまるものではない。本書の執筆者は、金融の最前線における現場の知見をもつ者も、理論研究の蓄積を分析の背景とする者も、自らの立ち位置に安住してはおらず、相互に学ぶことの必要性を自覚している。多彩な執筆陣ではあるが、自らの拠ってたつ視座を特権的なものと考えるのではなく、総合的な研究アプローチの中における自らの分析視角の位置づけを意識し、他の視座への目配りの重要性を理解している、という点で共通しており、それは本書に一貫して流れる通奏低音となっているのである。

　本書のこの性格は、経済理論研究者・経済学史研究者でありつつ、内外の経済の諸課題についての論究を続けている奥山忠信先生の薫陶を、本書の執筆者が何らかのかたちで受けていることによってもたらされている。詳しくは本書の「あとがき」に譲るが、先生ご自身が研究アプローチの総合性を強く意識されつつ、研究成果を生み出してこられているというのみならず、先生の周りには、総合的アプローチの大切さを知る者が集い、多様な視座を提供し合う営みが恒常的に展開されているのである。このような背景をもつことで、たとえば学史研究であれば、過去の大家のファンクラブ通信の集合体に堕してしまうことなく、他の領域に有意義な知見をもたらすものとなるのである。

　総合性を意識したこうした研究のありかたは、貨幣現象・金融現象の構造的把握をもたらす点に特色がある。ここでいう構造的把握とは、線型的な関数関係の検出と適用にとどまる分析を不十分なものとし、関係の非対称性のありかを認識することで構造を明らかにするものである。本書の第Ⅰ部第2章の神津論文（今回の世界金融危機から何を学ぶか──経済学の視点からの小論）は、合理的な期待形成や効率的な市場を前提としてマクロ現象のミクロ的基礎を探っていく分析視角に敢えて寄り添いながら、非線型性や断絶をもたらす要因をプレイヤーの行動規範に求めてみる試みをしており、本書の特色である構造的把握を重視する問題意識をよく示す好例となっている。

まえがき

　このような構造的把握は、マクロとミクロの間には本質的な断絶があるものと考える理論的な立場からも、もちろんもたらされるだろう。そしてまた、金融現象や金融政策を考察する際に、マルクス経済学の貨幣論・信用論は、構造を把握するための中心的な分析視角となるものと考えられる。金融政策の伝達経路は信用機構にあり、それは、諸産業資本が利潤率の増進を目指して競争していく中で、分化発生してくるものとして捉えられる。他方で、こうして形成された信用関係は信用恐慌をもたらす契機ともなる。信用機構の性格を理解し、貨幣論と信用論との重層関係を適切に意識することは、構造的把握の肝となるのではないだろうか。

　本書は、「第Ⅰ部：金融危機と貨幣理論」、「第Ⅱ部：金融グローバル化の諸相」、「第Ⅲ部：貨幣理論の展開と市場の形成」からなる三部構成を採っている。「第Ⅰ部：金融危機と貨幣理論」には、金融危機の構造的把握には、アクチュアルな視点と理論研究の知見との連絡が必要である、との問題意識を強くもった論考が並ぶ。そして、金融のグローバル化がもたらしているアクチュアルな諸課題の構造を分析している「第Ⅱ部：金融のグローバル化の諸相」と、金融論の基礎となる部分に鋭く切り込む「第Ⅲ部：貨幣理論の展開と市場の形成」とが、確かな果実をもたらしている。

　このような3つの部の後に、新たに「追悼　金研究家・高橋靖夫」という部を立て、谷口智彦氏による「第22章　奥山山脈に孤峰なす独創の人」を収めている。本書の執筆者は、奥山先生を通じて、故高橋靖夫氏の魅力的な人柄と独創性とに触れる機会をもっていた者が多く、この追悼の章は、奥山先生を囲む研究集団の特色の一端を示すものともなっている。

　本書は、各章に付された脱稿の時期からもわかるように、ヨーロッパの金融危機が深化する前に書かれた論考からなっている。内外の金融事情を扱っているものもあり、出版事情のもとに刊行予定が遅れていくことを余儀なくされていくなか、本書そのものが時宜を得ないものとなって刊行できなくなってしまうことも心配された。

　しかし、執筆者一同の刊行への意志は揺らぐものではなかった。

　この意志は、編者の見るところでは、奥山先生の学恩に還暦記念論文集というかたちあるかたちで少しでも応えたい、という思いにとどまるものではなく、奥山先生の薫陶を受けた者たちによる研究書だからこそ達成しうる貨幣・金融

現象への把握の総合性は、世界的な金融危機の深化のもと、ますます世に問われるべきものとなっているのではないか、との意を共有していることに基づくものであった。本書に収められた論考は、アクチュアルな課題を扱うものであっても、金融事情の経年変化・変容とともに陳腐化してしまうような時論とは本質的に異なっているものと編者は考えている。

　本書が、金融問題に関心を寄せる多くのかたがたの厳しい批判的検討の対象となり、金融をめぐる分析の深化の契機となるよう願う次第である。

　2012年9月

編者を代表して
勝村 務

第Ⅰ部 金融危機と貨幣理論

第1章　シャドウバンキングのプルーデンスについて

木下信行

はじめに

　2008年9月のリーマン・ブラザーズの倒産をピークとする世界的な経済金融システムの混乱への各国政府の対応は、同年冬における巨額の公的資金の投入をはじめとする危機対応の局面を経て、2009年秋からは、混乱の再発を防止するための金融規制の再構築の局面に移行してきている。

　この間の危機対応の状況をみると、例えば米国においては、ノンバンクであるリーマン・ブラザースの倒産が経済金融システム全体に甚大な影響をもたらしたのに対し、地域金融機関の倒産は、かつてなく多数にのぼり、なかには預金のカットを伴うものも含まれているにも関わらず、経済金融システム全体には深刻な影響を及ぼしていない。我が国における金融危機対応の枠組みが銀行等の預金取扱機関を中心として構築されていることと対比すると、この状況は、米国におけるシステミックリスクの性格がかなり異なることを示している。

　また、米国でのノンバンクに対する公的資金の投入については、GMやクライスラーに対してはチャプター11に基づく倒産手続きが行われたのに対し、AIGに対しては、公衆向けの保険商品の保全のためではないにも関わらず、救済措置が講じられた。前者においても公的資金が用いられたものの、後者のような倒産回避のための支援ではなく、倒産手続きを円滑に進めるためのDIPファイナンスや再生後の企業への出資の形態とされている。我が国における一般企業への公的資金投入が企業の存続に着目したものであることと対比すると、この措置は、米国においてはノンバンクへの公的資金の投入の考え方がかなり異なることを示している。

　こうした差異は、米国と我が国の経済金融システムの構造がかなり異なることにもよるが、欧州においても、公的資金の投入が必ずしも銀行等に限定されていなかったことに留意する必要がある。どの国においても公的資金の投入による倒産回避が政治的に不人気な措置であることを考えると、こうした措置を

真に不可欠なものとするだけの現実が存在したものとみることができる。

　2009年秋からは、公的資金を用いた金融危機対応が弊害をもたらすことへの懸念が表明され、金融規制の再構築の議論がすすめられており、金融市場が世界的に一体化してきているなかで、各国政府の対応には国際的な連携が求められている。また、金融危機をもたらしたシステミックリスクの性質は、我が国でも、顕在化はしなかったものの、従来とは異なってきているのかもしれない。こうしたなかでは、我が国においても、既存の枠組みにとらわれず、危機対応や金融規制のあり方を考える必要がある。特にいわゆるシャドウバンキングに属する企業に関する論点整理が重要である。

　このエッセイは、こうした問題意識を踏まえ2009年秋時点において執筆したものである。そのポイントは、個別企業の倒産が経済金融システム全体に悪影響をもたらす場合について、一般的な枠組みを考察したうえで、金融危機への対応や金融規制の再構築に際して留意すべき事項を整理したところにある。

1　倒産手続きの意義

　企業は、一定の経済活動を行うために形成されている組織であり、その時々の経済社会の状況に適合しなくなった場合には、経営困難に陥ることもやむをえないものである。そうした場合には、再構築や清算を行うことが必要となるが、資金繰りの困難によって経営破綻に追い込まれるような場合には、企業価値が著しく減失するとともに、回収競争の発生等によって社会的にも大きなコストが発生する。

　そこで、倒産手続きが設けられている。これは、企業が経営困難に陥り、債務の支払いに困難が生じた場合に、一定期間の資金繰りの保護を受け、その期間中に事業と財務の再構築の計画を策定し、債権者等の同意を得て実施するための制度である。資金繰りの保護や計画策定の進行管理を行う方法としては、まずは取引銀行等の債権者間の協議に基づく私的整理が多いが、債権者等による合意形成やその実効性確保が困難である場合には、裁判所の管理下に入って行う法的整理も一般的である。また、こうした手続きを進めた結果については、会社更生制度等の企業を存続させる再建型もあれば、破産等の企業を清算して資産として処分する清算型もある。そのいずれとなるかについては、債権者等

が事業の再構築計画を審査のうえ、既存債権の削減や株式への転換等に同意するか、清算額の配当を現金として受け取ることを求めるかにより決まってくる。

このように、倒産手続きにおいては、経営困難に陥った企業について円滑かつ公平な処理が行われる。経済金融システム全体としても、経営困難に陥った企業が倒産手続きを通じて再構築されていくことは、倒産企業自体に関わるコスト削減のみならず、企業全般に対する債務に基づく経営の規律付けや、取引における債権者等の権利の透明性確保等を通じ、活力ある社会をもたらすための基礎となるものである。徒に倒産を回避するような措置は、他に重要な要素がない限り、経済金融システムに歪みをもたらす。金融サービス業に属する企業であっても、経営困難に陥れば倒産手続きに入ることが当然であり、企業再建を目指すのであれば、手遅れにならないよう、むしろ早期に着手することが望ましいと考えられる。

しかしながら、現実においては、経営困難に陥った企業に対して、政府が保証等による資金繰り支援や公的資金による資本増強を行って倒産を回避する制度が設けられている。これは、個別企業の経営破綻に際し、倒産手続きが有効に機能せず、経済金融システムに悪影響をもたらす恐れがあることを反映したものである。以下では、そのような恐れがある場合について検討を行う。

2　倒産手続きの機能の限界

(1) 個別企業の特性
イ　手続き期間中の資金確保

個別企業の倒産手続きを進めるにあたっては、手続き期間中の資金繰りの確保が不可欠の前提であり、その手段としては、受入れ現金の留保、支払いの停止及び新規借り入れ等が存在する。

まず、受入れ現金の留保による資金繰りの確保についてみると、その実効性は、売上等に占める現金の割合が高いか否かにより異なる。この点では、小売、不動産、個人向けサービス等の企業が有利であり、卸売、建設、法人向けサービス等の企業は不利である。また、売上の水準等が企業の信用状況等に強く依存するか否かも重要であり、例えば、建設等、サービス提供に長期間を要する企業では、信用低下が受注の減少につながる。こうした点について金融サービ

ス業をみれば、信用低下が直ちに預金等の受入れに悪影響を与えるため、倒産手続き中の資金繰りの確保には大きな困難が伴う。

次に、支払いの停止による資金繰りの確保についてみると、それが仕入れ等の困難による事業の縮小にどの程度つながるかによって影響される。不動産やソフトウェア開発等、資金フローに比して保有資産や利益幅の大きな事業では、対応が比較的容易であるが、卸小売や加工・組立て等では、支払いの停止がそのまま事業の縮小につながる危険がある。こうした点について金融サービス業をみれば、銀行を含む決済サービスにおいては、支払いの停止は、業務そのものに矛盾するため、清算時等以外には実施できない。

第三に、新規借入れ等による資金繰りの確保についてみると、担保として、換金が容易であり、評価が安定的な金融商品や動産を保有していることが必要であるが、これらは、倒産手続きに入る前に売却されていることも多い。こうした点について金融サービス業をみれば、保険会社などの機関投資家はそうした資産を多く保有しているが、銀行は資産の大宗が非流動的で評価も不確実な貸出であるため、借入や資産売却による資金調達に困難がある。

ロ　企業価値の下落

倒産手続きを通じて事業再生を達成するためには、企業価値をできる限り維持していくことが重要であるが、倒産手続き期間中やそれに先立つ窮境時には、資産の売却に伴う価格下落、取引関係の縮小や企業統治の麻痺等に伴う事業の劣化により、企業価値が下落する。

まず、資産の売却に伴う価格下落についてみると、その程度は、資産の種類や、当該売却が市場の需給に与える影響によって異なる。資産の種類に関しては、物財等についてはどの程度汎用性のあるものか、債権等では債務者の信用力に関する情報がどれだけ開示されているかが重要である。また、資産の市場の需給に関しては、市場における流動性の多寡や当該企業のシェアが重要である。こうした点について金融サービス業をみれば、とりわけ貸出について、売却に伴う価格下落が著しいものとなることが特徴である。これは、貸出は、債務者との間の情報の非対称性に、様々な手段で時間をかけて対応することで成り立っており、投資家等からみれば汎用性の小さい資産だからである。貸出債権を売却しようとしても、買い手には、情報の不足がもたらすリスクに見合う

ディスカウントがない限り購入してもらえない。このディスカウントは、情報の非対称性に関する理論にちなんで、レモン費用と呼ばれている。

また、事業の劣化についてみると、取引関係の縮小をもたらす要因として、製品等の品質が重要である企業や継続的なサービスを提供する企業等において、信用の低下により売上面で悪影響が生ずることが挙げられる。この点について金融サービス業をみれば、事業の劣化が最も著しい業種と考えられる。なお、倒産手続き中は、新規事業等に関する判断ができない等、企業統治の麻痺が生ずる。これは、いずれの分野でも深刻な問題である。

さらに、以上の二つの企業価値の変動要因は、資金繰りを通じてしばしば相乗的に作用することに留意する必要がある。すなわち、信用の低下が資金繰りの悪化につながり、資金捻出のための資産売却が価格下落による損失をもたらし、損失がさらなる信用の低下につながるという悪循環である。これは、とりわけ金融サービス業において著しく、市場からの資金調達に依存して非流動性資産に投資してきた企業では、資産価格の極端な下落によって、極めて短期間に大幅な債務超過に転落することとなる。

ハ　手続きの進行管理

倒産手続きにおいて行うべき事項としては、資産査定等による財務状況の確定、経営困難に陥った原因の除去を含む事業の再構築、これに見合った債務の調整の提案、債権者等の合意形成といったものがある。これらは、長期間にわたる資金繰りの確保が難しいことや企業価値の下落が進行することから、迅速に実施する必要があるが、どの程度の期間を要するかについては、事業譲渡等の手続きの進め方にもよるが、企業の規模や業種によってかなりの差異がある。

まず、企業の規模についてみると、大企業では権利関係の整理自体に物理的に時間を要するほか、債権者数が多い場合には、合意形成の困難も増大する。また、業種についてみると、資産の評価の不確実性が高い業種では財務状況の確定が困難であるほか、規制業種においては事業再構築に官庁の許認可等を要する等の問題がある。さらに、国際的な活動を行っている企業の場合には、準拠すべき法律や管轄する裁判所をどうするか等、多くの難問が発生する。

こうした点について金融サービス業をみれば、とりわけ銀行について、債権者の数が極めて多いこと、資産の評価が不確実であること、業務範囲等の強い

規制が課されていることが指摘できる。

(2) 他の企業への影響
イ　債権者への影響
　個別企業の倒産によって直接的な影響を受ける他の企業は債権者である。まず、手続き開始にともなって支払いが停止または繰り延べられることにより、債権者自体の資金繰りも悪化することとなる。また、会計面でも、手続きが開始された場合には高率の引き当てを行わねばならず、損失がもたらされる。さらに、倒産企業が製品の販売先であることも多く、その場合には売上の減少につながることとなる。
　こうした影響は、債権者の数が多いほど広く拡大していく。倒産企業が多数の零細債権者や下請け企業等を有する場合には、連鎖倒産等が深刻なものとなる恐れもある。こうした点について金融サービス業をみれば、多数で小規模の預金者や投資家を有する一方、債権者にとって不可欠な存在ではない。金融サービス業の倒産の影響は、資金繰り困難の連鎖と取り付けという急性の症状を示すこととなる。

ロ　債務者への影響
　個別企業の倒産は、一般的には債務者への影響が小さいが、倒産企業からの資金や仕入れに強く依存していた企業に対しては困難をもたらす。その際、例えば、相対的に小規模な倒産企業が特殊な部品の供給を行っているような場合であれば、加工組立てを行う債務者が事業再生を支援する可能性もあるが、倒産企業が相対的に大規模であったり、取引の範囲が広かったりする場合には、債務者にとっての影響が対処困難なものとなる恐れがある。
　こうした点について金融サービス業をみれば、とりわけ銀行の債務者への影響が顕著であり、銀行の倒産や資金繰り困難の結果、クレジットクランチが生ずれば、融資先の多くの中小企業が資金繰り困難に陥ることとなる。また、こうした企業に対する貸出はレモン費用が高いため、代替的な貸し手への乗り換え等も困難であり、融資先企業が連鎖倒産に陥る恐れもある。

(3) 取引ネットワークへの影響
イ　ネットワークの性質
　個別企業の倒産が経済金融システムに及ぼす影響は、企業間の取引ネットワークにおける倒産企業の位置づけにより、異なってくる。
　企業間の取引ネットワークについては、各企業を頂点（ノード）とし、企業間の取引関係を枝（エッジ）としてみることで、ネットワーク一般の議論が適用可能と考えられる。こうした理論においては、多くの他の頂点との枝が集中するハブと僅かな数の頂点とのみ枝がつながっているそれ以外の頂点とによって構成されるモデルを基本として、ネットワークの性質や機能の分析が行われている。
　こうした分析においては、現実社会におけるネットワークの性質に関し、枝の数の小さな頂点が大多数を占める一方、ごく少数の頂点が極端に多数の枝を有するハブとなっており、枝の数を軸とした頂点数の分布は、著しく裾が幅広く、頂点の平均的なすがたを規定できない（スケールフリー性）ことが指摘されている。また、隣り合った頂点の間でのみ枝が繋がっているのではなく、遠くの頂点へのショートカットとなる枝が存在するため、任意の頂点の間を繋ぐ枝の数が頂点の数に比してごく小さいものとなる（スモールワールド性）こと等が指摘されている。
　そのうえで、伝染病の感染や通信施設の障害等に関し、こうしたネットワークを構成する頂点の一つに障害が発生した場合、全体として機能障害に陥るか否かについて、シミュレーション等が行われている。スケールフリー性があれば、ネットワークは一般的には頑健であるが、ハブに障害が集中した場合には、全体が著しい障害に陥ることや、スモールワールド性があれば、個別の頂点の障害が全体に伝播しやすいことが示されている。

ロ　個別企業の倒産がもたらす影響
　以上の理論を念頭において、個別企業の倒産の与える影響について考えると、取引先数でみた企業の分布にスケールフリー性が想定されることから、一般的には取引ネットワークの機能に頑健性が確保されることとなるが、多数の枝をもつハブに位置づけられる企業が倒産した場合には、ネットワーク全体が機能障害に陥る恐れがあることが考えられる。

また、市場を通じたショートカットによってスモールワールド性が想定されることから、倒産企業と直接の取引がない企業についても連鎖倒産が生じやすいことが考えられる。これを具体的な経済事象として論ずれば、個別企業の倒産により、当該企業の発行していた株式や債券の価格が著しく下落したり無価値となったりするが、それ自体では個別の現象にすぎず、市場全体に影響を与えるわけではない。しかし、市場におけるシェアの大きな企業が、資金繰り困難に陥って緊急の資産売却を行うような場合には、金融市場での資金逼迫や資産市場での需給悪化をもたらし、市場資金に依存する他の企業や当該資産を多く保有する他の企業に影響が及ぶこととなる。

この点について金融サービス業をみれば、スケールフリー性に関しては、決済システム等を通じて他の企業の取引のハブ的な位置づけにあることが多い。また、スモールワールド性に関しては、ショートカットとして機能する市場での取引を活発に行っていることが多い。資金調達に関しては中央銀行が適切な流動性供給を行う限りあまり問題はないが、資産市場の需給悪化に関しては、とりわけ流動性の小さな金融商品の投売りが生じた場合には、価格が暴落し、当該資産を保有する企業全般に甚大な損害をもたらすことになる。また、証券化商品等の価格下落が予想される場合、これを保有する金融サービス業の企業が信用収縮に転じて市場における流動性が枯渇するなど、金融市場と資産市場の相互作用による危機の増幅も指摘されている。近年、大規模な金融コングロマリットが形成され、金融や資産の市場が世界的に統合されてきたことは、世界的な取引ネットワーク全体の機能障害の恐れを高めてきたものと考えられる。

3　危機対応とプルーデンス規制

(1) 基本的な考え方
イ　危機対応
　企業が活動を行えば、事業に失敗する恐れが必ず存在しており、その場合には、倒産手続きによって事業と財務の再構築を行うことが必要である。経済金融システム全体としては、そうした個別企業の困難については、必要な新陳代謝として倒産手続きで処理しつつ、全体としての取引ネットワークの機能を維持していくことが基本である。

しかし、以上で論じてきたように、個別企業の倒産が、当該企業における倒産手続きの困難、取引先企業への影響の伝播、取引ネットワーク全般の機能障害を通じ、経済金融システムに大きな悪影響をもたらす場合もありうる。
　具体的には、
・経営困難時に資金繰り困難と企業価値低下の悪循環を生ずること
・債権者数が多いことなどから倒産手続きの進行管理が困難であることにより円滑な倒産手続きが困難であり、
・取引先である多数の債権者や債務者に大きな影響が及ぶ個別の企業が、
・取引ネットワークのハブの位置を占めている
・金融や資産の市場に強く統合されている
　という条件を満たす場合には、そうした企業の倒産は、少なくとも一時的には、経済社会の長期的メリットを上回る損失をもたらす可能性がある。
　こうした恐れが大きな場合には、政府は、経済合理性に基づく判断として、当該企業の倒産を回避するための支援措置を講ずることがありうる。典型的には、公的資金による資金繰り支援や資本増強が具体的措置となる。
　しかし、公的資金等を用いて個別企業の倒産回避を図ることは、著しい副作用をうむ。個別の企業が窮境時に下支えを受ける一方で経営の自由を有する場合には、モラルハザードが顕在化し、株主がより大きなリスクテイクを要求するとともに、経営者や従業員はこれに応じて自らの利益極大化を図ることとなる。また、こうした支援の枠組みの存在は、現に支援を受けた企業のみならず、支援が期待されうる企業全般について、株主等の投資行動と経営者及び従業員の行動に影響を与えることを通じて、広範に弊害を発生させる効果をもつ。

ロ　プルーデンス規制
　そこで、こうした弊害を補正するための規制を設ける必要が生ずる。
　具体的には、まず、支援が行われた企業に対しては、政府による厳しい経営介入が行われ、株主、経営者及び職員に対し、事業再生を確実に達成するための規律が課される。具体的な形態としては、資本増強であれば、既存株主の権利を希釈化したうえで、増強の前提としての経営計画の審査や資本増強に用いた金融商品に基づく企業統治が行われる。倒産に代わる国有化であれば、株主の権利を剥奪したうえで、通常の倒産手続きにおける管財人や債権者集会等の

第1章　シャドウバンキングのプルーデンスについて

権能を政府が行使することとなる。
　また、支援が期待されうる企業に対しては、支援が行われるか否か自体を事前に予測困難とする一方で、弊害の抑止のための規制が課されることとなる。具体的には、経営規律の確保にむけた規制や円滑な破綻処理のための枠組み等の様々な制度が必要となる。
　こうした点について金融サービス業をみると、銀行については、円滑な破綻処理のための特別の枠組み、倒産回避や預金者保護のためのセーフティネット、プルーデンス規制等の制度が従来から整備されているが、それ以外の金融サービス業については、そうした制度が未整備である。また、事業会社については、上記の条件を満たす場合であっても、体系的な検討が行われてきていない。

（2）現実の対応
イ　世界的金融危機への緊急対応
　今般の世界的金融危機においては、欧米の大規模金融機関の経営困難が世界的な経済金融システムの混乱に繋がった。このため、各国政府は、中央銀行による徹底した流動性供給と異例の手段での信用緩和に加え、個別企業の債務に対し保証を提供して資金繰りを支援したり、公的資金での資本増強を行って債務超過による倒産を防止したりした。一方、公的資金を用いた不良資産の買取り等、金融市場の機能の回復に直結する措置も講じられたが、その実施規模は必ずしも大規模ではなく、効果もこれまでは限定的である。
　こうした救済の対象となった企業は、多くが広義の金融サービス業者ではあるが、銀行等の預金取扱機関には限られていない。公的資金による救済措置の対象となった企業は、証券会社（投資銀行）、保険会社、ローン会社等、いわゆるシャドウバンキングに属する企業が多い。
　こうした各国政府の対応において、どのような企業が救済の対象とされたかをみると、金融制度上の位置づけによりも、経済金融システムの現実の必要性によって判断が行われたものと考えられる。救済された企業は、上記の条件を満たしており、その倒産が経済金融システム全体に悪影響をもたらすものとみられる。
　一方、個別企業の救済は、著しいモラルハザードをもたらす。例えば、公的資金により支援を受けた企業のなかには、極端に高額の報酬等が支払われよう

とされたものもある。各国政府は、こうした事態を予防する観点も踏まえて、金融機関における報酬の規制について検討をすすめている。

　しかし、こうした検討のプロセスについては、対症療法の積み重ねに留まり、さらに副作用を生む可能性を否定しえないと考えられる。これは、次に同様の金融危機が発生した場合には、再度救済措置が講じられるという期待が形成されるため、こうした企業の株主や経営者及び従業員が経済合理的に行動する限り、モラルハザードの顕在化は免れ得ないからである。

ロ　かつての我が国における対応との対比

　この点に関し、かつてのわが国における不良債権問題への対応をみると、倒産にあたっての債務の保護は、銀行等の預金取扱機関に限定された。シャドウバンキングに属する個別企業の救済は行われず、公的資金が投入された場合も倒産手続きのなかであって、債権者の権利は毀損された。

　銀行等についても、金融監督庁発足以降は、債務は全額保護されるものの、債務超過に陥った銀行等の破綻処理が徹底して実施され、経営者及び従業員のモラルハザードは排除された。一方、再建可能な銀行等への資本増強に際しては、増強の前提としての経営計画の審査や資本増強に用いた金融商品に基づく企業統治とともに、検査監督の権限に基づく厳しいフォローアップが行われた。これは、銀行に対して公的資金を用いて資本増強を行う理由は、検査監督の権限を有することから、民間の投資家に比して、財務内容について情報優位にあり、企業統治についてより強い強制力を有することにあるという考え方を基本としたものである。資本増強のその他の面については、可能な限り資本市場における経済合理性に基づく運用が行われた。

　しかし、今般の世界的金融危機においては、そうした対応はみられなかった。シャドウバンキングに属する個別企業に対しても公的資金による支援が行われるとともに、銀行に対する資本増強も厳格な事前審査等を伴わずに実施された。これは、今般の金融危機においては、流動性危機と資産価値下落が相乗的に発生したこと、障害が金融市場等を通じて急速に伝播したこと等から、緊急の対応が優先された面もあるものと考えられる。

　とりわけ2008年秋の米国においては、事態の進行を防ぐための対症療法に追われていた感が否めない。救済の弊害である高額報酬の規制等についても、

わが国のように事前の計画審査において抑制することができず、公的資金の投入後、事態が明らかになってから対応を検討することとなった。

ハ　金融規制の再構築

　各国政府の対応は、以上のような世界的金融危機への緊急対応を経て、危機を予防するための金融規制の再検討の局面へ移行しているが、その検討内容は、金融サービス業者に対する既存の規制の手直しが中心である。具体的には、
・銀行の自己資本比率規制の内容について、所要資本の水準、自己資本の質等の見直し
・個別企業のガバナンスについて、報酬体系等の規制や国際的な破綻処理の枠組みの導入
・監督当局の態勢について、プロシクリカリティの抑止やマクロプルーデンス政策の導入
等が議論の対象となっている。

　しかし、これまで論じてきたところからすれば、シャドウバンキングに属する企業を含めて公的資金を用いて救済した後に、なお既存の金融規制の体系をアプリオリに前提とすることは、市場の機能に歪みを与える恐れがあることとなる。世界的金融危機の経緯をみても、銀行に対するプルーデンス規制の枠外にある証券会社や保険会社が過大なリスクテイクを行ったことが、危機発生の大きな要因であったものとみられる。

　また、銀行等の規制に関しても、自己資本の増強の義務付けだけでは、プルーデンス規制としては十分ではないと考えられる。これは、銀行の株式は、投資家からみれば他の企業の株式との裁定対象であり、銀行の資本増強が市場に受け入れられるためには、他の企業と同等の株式収益率を約束することが必要だからである。資本増強後の銀行は、資本の増加に見合うだけの収益増加が求められるが、事業の効率化等のみによりこれを満たすことは困難であって、より大きなリスクテイクを行うことによって高いリターンを求めることにならざるをえない。その結果、資本増強によるリスク対応力の向上は、リスクテイクの増大によって相殺されるものと考えられる。

　さらに、自己資本比率規制の精緻化は、多数の銀行に対し、共通の規制迂回行動を行う誘因をもたらすことに注意する必要がある。具体的には、バーゼル

(監)において、証券化商品等に対し格付けに依拠したリスクウェイトが定められたことにより、銀行には、利回りに比して高格付けの証券化商品を保有する誘因がもたらされた。こうした超過需要の発生は、証券化商品を供給する証券会社や格付け会社に重要な事業機会を提供し、原資産である貸出の量的制約に関わらず証券化商品を大量生産するために様々な手法が駆使される要因となった。また、こうした証券化商品を保有する誘因は、多数の銀行に共通のものであるため、市場での取引において共振現象を生じさせることとなる。今般の世界的金融危機における証券化商品市場の大きな振れの背景には、こうした自己資本比率規制の副作用があったものと推察される。

4　シャドウバンキングのプルーデンス規制

(1) 対象企業
イ　検討対象

　以上から、今般の金融危機対応を踏まえて将来の金融規制を考える際には、既存の銀行制度や自己資本比率規制等をアプリオリに出発点とするのではなく、個別企業の破綻が経済金融システムに及ぼす影響を極小化するという広い視野のもとで、制度の枠組を検討することが重要と考えられる。

　まず、その倒産が経済金融システム全体に影響を及ぼす可能性のある企業としては、上記3（1）イで整理したように、
・経営困難時に資金繰り困難と企業価値低下の悪循環を生ずること
・債権者数が多いことなどから倒産手続きの進行管理が困難であることにより円滑な倒産手続きが困難であり、
・取引先である多数の債権者や債務者に大きな影響が及ぶ企業であって、
・取引ネットワークのハブの位置を占めている
・金融や資産の市場に強く統合されている
　という条件を満たすものが考えられる。

　こうした企業としては、銀行がこれに該当することはもちろんであるものの、証券会社、保険会社、貸金事業者についても、多数の先と取引をしていたり、市場で大規模な活動をしていたりする場合には、同様の性格をもつことが指摘できる。また、金融サービス業に属さない企業であっても、商社等を含め、市

場で調達した資金で他の企業への投融資を活発に行っている大企業も、上記の条件を満たす可能性があると考えられる。具体的にどの範囲の企業が支援の検討対象となりうるかは、既存の制度上の区分ではなく、その企業の営む事業の実態や市場における認識によって、定まってくるものである。

　こうした企業については、市場において、今般の世界的金融危機における対応に照らし、今後、窮境に陥った時にも政府が救済を検討せざるをえないという期待が形成されることにより、平常時から、株主、経営者及び従業員にモラルハザードが発生する恐れがある。その場合には、弊害を補正するために、何らかのプルーデンス規制を課すことが必要となろう。

ロ　金融と商業の分離

　上記により検討対象となる企業のうち、銀行以外についても倒産回避のための枠組みとプルーデンス規制を設けるか否かは、金融と商業の分離やナローバンク論をどう考えるかという検討課題と裏腹の課題である。

　金融制度一般の議論としては、金融サービス業の企業の業務範囲、企業グループの形成、株式保有等に関し、金融と商業の分離が論じられる。これは、銀行制度について、監督や情報開示の実効性を考えるうえでは極めて重要な論点である。歴史的にみれば、大恐慌のあとの米国における金融規制の見直しにおける最重要項目のひとつが、グラス・スティーガル法による銀行と証券の分離であった。しかし、近年の金融の技術革新のもとで、この分離は意義を失い、実質的に廃止された。

　また、ナローバンク論は、決済サービス及びこれに付随する金融サービスのみを行う企業については、債権者保護を徹底するとともに厳格なプルーデンス規制を課す一方、それ以外の金融サービス業の企業には、倒産回避のための支援は行わず、プルーデンス規制も最小限のものにとどめるというものである。今回の世界的金融危機を踏まえた議論においても、これに準じた提案がなされている。しかし、これに対しては、そうしたナローバンクが採算のとれる企業たりうるか、決済サービスに付随する金融サービスとそれ以外の金融サービスとの切り分けが可能かなどの疑問が呈されている。

　以上に関しては、前述の枠組みにおいて、個別企業の倒産が他の企業や経済金融システムに与える影響は、金融取引によるものか商業取引によるものかに

関わらないこと、取引ネットワークにおけるハブの枝となるものは、決済資金の提供だけではなく通常の事業や市場取引に伴うものも含まれることが重要である。この枠組みのもとでは、銀行やナローバンクのみを隔離して保護しても、経済金融システムへの悪影響は抑止しえないこととなる。

以上からすれば、銀行以外の企業であっても、上記の条件を満たす場合には、取引規模や市場への統合の状況等に応じて、危機時には救済を検討する可能性があるため、プルーデンス規制の検討対象とすることが考えられる。

(2) 個別企業に対する規制
イ 債務による規律付けの強化

救済の検討対象となる個別企業の経営者や職員については、倒産からの救済が期待されることにより、債務による規律付けを弱めることとなるので、債権者のためのガバナンスを強化する等の補正を行うことが検討課題となる。

まず、財務内容を低リスクのものとするための規制が考えられる。自己資本比率規制はその手段のひとつではあるが、これだけでは効果が十分でないことは前述のとおりであり、直接的な規制として、銀行に準じ、株式等のリスク資産の保有制限、信用集中の制限、債務の流動性に応じた流動性準備の保有義務付け等が考えられる。

また、外部からリスク管理の体制整備を促すための枠組みが考えられる。銀行においては監督当局による検査監督が行われるが、シャドウバンキングに属する企業では、救済のための資金を提供する機関が存在する場合は当該機関による検査監督が考えられ、そうした機関が存在しない場合には、リスク管理体制に関する開示を債権者向けに行うとともに、その監査の状況を政府が審査する等の措置が考えられる。

さらに、債権者に対する情報開示を拡充することが考えられる。例えば、これらの企業の発行する有価証券報告書において、企業価値の下落リスクに関し、より一層の情報開示を求めることが考えられる。

逆に、こうした規制に服さない企業には、金融危機に際しても、公的資金による支援の申請を行わない旨の公表を義務付けることが考えられる。

第1章　シャドウバンキングのプルーデンスについて

ロ　円滑な倒産を可能とする体制

　救済の検討対象となる企業については、上記イのような規制によって補正しても、市場の歪みを除去することは困難である。これは、直接的な規制についてはそれ自体が新たな副作用を生むこと、ガバナンスの強化については監督当局や債権者の監視に限界があること等によるものである。従って、こうした企業についても、経営困難に陥った場合に円滑な倒産手続を可能とするための枠組みを整備しておくことが考えられる。

　まず、国際的に活動する大企業においては、倒産手続きに適用する法律や裁判所の管轄等、難問が多いことに対処する必要がある。現在の金融規制の見直しを巡る議論においても、国際的に活動する金融機関の営業拠点を国毎に現地法人化するとともに、倒産時の権利義務の切り分けの基準等、円滑な倒産手続きが行われるための計画を当該企業自らが策定しておくよう義務付けることが検討されている。これは、シャドウバンキングの企業全般に適用されうるものと考えられる。

　また、救済の検討対象の企業については、一般の企業よりも早い段階で倒産手続きに入ることにより、他の企業や取引ネットワークへの影響を軽微なものに留めつつガバナンスを切り替えることが考えられる。例えば、社債等について、財務制限条項をより厳格なものとすることを義務付けるとともに、条項抵触時における社債管理会社の権能を強化することが考えられる。

　なお、金融サービス業の自己資本比率規制については、この観点からの再整理が可能である。すなわち、金融サービス業の資産は、非流動的でレモン費用を伴うものが多いため、資金繰り困難に陥って売却する場合には減価が著しい。従って、見込まれる減価幅に見合う自己資本比率となった段階で、銀行であれば監督当局の経営介入、証券会社であれば業務範囲の縮小が行われ、債権者の権利を毀損しない段階から、ガバナンスの面では倒産に準じた状況に移行する枠組みが設けられていると整理するものである。

　こうした考え方から、シャドウバンキングに属する企業に対しては、リスクベースでの自己資本比率を算出させ、開示を求めるとともに、社債の財務制限条項にも盛り込むことが考えられる。当該企業の自己資本比率が一定の基準値を下回った段階で、債権者との協議が必要となり、事業の早期再生に着手することとなる。

さらに、資産規模に比して一定割合の劣後債の発行を義務付けるとともに、劣後債権者に倒産手続き開始の申し立て権を与えることも考えられる。これによって、当該企業に対する債権者の権利が毀損する以前に、劣後債権者が事業再生の引き金を引くこととなる。

（3）取引ネットワークの性質の是正

　仮に以上のような規制が的確に導入され、十分に機能したとしても、シャドウバンキングに属する企業の経営規律が一般企業と同等になったにとどまるため、取引ネットワーク全体としての安定性の観点からは、さらなる措置が必要となることも考えられる。とりわけ、取引ネットワークのハブに位置づけられる企業が、金融や資産の市場で大規模な活動を行う場合には、そうした企業が経営困難になること自体で、経済金融システムの機能に悪影響を与えることもありうるからである。

　こうした問題に対応するための方策としては、まず、そうしたハブの発生を抑制することが考えられる。その手段については、企業分割等の直接的な措置には効率性等の面で弊害が予想されるため、取引規模を拡大することに対し何らかのディスインセンティブを与えることが考えられる。取引規模や市場での活動がより大きくなればより厳格な規制を課すことや、国際的に活動する場合には地域ごとの分社化を求めることは、こうした規模抑制効果をもつものとみられる。

　また、ハブの間のショートカットとなるような取引について、倒産時において相殺を認めることで、損失の伝播性を低下させることも考えられる。例えば、現在でも、銀行間のデリバティブ取引については、倒産時のネッティングが法定されており、これを拡充していくことが考えられる。ただし、こうした扱いは、デリバティブ取引に基づく債権者を他の債権者に比し優先的に取り扱うことでもあるので、おのずから限界があるものとならざるを得ない。

　さらに、経済金融システムにおいて不可欠な取引については、そうした取引のハブにあたる企業を、倒産しない性格の機関とすることが考えられる。現状でも、中央銀行はそうした企業として性格づけられており、取引ネットワークのハブ中のハブである銀行券発行という業務を行う中央銀行は、銀行券の強制通用力等によって倒産しえないものとされる一方で、資産の内容や企業統治に

ついて政府の強い関与が行われている。また、取引所においては、市場参加者の取引の相手を取引所とし、迅速で確実な決済を行うとともに、保証金等によって未決済取引に関する毀損リスクを除去している。こうしたセントラルカウンターパーティの創設は、ネットワークを強固にする効果をもつが、当該機関自体のガバナンスや当該機関を迂回する取引への対応等の問題を生じさせる面もある。

おわりに

　世界的金融危機を受けて、金融規制に関する再検討がすすめられているが、既存の金融監督当局によって議論が行われていることもあり、その内容は、銀行等を中心とする既存の体系の見直しにとどまりがちではないかと懸念される。しかし、100年に一度の世界的金融危機に際しては、中央銀行による信用緩和や政府による公的資金を用いた企業救済等、かつて例を見ない措置が次々に実施されており、その背景には、既存の枠組みでは律しえない現実があったものと考えられる。また、こうした異例の措置は、市場の期待にも不可逆的な影響を与えたとみられる。こうしたなかでの金融規制の再構築は、既存の枠組みにとらわれずに検討される必要がある。

　以上のようにこのエッセイでは、企業一般の倒産に伴う経済金融システムへの影響を出発点とした議論を展開したうえで、金融規制に関する既存の議論の枠内にとどまらない切り口を示した。2009年秋の状況を踏まえた試論であり、この書物の出版される時期までに多様な議論が行われ、現実も変化している。しかし、経済金融システムの機能維持のためには、シャドウバンキングの企業についても、プルーデンス規制の枠組みを検討する必要があることを示し、その内容についていくつかのアイディアを提示しているという点では、なお参考となるところもあるのではないかと考える。関係者の議論の叩き台となれば幸いである。

[参考文献]

Brunnermeier, Markus, Crockett, Andrew, Goodhart, Charles,Persaud, Avinsh D. and Shin, Hyu [2009]'The Fundamental Principles of Financial Regulation'(Geneva Reports on the World Economy,)

Berger, Allen, N., Herring, Richard J. & Scego, Giorgio P. [1995]'The Role of Capital in Financial Institutions'(Journal of Banking and Finance, Vol.19)

Calomiris, Charles W. [2009]'Banking Crisis and the Rules of the Game'(NBER Working Paper, No. w15403)

Diamond, D.W. & Rajan, R.G. [2009]'Fear of Fire Sales and the Credit Freeze'(NBER Working Paper , No. w14925)

Haldane, A.G. [2009]'Rethinking the Financial Network'（Speech at the Financial Student Association）

Kashyap, Anil K., Rajan, Raghuram & Stein, Jeremy C. [1999]'Banks as Liquidity Providers: an Explanation for the Co-Existence'(NBER Working Paper, No.6962)

Nier, Erland , Yang, Jing, Yorulmazer & Alentorn, Amadeo [2008]'Network Models and Financial Stability'(Bank of England Working Paper, No. 346)

Mason, Josepf R. [2002]'A Real Options Approach to Bankruptcy Costs: Evidence from Failed Commercial Banks during the 1990s '(Wharton Financial Institutions Center Working Paper No. 02-20)

Veronesi, P., Zingales, L. [2009]'Paulson's Gift'(Chicago Booth Research Paper No. 09-42.)

Basel Committee on Bank Supervision [2009]'Report and Recommendation of the Cross-border Bank Resolution Group'

Financial Services Authority U.K. [2009]'The Turner Review - a Regulatory Response to the Global Banking Crisis'

今久保圭 ［2009 年］「国際金融ネットワークからみた世界的な金融危機」（日銀レビュー 2009 － J － 9）

木下信行［2005 年］「銀行の機能と法制度の研究」（東洋経済新報社）

木下信行［2002 年］「企業再建と金融市場」（ジュリスト No.1232）

小早川・中村恒［2000 年］「ナロー・バンク論に関する一考察 — 実務的・理論的サーベイ」(金融研究 Vol19(1))

柳川範之［2000 年］「契約と組織の経済学」（東洋経済新報社）

［2009 年 10 月執筆］

木下信行（きのした のぶゆき）
日本銀行理事。金融庁において、証券取引等監視委員会事務局長、コロンビア大学客員教授、埼玉大学経済学部客員教授を歴任。
著書：『金融行政の現実と理論』（金融財政事情研究会、2011 年）『銀行の機能と法制度の研究』（東洋経済新報社、2005 年）『解説改正銀行法』（日本経済新聞社、1999 年）ほか

第2章　今回の世界金融危機から何を学ぶか
──経済学の視点からの小論──

神津多可思

はじめに

　2008年9月に起きた米国リーマン・ブラザース証券の破綻は、今後、長らく記憶されることだろう。これは、先般の世界的な金融危機を象徴する出来事であったが、今から振り返れば、実は2007年に入ってから、既に北米・欧州の金融システムには異変の萌芽が見え初めていた。しかし、当初、多くの関係者はショックがこれほど大規模なものになるとは考えていなかった。

　しばしば100年に1度のショックと言及されるこの世界的な金融危機は、経済学の視点からみても、改めて様々な問題を浮き彫りにしている。まず、金融市場の混乱が、マクロ経済の調整が引き金となって始まった。先進各国の金融市場は、ほとんど同時に機能停止に追い込まれ、実体経済活動に急ブレーキがかかった。しかし、金融市場における大規模な調整の種は、実体経済と全く関係なく捲かれていた訳ではない。金融危機の始まりは、米国のサブプライム住宅ローンを、まとめて流動化した証券化商品の価値の暴落であった。このことからも明らかなように、事後的にみれば返済不可能な住宅ローンが大量に実行されていたという実体面での不均衡蓄積があったのである。金融面での調整が始まった後、あらゆる企業が程度の差こそあれ資金調達の困難化に直面した。それが企業活動に冷水を浴びせ掛け、生産活動を停滞させ、さらに雇用に影響を与え、家計の消費意欲を殺ぐという一連の負の連鎖が働いた。このように、実体面の不均衡が金融面の過剰を生み、金融面の過剰の解消が、一段と実体経済活動を停滞させるという、金融経済と実体経済の連関ということに改めて関心が集まった。

　また、金融市場の機能停止という異例の事態が起きたことで、金融システムにとって重要な金融機関（Systematically Important Financial Institution、以下SIFIと略称）という概念が頻繁に使われるようになった。金融市場の状況を表現しようとする経済モデルでは、しばしば均質のプレーヤーが多数存在してい

ることが仮定される。しかし、このSIFIの概念は、一部のプレーヤーの特異性を認めた上で金融市場の機能を考えようとするものであり、その意味でこれまでの伝統的なアプローチとは異なっているとも言える。マクロ経済の金融部門の構造を、一定以上細かくみないと、マクロ経済の金融面の振舞い、特に危機時の振舞いは良く分からないというのが、先般の危機の教訓の一つである。

さらに、ファイナンスの分野で言うところのごく稀に起きる事象（tail event）において、金融市場のプレーヤーの行動が平時とは全くことなることも目の当たりした。市場メカニズムの中で活動するプレーヤーの行動は、経済モデルを簡単にするという目的もあって、しばしば線型的に、即ちプレーヤーの反応がある選んだ説明変数に対し比例的に変化するようなかたちで表現される。しかし、そうした経済モデルでは、危機時のプレーヤーの行動を有効に説明することはできないことも改めて認識された。プレーヤーの行動が非線型的に、あるいは断絶があってジャンプするようなかたちで変化するのを、経済モデルによってどう捉えるか。あるいは、そもそも捕らえ得るのか。そうした疑問も改めて浮上したように窺われる。

以上のような問題意識の下で、本章では、先般の金融危機の幾つかの出来事を振り返り、それが今後の経済モデル構築上どのような含意を持つかについて、マクロ、ミクロの両面から概観したい。

1 何が起きたか

先般の世界的な金融危機において何が起きたかについては、様々な見方がある。本稿では、株価、地価といった資産価格の大幅な上昇とその調整、経済主体の反応の状態依存性といった点に特に着目してみたい。まず、前者については、米国の株価、住宅価格をやや長い時系列でみると、1980年代後半の日本のバブルのケースと比べても、かなり急激な価格上昇があり、それが大きく調整されていることが分かる（図1、2）。経済主体の将来展望を織り込んで形成される資産価格が、このような規模で大幅に変動することは、全ての情報を使って正しく判断し、その判断が全て価格に反映されるという、合理的な期待形成、効率的な市場という前提と矛盾するところはないか。それがまず湧き起こる素朴な疑問である。

第2章　今回の世界金融危機から何を学ぶか―経済学の視点からの小論―

（図1）　日米の株価インデックスの推移

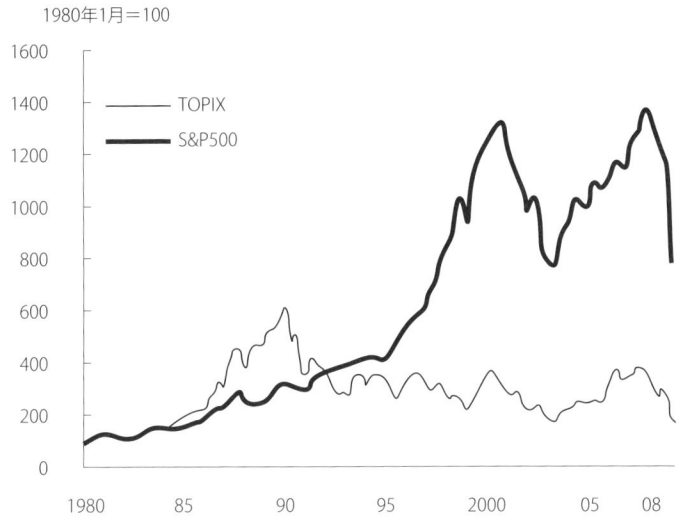

1980年1月＝100

資料）東京証券取引所、S&P

（図2）　日本の市街地価格と米国の住宅価格の動向

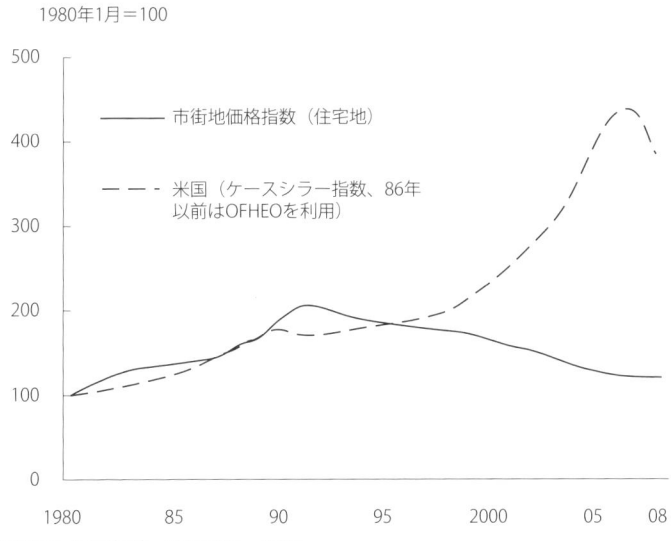

1980年1月＝100

資料）日本不動産研究所、OFHEO、S&P

一方、後者の経済主体の反応の状態依存性は、例えば、今回の金融危機の引き金になったと言われる証券化商品の格付別の価格推移にも現れている。AAA、AA、BBB といった格付がついた証券化商品の価格の推移をみると、ある時点から急に格付毎の価格変動がはっきりと違ってしまった。2006 年までは、証券化商品の中で投資適格のもの（BBB 以上の格付）の価格は、格付が異なっていてもあまり差がなかった。それが、2007 年 8 月にフランスの BNP パリバ銀行傘下の投資ファンドが破綻するということが起きた状況にあって、BBB 格の商品ははっきりと額面割れするようになった。さらに、2008 年 3 月に米国のベア・スターンズ証券の破綻が起きると、さらに上位の AA 格までがはっきりと額面割れする事態となった。2009 年 9 月のリーマン・ブラザース証券破綻後は、最上位の AAA 格の商品でさえ額面割れとなってしまった。このような展開は、危機の深刻化とともに、市場における金融商品の価格付けのあり方も、より危険回避的な方向に変化したと言うことができ、経済主体の判断が状態依存的である可能性が示されている。

　さらに、金融市場において、金融機関の信用度がどう評価されてきたかをみても、上記のような事件を契機に段階的にジャンプしたことが分かる。個々の金融機関の信用リスクを評価するクレジット・デフォルト・スワップ（CDS）の動きから、米国の大手金融機関の信用度を金融市場がどう評価してきたかをみると（図3）、明らかに上記の一連の事件が起こる度に評価が厳しくなっている。これは、経済主体の評価は、様々な出来事の発生によって影響を受けるものであり、常に一様ではない可能性を示している。

　以上みてきたのは、今回の混乱の中で、金融市場で起きたことの例であるが、このような金融市場の混乱は、単に金融市場の中だけの事情で発生したものではない。我々の暮らす経済は、金融経済活動と実体経済活動が一体となって動いている。金融市場での混乱の背後には、何らかの実体経済での行き過ぎがある。加えて、発展した金融市場における取引は、しばしば実体経済の活動から遊離し、大きく一方方向に振れる。例えば、既にみたような資産価格の顕著な上昇が続くというようなことである。しかし、それはどこかで維持できなくなる。そこで金融市場ではバブルがはじけ、それを契機にマクロ経済全体の調整が始まることになる。既に指摘したように、金融面と実体面が完全に分離するということはあり得ないので、金融面での調整と並行して実体面での調整も進

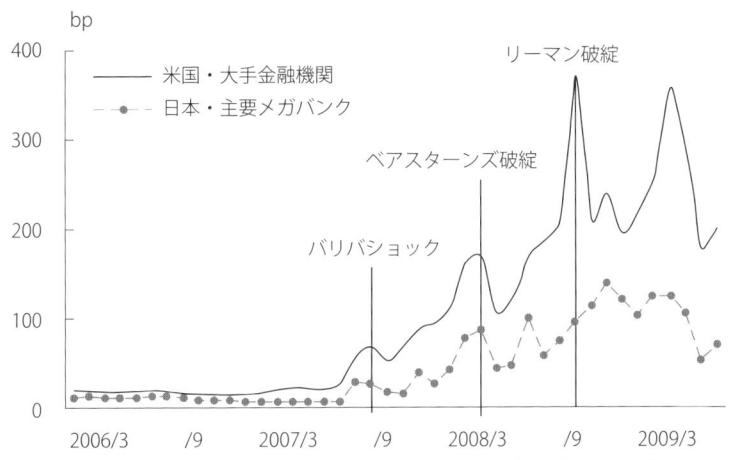

（図３）　金融機関の CDS スプレッドの推移

注）各 CDS プレミアムは、日本は三菱東京 UFJ 銀行、三井住友銀行、みずほコーポレート銀行の平均値。米国は、Citi Group、Bank of America、JPMorgan Chase、Wachovia、Wells Fargo、Goldman Sachs、Merrill Lynch、Morgan Stanley、Bear Stearns、Lehman Brothers の平均値。
資料）東京金融取引所、Bloomberg

められることになる。80 年代後半の日本のバブルの例では、実体面での行き過ぎは、建設・不動産業等で象徴的に現れた企業部門の過剰投資であった。これに対し、今回の米国のバブルにおいては、家計部門の過剰消費・過剰住宅投資が実体面での不均衡であったと言えるだろう。その実体面の不均衡を背景に、金融市場でのバブルは弾みをつけて拡大し、それが結局は破裂したのである。

　金融市場でのバブルの破裂は、確率的な事象として、ある時突然に発生する。そして、急速な価格調整が可能な金融市場では、その後の調整も急激なものとなる。その金融市場での急激な調整が、今度は実体経済に影響を及ぼし、元々存在していて是正する必要のあった不均衡の解消の過程を一層難しいものとする。このような金融と実体の相互連関が、日本のバブルの崩壊においても、先般の米国のバブルの崩壊においても、同様に起きたと考えられるのであるが、その過程は必ずしも総合的・統一的に描写されてきた訳ではないように思う。この後みるような新しいアプローチによるモデル構築の試みと併せ、この金融と実体の相互連関の面の分析を蓄積していくことも、バブルを繰り返さないた

めには非常に重要であると考えられる。

　金融市場での急激な価格調整は、不均衡を持っていない経済主体においても、その将来の期待に陰を落とし、活動を模様眺め的なものとする。また、金融市場で疑心暗鬼が生じ、金融仲介機能が一時的に停止してしまうようなことがあれば、健全な経済活動に必要な資金融通もできなくなる。そのような金融市場の一時的停止も先般の金融危機で実際に起こったことであるが、それはしばしば市場流動性の問題として捉えられた。個別の金融機関が、自らの事情で資金の調達ができなくなる事態は、その金融機関が直面する資金流動性の問題である。これに対し、ある市場に参加しているほとんど全ての金融機関が取引できなくなってしまうような事態は、市場流動性の枯渇と呼ばれる。どのような時にその市場流動性の枯渇が起きるのか。そのような極端な事態を避けるためにはどうしたら良いのか。そうした観点から、研究の対象として市場流動性に対する関心も高まっている。

　市場流動性の問題に取り組もうとすると、金融市場の構造をより詳細に理解する必要が出てくる。市場参加者がネットワークとしてどう結び付いているか。一部のプレーヤーが市場取引のハブとして機能している。あるいは、一部のプレーヤーについてはその破綻の影響が市場全体に広範にあるいは深刻に及ぶ。そういう特別なプレーヤーが存在することが、このような問題意識の中で一層明確に意識されるようになった。冒頭に述べたSIFIの概念も、市場流動性の研究の中で、さらにその定義が厳格なものになるだろう。また、破綻によって市場流動性の枯渇を惹起する可能性のあるプレーヤーについては、その破綻の影響が甚大であるが故に、破綻させられないのではないかという問題提起がある。影響度の大きさを、プレーヤーの資産規模で測る場合には、これは「大き過ぎて潰せない」(too big to fail) 金融機関の問題となる。規制・監督のあり方と直結する問題だけに、金融危機を経験した国々では真剣に議論がなされている。

　なお、90年代以降の日本のバブル崩壊後の調整過程を振り返ると、調整の内容は単に上記のような金融機能低下の中での実体経済の不均衡是正だけではなかったことが分かる。日本経済の場合、人口動態と貿易面での比較優位構造の変化への対応ということも、並行して必要であった。また、ITに代表される技術革新への対応も重なっていたと考えることもできる。銀行の抱えた不良

債権という金融面での過剰、一部企業の過剰投資という実体面での不均衡を抱えた状態で、こうした重大な外部与件の変化への対応も余儀なくされるということは、大変な大きな調整コストを背負うことである。日本のバブル崩壊後の調整過程は、失われた10年、15年としばしば呼ばれてきた。しかし、このようにして必要であった調整の全体像を鳥瞰すると、短期的に耐えられないほどの甚大なコストを払うことなくそれを成し遂げるためには、それくらいの時間が必要であったのだと言うこともできる。当時、日本経済はそれほど大きな調整を迫られていたと考えられはしないだろうか。

2　経済モデル作成に当たっての含意（1）
────マクロ・モデル────

さて、以上でみたような先般の金融危機における出来事を踏まえると、今後、経済モデル構築上どのような改善が期待できるだろうか。経済学的には順番は逆になるが、今回の金融危機はマクロ的な出来事であったので、まずマクロ・モデルに関しての論点から考えてみることにしたい。

まず挙げられるのが「不均衡」をどう表現するかということだろう。世界的なかつ規模の大きなバブルの生成と崩壊を目の当たりにすれば、マクロ経済が常に均衡経路に沿って動いているとは言えないと考える人が増えても不思議ではない。これまで、実物的景気循環（real trade cycle）等のモデルにおいて、経済主体が均衡を実現する中で景気循環が発生しているとの整理が前提になることが多かった。そうした整理は、モデルを簡素化する上では有益であるが、異常事態を的確に表現することはできない。先般の金融危機のような事態を説明しようとするのであれば、やはり、不均衡はどう生まれ、どう蓄積されていくかという点の説明は避けては通れない。もっとも、一定の前提を所与としても、均衡は多くの場合1つあるかないかだが、不均衡は無限に存在する。そうした下で、現実的に意味のある「不均衡」の概念を定義し、それを表現するモデルを構築していくことは、今後とも試行錯誤の繰り返しにならざるをえないだろう。不均衡の一般理論というのは、ある意味、語義矛盾であるのかもしれない。

一方、上記のような均衡アプローチへの反省のもう一つのパターンとして、「代表的主体（representative agent）の最適化モデル」への懐疑が挙げられ

る。既に触れたように、先般の金融危機の経験からは、金融市場には幾つか属性の異なるプレーヤーのグループがあり、かつ時間の進行とともにそのウェイトも変化している可能性が示された。そのような不均質なプレーヤーの存在は、ゲームの理論における設定そのものであり、したがってこの議論は基本的にはミクロ・モデルの話となる。もっとも、マクロ・モデルのアプローチとしては、幾つかの異なる属性を持つグループを事前に想定し、そのグループ間を経済主体が一定の確率過程に基づき行ったり来たりすると考えて、経済のダイナミズムを表現しようとする試みもなされている。このような設定であれば、マクロ的にみて、時に楽観に振れ、時に悲観に振れる市場の状況を、楽観的あるいは悲観的な見通しを持つプレーヤーの数の変化で説明できる可能性がある。もっとも、異なるグループ間の遷移のあり方が、時間の経過に関わらず常に同じであると仮定してしまうと、既にみたような状態依存的なプレーヤーの反応を表現することは難しいかもしれない。

　この間、経済主体の合理性、市場メカニズムの効率性そのものに疑義を差し挟む議論もみられる。金融市場における経済主体の意思決定は、無限の将来を見通して計算されたものではなく、またそうした主体による取引の結果として形成される市場価格は、必ずしも利用可能な全情報を反映したものではないかもしれない。そうした主張は、金融危機を経験すると感覚的に理解し易いところもあるが、ではどうモデル構築をすれば良いのかということへの答にはならない。この点に関連して、経済主体の反応を、合理性を仮定して演繹的に導き出すのではなく、現実に経済主体がどう行動しているかをみて、そこから帰納的に行動様式を特定しようとする試みもある。「行動経済学」の分野である。さらに、その帰納的な行動様式の特定化をどう行うかということについては、「実験経済学」の分野での発展もみられる。これら分野における研究から、伝統的な経済主体の意思決定の定式化に、様々な興味深い反論が呈されているが、やはり一般理論の構築が展望できるかという問題が出て来るように思われる。新しい研究分野であるので、今後、まだまだ新しい発見があるだろう。それらを踏まえ、マクロ経済の動きを描写する一層一般性の高いモデルが作れるかどうか、注目されるところである。

　ところで、マクロ経済のモデル構築とは直接結び付かないが、今回の世界的な金融危機を経て、「マクロ・プルーデンス」という概念が世界的に盛んに取

り上げられるようになっている。それが何を意味するのかという点については、なお色々な考え方があり、コンセンサスはないようだ。しかし、経済の金融面だけに着目すれば、①あらゆる金融市場、その参加者、あるいは商品を視野に入れる、②その上で、何らかの意味で、マクロ経済全体の安定が損なわれるような金融仲介が行われていないかどうかを監視する、③仮に何か問題が発見された場合には、その対象となる市場、あるいは参加者、あるいは商品取引について監視・監督を強化し、必要に応じた規制を行う、といったような考え方だと、とりあえず整理できるだろう。このような金融システム全体を監視・監督する当局というのは、必ずしも先進各国で共通に存在している訳ではないが、そうした当局の設置が必要だということはコンセンサスとなっているようだ。

　既に述べた通り、金融市場での出来事は必ず実体経済活動にも影響を及ぼし、その逆もまた成り立つ。この点を捉えて、マクロ・プルーデンスという概念によって金融経済と実体経済の連関に焦点を当てる議論もある。代表的な経済主体の最適化行動によってマクロ経済の動きを表現しようとする試みの中にも、金融機関あるいは金融市場の役割をより詳細に組み込もうとするものが出てきている。しかし、そうしたモデルは、マクロ経済の動態についてこれまでよりは多角的な視点を与えてはくれるものの、先般の金融危機のような極端にストレスのかかった状況を十分に説明できるものにはなっていないと言える。

　非常にストレスのかかった状況だけに注目すると、最も極端な場合には、市場メカニズムそのものに対する不信・懐疑に行き着く。言うまでもなく、マルクス経済学の系譜において意識されているのは、市場メカニズムは、結局、永続的な安定性を内包しておらず、最終的に市場メカニズム自体の論理の中で自壊してしまうというロジックである。「見えざる手」という言葉で市場メカニズムの利点を指摘したとされるアダム・スミスも、「国富論」の前の著書である「道徳感情論」においては、経済主体において非常に厳しい自己規律が効いていることの重要性を指摘している。自己抑制がなく、自己利益が徹底して追求されるという貪欲さを前提とした場合、市場メカニズムの帰結が混乱・混沌である可能性は、先般の世界金融危機からも十分垣間見られる。

　とは言え、少なくとも今日までのところ、市場メカニズムの不備のために市場経済そのものが全面否定されたという歴史の展開を我々は辿っていない。生産要素、生産物の分配に関して、市場メカニズムを全面的に放棄して、何か有

力な代替案に移行できるかといえば、多数に支持されるそのためのアイディアは今のところないというのが実情だろう。そうだとすれば、市場メカニズムへの不信の現実的な意味合いは、自由放任では時として機能不全となる市場メカニズムをどうすればうまく使いこなせるかという問い掛けになる。金融取引の例で言えば、行過ぎた貪欲さを制御するために、金融取引におけるインセンティブを制度面、慣行面でどのように設計していくかという話になり、したがって議論はミクロ・モデルの話になって来る。

3　経済モデル作成に当たっての含意（2）
──ミクロ・モデル──

既にみたように、市場におけるプレーヤーの異質性を前提に市場機能を議論しようとする場合、すぐに思い付くのは「ゲームの理論」の枠組みである。世界的な金融危機においてもしばしば話題となった金融取引における「情報の非対称性」を前提として織り込めるので、実際の市場取引により近い状況の下で議論を展開することができる。また、これもしばしば言及される「モラル・ハザード」、「逆選択」といった事象も視野に入れることができる。さらに、最近の取り組みでは、時間の経過を進化ゲームの枠組みで取り込むことも可能となっている。

「モラル・ハザード」や「逆選択」という概念は、従前から「情報の非対称性」を扱うミクロ・モデルの中で扱われていたものである。この他にも、シグナリング均衡、プリンシパルとエージェントの問題といったものが、ミクロのレベルではずっと議論されてきた。先般の金融危機において、金融市場で起きた様々な出来事の多くは、この「情報の非対称性」に起因しているものであり、個々の事例は関係するミクロ・モデルの枠組みの中で説明することが可能である。

これらのモデル構築によって、例えば、自己抑制を考えない自己利益最適化の結果として、市場メカニズムを通じて実現する資源配分、あるいは価格がどのような性格を持つかについて、洞察を深めることができる。それは、実際の規制・監督・慣行をどのようなものにすれば良いかを考える際に役立てることができる。しかし、マクロ経済全体の安定性評価において、新しい切り口を提供してくれるかどうかについては、現時点では何とも言えない。

第2章　今回の世界金融危機から何を学ぶか―経済学の視点からの小論―

　マクロ・モデルのところでも触れた行動経済学は、心理学的な側面に光を当て、経済主体の現実の行動様式はどのようなものかを帰納的に発見しようとする取り組みと言える。また、実験経済学においては、アンケート等によって経済主体の本当の反応を予め中立的に抽出できないかという点に関心が持たれている。これらのアプローチにより、経済主体の行動が、時折、それまでとは全く違ったものになるという非線型性を、より現実に即したかたちで描写できるようになる可能性がある。例えば、金融市場で取引を行う主体の行動様式が何パターンか分別でき、現実がそのどれに当てはまっているかが確認できるとすれば、バブルか否かというような評価をより客観的に行えるかもしれない。そうなれば、金融危機のような異常事態に入ろうとしているのかどうかも、事前にチェックできるようになるかもしれない。

　実際に経済主体がどのように判断して行動するかを議論する際、「アニマル・スピリット」という概念が持ち出されることも多い。アイディア自体はケインズの一般理論にも登場する。こうした、計算ではなかなか答の出ないリスクをとる姿勢のような観点も重要との認識も、金融危機前後のようにリスク感覚が全体として鈍くなったり、急に保守的になったりという経験の中で再び強まった。元々、人間の行動においては、単に収益・利益の最大化ということだけでなく、確信、公正かどうかの意識、あるいは堕落への反発とその裏返しとしての誘引、あるいは錯覚といった他の要素がたくさん入ってくる。こうしたことを全て無視して経済主体の行動を表現したところで、現実からの乖離が大きくなるのは当然だという指摘は否定のしようもない。もっとも、それを認めた上で、我々の周囲の状況を理解するためのモデル構築をどうしたら良いのかという問は、やはり答のないまま残る。人間の心の中にある様々な要素に関心を広げ、その下でマクロ経済の現状評価をどうすれば良いのか。回答の一つは、経済モデルから出る結論に対し、モデルでは表現できない要素を加え評価するという裁量を認めることだろう。しかし、それを認めた途端に今度は第三者を説得できるかという問題が出てくる。「アニマル・スピリット」の存在は誰しもが、程度の差こそあれ感じていることだろうが、それを勘案して現実をどう評価するかということになると、議論百出にもなりかねない。

4　経済モデル作成に当たっての含意（3）
　――マクロ政策での利用――

　以上、今回の世界的な金融危機の中で起きた様々な出来事が、これまで研究が重ねられてきたマクロ、ミクロのモデルに対しどのような含意を持つかを概観してきた。マクロ経済の安定、特にバブルを繰り返さないという観点からは、プレーヤーの異質性、行動様式の非線型性といったことを考慮した上で、どのような新しいマクロ・モデルを構築ができるかが重要である。しかし、先般の金融危機が百年に一度と言われるように、めったに起きない状況を、平常時と同様に上手く説明できるようなモデルを構築するのが容易でないことは想像に難くない。異常時をうまく説明できるモデルはそれこそ百年に一回しか役に立たず、残りの九十九年においてははずれ続けるということも考えられる。大事なことの一つは、眼前に起こっていることが、起こり得る全ての事象の中で、どの辺に位置することなのかということへの示唆だと思われる。
　ファイナンスの世界では、ある金融取引について、想定されるロス額の分布を導き出し、それをリスク管理に役立てるというアプローチが良く採られる。ここでは、均衡値という概念はなく、実際にどういう状況が実現するかということは、あくまでも確率的なこととして理解される。想定されるロス額の分布には、言うまでもなく、しばしば起こるケースを対象とした部分とめったにおきないケースを対象とした部分がある。しばしば前者を分布のボディー部分、後者をテール部分と呼ぶ（図表4）。直感的には、どのようなビジネスであれ、想定されるロス額の分布は釣鐘状になると考えられる。さらに経験的には、その分布は左右対称ではなく、多額のロスが発生するケースの方が、ほとんどロスが発生しないケースよりも確率としては高いような分布になると考えられる。リスク管理とは、元来、悪いことが一定以上起きないように対策を講じることであるから、ロス額の分布でいえば、稀に多額のロスが発生する事象を扱うテール部分が関心の的になる。
　先般の金融危機のような状況は、マクロ経済にとってのこのテール部分に当てはまることは間違いないが、それは事後的にだからこそ確信を以って判断できるのである。金融危機に至る過程において、このまま行けばめったに起きない極めて悪い事態に至るので、その前に是正策を講じようと言う議論はどうすれば冷静にできるようになるか。そのアイディアの一つとして、複数のモデル

(図4) ロス額分布のボディー部分とテール部分

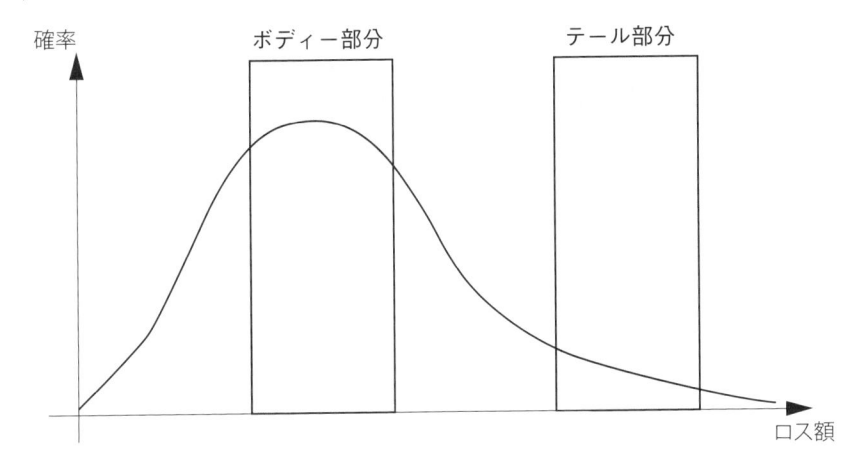

を使い分けるということが考えられる。

　当然、平時の状態に居ることの方が、確率的には多い訳であるから、平時には平時を説明するモデルを使うことで、おそらくかなり客観的な議論が可能となるだろう。問題は、平時のモデルで説明できないことが生じた場合である。バブルの場合、往々にして今回こそは合理的に説明できるのだというような解説が出てきて、それが必ずしも全面的に否定できないことが多い。仮に、これまでみてきたようなアイディアを駆使してテール部分を説明するモデルの構築ができたとすれば、そのモデルで説明できる事象が発生した時に、経済がテール部分に入った可能性が高いというような議論も展開可能になる。例えば、資産価格の上昇率が、実体経済活動を表すGDP成長率などを、一定幅以上、一定期間以上、上回り続けたとしたら、それはある確率で、マクロ経済がテール部分に入ったと考えるというような立論である。

　さらに、先般の金融危機のような大規模な混乱が起きると、当然、規制・監督の強化が議論されることになる。しかし、冷静に考えれば、テール部分に備える社会的制度の設計において、どこまでの保守性を平常時から求めるかというのは、なかなか難しい問題である。人命に拘わる安全装置の設計などの場合は、万全の冗長構造をとることで良いが、金融に関する規制・監督になると、結局はコスト・ベネフィットの問題に帰着する面が出てくる。もちろん、マク

ロ経済を構成する経済主体の大部分が非常に危険回避的であるなら、それこそ千年に一度の大きなショックに対してでさえ十分な耐性を持つ制度を実現する必要があるということになるかもしれない。一方、一定のリスクは採る（例えば百年に一度の経済危機に見回れた時には、投資価値がゼロになってしまってもそれは仕方がないとして受け入れる）という経済主体が多ければ、自ずと規制の設計なども変わってくるはずだ。そうした議論を客観的に行うこと可能とするためにも、長い目でみて考え得る幾つかの経済状況に応じてマクロ経済を描写できるような複数のモデルの構築が重要であるように思われる。

おわりに

　現在の経済モデルの構築においては、一定期間の平均値を持って、経済主体の行動様式を表現することが多い。その一定期間の中には、現実的には、めったに起きない事象はなかなか入ってこない。その弱点を補うために、外生的に想定した大きなショックを与え、何が起きるかを確認するという手法がとられることがある。「ストレス・テスト」と呼ばれているものだ。外生的にショックを与える場合、ひどいショックを与えればひどい結果になるのは自明のことなので、ショックの大きさそのものの妥当性がいつも問題になる。先般の世界的な金融危機のような具体的な厳しいストレスの経験があれば、同様の大きなショックを想定してそれに備えることも説得力を持ってくる。しかし、経済主体の将来への期待が楽観に流れている時には、そうした可能性は黙殺されがちだ。将来、金融危機の記憶が次第に薄れていった後も、同じ過ちを繰り返さず、マクロ経済の状況をより客観的に評価できるようになるためには、この小論で概観してきたような様々なマクロ面、ミクロ面の新しい試みの成果が期待される。過去の経験を、いかにより良い現実の理解に繋げていくか。将来のバブルをいかに繰り返さないようにするか。世界的な危機対応のために非常に大きな調整コストを払ってきただけに、せめてこれまでの経験を最大限活かし、そうした問題に対し答を出して行きたいものである。

[参考文献]

Alerlof, A.G. and R.J.Shiller [2009] *Animal Spirits*, Princeton UniversityPress

Aoki,M and H.Yoshikawa [2006] *Reconstructing Macroeconomics*, Cambridge University Press

Bernanke, B.,M. Gertler, and S.Gilchrist [1999] "The Financial Acceleratorina Quantitative Business Cycle Framework," in J.B. Taylor and M.Woodford ed. *Handbook of Macroeconomics 1C*

青木正直［2003］「異質的エージェントの確率動学入門」、共立出版

大浦宏邦［2008］「社会科学者のための進化ゲーム論」、勁草書房

川越敏司［2007］「実験経済学」、東京大学出版会

多田洋介［2003］「行動経済学入門」、日本経済新聞社

［2012 年 8 月脱稿］

神津多可思（こうづ たかし）

リコー経済社会研究所主席研究員。埼玉大学客員教授。埼玉学園大学客員教授。中央大学兼任講師。関西大学客員研究員。

「バブル崩壊後における日本経済の調整過程」（『社会科学論集』2005 年）「自己資本制約下の銀行行動について」（『日本財務管理研究』2007 年）「政策科学における行動モデリング」（共著 『人工知能学会誌』2011 年）

第3章　国際金融システムの再構築に向けて
——ブレイディ構想以降の国際金融の動向を踏まえて——

本澤　実

はじめに

　ブレイディ構想による累積債務問題の解決から約 20 年が経過し、その間に国際金融市場は大きく変貌を遂げた。1990 年代に入ると途上国へ流入する資金が拡大し、とくに株式や債券投資などのポートフォリオ投資が増加した。こうした途上国への新たな資金の還流は、国際金融市場において通貨危機という新たな問題を引き起こすことになった。カムドシュ元 IMF 専務理事が「21 世紀型の危機」[1]と名づけた通貨危機は、他国への伝染する力が強くスピードも速いために、実体経済が悪化していない国でも突然その危機に巻き込まれることがある。1994 年のメキシコ通貨危機をはじめとして 1997 年のアジア通貨危機、1998 年のロシア危機、1999 年のブラジル危機、2001 年のアルゼンチン危機と、短期間に世界各国で通貨危機が頻発してきた。こうした通貨危機の背景には、急速に進展した金融のグローバル化に伴う国際金融市場における資金量の拡大と移動の加速化がある。

　先進各国と IMF は、このような通貨危機へ対応するための基本的な枠組みの検討を開始し、米国が中心となり「国際金融アーキテクチャー」[2]と呼ばれる国際金融システム改革の枠組みをまとめた。国際金融アーキテクチャーとは、新たな国際機関を創設するのではなく、各国の金融監督規制当局が相互に協力をして国際金融システムの安定を図るという内容であった。そのために当局の間の協力と情報交換をスムーズに行う国際的な組織として金融安定化フォーラム（FSF）が創設され、資本移動だけでなくさまざまな国際金融についての問題が討議されてきた。さらに米国は、アーキテクチャーの議論の一環として IMF 改革も重要課題として挙げた。IMF に対しては、通貨危機への緊急対応に加えて危機の予防のために、加盟国経済の監視強化や最後の貸し手としての機能強化などが求められた。こうした国際金融システムの変革の過程の中で、サブプライム問題を契機とした世界同時金融危機が発生したのである。

第3章　国際金融システムの再構築に向けて―ブレイディ構想以降の国際金融の動向を踏まえて―

　本稿では、1980年代の累積債務危機を解決へと導いたブレイディ構想について振り返り、それが金融グローバル化へ与えた影響についてその意義を明らかにする。そして金融グローバル化が進展した中で発生した今回の世界同時金融危機についてその原因を分析して、今後の世界が目指す方向について考察したい。

1　累積債務危機とブレイディ構想

（1）累積債務危機の背景と経緯

　1980年代終わりから1990年代初めの米国の商業銀行は、解決の道筋の見えない累積債務国向け貸出（LDC）のほかにも質の悪化した不動産貸出（Land）や買収貸出（LBO）などを抱え、そのシステムは非常に脆弱なものであった。この「3つのL」と呼ばれた不良債権の中でも、累積債務国問題は多くの国際商業銀行がシンジケート・ローンの形で関与していることや、多くの途上国が債務国となっていることから、失われた10年と言われるように問題の解決も複雑で時間がかかった。

　1970年代から1980年代初めにかけて、国際金融システムを通じて途上国向けに巨額の資金が流れ込んだ背景には、ユーロ市場におけるシンジケート・ローンの仕組みがあった。ユーロ市場には行政による規制がないため、商業銀行は、自国内よりも高い金利を支払って、資金を集めることができた。とくに、石油危機後、値上りした石油輸出で資本過剰となった石油輸出国機構の諸国の資金が、ユーロ市場に還流し容易に資金を集められる環境にあった。

　貸し手からみると、途上国向けの貸出は変動金利となっており、金利の上昇に伴う資金コストの上昇リスクは借り手に転嫁されていた。さらに、貸し手にとって自国内の一般的貸出に比べると、通常の何分の一かの営業努力で高い利率の巨額の貸出を行えることは、効率もよく大変魅力的なものであった。途上国への融資は、多くの場合借り手が政府であり、国はつぶれないという幻想のもとに安易な貸出が行われたこともあり、比較的短期間の間に巨額の貸出が積みあがったのである。

　しかし第二次石油危機の後、主要先進国で景気後退が起こり、記録的な高金利をもたらした。いわゆるスタグフレーションで、高金利に伴い途上国の借入

れ金利が上昇するとともに、先進国の景気悪化で途上国の主要な輸出品目である一次産品の市況も低迷した。とくに中南米の主要国は、利払い額が1979年から1981年の間に輸出に対する比率で2倍になった。1982年8月にメキシコが債務支払不能に陥り、これが1980年代の累積債務危機の出発点となった。

　累積債務危機に対して、実施された政策は大きく3つに分けられる。第1は、債務危機直後の短期調整政策であり、第2はベーカー・プランによる長期の構造調整政策である。第3が債務の削減政策であり、いわゆるブレイディ構想である。

　危機発生直後から1985年までの中心的政策であった短期の調整政策は、IMF主導の総需要抑制政策であり、債務危機を「流動性危機」と捉え債務国の債務返済を継続させることに焦点が当てられた。IMFが、債務国に新規融資をおこなう一方で、民間銀行は、既存債務の棚上げ（リスケジュール）を行った。

　長期の構造調整政策は、1985年のベーカー提案以降に実施されるようになったもので、債務者である途上国の経済成長を重視した減税、民営化、関税の引き下げなどの市場開放経済政策および構造調整政策であった。ベーカー提案では、民間銀行は3年間に200億ドルの新規融資を行うことが重要な柱となっていた。この背景には、短期的調整政策では解決の見えない債務危機は、債務国が一時的に返済資金の不足に陥っているという流動性危機ではなく、外貨収入を借入金の元利金返済が上回るという現実の中で、「支払不能危機」であると認識されたという事情があった。しかし、民間銀行からは、既存債務の返済が滞っている債務者に対して新規融資することへ難色を示す声が多く、この計画は一部の国への適用にとどまりうまく機能しなかった。1987年にベーカー長官は、改善の見られない債務国の債務削減を進めるために、当事者間で開発された選択肢を列挙して選択させる「メニュー・アプローチ」を提案した。この提案は、市場メカニズムに依拠しつつ、ケース・バイ・ケースで民間銀行に貸付のインセンティブを与えていく方法であったが、結局は新規融資よりも既存債務の削減に重点が置かれたものであり、大きな成果を挙げることはできなかった。

（2）ブレイディ構想の背景と概要

　累積債務国問題の解決が長引く中で、1987年に米国のシティバンクが、途上国向け貸出に対して貸倒引当金の計上を行った。民間銀行が、債務削減の意思を初めて公に表明したのである。累積債務国問題の根本的な解決につながる債務削減政策は、こうした債務の削減を実施できる環境が整いつつある中で、1989年3月のブレイディ米国財務長官による提案により実施されることになったのである。このブレイディ構想は、債務国がIMFの経済構造改革プログラムを遵守する見返りに、債権国政府、国際金融機関および民間銀行が既存債務の削減を含む金融支援を行うというもので、初めて統一的に途上国債務の削減を提案した構想であった。その内容は、民間銀行の保有する途上国向け貸出債権を、時価で市場性のある当該債務国の発行するユーロ債に交換するというもので、市場の機能を活用する内容となっていた。

　具体的には、債務国は、債務削減後の残存債務返済が可能となるように強力な経済改革政策を採用することが求められ、そのなかでも重視されたのが、①海外からの直接投資の増加、②国内貯蓄の増強、③逃避資本の還流などで、それらの施策はIMF・世銀と合意する経済調整プログラムに盛り込むことが求められた。債権者については、①民間金融機関は、債務国との協議を通じて既存貸出債権の削減および新たな債券への転換をおこなう、②債権国政府や国際金融機関は、パリクラブ債権（政府および国際公的機関の債権）のリスケジュールの実施などを通じて債務国の負担を軽減に協力し、IMF・世銀は債務国の経済改革に必要な新規融資をおこなう、という内容であった。

　ブレイディ構想は、このように債務削減と民間資本の活性化に重点をおいた協調的プログラムを通じて、途上国の債務問題の最終解決を目指したのである。その内容の最も重要なポイントは、市場原理に基づいて債務の削減および利払い軽減をおこなうということであり、具体的には民間銀行の貸出債権を市場性のある債券（ブレイディ債券）へ転換することがその戦略の中心であった。そして信用が悪化した途上国の発行する債券の市場性を高めるために、米国のゼロ・クーポン国債を担保とするなどの信用補完の仕組みも組み込まれていた。このように投資家の関心を集めて市場を形成することに成功したことによって、ブレイディ債券の価格形成が市場を通じて行われてブレイディ構想に基づく個別のプランが成功したのである。

(3) ブレイディ構想の成果と21世紀型の通貨金融危機

1982年のメキシコ危機を契機に表面化した累積債務国問題は、10年近くにわたる長い迷走の末、ブレイディ構想の実施により解決の方向へと動き出し、発展途上国（Less Developing Countries：LDC）をエマージング・マーケット（Emerging Markets）へと変貌させた。ブレイディ・プランを適用した発展途上国は、経済構造改革を進め、安価で豊富な労働力を背景に世界経済に参入し始めた。途上国の経済改革や先進国の金利低下によって、途上国への資本流入が加速したのである。

経済改革によって成長が始まると、途上国の安い労働力を利用するために先進国からの直接投資が拡大してくる。こうして産業の高度化が進み、将来の高成長への期待が長期的な株価上昇を発生させ、ポートフォリオ投資が拡大した。また、経済改革の一環である資金移動規制の撤廃や金融自由化が、短期資金の流入を加速化していったのである。こうした経済成長の拡大と資本流入の好循環は、途上国の通貨が米ドルにペッグされることによってさらに増幅された。

このように、エマージング・マーケットは、流動性の向上と市場規模の拡大に伴い流入する資金も多様化して、国際金融市場との一体化が急速に進展していった。しかし、グローバルな金融規制が行われていない中でのこのような急激な変化は新たな危機への序章でもあった。1994年の米国FRBの利上げに端を発したメキシコ通貨危機（テキーラ・ショック）は、途上国の通貨がドル・ペッグを放棄して通貨を切り下げたり変動相場制へ移行したりすることにより、途上国から巨額の資本流出が瞬時に起こり、通貨危機や金融危機が発生することを示したのである。

テキーラ・ショックは、21世紀型の新たな国際金融危機と呼ばれ、その後のアジア危機、ロシア危機へと展開し、さらには今日の世界同時金融危機へとつながっているのである。

2　金融グローバル化の進展と通貨・経済危機

(1) 金融グローバル化の進展の背景

最初に、金融のグローバル化が目に見えて進展した1990年代の米国経済を振り返ってみよう。1990年代の米国経済は、不況で幕を開けたもののほぼ10

第3章　国際金融システムの再構築に向けて―ブレイディ構想以降の国際金融の動向を踏まえて―

年間にわたり史上最長の好況が続いた。1980年代の構造転換による企業の収益改善とともに財政赤字縮小による長期金利の低下が加わり、民間設備投資が押し上げられ民間主導で経済拡大が続いた。1990年代後半には、情報化投資の拡大を背景としてITブームが花を開き、株価上昇と好景気が相互に連動しながら拡張を続けた。インフレなき経済成長とITブームが相俟って、「ニュー・エコノミー論(3)」が叫ばれたのもこの頃だった。この長期好況もITバブルの崩壊を経て2001年の初めには景気後退に転じ、1990年代の長期好況は終わりを告げたのであった。

　このように米国経済が持続的成長を続け世界を牽引する中で、金融のグローバル化は着々と進展していった。まず重要な点は、1980年代の米国産業の変革と転換の中で、世界を牽引する米国経済が機械や電機などの製造業中心の経済からITや通信などの産業に中心を移したことである。これらIT・通信技術の発展により国境の壁は急速に低下し、金融のグローバル化を進める大きな推進力となった。

　2つ目は、冷戦の終結によって旧ソ連・東欧経済圏が、資本主義市場に参入してきたことである。同時に1980年代に累積債務問題で苦しんでいた中南米やアジアの途上国も、1990年代に米国が主導したブレイディ・プランの導入により問題を解消して、新たに国際金融市場へ戻ってきた。これらの新興国が一斉に資本主義市場に参入し、米国主導の新自由主義的政策を取り入れて資本市場や金融市場を開放していく中で、金融のグローバル化は世界全体に広く浸透していった。

　さらに金融技術の進化も、金融のグローバル化に弾みをつけた大きな要因だ。シンジケート・ローンなど市場型貸出の浸透、CDSなどディリバティブや証券化などの金融技術の発達、格付け機関の積極的な関与などによって国際金融市場における金融商品の標準化が進み、債券市場など直接金融市場が拡大して、投資家が市場へ参加しやすい環境が整っていった。たとえば間接金融が中心の時代には、金融機関以外には参加することが難しかった貸出市場が、証券化を橋渡し役として債券市場と結びついて、貸出債権が新たな証券化商品（債券）として市場に供給されていった。そしてこの債券に対して格付け機関が格付けを行うことにより、数多くの投資家が市場に参加することが可能となり、国際金融市場は急速に拡大を続けたのである。

51

このように金融のグローバル化は、IT・通信技術の発展を背景に、国際金融市場の世界一体化を縦糸とし、金融技術・商品の標準化を横糸として、世界中に広くかつ深く浸透していったのである。

（2）ニュー・エコノミー以後の米国経済と国際金融市場

　米国経済は、1990年代後半の経済成長を支えた情報化投資の拡大がITバブルの崩壊により減少に転じたことと、2001年に起こった同時多発テロの影響により、大幅な景気後退に突入すると懸念された。しかし実際には、その後の景気後退は比較的軽微に終わり、2001年後半以降再び景気の拡大局面に入った。（表1参照）

（表1）米国のGDP成長率の推移（1991～2009年）（単位：％）

	1991	1992	1993	1994	1995	1996	1997	1998	1999	2000
GDP成長率	-0.2	3.4	2.9	4.1	2.5	3.7	4.5	4.4	4.8	4.1
個人消費	0.10	2.27	2.37	2.57	1.81	2.35	2.48	3.50	3.68	3.44
設備投資	-0.57	0.31	0.83	0.91	1.08	1.01	1.33	1.38	1.24	1.20
住宅投資	-0.37	0.47	0.31	0.39	-0.14	0.33	0.08	0.32	0.28	0.05
在庫変動	-0.26	0.29	0.07	0.63	-0.46	0.02	0.54	-0.05	-0.02	-0.05
純輸出	0.64	-0.05	-0.57	-0.43	0.11	-0.15	-0.32	-1.18	-0.99	-0.85
政府支出	0.22	0.10	-0.16	0.00	0.11	0.19	0.34	0.38	0.63	0.36

	2001	2002	2003	2004	2005	2006	2007	2008	2009
GDP成長率	1.1	1.8	2.5	3.6	3.1	2.7	2.1	0.4	-2.4
個人消費	1.85	1.85	1.97	2.42	2.34	2.01	1.84	-0.17	-0.40
設備投資	-0.35	-0.94	0.10	0.61	0.69	0.84	0.70	0.19	-2.09
住宅投資	0.03	0.24	0.40	0.52	0.36	-0.45	-1.05	-1.00	-0.65
在庫変動	-0.92	0.48	0.06	0.42	-0.13	0.07	-0.30	-0.37	-0.74
純輸出	-0.20	-0.65	-0.45	-0.66	-0.27	-0.05	0.63	1.20	1.08
政府支出	0.67	0.84	0.42	0.26	0.06	0.26	0.32	0.59	0.38

（出所）US Department of Commerce, Bureau of Economic Analysis（revised on February 6,2010)

　表1を見ると、ニュー・エコノミー期とそれ以降の米国経済の構造の違いがよくわかり興味深い。1996年から2000年にかけてのニュー・エコノミー期を見ると、GDP寄与度では個人消費は平均して72％、設備投資は29％となっており、これら2つの項目が米国経済を牽引してきたことがわかる。これに対してITバブル崩壊以降の2002年から2005年までの景気拡大期を見ると、GDP

第3章　国際金融システムの再構築に向けて―ブレイディ構想以降の国際金融の動向を踏まえて―

寄与度では個人消費が平均して81％と依然として高い比率を占めているが、設備投資は2002年の大幅な落ち込みが響いて平均マイナス6％となり、それに代わり住宅投資が14％とニュー・エコノミー期の5％から大幅に伸びていることがわかる。この期間における個人消費と住宅投資を合計した広義の個人支出のGDP寄与度は平均95％に達しており、2002年以降の米国経済が個人の消費支出によって支えられていたことがわかる。

　さらに注目すべきことは、米国経済を支えていた柱の1つである住宅投資が、2006年にはすでに大幅なマイナスに転じていたことである。このことは、S&Pケース・シラー指数からも裏付けられる。米国全体の住宅価格の対前年比の伸び率は、2002年頃から伸び率が上昇をはじめ、2004年以降2006年初めまでは年率で10％以上の高い伸びを示していた。住宅価格の推移をみると、1990年代初めから一貫して上昇を続け1991年末および2001年末から価格のピークだった2006年第2四半期までに、それぞれ約154％および約63％上昇している。その後住宅価格は急激な下落に転じて、2009年第1四半期でピークから32.0％下落し、直近の2009年第3四半期にはやや持ち直しているものの、底からの上昇は6.3％にとどまっている(4)。

　2007年までは順調に拡大していた米国経済は、2008年第3四半期からマイナス成長に突入し、2009年には大幅なマイナス成長（マイナス2.4％）に陥っている。最大項目の個人消費や設備投資も大幅なマイナスを記録し、住宅ブームの崩壊が米国経済を直撃している姿がはっきりと浮かび上がっている。

　2002年以降米国において住宅価格の上昇が加速した要因はいろいろと挙げられるが、最も影響を与えたのはFRBによる金融政策であろう。FRBは、ITバブル崩壊に伴う景気後退および株価下落を収束させるために、2001年1月3日から政策金利を引き下げはじめた。FRBは、同時多発テロの発生もあって、2001年中に合計11回で累積4.75％の利下げを実施し、政策金利を6.5％から1.75％として、最終的に2003年6月までに政策金利を1％まで引き下げた。この景気刺激を目的としたFRBの急激な利下げとその後の低金利が、住宅ローン市場に影響を与えて住宅ブームが発生したといえるだろう。

　今回の住宅ブームを背景とした米国の景気回復過程は、米国内だけではなく世界経済にも大きな変化をもたらした。それは2009年時点で世界のGDPの25％を占める米国における景気回復が、金融のグローバル化による国際金融市

場における資金移動拡大の動きと、新興国全般にわたる経済発展の潮流と連動したからである。米国の景気回復は、住宅ブームを背景として個人消費を刺激して国内需要を拡大させて、世界経済を牽引する推進力となった。世界経済の拡大は、先進国にとどまらず途上国にも広がり、ブレイディ構想による債務問題の解決後金融のグローバル化に組み込まれた途上国においては成長が一段と加速した。(表1、表2参照)その結果米国の貿易赤字とそれに伴う経常収支赤字は拡大を続け、世界経済の不均衡が誰の目にも明らかになるまで拡大したのである。表3をみると、米国の経常収支赤字は他の地域に比べて突出して大きく、2006年には年間8000億ドルを超え、対GDP比6.2％に達している。そして世界の経常収支のバランスをみると、その米国の赤字（需要）が世界経済を支えている姿がはっきりと見えてくるであろう。

　この時期に日本が、ゼロ金利政策さらには量的緩和政策をとり続け、金融市場に大量の流動性を供給したことも、世界経済の拡大に大きな推進力を与えている。とくにピーク時には、30～35兆円の資金を市場に供給し続けた量的緩和政策は、投資家が市場で低金利の円資金を調達しその資金を外貨に交換して運用する、いわゆる「円キャリー・トレード」と呼ばれる取引を拡大させた。こうした取引により大量に供給された円資金が、他国の通貨に転換されて国際金融市場へと流入していたのである。

　ITバブル崩壊後に世界規模で採用されたリフレ政策により供給された大量の資金は、金融のグローバル化で一体化した国際金融市場の中を先端の金融技術に後押しされて、さまざまな金融商品に組み替えられて世界の隅々にまで行き渡った。そしてその動きを加速した証券化、レバレッジ、ディリバティブの3つの金融技術が、金融業界の人たちの欲望と連動して世界規模の信用バブルを形成していったのである。

　最後に、2006年に米国の住宅価格がピークを迎えて下落に転じた背景を検討してみると、再びFRBによる金融政策が大きく影響していることがわかる。FRBは、国内の景気後退や株価下落の動きが収束してくると、商品価格の上昇などに伴うインフレ懸念の高まりに対応するために、2004年6月以降2006年6月までの間に合計17回で累積4.25％の利上げを行い、政策金利を5.25％に引き上げた。この政策金利の引き上げは、住宅市場に対しては住宅ローンの貸出金利の上昇という経路で影響を与えた。とくに、サブプライム・ローンな

第3章　国際金融システムの再構築に向けて―ブレイディ構想以降の国際金融の動向を踏まえて―

(表2)　世界の GDP 成長率推移（1991～2009年）　　　　　　　（単位：％）

	1991	1992	1993	1994	1995	1996	1997	1998	1999	2000
世界全体	1.5	2.0	2.0	3.4	3.3	3.7	4.0	2.6	3.6	4.8
先進国	1.3	2.1	1.5	3.4	2.9	3.0	3.4	2.6	3.6	4.1
途上国	1.7	1.8	3.1	3.3	4.0	5.1	5.0	2.5	3.5	6.0

	2001	2002	2003	2004	2005	2006	2007	2008	2009
世界全体	2.3	2.9	3.6	4.9	4.5	5.1	5.2	3.0	-1.1
先進国	1.4	1.7	1.9	3.2	2.6	3.0	2.7	0.6	-3.4
途上国	3.8	4.8	6.2	7.5	7.1	7.9	8.3	6.0	1.7

（出典）IMF、World Economic Outlook Database, October 2009

(表3)　世界の経常収支の推移（1995～2009）　　　　　　　（単位：10億ドル）

	1995	2000	2005	2006	2007	2008	2009（推）
アメリカ合衆国	-113.6	-417.4	-748.7	-803.5	-726.6	-706.1	-369.8
ユーロ圏	n.a.	-36.3	46.8	41.0	34.4	-92.7	-82.1
日本	111.4	119.6	165.7	170.4	211.0	157.1	96.9
アジア新興国	2.1	38.9	80.2	90.0	103.6	76.1	98.0
先進国合計	34.7	-270.0	-408.5	-458.9	-365.3	-533.1	-261.7
ブラジル	-18.4	-24.2	14.0	13.6	1.6	-28.2	-18.8
ロシア	7.0	46.8	84.4	94.3	77.0	102.4	45.4
インド	-5.6	-4.6	-10.3	-9.3	-11.3	-26.6	-27.5
中国	1.6	20.5	160.8	253.3	371.8	426.1	371.5
中東	4.5	71.6	202.9	262.9	264.9	345.3	42.8
ASEAN5カ国	-30.9	24.7	14.8	43.4	53.3	33.3	41.5
途上国合計	-91.6	93.2	448.3	659.7	664.5	724.6	355.6
世界総合計	-56.9	-176.8	39.8	200.8	299.2	191.5	93.9

［出所］IMF、World Economic Outlook Database, October 2009 より作成
（注1）2009 は IMF の推計
（注2）ユーロ圏には、オーストリア、ベルギー、キプロス、フィンランド、フランス、ドイツ、ギリシャ、アイルランド、イタリア、ルクセンブルク、マルタ、オランダ、ポルトガル、スロヴァキア、スロヴェニア、スペインの16カ国を含む
（注3）アジア新興国には、香港、韓国、シンガポール、台湾を含む
（注4）中東には、バーレーン、エジプト、イラン、イラク、ヨルダン、クエート、レバノン、リビア、オマーン、カタール、サウジアラビア、シリア、UAE、イエメンの14カ国を含む
（注5）ASEAN5カ国には、インドネシア、マレーシア、フィリピン、タイ、ベトナムを含む

どの低所得者向け住宅ローンは、変動金利が大部分を占めていたために、金利上昇の影響は甚大であった。2005年後半には住宅価格の上昇は鈍化をはじめ、地域によっては価格が下落をはじめていた。こうした住宅市場の動きに警鐘を鳴らす人たちも一部には存在したが、そうした意見は大多数の楽観論にかき消されていった。

　この米国の住宅ブームの崩壊を契機としてサブプライム証券化商品の価格下落が始まり、証券化、レバレッジ、ディリバティブなどの経路を通じて、価格下落の負のスパイラルがすべての金融市場へと波及していった。市場を経由した金融商品の価格の急激な下落が、各国の金融機関のバランスシートを毀損させ大規模な信用不安が起こり、短期金融市場の機能不全をはじめとして金融システム自体に動揺が広がったのである。

　今回のサブプライム危機発生までの経緯を振り返ると、累積債務国問題発生の直前や、日本のバブル崩壊前の状況とほとんど変わらない。いつの時代も、不換紙幣体制の下で生み出される過剰流動性を背景とした金融市場や不動産市場におけるブームが、人々を陶酔状態に巻き込んでバブルへと誘い、その宴は持続不可能となるまで続くのである。

3　サブプライム危機と世界同時金融危機

（1）サブプライム危機の4つの要因

　サブプライム危機とは、米国の低所得者向け住宅ローン（サブプライム・ローン）市場の債務不履行の拡大をきっかけとして広がった問題である。1990年代前半までは、リスクの高いサブプライム・ローンの比率は、米国の住宅ローン市場全体の中では限られたものであった。1990年代中頃からサブプライム・ローン残高が急増した原動力となったのが、住宅ローン市場へ資金を供給する上で大きな役割を果たした証券化の仕組みであった。これまでは金融機関が負担していたサブプライム・ローンの信用リスクを、証券化の仕組みを通じて証券化商品の投資家へ移転することができるようになった。そのため金融機関は、サブプライム・ローンを証券化市場で売却して新たな貸出を行うことが可能となり、全体のサブプライム・ローン残高は2006年末時点では1.2兆ドル程度まで拡大していった。

第3章　国際金融システムの再構築に向けて―ブレイディ構想以降の国際金融の動向を踏まえて―

　このような中で発生したサブプライム危機は、サブプライム・ローン市場の不良債権問題から、短期間のあいだにすべての金融市場の問題へと波及していき、さらに国内及び国際金融システムの危機にまで拡大している。かつてのように金融機関が、貸出債権を自ら保有していた時代には、不良債権問題が起こってもそれは銀行システムの中に留まり、直ちにほかの市場へ影響が出ることはなかった。実際に、1980年代の米国のS&L危機や1990年代の日本の金融危機においては、当初は銀行業界の問題として収まっていた。それは金融機関自体が、貸出市場で起こった危機を直ちに他の市場へ波及させない壁としての機能を内在していたからだ。つまり金融機関が、保有する貸出債権の損失を認識するまでには時間がかかるために、結果として金融機関の自己資本が危機の防波堤の役割を果たしたといえる。

　ところが今日のように、サブプライム・ローンを含めて住宅関連貸出の約7割が証券化されて、その証券化商品が市場で売買される状況の中では、貸出市場に起こる不良債権問題が他の市場へ影響する度合いは全く異なるものとなっている。貸出と債券を結びつける証券化という地下水脈を通じて、「貸出市場」と「債券市場」が一体化しているからだ。貸出市場で不良債権問題が起これば、その影響が証券化市場を通じて債券市場に直接伝播するのである。貸出市場の不良債権問題が、債券市場では証券化商品の価格下落として顕在化して、それらの債券を保有する金融機関や投資家が直ちに損失を認識する必要が出てきている。このような市場型危機は、市場価格を媒介として伝播するためその伝わるスピードは速く、危機を認識したときにはすでに手遅れとなっていることが多い。

（2）世界同時金融危機の要因

　世界同時金融危機の要因については、証券化、レバレッジ、デリバティブ、当局の規制の不備の4つにまとめることができる。

　まず証券化についての問題の1つは、情報の非対称性が存在するということである。住宅ローンの貸出実行を行う組成者と、その住宅ローンを証券化した商品を購入する投資家が異なるために、投資家は住宅ローンの債務者情報を詳しく知ることはできない。このために投資家は、その証券化商品のリスクを判断するために、専門家の客観的評価を頼りにする以外に方法がない。その客観

的な評価を行うという役割を担ってきたのが、国際的に活動を行うムーディーズやS&Pなどの格付け機関であった。しかし格付け機関も、投資家のために信用リスクを見極めるという本来の機能を果たすことができなかった。サブプライム危機の中では、格付け機関が最上位のリスクと判定した債券が、次々と債務不履行に陥ったのである。

　証券化の2つ目の問題は、モラルハザードの問題である。住宅ローンの組成者には、できるだけ多くの貸出を実行してそれを第3者に転売し、リスク回避しながら多額の利益を計上しようというインセンティブが働いている。市場が拡大するにつれて、このインセンティブを追求する力が強くなり、徐々に組成者のリスク判断が甘くなっていく傾向がある。なぜなら組成者は、証券化した貸出が不良化したとしても、その損失を負担する必要がないからである。

　さらに証券化によって債務交渉に困難さが増してきたことも大きな問題になっている。金融機関が貸出債権を保有しているときは、相対取引のメリットを生かして債務者との間で債務繰延べや金利減免などの柔軟な交渉を行うことが可能であった。しかし貸出が証券化されている状況では、債務交渉の当事者である投資家と債務者が多数存在するために、条件変更などの柔軟な交渉を行う合意を取ることは不可能に近いのである。

　今回のサブプライム・ローンの証券化の過程では、幾重にも証券化が行われてきた。元々の住宅ローンが証券化されてRMBS（Residential Mortgage Backed Securities）となり、RMBSの劣後部分が再証券化されてCDO（Collateralized Debt Obligation）となった。さらにCDOがCDOスクエアに再々証券化され、場合によってはCDOスクエアがCDOキューブに証券化された。こうした証券化ゲームの中で市場は規律を失い、市場は欲望マシーンへと転換したのである。この一連の仕組みの中で重要な役割を果たしていたのがレバレッジである。証券化商品を組成する投資銀行やその商品を購入するヘッジ・ファンドが、こうしたレバレッジを活用する中心メンバーであった。このレバレッジが証券化と結びついて、市場の拡大とともに急激な信用膨張を引き起こした。このことは債券と市場型貸出が直接結びついて、金融システムの中に市場リスクに直接連動した貸出が増加したことを意味している。ひとたび債券の価格が変動すれば、それに連動した貸出も大きな影響を受けることになる。つまり最も根底にある住宅ローン債権に損失が発生した場合には、そのマイナスの影響

の大きさは計り知れないことを意味しているのである。[6]

　サブプライム危機や世界同時金融危機の中で、証券化と並んで問題の主役となっているのがディリバティブである。とくにサブプライム危機の中で注目されてきたのが、CDS（Credit Default Swap）と呼ばれるディリバティブだ。CDSとは、倒産リスクをヘッジするための取引で、一種の損失補填をする保険契約のようなものである。CDSの売り手は、保険金額に対してプレミアムと呼ばれる保険料を受け取り、契約に記載された債権に対する保証を行う。CDSの保険料は、保証する債権のリスクによって変動し、債務不履行のリスクが高いほど保険料も高くなる仕組みだ。

　CDS市場は、2000年ごろから拡大してきたが、ISDA（国際スワップ・ディリバティブズ協会）によれば2008年6月末で54.6兆ドルの残高となっている。またCDSは、取引所を経由しない相対取引であるため、監督当局もその取引の全容を把握することが難しい上に、個別取引ごとに契約内容が異なるために、リスクの総量を測定することも困難だった。またCDSの取引所や清算機関が存在しないということは、万が一CDSの売り手の大手金融機関が支払いの履行をできなくなった場合には、その影響が市場全体に拡散する恐れがあるということだ。米国の大手保険会社AIGの経営危機が、市場に大きな影響を与えたのは、AIGがCDSの最大の売り手だからである。米国のGDPの4倍近い残高のある市場において、こうしたオフバランス・リスクが存在することも、現在の国際金融市場を不安定にしている大きな要因といえる。

　当局の規制に関しては2つの問題が挙げられる。ひとつは規制・監督当局による金融機関に対する規制やリスク管理が甘かったために、金融機関に過度の信用拡大を許したことだ。「信用リスク」と「市場リスク」が一体化した今日の金融システムの中では、金融機関のリスクをきちんと把握して、過度なリスクがシステム全体の中に蓄積しないように留意する必要がある。さもないと、信用拡大に起因した不良債権問題が市場を通じて問題を世界中に伝播させたり、市場の変動による影響が信用市場に波及して不良債権問題を発生させたりすることになる。

　規制の不備に関わるもうひとつの問題は、金融知識が少なく十分な情報を持たない人々に対する貸出に関して当局が適切な規制を怠ったということである。いわゆる略奪的貸出（Predatory lending）と呼ばれる、違法性の高い貸出に関

連する問題だ。米国においてはこの略奪的貸出についての論争は長い歴史があるが、サブプライム・ローン市場ではその議論が活かされたとは到底いえない。

(3) 今後の課題

2008年9月のリーマン危機後の世界経済の急速な落ち込みを契機として、国際金融システムを見直す動きが高まった。2008年11月以降矢継ぎ早に20カ国・地域 (G20) 首脳会議 (金融サミット) などの国際会議が開催され、国際協調体制の模索が始まった。前項でみてきたとおり、金融経済のグローバル化と新興国の興隆の中で先進国中心の枠組みの限界が明らかとなり、BRICs などを含めた新興国も参加したより広範な枠組みでの議論が必要となっている。こうした背景のもとで、G20 は、金融システムの安定維持や、合意した規制が各国で適切に適用されていることを監督するため、金融安定化理事会 (FSB) を設立し、主要国のみで構成されていた金融安定化フォーラム (FSF) を拡充する形で発足させた。FSB は、IMF、BIS (国際決済銀行)、IOSCO (証券監督者国際機構) などとの連携を通じて、現在の国際金融体制の強化を図ることとなっている。

2009年9月に開催された第3回 G20 首脳会議においては、次の7項目が合意をされた。
1　世界経済の「強固で持続可能かつ均衡ある成長のための枠組み」の構築
2　金融規制改革
3　国際金融機関改革
4　エネルギー及び気候変動
5　最も脆弱な人々への支援の強化
6　雇用の創出
7　貿易・投資に対する新たな障壁回避

この G20 首脳会議では、2008年9月以降急速に悪化した世界経済の持続力ある回復を確実にするために、各国が責任ある財政政策と経済実態を反映して市場で形成される為替相場の下で物価安定と整合的な金融政策の実施を通じて景気刺激を継続するとともに、世界経済の不均衡是正に向けて政策協調などに取り組むことを表明した。とくに、世界各国で失業率が上昇して貧困や格差問題が深刻化していることから、雇用創出が喫緊の課題となっている。

また、世界経済の悪化の直接の引き金となった金融危機の再発阻止に向け、過度な貸し出しや過度なレバレッジの再現を防ぐための金融監督の強化、銀行の自己資本比率規制の強化を段階的に実施すること、金融機関の報酬慣行の改革などで合意した。国際金融システムの安定化のために国際金融改革も中心的課題として浮上し、IMFの資金基盤の拡充、新興国へのクォータ・シェアの移転、2830億ドル相当のSDRの配分などが表明された。

　さらに、経済成長の制約要因として注目されているのが資源の枯渇や気候変動の問題である。資源の問題は、石油をはじめレアメタルの不足だけでなく「食糧・水問題」が最大の課題となっている。食糧や水は人類が生存していくための基礎的資源であり、この問題の拡大は社会不安へと繋がっていく大変深刻な問題だ。気候変動の問題は、気候の変化が農業へ影響を与えることで食糧問題とも深く関わり、同時に世界の人口問題とも密接に関連している複雑で重要な課題だ。その意味において、温暖化ガス削減を目指す国連の枠組みは全体の取り組みの第一歩でしかないといえるだろう。

　現在の世界の状況は、各国の積極的財政政策や超緩和的金融政策によって、実体経済や金融市場は、一時のパニック的状況が収まり小康状態を保っているように見える。とくに、4兆元（54兆円）の景気対策と9.6兆元（127兆円）に上る人民元建て銀行融資の増加（2009年）によって支えられた中国の経済成長を筆頭にして、新興国が先進国を支える構図となっている。しかしながら、世界経済はいまだ自律的回復を果たせずに雇用問題や財政問題などを抱え、同時に各国の金融システムも世界同時金融危機の傷跡からいまだ癒えずに不良債権問題に悩まされている。そのうえ、裏側では世界の多くの分野で不均衡が蓄積して、日米欧の財政再建問題など新たな危機の芽が大きくなってきている。

　こうした状況の中で、G20を中心として議論されている国際金融システムの安定化のための政策は適切で充分な内容なのであろうか。世界各国が、信用膨張で世界中に拡大したマネーの収縮の過程で起こっている今回の金融・経済危機に、拡張型の財政・金融政策で対応している。これは、マネーのバラマキで生じた問題を、再度バラマキで解決しようとしているのに他ならない。こうした政策は、問題が一部の地域や国の規模であれば有効に機能することもあるだろう。しかし今回のように、危機が世界中に連鎖して広がっている中では、問

題の先送りにしかならないのではないか。各国、地域の利害が対立し問題解決に向かって協調していく動きはいまだ見えていない中で、現在G20で行われている議論のように、従来の制度の延長線にあるような改革でこの危機が乗り切れるのであろうか。現在世界に求められているのは、一刻も早く各国が協調して、過去の負の遺産を整理したうえで、新たな枠組み作りのために動き出すことであろう。

終わりに

　国際金融システムにおける懸案のひとつは、ニクソン・ショック以降の不換紙幣体制が生んだ「紙幣のだぶつき」の問題であり、それが今日の世界同時金融危機の根底にあるということだ。2つめは、グローバル化の進展した状況下では、世界全体を統一的に規制・監督し「最後の貸し手」として機能できる世界中央銀行が必要だということである。

　ニクソン・ショック以降の世界では、「貨幣と信用の管理」は貿易システムよりも重要ではるかに脆弱な急所となっている。歴史は、信用創出とマネーサプライの拡大に対して慎重な管理の必要性を教えているが、今回もその教訓が生かされることはなかった。(7)　さらに今日の世界には、世界的に一体化した金融市場において国境を超えて活動する金融システムを、規制・監督する権限を有する世界中央銀行は存在しない。今日の国際通貨金融体制の最大の課題は、統合された国際金融システムと世界経済の安定化のために、このような組織を早期に検討するということであろう。しかし通貨の覇権というものは一筋縄ではいかない。なぜならば極めて政治的な内容を含有しているからだ。

　すでに信用収縮、貨幣の回転速度の低下の段階に入っている世界は、今後国際通貨制度や国際金融システムの再構築のためにどのような解決策を模索していくのだろうか。そして世界同時信用バブル形成の過程で供給された「紙幣のだぶつき」は、どのようにして解決されていくのであろうか。資源問題、食糧問題、環境問題など新たな制約条件が次々と浮上してくる中で、実体経済と乖離を続けていた金融が、再び実体経済へと擦り寄っていく動きがさまざまな場面で観察されるようになっている。そうした中で、再び世界貨幣としての金が再び脚光を浴びはじめている。(8)

第3章　国際金融システムの再構築に向けて—ブレイディ構想以降の国際金融の動向を踏まえて—

　金融が実体経済との連動を強めていく中で、国際社会は、再び世界経済を安定させるための新たな国際通貨体制を模索している。それは、国際的に通用する新たな価値形態を定めることに他ならない。筆者は、新たな通貨制度の中で、世界通貨としての金がアンカーとして中心的な役割を果たしていくと考えている。

[注]
（1）1997年のアジア通貨危機において突然発生した通貨危機により、アジアの国々の外貨準備が急激に減少した状況を、カムドシュ氏が21世紀型の危機と表現した。
（2）アジア通貨危機の経験を経て、国際金融市場安定化のため1999年のケルン・サミットで発表された、国際金融アーキテクチャー強化に関するG7蔵相報告書。
（3）クリントン政権末期の2001年経済諮問委員会報告で、1990年代の持続的経済成長期の経済構造をニュー・エコノミーと呼んだ。
（4）Standard & Poor's「S&P Case-Shiller Home Price Indices」参照。
（5）レバレッジとは文字通りには「てこ」という意味であるが、金融業界では外部借入れの意味で使われる。このような場合に使われるレバレッジは、一般的にはノン・リコース型の貸出である。
（6）ヘッジ・ファンドによる証券化商品の投資の仕組みは、2重のレバレッジ構造になっていた。このことがサブプライム危機の中で、危機が多くの市場へ波及していった要因の1つである。
（7）本澤［2009］参照。
（8）Financial Times「Gold is the new global currency」（2008年1月7日）参照。

[参考文献]
本澤実［1989］,「LBOの急成長と信用リスク」『金融財政事情』, 2月13日号, 36－39頁。
本澤実［2005］,「金融再生の視点からのブレイディ構想再評価」『証券経済学会年報』, 第40号, 49－65頁。
本澤実［2009］,「金融のグローバル化とサブプライム危機－歴史的視点から」『年報財務管理研究』, 第20号, 55－65頁。
本澤実［2009］,『国際金融システムの再構築』, 御茶の水書房。
IMF［2006］［2007］［2008］［2009］,「World Economic Outlook Database」
Standard & Poor's［2010］,「S&P Case-Shiller Home Price Indices」
US Department of Commerce［2010］,「Bureau of Economic Analysis」

［2010年8月執筆］

本澤　実（ほんざわ　みのる）
　共生投資顧問株式会社代表取締役社長、埼玉学園大学大学院客員教授、経済学博士。日本債券信用銀行、INGベアリング証券会社、日本みらいキャピタル株式会社副社長を経て現職。東京大学農学部農業経済学科、英国ケンブリッジ大学大学院修士課程を経て、埼玉大学大学院経済科学研究科博士後期課程修了。専攻は国際金融論。
　主要著作に「金融再生の視点からのブレイディ構想の再評価」（証券経済学会年報第40号、2005年）。『国際金融システムの再構築』（御茶の水書房、2009年）。『株式会社の財務・会計制度の新動向』（共著、泉文堂、2011年）など。

第4章　グローバル金融危機と金融規制強化

冨家友道

　本稿は、2007年の米国でのサブプライムローン証券化の問題を発端としグローバルに拡大した金融危機に対する金融規制強化の方向性を評価し、その潜在的問題点を明らかにする。

1　金融危機の特性

　今回の金融危機は、米国でのサブプライムローンの証券化商品の価格暴落に端を発しているが単一商品のバブル崩壊にとどまらず主要国市場に伝播し、最終的に金融機関全体、さらに金融当局も含めたグローバル金融システム全体の危機の特性を持つこととなった。米国・EUの主要金融機関に対する信用危機により、市場の価格機能が機能不全となり、ほぼ全ての金融商品の価格が下落ないしは取引が成立しない事態になり、平常時のみられる商品価格間の相関・逆相関などの関係が崩れ市場の価格メカニズム自体の崩壊に至った。今回の金融危機を特徴付ける事項として以下の点に注目すべきと考える：
1）一国金融市場、特定商品市場ではなく、すべての市場への急速な広がり
2）金融機関本体以前に傘下のヘッジファンドで危機が先行
3）金融市場から実体経済への拡大
4）銀行間資金市場の枯渇、すべての金融商品価格の一斉の下落
5）金融機関の損失額の不透明性

　これらの点をやや詳しく見てゆくと、まず最初に、今回の危機の大きな特性として米国で組成された住宅ローン証券化商品や再証券化商品が、米国への経常黒字国からの資金集中を背景とし広範な世界の金融機関・投資家に保有されたことがあげられる。特に、米国のエージェンシー債券は、暗黙の政府保証が期待されていることから米国債の保有と同レベルで各国政府を含む、広範な投資家層が保有することとなった。その結果、価格崩壊の影響が米国以外の地域に

即時に伝播することとなった。米国のエージェンシー債は発行規模、市場の流動性の両面で、大規模な外貨準備を保有するアジアの政府にとっても常時換金可能な最も安全な金融商品の一つと考えられていた。一方、再証券化商品はこうした参照資産をベースに高格付で且相対的に高い利回りを実現するように組成され、組成金融機関、機関投資家や富裕層に保有されるほか、ヘッジファンドなどで保有され、ファンディング時にプライムブローカーに対し差し入担保として利用されていたものと考えられる。こうした、広範な保有が今回の危機のグローバル市場への急速な拡大の一因になったものと考えられる。

次に、今回の危機の顕在化は当初は投資銀行本体ではなくその傘下のヘッジファンド等であったことに注意すべきである。BNPパリバは2007年4月に傘下のヘッジファンドの評価額算定と解約を中止し、7月には資本注入している。差し入れ担保である証券化商品の価格下落などにより、担保ファンディングに対する追加担保の要求などに対応できず資金繰り困難に陥ったことが原因の一つと考えられる。ヘッジファンドに対してはJPモーガンにより救済されたベア・スターンズそうであるように、プライムブローカーである投資銀行が担保による資金調達も含めヘッジファンドの業務を全面的に支えており、主要投資銀行の大きな収入源になっている。また、資金調達のもととなるABCPの資産側は必ずしも証券化商品のみではなく、金融機関の劣後債権などの資本性調達手段も含まれており、タックスヘブンでのこうした不透明な調達も今回の危機の重要な要因と考えられる。つまり、投資銀行は自身のバランスシートではないSPVを利用し、仕組み商品を組成、バランスシート外での資金調達（資本調達も含め）と運用を実施する。そこで組成された仕組み商品は、プライムブローカーサービスを利用するヘッジファンドが購入し、相対的に高い利回りを享受しつつ、その仕組み商品をプライムブローカーに担保差し入れし資金調達を実施、その資金でさらに仕組み商品を購入するといった循環的取引を実施していたものと考えられる。こうした方法で、もともとの自己資金の何倍もの資金運用を行い高収益をあげていた。これがレバレッジでありまた、投資銀行も同様の取引を実施して居り、それをシャドウバンキングなどと称している。こうした取引は、市場価格が急落し、取引の成立が困難な状況下ではレバレッジを解消する反対取引が円滑にできず、結果として資金繰りに行き詰まり破綻することになるのは97年のLTCM破綻で見た事例とまったく同じである。今

第4章　グローバル金融危機と金融規制強化

回の危機においても主要金融機関に対し中央銀行、政府からの資金支援、資本調達が必要となる程度に資金繰り危機が発生した。つまり、表面的にはバランスシートから切り離されているSPVでの高レバレッジ取引の危機が本体波及したのである。

　次に、今回の危機の大きな特徴として、価格メカニズム特に信用価格メカニズムの長期的崩壊がある。97年の危機ではソブリン債のデフォルトという極めて稀なイベントの結果市場価格の混乱が見られたが当該デフォルト債券以外は長期的影響を受けていない。今回は、まずサブプライムローン証券の価格がサブプライムローンのデフォルト率を大きく超過する価格低下を見ている。さらに、これらの商品と直接関係のない上場株式価格なども大きく低下している。要因としては、金融機関がどの程度の仕組み商品を保有しどの程度の損失が出ているか不透明であることからの市場の不信感が蔓延し、各金融機関が保有する証券化商品を投売りしたことなどによる説明不能な価格下落が指摘されている。仕組み証券のように価格がモデルにより算出される商品に対する市場での値付け機能の崩壊は極めて大きな市場の失敗と考えられる。こうした市場の価格機能の不全の長期化が金融機関の業務を阻害し金融機能自体不全、会計制度の問題等に発展したと考えられる。

　こうした事項に加え、オリジネート　TO　ディストリビュートのモラルハザード、再証券化商品のCDSなどを多用した複雑な構造などの要因が指摘されている。

こうした舞台装置のもと、サブプライム商品の価格下落により危機の導火線に火がつけられることになる。ここで、単なる市場価格の下落では起こり得ないロンドンインターバンク市場での流動性の枯渇が始まり、金融機関に対する不安の高まりからノーザンロックの取り付け騒ぎが発生、他の金融機関に波及していった。ヨーロッパでの銀行間市場の機能不全は、こうした状況を受け、足元の自行の損失状況を見た銀行が、他行の状況を類推し他行に対する疑念が広がることであると考えれば、ファンドとの関係、非連結のファンディングビークル、組成途中の証券化商品プールの規模、再証券化商品の保有状況などからほかの金融機関ひいては全体に対する信用度に対する疑念を自らの行動で示したものと考えられる。つまり鏡に映った自身の姿に恐れをなしたと言える。こうした不信の連鎖の広がりがすべての金融商品の一斉の価格下落をもたらし、

さらなる不信の連鎖へとスパイラルで進行したのである。

こうした状況下で2008年9月には米国政府との協議が不調となりリーマンブラザーズが破綻した。ベアスターンの破綻回避により平静を取り戻しつつあった市場は、リーマンブラザーズの破綻により他の金融機関に対する疑念が再度広がることになり市場の混乱が更に拡大することとなった。

2　基本的問題点と対応

こうした危機を受け、G20での検討に加え金融当局間の組織であるバーゼル委員会、IOSCO（国際証券業協会）などの機関とそのそれらの横断的合同機関であるFSB（FSFの発展形）で対応策を策定している。対策の主要項目は、(1)資本概念と水準とSPCなどの取扱いの改善(2)リスクウエイトの引き上げ(3)流動性規制の強化(4)プロシクリカリティー(5)経営者報酬(6)マクロプールデンス(7)破綻処理である。また、これまで進められてきた当局間の国際的連携の強化も図られている。これらの事項は、現行のBIS IIの基本コンセプトである3ピラーアプローチのもとで今回の金融危機の損失レベルからリスクの算出方法を見直すという過去からの延長の意味での正当性がある。一方で、これらはあくまで個別金融機関の破たん防止の視点での規制強化であり、業者監督に特化した思考であり、市場機能の維持などの本来アドレスすべき問題は検討されていない。中央銀行による大規模な流動性供給は飽くまでペインレリーフであり根本治療ではない。本項では、既に議論されて尽くされた感のあるこうした問題は議論せず、その背後にある市場機能を確保する視点を中心に問題設定をし直しより基本的な問題点を議論することとする。

(1) システミックリスクを誘発する市場機能の崩壊

今回の危機の大きな特徴は、極めて長期にわたり市場機能が不全であったことである。前項で示したように、証券化商品の価格の混乱が金融機関の信用不安、投げ売り、さらなる価格の下落という循環を生み価格機能が停止、それがそのほかの商品市場にも波及し世界市場全体としての不全に発展した。こうした不全の原因として、証券化商品の原資産のか価格低下、証券化商品の仕組みの過度の複雑性、投げ売りによる価格の破壊、市場の資金枯渇による買い方の

不在などの要因が挙げられている。本項では、金融機関の健全性に関する事項は別途議論することとし、商品の価格メカニズムを中心に考える。

　まず、今回の危機の発端であるサブプライムローンについてみれば証券化商品の価格が大凡80％程度下落している一方デフォルト率は20〜30％程度を推移しているものと考えられまた回収率も0ではないことから通常の市場環境ではありえない価格で市場の価格機能として適切とはいえない状況と考えられる。ここで、価格の下落状況ついては相対取引であることから実際には正確な価格は不明でMARKITなどの価格算定業者の参照値を参考にしている。これらから、(1)証券化商品の原資産についての価格算定に必要な各種パラメーターの入手可能性(2)複雑といわれる仕組みの内容開示の方法とその取引価格の開示(3)相対取り引きでの価格の大幅な変動などに対する規制、について検討すべきであることが分かる。(1)、(2)は取引情報の非対称性の問題で、(3)は取引所などではすでに導入荒れているサーキットブレーカーなどの集団ヒステリーを解消する手段の議論である。

　まず、証券化商品の原資産の信用度についての情報についていえば、これまでは融資慣行の地域性ないしは各国法制への依存性の高さの認識の下、金融機関はクロスボーダーでの与信リスクの保有は極めて限定的で、ソブリン乃至は極めてよく知られた企業へのシンジケーションへの参加、自国企業の海外進出先などへの与信に限定されてきた。これは信用評価を直接実施可能かどうか、信用悪化時の対応、最終的な破綻時の対応などについてのスキルを自国以外の法域で用意することのコストからきている。今回の問題は、米国でオリジネートされた住宅ローンについて、そのデフォルト特性、デフォルト時の対応（リコースの有無）、回収率特性などについて米国内の投資家はともかく大方の投資家からは不透明あったこと、さらに、そうした情報に基づく価格メカニズムが一時的に不全となってしまったことが基本的な要因と考えられる。この問題は、市場のインフラとして必須の価格発見機能を支える基本情報の整備について、商品自体がグローバルに保有される速度に全く追いつけず、放置されたという市場整備の基本的な問題であると捉えることができる。破綻処理の法制度まで含めた基盤の整備は各国の歴史的蓄積との関係で簡単に一本化できない。例えば、BISⅡでは、デフォルトポイント概念を参加メンバー国で一本化することを合意したがこの最も簡単で各国の金融当局の裁量で決定できる事項の合意に

もかなりの時間をかける必要があった。住宅ローンのオリジネーションの方法、審査手法とその結果、それに対応するデフォルト情報と回収率情報などの価格設定の基本的情報の標準化は容易ではないが全ての前提ではないか。更に、証券化商品については、デフォルト時の回収資金の帰属や債務者への請求権などの権利関係とその法的手続きについて、その有価証券の外国人の保有者の権利とその実現方法が必ずしも周知されているとはいえない。

ワシントンコンセンサスといわれる市場化を推し進めたサマーズとルービンは外国市場の規制の撤廃には熱心であったが外国人から見て自国市場が機能する上で基本となるこうしたインフラの整備を積極的に進めた形跡はない。市場化により収益性が低下する本邦以外の先進国市場で更に収益を確保したい米国投資銀の意向に沿って意図的に市場の非対称性を放置した可能性も考えられる。

　次に証券化商品の仕組みの複雑性による価格設定の不全について考える。証券化商品の仕組みは確かに複雑で商品ごとに数百ページのドキュメントが用意される。確かに複雑ではあるが発行された証券すべてがそれぞれ全く異なる大変複雑なスキームであることはなく、細かい点を除けば極めて少数のパターンのいずれかに属しており結果として実は単純であることが分かる。実際に、組成を行う投資銀行での実務は一定のパターンで組成を実施し、それを格付けする格付け機関も標準化したマニュアルに基づき格付けしているのが実態である。もともと金融工学は、本来は深い経験と高い見識をもつシニアインベストメントバンカーのみが可能な適切な値付けを、MBA程度の低レベルのスタッフがスプレットシートを操作することで大量生産できるようにする仕組みと考えることができ、そういう意味での生産性向上により、今回の危機をもたらした証券化商品が大量生産されたと考えるべきである。

こうした標準化可能な商品の場合、上記で述べた価格設定の前提となる情報は用意しやすい。原債権のキャッシュフローとリスク特性、組成の仕組みのパターン、再証券化の場合のクレジットデリバティブの引き受け者等の知るべき事項が周知されることが市場機能維持の前提となると考えられる。現状は業者により結果としての価格の気配値のみが公表されている極めて非対称な状況である。

最後に、市場価格の規制であるが、株式や先物の取引所では歴史的にサーキットブレーカーを設置することが常識になっている。これは混乱状態での価格の

乱高下に対し、取引を一時停止するとこにより参加者に冷静さを取り戻す機会と提供するものである。相対市場では、プロの参加者間で取引を実行する場として必要性が低いが、今回の危機ではその不透明性が裏目となり"囚人のジレンマ"としかいえないファイアーセールにより適切とは思いにくい価格が定着する原因となった。取引所だけではなく、相対市場での取引のチェックと情報の提供は検討に値する一定の効果が期待される。そのためには、極めて高度な専門知識をもつ規制当局の存在が求められることになる。わが国では、大蔵省からの分離により金融監督庁を設立した趣旨の1つはそこにあると聞く。天下りの弊害のみに着目し当局の人事や異動について極めて硬直的な方向へのシフトを企図しているようであるが、金融当局は、専門性維持の視点からもリボビングドアの確保は必須であり、また、金融監督自体を扱う学会との相互交流も極めて重要である点を再度確認したい。

(2) プロシクリカリティーと自己資本規制

　今回の見直し案ではトレーディング勘定での損失が大部分であったとの分析から証券化商品、個別リスクのリスクウエイトの見直しとVARへのストレスVaRの追加が提案されている。ここでストレスVaRとは、2007年等のストレス状態にあると思われる市場環境でのVaRを算出し通常のVaRに加算するとの規制である。BIS Ⅱでは規制のリスクセンシティビティーが高められた。これは、銀行がレギュラトリーアービトラージとして、資産の流動化などで見かけのバランスシートを縮小したが劣後パートの保有などで実質的リスクは不変であったこと、デリバティブの拡大と高度化で融資を前提とした一律規制が無力化したなどを理由としている。つまり、現状の複雑化した銀行業務を前提とすると何らかの方法でリスクの程度による資本の増減（リスクセンシティブ）をはかることが金融機関の健全性評価を適切に行うために必要との認識である。一方、マクロ的な観点からは、景気上昇局面では一般にリスクは低下し、景気後退局面ではリスクが上昇することから、こうしたリスクセンシティブな規制は景気循環を促進する可能性を持つ仕組みと考えられている。こうしたプロシクリカリティーを考慮すれば、金融商品の市場・信用リスクのウエイトをリスクの実態に合わせ調整することは常時必要であるが、全体的に強化することはプロシクリカリティーを強化する方向に進んでいる可能性が高い。これに対し、

今回のバーゼル委員会からの案ではストレス VaR を導入することとしている。これは 2007 年等の特殊なストレス環境での VaR を追加賦課するものであるが、特殊な環境に依存したもので、今後の危機は 2007 年と同じようには起こらないと想定されること（実際、今回の危機は LTCM とも IT バブルとも全く異なる）から単に一定の金額の資本を上乗せする意味合いしかない。プロシクリカリティーの批判に対応した苦肉の策ではある。金融機関側での損失分析として、UBS は 2007 年決算報告の中でどのような理由で大規模な損失を計上することになったかの株主向け報告を開示している。(参考 1) この報告では、今回の損失事案の原因について第三者調査の結果が報告され、幅広く問題が取り上げられているが、内部モデルの問題に加え、リスク管理委員会での事前のリミット設定や資本配布なしでの証券化商品のウエアハウジングの開始、社内のアナリストが当該事業の将来性に否定的見解を述べそれを委員会として採択しているにもかかわらず証券化商品業務の拡大や商品保有の拡大を決定したといった事項が説明されている。多くのほかの金融機関でも同様の事象が発生していると考えられるが、こうした経営管理上の失敗はオペレーショナルリスクとして把握すべき事項である。BIS Ⅱでは、これまでリスク資産に対し一括して 8% の資本賦課としていた BISI での規制を、信用リスクとオペレーショナルリスクに区分しリスク毎に資本賦課することとしている。今回の危機での一つの大きな教訓は、リスク管理体制構築上の重要事項として、市場リスクや信用リスクなどのリスクの管理に加え、市場が高揚する時には内部管理手続きの無視などのオペレーショナルリスクが高まり、それを契機にして様々なリスクが顕在化するという事実が極めて鮮明に認識できたことである。ブームによる業務の急速な拡大、その中での収益の急上昇による内部規律の緩みがもたらすリスクを適切に把握管理することがこうしたバブルへの金融監督の対処として極めて重要と考える。実際、IT バブル以後の市場の回復につれクレジットデリバティブ市場が急拡大した際に見られた事象も同じ根を持つものである。同商品取引は相対取引きであり、また、仕組み取引などへの組み込みの要請などから契約書自体が複雑で且個別的であった。そこにブームにより、取引が急拡大したことから専門スタッフが不足し結果として取引結果のコンファメーションが滞り恒常的に 3 カ月以上の遅延が発生することになった。こうした事態に危機感を抱いた FRB の指導により、業界団体である ISDA により契約文章の標準化が

すすめられまたコンファメーションの第三者仲介が行われることとなった。こうした検討が現状の清算機関構想に継続している。急速な市場の拡大、急速な収益の拡大といった事象は基本的にオペレーショナルリスクの増加をもたらす。BIS Ⅱでオペレーショナルリスクを他のリスクとは独立して取り上げた当初の動機は資産の流動化の拡大にある。金融機関は資産の流動化により、信用リスクアセットをバランスシートから落とし金利収入を前取りする一方サービシング業務は継続しており、実質的にはすべてのリスクを移転していないことから、資産保有からのリスクではなく業務量からのリスクに資本賦課しようという考えであった。銀行でのオペレーショナルリスクの実務はその時点では必ずしも進んでいなかったことから、一部では時期尚早の意見も強かったが、今回のように実質的にオペレーショナルリスクの発現によるグローバル危機発生したことを考えれば、先見の明があったと評価できよう。

元々市場リスクモデルは過去の統計的連続性を前提として組み立てられた計算モデルである点で現実事象への適用には限界がある。そうした不足はモデルの特性を理解したリスクマネジャーや経営者の注意でマネジメントプロセスとして対応されるべきものである。その意味でBISⅠでは、未分化であったオペレーショナルリスクやピラー 2 での内部管理プロセスの整備が重要である。常にそうであるが、景気拡大局面で金融機関として順調な時には内部の規律が緩む、こうした要素を取り込み適切に資本賦課できるリスクカテゴリーはオペレーショナルリスクをおいて他にはない。

プロシクリカリティーとの関係では、景気上昇局面での収益拡大に伴い、取引量の拡大や引き受けリスクの拡大が一般的に進みオペレーショなるリスクは増大する。一方そうした局面では先ほど示したように市場・信用リスクは低下する。これらを考えれば、景気循環に対しニュートラルになる程度オペレーショナルリスクのキャピタルチャージの重みを高める（現状 2 割程度を想定）ことが健全性規制の構成として適切であると考えられる。また、現状のオペレーショナルリスクはモデル方式か粗利益をベースした資本賦課となっているが、そこに経営リスクとして経営者報酬の絶対値もしくは上昇率の要素を加えるのも一つの考えである。

　本項でのもう一つの問題は資本水準の問題である。ストレス VaR のアドオンは現状調査中ではあるが現行規制に対しおそらく 3 倍程度の資本賦課になる

と考えられる。現行市場リスク規制での資本賦課の水準は証券化商品と個別リスク（信用リスク）以外の通常の国債などの商品については大きな問題を生じていない。そうした視点から、今回の追加資本の提案は資本水準自体の問題ととらえるべきである。つまり、現行の8％水準は想定される最大の損失に対し、その損失を吸収し一定レベルプラスになることを目指しており、会計期末までに資本調達することが可能との考え方と思われる。実際、内部格付け法はかなり高い信頼区間で保有期間1年でのエコノミックキャピタルの概念にキャリブレートされていると考えられる。銀行システムに一定のコンフィデンスがあればこのレベルの損失があっても資本調達が可能と考える。今回の危機はそうした状況を越え世界市場全体での金融危機となったことで公的資金注入に至ったものである。今回の改定案は、この水準に対し、損失をカバーしそのうえで更に健全性規制の最低自己資本を維持することが求められているように見える。この水準の資本準備はたしかに、銀行の破綻の機会が減るという意味で安心感はあるが企業としての収益性や効率性についての問題を提起することになると考えられる。この問題は一定の期間を待って評価する必要があるが88年の8％規制に対する極めて根本的な改定でる点は指摘しておきたい。システミックリスクが組織的に防止できれば必ずしも必要がない資本をすべての銀行が常時用意することが金融システムの効率性、ひいては金融サービスのコストの上昇と言った視点で妥当なのかという疑問がある。

（3）内部モデル

VaRは、もともと1日の最大損失（規制では99パーセンタイル）を計算しディーリングルームの内部管理に役立てることを目的に導入された手法である。こうした実務で一般化している手法を規制に取り入れる際の安全確保のため保有期間を10日に、3から5倍の掛け目を付加したものである。前提となる業務は銀行勘定ではなくトレーディング勘定で顧客への取次などで必要となる在庫などを想定し、短期的な保有と裁定取引を対象としている。基本的に即時市場売却が可能な取引を前提としている。したがって、今回の危機のように市場の流動性が枯渇した場合には有効性はない。また、市場リスク規制に含まれている個別リスク、カウンターパーティリスクについては10日の保有期間は必ずしも成り立たない。この問題は90年代のロシア危機、アジア危機、LCTMの際

にも既に顕在化している。すでにリスク管理実務者の間では議論されていることであるが、流動性が失われることによる保有期間の問題と信用リスク商品の価格の大きな変動の問題が指摘されている。こうした問題への対応は現時点ではストレステストなどの追加的対応が主体となり、現状の統計モデルの改良自体に限界があるものと考えられる。（参考2）現状の統計モデルの問題を克服する意味で、ゲーム理論、フラクタル理論などの適用が検討されており、経済物理学として最近急成長しているが、現状での実務として一般化するには少しの時間が必要と考えられる。いずれにしても、クレジットデリバティブ、証券化商品などのクレジット商品の保有期間の問題等を解決することが必要である。これらのモデルの問題への対応は当面の間モデル自体の改良ではなく、ストレステスト等の道具の組み合わせと経営管理プロセスに依存することになる。

（4）規制対象の問題

今回の危機は銀行勘定での保有資産からの損失の問題以前にファンディング用のSPCに対する証券会社の支援、ファンドの破綻、証券会社での証券化商品組成時点での損失といった、形式的には金融機関本体以外でのエンティティーでの損失が資金繰りの困難を招きその影響が本体に波及して拡大した事象が見られる。もともと、日米では証券会社はブローカーとして顧客の売買を取り次ぐものとし分別管理を求める一方銀行のような健全性規制を厳格に求められていなかった。つまり、顧客の資産は分別管理で守られる前提で市場への影響なしに退場できる前提で規制が組み立てられている。今回の危機以前は、米国の投資銀行はFRBのディスカウントウインドウを持っていなかった。（わが国では、2009年まで証券会社は単体規制）これまでも、山一証券の破たん処理を自主廃業としたように、担保付デリバティブ、仕組み商品などの拡大により他の金融機関との契約の複雑化による債権債務関係の複雑化や債権債務の水準の高さにより証券会社も以前のように簡単に退出できない状況になっている。（Too complex to Resolve）実際リーマンブラザーズの英国法人の破綻管財人は全ての契約関係の解決には10年以上かかるのではないかと表明している。また、税制などの関係からの企業のエンティティーの構造も極めて複雑化している。更に、レバレッジ拡大のためのファンディング用のSPC,仕組み債のプール用のSPVなどが設定されている。健全性規制の観点では、レバレ

ッジ規制、流動性準備規制が提出されているが、こうした抜け穴についての対応が必要で連結対象の拡大が必要と考えられる。また、複雑性について英国当局は破綻時のアンワインディングの方法を遺言として文書化するよう求めている。融資が流動化され、一方で証券化商品の引き受け等により証券会社が長期ファンディングを要する資産を保有する現状に対応するには、これまで、別のものとして運用されてきた証券会社と銀行は異なる規制体系ではなく同一の規制体系で包括的に監督すべき時期に来ている。

3　包括的な提言

此処まで、1で今回の金融危機の経緯、2で市場機能の視点での問題点とその解決策を論じてきたがここでは、それをもたらした背後の要因について議論する。

今回の危機は世界市場の全面的機能不全という点で90年代の日本の不良債権問題とは全く異なる極めて特異な金融危機である。米国発の今回の危機は、前項でみたように、市場を守るべき投資銀行等の市場参加者が再証券化などの方法で非常識なレバレッジ構造をもつ商品を組成するなどし、自ら市場機能を破壊してしまったことに根本的要因がある。わが国の不良債権問題は、あくまでも銀行と企業の取引関係の閉じた世界における信用評価の失敗にすぎず、第三者の詳細な評価といったプロセスを経たものではない。従って、国民経済の中での銀行の比重が重かったことで極めて重大な影響を国民経済にもたらしたが、あくまでも銀行の信用の問題であることから当局の厳しい検査などの実施で主要銀行の信用が回復することにより、経済システムは回復することができた。一方で、今回の危機は、市場自体の信用の喪失であり、多数の市場参加者に対する信用の回復にはこれまでの市場構築に相当する努力を要する可能性がある。今回の危機では、モラルハザードがあったとされるオリジネーターの信用評価に対し、組成と引受けを担った投資銀行が評価を実施、その結果を監査人がチェック、更にスキームに対する評価を格付期間が実施したうえで投資家に分売するという基本的に適切な手順を踏襲している。銀行システムでは、銀行の信用評価の失敗であり、それを適確に開示せず市場の信用を失うという点で一銀行の失敗を原因としている。一方今回の問題は、特定の参加者の失敗で

第4章　グローバル金融危機と金融規制強化

はなく複数の異なる役割りを持つ参加者全ての失敗という点で市場金融システム自体についての疑問を抱かせるような問題である。市場金融システムは、発行者、引受者、監査人、格付け機関、弁護士、信託銀行、ブローカー、決済機関といった極めて多数の異なる役割りを持つ参加者がそれぞれのプロフェッショナリズムの倫理観に基づき適切な行動をとることで成り立っている。今回の危機では、住宅ローンブローカであるオリジネーターのモラルハザードが指摘さえているが、引受け者、販売者の役割は商品の品質を適切に投資家に伝えることであることを考えると全く機能していなかったと評価せざるを得ない。証券業務を始めたばかりのJPモルガンは自らの役目を投資家に発行者を適切に紹介することと言っていたことを思い出す。監査人、格付け機関、弁護士についても全く同様に夫々のもとめられる役割を十全に果たしたものは一人も居らず問題を見過ごした。証券化業務自体は投資家のニーズに対応するために必要であることを考えれば、これらの全ての参加者に対する信用の回復が最終的に市場が正常化するために最も必要な事項である。投資銀行は本来市場参加者間の仲介者として売り方と買い方を適切につなぎ適切な価格形成をすることが役割であったはずであるが、今回の危機で明確になったのは、子会社などを通じた自己資金投資、顧客との共同での自己資金投資などの"投資家"としての業務と、顧客に分売・取次ぎする際の値付け者としての機能の基本的なコンフリクトである。投資家として行き詰まった投資銀行が、自己のファンディングのために、自ら価格破壊の主体としてファイアーセールを行い更なる価格破壊をもたらしたのである。

また、格付け業者も手数料を支払う相手の格付けがそもそも適切に出来るのかといった疑問を投げかけられている。これまでこうした疑問にかかわらず市場が維持されてきたのは基本的に個々の個人、各金融機関のプロフェッショナリズムに基づく自覚と倫理観であったようだ。今回の危機はそうした視点ではプロフェッショナリズムの崩壊が直接的に市場の崩壊をもたらしたと考えられる。2で述べた信用リスク情報の非対称性の放置は、こうした金融機関のプロフェッショナリズムの減少を促進し収益のためにある程度の不正を行うことを促進したものと考えることが出来る。信用リスクの価格算定の根拠となる情報が容易に得られ、スキームのパターンに沿った情報が提供され誰が見ても価格の適不適が明らかであれば不正は起こりにくい。つまり、常に自身の姿を映すかが

みをみながら業務が進められる環境の整備が必要なのである。こうした市場へと市場を成長させるのが市場参加者の基本的役割りである。

結　び

　サブプライム問題に対しては各方面で様々な議論がされている一方最大の問題である市場機能の維持については、緊急対策である中央銀行の無制限の流動性提供等についての議論ばかりであることを考慮し市場機能とその根幹である職業倫理について議論することとした。民主主義のもとでの資本主義経済では公平な価格決定の仕組として"市場"の持つ意味は大きく、市場原理主義に対する批判は喧しいが、その論点は価格決定の公平性を求めるものが主で、それ自体市場主義の考えである。市場が機能するように参加者をコントロールすることが市場を守り、市場の失敗を軽減する上で重要ではないかというやや自己撞着的な筆者の思いを紹介したものである。

[参考]
1. Shareholder Report on UBS's Write - Downs 18 April 2008 UBS AG
2. Counterpart Risk Management Policy Group, I II, III 1999,2005,2008 www.crpmg.com

[2010 年 10 月執筆]

冨家友道（とみいえ　ともみち）
プロティビディ LLC　マネージング・ディレクター
埼玉大学経済学部経済科学科客員教授
主著：『勝者の戦略』（東洋経済新報社、1998 年）

第5章　貨幣の価値を決めるもの

勝村　務

はじめに

　戦後の日本経済では、物価問題とはインフレの昂進、すなわち貨幣価値の下落をめぐる問題であった。デフレは、教科書に書かれてはいるが、現実の問題ではなくなっていたのである。しかし、1990年代以降、物価変動は変容し、デフレ・スパイラルという言葉が人口に膾炙するほどに、デフレが問題の焦点の一つとして再び浮上することとなった。

　長期不況のなかでデフレが顕在化した時期、「デフレは優れて金融的現象である」という一見もっともらしく見えて、実際は妥当性が確認されていない危ういテーゼが、世上、大々的に説かれ、経済政策の方向性に大きく影響した[1]。

　デフレはたしかに貨幣をめぐる問題ではあるが、だからといって、貨幣の価値が、貨幣量の変動など狭い意味での貨幣現象によって規定されるものであるということにはならない。貨幣の価値を決めるものは何かについての理論的考察への目配りを欠いたまま、政策論議をいきなり行おうとすると、足をすくわれかねないことに注意すべきであろう。

　本稿は、貨幣の価値の理論的規定について、経済原論体系のなかでの位置づけを再検討していくことを企図している。以下、まず、第1節「MV＝PTと貨幣の価値」では、経済原論体系の中での貨幣論次元において、貨幣量との関連において貨幣の価値の規定を検討する。次いで、第2節「信用貨幣と貨幣の価値」では、不換銀行券の理論的規定についての検討を手がかりとして、信用論をも視野に入れた際の貨幣の価値のとらえかたについて考えていく。その上で、「おわりに」において、貨幣の価値を決めるものは何かについて、あらためて理論的に展望することとしたい。

1　MV ＝ PT と貨幣の価値

　貨幣の価値は物価の逆数であるとされる。貨幣の運動と諸商品の価格の変動との関連は、経済原論体系では、貨幣章の流通手段論において問題にされる。
　この節では、この流通手段論におけるいわゆる貨幣流通方程式の議論に焦点をあわせつつ、商品章の価値形態論から貨幣章へと至る一連の理論構成のなかで、貨幣の価値はどのように位置づけられるのか、あらためて検討を加えていく。その際、貨幣数量説の当否が問題とされることにもなろう。
　価値形態論は、価値表現において相対的価値形態と等価形態という両極が非対称な関係にあるという点を基礎として、貨幣形態の特質を明らかにする理論場であった。
　貨幣形態が採られているもとにおいて、あらゆる商品への直接的交換可能性をもつこととなる貨幣は、それゆえに、価値実現を前にしてすでにそれが価値性格を有することが確証されているという点で、商品とは性格を大きく異にすることになる、というのが、価値形態論から導かれる知見である[2]。そして、あらゆる商品は、貨幣をいわば価値鏡として価値表現の材料とすることによって、それぞれの価値を比較対象可能なものとするのであった。
　諸商品の価値表現が貨幣を価値の定在としているのに貨幣に価値がもともとあるかのように考えてしまう、という貨幣の物神性ともいうべき取り違えが生じてしまうことが、ここで浮き彫りにされるのである[3]。
　貨幣 G と商品 W のこの非対称な性質についての認識は、経済原論では、価値形態論などの商品章に続く貨幣章において、流通手段論で説かれる貨幣通流を表す図によって、あらためて確認されることになる[4]。

$$G - W_1$$
$$W_1 - G - W_2$$　消費
$$W_2 - G - W_3$$
生産・供給　$$W_3 - G - W_4$$
$$W_4$$　(流通世界)

この図において、商品は、「命がけの飛躍」を遂げることで価値を実現し、流通世界を飛び越えていく。商品は、商品として存在する大半の時間を、価値表現がなされ、価値実現を待っている状態、つまり、流通世界の「川」の流れに沿ってみた場合の「右岸」にあるものとして過ごすものとされている[5]。

　他方、貨幣は、流通世界の「川」の中を流れ続け、これら貨幣をいわば踏み石にして、商品は命がけの飛躍を果たし、「川」を越えていく。貨幣は、商品とは対照的に、流通世界にとどまり続け、通流していく存在なのであった。

　こうした非対称性は、価値形態論において明らかにされた貨幣形態の両極の性格の著しい非対称性に起因している。貨幣は、商品との個別的な交換がなされる以前にすでに価値性格を有していることが確証された存在であることは、この図においては、貨幣が、価値の世界である流通世界にとどまり続けることをもって表されているのである。

　貨幣流通方程式といわれる MV = PT という関係は、この図の認識を基礎に導かれているものである。貨幣は商品の価値実現を媒介しているのであって、流通貨幣量を M、貨幣の流通速度を V、商品価格を P、商品取引の物量を T とした場合、MV の積である左辺の大きさは、その期間内の商品価値の実現価額の総和である PT に常に一致する。そして、近年の経済原論では、この関係が恒等関係であることが強調されるようになっている[6]。

　この式を恒等式ととらえるべきことを強調する背景には、貨幣数量説と距離を置くべきであるとの理論上の判断があろう。貨幣数量説は、M の大きさは P の大きさを左右するという因果関係のもとに、物価の逆数である貨幣価値の大きさを規定する要因として貨幣量の多寡を重視する考えかたである。貨幣通流の図の理解から導かれるものである MV = PT という関係について、この式を恒等式と見て、因果関係を式の解釈から排除することで、貨幣通流についての認識と貨幣数量説との間に距離を確保することができるものと考えられているのである。

　とはいえ、恒等式というのはかなり強い関係であるともいえ、仮に一つ・二つの項を固定的であるとした場合、残りの項に関してかなり強い対応関係が存在することになる。たとえば、貨幣の流通速度である V を特殊歴史的に決定される要因として、短期においてはある定数をとるものと想定するならば、M と PT の関係は比例的となる。ここで、仮に、M が操作可能な変数である

考えるならば、Mの操作を通じて、少なくともPTという積全体には影響を及ぼしうることになり、貨幣数量説との距離をなかなか置きにくくなってしまう。

Mの操作可能性について、やや脱線気味に次節にも関連して先回りして述べておくと、いわゆる「日銀理論」は、中央銀行にはそもそも貨幣量を操作する力がないと説いており、金融政策をめぐる論争においてそれを批判するエコノミストは、中央銀行は貨幣量を操作して物価や景気をコントロールするべきであると主張しているものと、対比することができる。[7]日銀自らが自分にはそのような力はないとしている点について、周囲が、やればできるはずだと励ましている、ないし、やれるはずのことをしていないと批判している、という構図になっているわけである。さて、話を戻そう。

近年の経済原論は、MV＝PTを恒等式であると強調するなどして貨幣数量説と距離を置くことに腐心しているが、マルクス経済学の貨幣論はもともと貨幣数量説を批判する面が強い。そもそも、金貨幣の想定を一次接近として用いていた理論構成そのものが、貨幣価値や物価が貨幣量の変化に応じて変動するという見方に親和的ではありえない。

これまで、経済原論において貨幣流通方程式の認識と貨幣数量説との切断に用いられていたのは、貨幣量と流通貨幣量Mとの区別であった。貨幣の一部を蓄蔵貨幣や鋳貨準備金として流通世界における貨幣通流から引き揚げられるものと見ることにより、貨幣量とPTとは直接関係しないものとされたのである。[8]金の価値による貨幣の価値の規定と、MV＝PTの理解とは、こうして両立されてきた。

たしかにこのようにとらえることで、理論の整合性は確保できるのであろう。しかしながら、貨幣量全体を流通貨幣量Mと流通から引き揚げられている部分とに分けて認識するということは事実上困難であり、この理論構成がはたして現象への解析力をもつものとなっているのかは疑問である。

価値形態論に由来する貨幣の独特の価値性格についての理解を前提にするならば、むしろ、貨幣はなべて流通世界のなかにとどまりつづけているものと考えるべきなのではないだろうか。

このような視角から、あらためてMV＝PTの関係を眺めると、ここまでの行論において、Vのところにあまり光があてられてこなかったことに気付く。

第5章　貨幣の価値を決めるもの

貨幣の流通速度、つまり、貨幣片が一定期間内に商品流通を何回媒介するかは、ある時点においては特殊歴史的事情によって決まってくるものと考えられ、何らかの定数として処理するものとされてきたのである。

　金融技術の時代的制約によって、Ｖの値には一定の制約がかかるものと考えられる。一般に、金融技術の進歩に応じて、Ｖは大きな値をとりうるものともなろう。しかし、だからといって、Ｖが短期的にはほとんど変動しないものととらえるのは妥当なのだろうか。

　貨幣が流通世界に全量とどまりつづけるものとするならば、これまで流通世界から引き揚げられるものととらえられていた蓄蔵貨幣や鋳貨準備金といった部分については、流通世界のなかにいながらも動かずに滞留しているものと考えられることになる。こうした部分をも流通貨幣量Ｍの一部をなすものと考える場合、蓄蔵貨幣等の増大は貨幣の流通速度の低下につながることになる。

　Ｖは、このように、金融技術の制約によってその値の上限を画されつつ、その下落には社会的制約がなくゼロが下限となり、短期においてもこの２つの値の間で変動するものととらえられるべきなのではないだろうか。このように考えるならば、MV ＝ PT が恒等的な関係であるとしても、各項の対応関係は大きな自由度をもつことになる。

　Ｖの値には社会的に上限があるので、Ｍが決まると、両者の積（MV）と一致する PT は上限を画され、経済の名目的拡大には制約がかかることになる。Ｍを操作可能であると考える場合に、いわゆる成長通貨の供給が必要とされるゆえんである。

　しかし、いっぽうでＶの値はゼロまでいくらでも下がりうるので、Ｍの値の大きさに関係なく、PT はいくらでも縮小しうることになる。仮にＭが操作可能であるとしても、その量の操作によって経済の名目規模の縮小をくいとめるのは、理論上は困難ということになる[9]。

　価値形態論から流通手段論に至る貨幣論の論理を、こうして蓄蔵貨幣や鋳貨準備金についての把握においても貫徹させることで、Ｍと PT の変動に強い対応関係を想定することを回避することができ、Ｍの変化と貨幣価値の変化の逆比例の連動を説く貨幣数量説の妥当性が低いことを示すことができる。

　蓄蔵貨幣等を流通世界に滞留するものとみるこの認識は、近年、小幡原論において採用されている。そこでは、「商品の持ち手変換に一定の期間がかかる

という流通速度の概念は、すでに鋳貨準備金という規定を（すでに[10]）含んでいる。だから流通速度が低下するということは、鋳貨準備金としての機能が強まったことの現れと解釈してよい。貨幣量を流通手段と鋳貨準備金に量的に分割することはできないのである」とされている。なお、小幡原論の貨幣論については、次節でも扱っていく。

この節では、価値形態論から貨幣章に至る、いわゆる流通論レベルにおいて、貨幣の価値と貨幣量との関連について考察を加えた。次節では、信用論をも視野に入れて、貨幣の価値について、さらに検討を加えていく。

2　信用貨幣と貨幣の価値

前節では、いわゆる商品章・貨幣章における貨幣論の論理構成において、貨幣数量説批判はいかにして展開されることになるのかについて論じた。

この第2節では、信用貨幣の価値が検討の焦点となる。まず、商品貨幣説のもとに信用貨幣の規定を与える小幡原論の考えかたを扱い、これを内生的貨幣供給説と関連づける。その上で、項を改めて、内生的貨幣供給説に立つ吉田［2002］について論じ、その議論の妥当性を見極めていく。その上で、不換銀行券の複数発券を基準として、不換中央銀行券の価値について理論的に検討を加えていく。

（1）信用貨幣と貨幣論

商品貨幣説の典型的なありかたである金貨幣論においては、貨幣である金にはもともと商品としての価値があり、貨幣の価値は商品としての金の価値によって支えられ、規定されるものとされる。このように貨幣の価値があらかじめ特定商品の価値に固着されて安定している場合、$MV = PT$ の恒等関係は、前節でみたように、流通貨幣の流通外への引き揚げ、あるいは、貨幣の流通速度の変動を想定することによって、調整・維持されるものと考えられるのであった。

商品貨幣説は、こんにち、貨幣が特定の物品を本位とするものとなっていない状況下で、妥当性を失っているものとみられやすい。商品貨幣説の理論的意義はもはや失われているのだろうか。

価値形態論や交換過程論は、商品と商品との関係を基礎に置くことで、貨幣のある商品流通の特質や存立構造を明らかにしているのであって、その意味で、商品概念から貨幣形態への展開を扱う理論は貨幣の基礎規定を与えるものとなっている、というのは、ひとつの商品貨幣説への理論的意義の与えかたであろう。

このような些か苦しい読み替えをするまでもなく、商品貨幣説は再評価しうると考えているのが、小幡原論の立場ということになろう。

小幡原論は、「商品の価値を基礎に、貨幣を説明する理論である」と商品貨幣説を規定し、「ただ貨幣の素材が物品であると主張するものではない」と商品貨幣説を物品貨幣説と同一視する見方を退ける。そして、「商品価値は金銭債権のかたちで外化し自立することもある」とし、「商品価値が債権のかたちで自立化した貨幣を信用貨幣とよぶ」と信用貨幣を商品貨幣説の現象形態のひとつと考えている。

流通世界の展開の中で将来の貨幣還流を根拠に現在の購買力が創造されたものとして、後に信用論で詳説されることになる信用貨幣は、商品流通を基礎にその価値＝購買力の大きさが措定されているものであって、ここでは価値をもつものが貨幣にスカウトされるひとつのありかたとみなされている。信用貨幣の内生性がその価値の根拠となっているとの主張をここに見出すことができるだろう。

直前の箇所で、小幡原論は、「貨幣商品に抜擢されたからといって、それは少しもその商品の価値の大きさを増加させることはない。貨幣商品になろうとなるまいと、1オンスの金の価値量は変わらない。だから貨幣商品が登場しても、商品世界全体の価値量が従来以上に増大するわけではない。商品貨幣説のポイントは、この価値量の不変性にある」としている。

これは、貨幣を流通の外から外生的に与えられるものとみる類の議論、たとえば、「はじめの贈与」やシニョレッジといった契機を重視する貨幣論を、商品貨幣説と区別すべきことを説くものであり、信用貨幣を商品貨幣の一変種ととらえることを媒介として、信用貨幣を外生的に把握することを退ける主張ともなっている。

こうした理論構成は、「今日の不換銀行券が商品貨幣説で説明される信用貨幣であることを理解するため」に採られているものとされている。経済原論に

おける貨幣論を、金貨幣から現代の貨幣に至る射程をもつものとして鍛え直していく企図には大いに賛同できる。

　また、いわゆる不換銀行券＝信用貨幣説を貨幣論のレベルにおいて位置づけ直そうとしている点でも、小幡原論の試みは興味深い。不換銀行券論争において、多数説であった不換銀行券＝紙幣説が、貨幣論次元で外生的要因である強制通用力を流通根拠として重視していたのに対し、少数説である不換銀行券＝信用貨幣説は、信用論次元での運動に焦点を合わせていた[11]。小幡原論は、貨幣論次元で信用貨幣はどのように位置づけられるのかをあらかじめ示すことにより、貨幣論次元において理論対立の構図を浮き彫りにし、不換銀行券＝信用貨幣説を事実上支持しているように思われる。

　なお、小幡原論での信用貨幣の扱いは、一見、貨幣論と信用論との棲み分けを消極化しているようにも見えるが、実際にはそうではないものと考えられるべきであろう。

　小幡［1999］は、貨幣論と信用論とは位相を異にしているということを強調し、その媒介として、資本循環や再生産といった契機を重視していた。これについて検討を加えた勝村［2009］は、資本の価値の概念の彫琢によってはじめて信用論の展開が準備される、という経済原論の体系性の意義を指摘している。

　小幡原論も、信用貨幣が商品貨幣の一種であることを指摘するために商品章の末尾で信用貨幣を扱わねばならなかったことは変則的な論法であることを断り書きしており、信用貨幣に一定の価値が与えられるメカニズムなどはここでは未だ説かれていない。

　このような背景をも勘案すれば、信用貨幣に流通内在的に価値が与えられているものと考えるにしても、信用のもつ本来的な不安定性の伏在もそこでは視野には入れられているということにもなろう。

　以上、小幡原論における信用貨幣への規定の与えかたについて、評価すべき点を中心に述べてきたが、疑問点も指摘しておかねばならない。

　商品貨幣説を「商品の価値を基礎に、貨幣を説明する理論である」とし、積極的に評価しているが、そこには注意が必要なのではないか。貨幣として、諸商品から価値表現の材料として選択されるものは、物品貨幣にせよ信用貨幣にせよ、価値を有し、商品性を具えていることを背景として、等価物となりうるのだ、と考えることは、価値形態論の意義に照らして妥当といえるのかどうか。

第5章　貨幣の価値を決めるもの

貨幣の物神性における取り違えを地でいくものとなってしまってはいないか、検討されねばならないようにも思われる[12]。

　この項では、信用貨幣を商品貨幣説の枠内のものと考えることが、不換銀行券＝信用貨幣説やそのもとでの内生的貨幣供給説と親和的であることがわかった。次項では、その内生的貨幣供給説の意義と限界とについて、代表的な論考を扱い、検討することにしたい。

（2）内生的貨幣供給説の意義と限界

　この項では、不換制下の金融を理解するための基準となる信用論を検討していく際の論点の在処を模索していく。そのために、ここでは、理論と1990年代以来の日本経済の不況をめぐる検証との両面において、内生的貨幣供給論を支持している著作である吉田［2002］を検討していくこととしたい。

　吉田は、決済システムは預金振り替えの機構である、という認識を強調している。信用論として当然の見方であるが、こんにちの金融政策やそのベースにある金融論が、この認識を欠落させているというのもまた確かなことであり、そうであるからこそ、信用論の理解を基礎に現実の金融政策を論じるこのような著作が意義をもつことにもなっている。

　従来の信用論から踏み込んでいる特色もある。兌換をベースにした機構を常に基準として持ち出すのではなく、兌換以外の契機を軸に説いていくという点で、兌換制をもなお視野のなかに入れつつも、不換制を例外的ケースとしてしまうことのない議論の構成が採られている。この点、前項で小幡原論に内包されているものとみた問題意識を、先取りしていたものと考えることができる。

　世論や政治の圧力に対応するために、日銀がいわゆる日銀理論を放棄させられている、という指摘（第9章「インフレーション・ターゲットは＜デフレ＞脱却に有効か」の5－(1)「日本銀行当座預金残高への操作目標の変更」）は興味深い。日銀は、量的緩和・ゼロ金利後に、新日銀理論を作り出して積極的にそれを奉じるようになったわけではなく、自らは誤りであると認識している政策スタンスを採用させられるに際し、そのスタンスの記述としてさまざまなアナウンスに苦心しているものと分析している。

　しかしながら、いみじくも政策スタンスという表現をすることになったが、日銀はやはり政策当局という側面を色濃くもつ存在と考えられなければならな

87

いのではないだろうか。吉田は、第8章「あいまいな存在としての中央銀行」で、日銀が基本的には民間の存在であるということを繰り返し強調しているが、日銀はやはり重要な経済政策手段を行使する存在として、三権分立の民主的政治機構から切り離されてはならないものなのではないか。ヘリコプターマネー的なマネー供給の自在性を唱える議論を批判するあまり、中央銀行の能力・機能を限定的にとらえ過ぎているように思われる。

けっきょく、日銀理論のもっている意味、あるいは、ことの当否はともかくとしても日銀理論を放棄するということも可能であったということのもつ意味、といった中央銀行の通貨供給についてのスタンスと能力について、吉田にあっても認識がなお明確ではない面が残ってしまっているということなのではないだろうか。

吉田は、この第8章をはじめとして吉田［2002］の各所で、不換銀行券＝信用貨幣説を支持しているが、それは銀行券の債務性に基礎を置く内生的貨幣供給論が運動の説明原理として有効であるということを論拠としているようである。しかし、運動の説明としての有効性と本質規定は結びつけられてよいのか。中央銀行券・ハイパワードマネーの供給スタンスの次第によって、本質規定が影響を受けることになってしまわないか。日銀が日銀理論を放棄し新金融調節に踏み出したように、中央銀行のハイパワードマネー供給の態度は一義的に理論規定できるものではないと考えるとき、本質規定の論拠はあらためて問われなければならない。

第7章「ペイメントシステム・準備預金および中央銀行」－4「中央銀行と通貨－銀行券の債務性－」では、ハイパワードマネーの債務性（中央銀行の銀行券や預金の債務性）について疑義が呈されがちであるという例として、岩井克人の「はじめの贈与」として中央銀行券発券を捉える見方が採り上げられ、批判されている。[13]

兌換をベースに信用論を組み上げていけば、そこにシニョレッジの割り込む隙はない。シニョレッジや「はじめの贈与」についての議論は、この問題を貨幣の本質に関わる原論的な課題であるとしていることにもなる。価値形態論や交換過程論にも遡って、これらの議論を位置づけ直し、正当に評価していくことも必要なのではないだろうか。

吉田［2002］は、信用論の知見を基礎として鋭い現状分析を加えている点に

魅力があるが、他方で、不換中央銀行券の運動の説明と本質規定とが混同されている点から議論の隙が生じているようにも思われる。

こうした点を攻究すべく、次項では、不換銀行券の発券について、理論的検討を加えることにしたい。

（3）不換銀行券の発券と価値

不換銀行券の流通に対して、その発券のありかたが与える影響について検討を加えるため、複数発券のモデルを考えてみよう。

ここでは、兌換の契機をいったん捨象して考えるが、兌換を射程外とするものではなく、特殊ケースとして導入することができるし、兌換を加味した検討も行う。ただし、兌換を捨象することにより、分化発生論的な理論構成はやや困難になる可能性は否定できない。

モデルの想定は以下の通りである。

1）発券による貸出も考慮しうるが、まずは基本として、手形割引による発券を考える。預金や返済還流で、銀行の手元に銀行券が戻ってくる。そして、その際に他行発券の銀行券も蓄積されることになる。資産の部で、手形ないし貸出債権と振り替わるかたちで他行発券銀行券が計上される。
2）預金設定による貸出を想定せず、銀行信用による貸出はもっぱら発券によるものと考える。したがって、預金は、銀行券の持ち込みとして考えられることになる。負債の部の預金計上に見合って資産の部に銀行券が加わる。他行発券銀行券ならばそのままであるし、自行発券銀行券であれば最終的には負債の部で銀行券と預金が振り替わることになる。
3）企業間決済は、手形による支払いや銀行券による支払いによって行われる。同一行に預金をおこなっていれば、預金振り替えも用いうる。銀行券による支払いや預金振り替えは、ファイナリティをもっている。

このような想定のもとで、発券銀行の資産の部に焦げつきができた場合、発券済み銀行券の背景にある資産の価値は損なわれることになる。

このことは、兌換という条件が加味されている場合、兌換に応えうる能力が毀損されることを意味する。兌換制下では、兌換に応えうる能力を維持すべき

ことが、発券銀行にとっての発券による信用創造の制約となるのである。

　不換のもとでも、複数発券の場合、銀行間の相互モニタリングが意味をもって野放図な発券は行われえないものと考えられる。不健全な発券態度の銀行の銀行券について、他行は受け取りを拒否するものと考えられるからである。この制約が不換制下においても発券の節度となる。

　であるとするならば、少なくとも複数発券の場合において、兌換という発券への制約は、貨幣の流通根拠の担保として必要であったといえるのだろうか。貨幣の価値の規定要因は、兌換のもとにおいて、過剰となってはいないか、検討の余地も残る。

　ところが、単独発券の中央銀行の場合には、発券には自由度が増しているものと考えられ、発券を制約する条件についてはあらためての検討が必要となり、兌換の役割も考慮しうることにもなる。

　では、不換においてはどうか。先の複数発券の際の議論を援用すれば、中央銀行の資産の健全性が発券銀行券の価値を保障するということにもなろう。市場の要請に応じて優良手形を割引くことで発券を行うものとし、それにより、中央銀行の資産の健全性が保たれるものと考えるとすれば、まさにそれは内生的貨幣供給説そのものである。

　しかしながら、吉田［2002］を検討した前項でもみたように、日銀理論は、放棄も可能であり、また、だからこそ、現に放棄されることにもなったのであった。中央銀行の資産の健全性の重視は、兌換制や複数発券を前提とした議論に引きずられた理解であるのかもしれない。

　もちろん、日銀理論や中央銀行のサウンドバンキングは、中央銀行が自らの行動に枷をはめることによってその政策への信頼を獲得し、それにより通貨の信認を確保するための手立てとして、大いに有効であり、また妥当でもあろう。

　現今の日銀がその枷を踏み越えさせられたのは、吉田［2002］の第9章の指摘にもあるように、そもそも金融政策の限界を超えている問題について、「デフレは優れて金融的な現象である」という誤解のもとに金融政策での対応を迫られた結果であろうし、それが妥当であったのかについては大いに議論の余地がある。

　不換中央銀行券の発券の自由度の大きさを考慮するとき、その通用根拠として、直ちに交換過程論の論理の発動や強制通用力の存在を想定し、銀行券を、

第5章　貨幣の価値を決めるもの

信用貨幣の性質が希薄な貨幣とみなすべきであるとも考えられやすい。不換銀行券の単一発券においては、複数発券における銀行券の並立・競争から貨幣形態の並立・競争へと、議論の次元が転移するものとされるわけである。

たしかに、日本銀行券の価値は「円」の価値と同一視してよいようにも見えるが、「円」の価値を担うものとして日本銀行券に代わる何らかのものが措定されることも考えうるのであって、議論は一筋縄ではいかないようである。

貸借対照表上の資産の大きさを機能している富の定在として仮構することができるのは、ゴーイングコンサーンの可能性に拠っている[15]。であるとすれば、中央銀行は是が非でも存続させるという公共的意志を認めることができるとするならば、それは、不換銀行券＝信用貨幣説において、不換中央銀行券への信認の根拠ともなることになる。この見方は、政治的公共的意志に不換中央銀行券の価値が左右されることを意味することにもなるのだが、一面、中央銀行の資産の毀損が許容されうる限度はこの公共的意志の強さによって画することができるものと考えることにもなっている。

このように、不換銀行券の複数発券を基準として、不換中央銀行券を分析したとしても、そこには、なお、議論の分かれる部分が残る。

この項での検討でわかってきたことは、内生的貨幣供給説は、不換中央銀行券のあるべき発券態度とそのもとでの運動の分析には有効ではあるが、その流通根拠などを与える本質規定へと短絡してしまって良いかどうかについては理論上の問題も残る、ということである。

不換中央銀行券の価値は、必ずしも、中央銀行の資産の健全性のみによって支えられているわけではない。しかしながら、それも大きな信認の要因となっているのは確かであろうし、したがって、景気動向などにも影響を受ける信用秩序の安定性も貨幣の価値と無関係ではないものと考えられるのである。

おわりに

貨幣の価値を決めるものは何か。本稿では、貨幣論次元と信用論をも視野に入れた次元とで、この点についての考察を試みた。

貨幣論次元での考察にあたる「1：MV＝PTと貨幣の価値」では、貨幣流通方程式 MV＝PT の恒等関係の解釈を検討し、貨幣数量説のように貨幣の

価値の逆数である物価水準Pが貨幣量Mの変動に影響されるものと考えるよりも、大きな変動幅を想定しうる貨幣の流通速度Vの変動をM・P・Tといった他項の変化の結果とみるほうが、より妥当であるものと考えた。

貨幣の価値の変動、すなわち、物価の変動について、それをもたらす主要な原因を貨幣量Mの操作に求めるのには無理があり、むしろ、経済全体の動きの現れとして物価水準Pは考えられるべきなのではないだろうか。

信用論次元にあたる「2：信用貨幣と貨幣の価値」では、信用貨幣を商品貨幣説の枠組みに位置づけることを可能にするものとしての内生的貨幣供給説について、その意義と限界について扱った。不換銀行券複数発券のモデルの検討では、不換のもとでの単一発券においては内生的な貨幣供給が要請されるわけでは必ずしもない、ということが展望できた。

内生的な貨幣供給は不換中央銀行券の通用を安定させるものではあるが、そうでなければ、直ちに不換中央銀行券の通用や価値が動揺してしまうわけでもない。政治的要因や経済の状況などが複合的に不換中央銀行券の価値を左右するものと考えるほかないのである。

貨幣論次元・信用論次元それぞれの節で、扱っている「貨幣の価値」の概念は微妙に異なっているが、いずれの節での考察も、貨幣の価値は、貨幣量の変動や貨幣供給の態度に強く規定されるわけではなく、経済の総合的な関係のなかで決まるものであるという立場へとつながるものとなっている。

本稿冒頭にも触れたデフレの現代的課題としての再浮上は、狭義の貨幣現象にその原因を帰すべきものではなく、本来、国際環境・経済政策など日本経済の総合的な変化との関連において、その背景と対応はとらえられなければならないのである。

物価の変動と景気循環・資本蓄積との関連。中央銀行券の価値と通貨価値とはどこまで同一であるのか。貨幣片とみなすことのできるものの範囲の変化は、理論上、どのように想定されるのか。本稿での理論的検討にはまだまだ詰めねばならない点がある。

貨幣の価値を決めるものは何かを探っていくために、経済原論に課されている課題は多い。

第5章　貨幣の価値を決めるもの

[註]
（1）デフレが一定程度好ましくない事態であるとされる際、これを金融的現象ととらえることにより、金融政策の出動が優先的に要請され、財政政策など他の政策ツールの活用は検討にのぼりにくくなる。
（2）この点を強調し、価値形態論の視点から貨幣の価値について論じたのが勝村［1999］であった。そこでは、貨幣形態の形式的特質が貨幣の価値性格をいかなるものとしているかを説いたうえで、貨幣形態が採られ続ける条件について考察し、価値表現の不断の訂正のありようについても検討を加えた。本稿は、そのいわば続篇にあたり、この認識を基礎にしつつ、貨幣章や信用論をも視野に入れて、貨幣の価値についてあらためて論じていく。
（3）たとえば、山口原論では、「商品世界の当事者たちの行動の諸関係の中で形成されるものであるにもかかわらず、物の内属性であるかのように観念される商品や貨幣の独自な性格」を商品や貨幣の物神性と定義している。
（4）ここで用いた「通流」という用語は、日高原論における造語である。註において、「商品の動きと貨幣の動きの意味はまったく異なるのであって、それを同じ流通の概念で表現することは両者のちがいの無視という誤解をまねきやすい」との趣旨から、「通流などという言葉は耳なれないが、あえてこういう言葉を用いてでも商品の流通とはちがうものを表現しようという点を理解してほしい」と説明している。本文における、「諸商品の流通の中心をとおして、貨幣自身が通流するのである」との表現は、本稿の強調点にも合致している。
（5）図において、流通世界を表す「川」は、貨幣の流れと同じく、左上から右下に流れていくものと見ている。したがって、「右岸」は図においては左側、つまり、生産・供給の側の「岸」のことである。
（6）たとえば、山口原論では、「流通手段として機能する貨幣の量＝流通商品価格総額／貨幣の流通速度」とこの式を $M = PT/V$ に変形したかたちで採り上げ、「この式は恒等式であり、この式自体はどの因数が独立変数であり、どの因数が従属変数であるとか、左辺が右辺を規定するのか右辺が左辺を規定するのかといったことを示すものではないことに注意する必要がある」としている。小幡原論は、後述するように、貨幣通流の解釈については山口原論とは相違する面もあるが、この式の位置づけについては、「これはあくまでも結果における恒等関係である。この等式は、貨幣量が価格水準を決めるとか、物量が貨幣量を決めるとか、その他、いずれにせよ、貨幣量、流通速度、価格水準、物量の間に、特定の決定関係を示すものではない。これらは、自由度3をもつ＜状態量＞なのである」（一部略）としている。このように、近年の経済原論では、恒等式としての評価が強調・確認されることが多い。

（7）「日銀理論」とは、ベースマネー（ハイパワードマネー）供給量は市中の貨幣需要によって内生的・受動的に決まるものである、とされるような、中央銀行に伝統的な内生的貨幣供給説を指す言葉である。この考えかたについて、日銀の主張に対抗する立場の論者は、これは中央銀行特有の特殊な見方であり、中央銀行が金融政策への自らの責任を回避するための論理となっていると批判している。なお、両者は、ベースマネーばかりでなく、マネーサプライ（マネーストック）の操作可能性についても対立した見方を採っており、ここで操作可能性が問題になっているMをベースマネー、マネーサプライ（マネーストック）どちらを指すものとしても、同様の対立軸を見出しうる。

　　　　日銀理論については斉藤［2006］、対立する論者との論争については建部［1997］を参照されたい。

（8）貨幣の流通世界からの引き揚げと流通貨幣量の増減について、たとえば山口原論では、貨幣の致富機能を説く箇所で、「個別流通主体の様々な行動を通して行われるこのような貨幣の流出入運動は、その意図せざる結果として流通世界の貨幣量に増減をもたらし、商品流通世界の変動の一契機をなすことになり、その結果がまた個別流通主体の様々な行動に反作用を及ぼすことになる」としている。

（9）Mを仮に操作可能と考えた場合の、このような効果の非対称性は、いわゆる金融政策「紐」論にも通じる。金融政策は紐のようなもので、紐を引っ張る、すなわちインフレや景気の過熱を抑えるのには効果があるが、紐で押すことはできないので、デフレや景気の冷えこみの脱却には効果がない、というのがその骨子である。

　　　なお、本来の金融政策「紐」論は、貨幣の流通速度の変化ではなく、信用創造によるマネーサプライ（ないしマネーストック）の変化を焦点としているものである。また、ベースマネーの操作可能性を基本的には否定している中央銀行関係者がこの金融政策「紐」論を説く場合は、金利をターゲットとした政策の効果について述べることになる。

（10）原文にあるが、不要と思われるため、引用者が丸括弧を付した。

（11）不換銀行券論争は、不換銀行券の理論的規定について、おもに1950年代から60年代にかけて、不換銀行券＝紙幣説（多数説、三宅義夫ら）と不換銀行券＝信用貨幣説（少数説、岡橋保ら）との間で展開された論争である。

（12）この点、価値形態論の展開方法や意義、交換過程論の必要性、などについての見解の相違が、小幡原論と本稿との間には存在しているようにも思われるので、あくまで、本稿の立場からの評価である。

　　　小幡原論が価値形態論において直接的交換可能性の概念について扱っていないのは、価値形態論における課題のありかの相違を示すものとして象徴

第 5 章　貨幣の価値を決めるもの

　　的である。フェティシズム（物神性）については、手段を自己目的化することから生じる手段への偏愛として、貨幣に対するフェティシズムを説いており、本稿の註 3 の箇所で掲げたような理解とは相違している面がある。
(13) ここでは、岩井（1985）所収の「はじめの贈与と市場交換」が俎上にのせられている。岩井がここで扱っている問題は、かつて、不換銀行券＝紙幣説の立場において疑問とされた、不換中央銀行券は返済の必要がないのになぜ中央銀行の貸借対照表の負債の項に記されるのか、という問題そのものである。
(14) ここで、不健全な発券態度の銀行の銀行券は他行によって受け取りを拒否されるものと考えたが、では、ある発券銀行が破綻したとして、その銀行が発券していた銀行券は紙切れになってしまうのだろうか。
　　1）異なる銀行が発券した銀行券が同種同量で受け容れられる条件は何か。受け容れられない場合に何が起こるか。受け容れられなくなる根拠は何か。2）割引や貸出の態度に問題があると考えられる銀行が発券した銀行券を保有している者はどうするか。3）発券した銀行券に対して、銀行はどのような責任を負っているのか。
　　といった諸点について、モデルの仔細な検討が必要である。
(15) この点は、勝村（2009）を参照されたい。

[参考文献]
岩井克人［1985］『ヴェニスの商人の資本論』，筑摩書房
小幡道昭［1999］「貨幣・信用論研究の課題」（小幡編『貨幣・信用論の新展開』社会評論社、序章）
小幡道昭［2009］『経済原論－基礎と演習』，東京大学出版会（本文中では「小幡原論」と表記）
勝村務［1999］「貨幣の価値と価値形態論」（小幡編『貨幣・信用論の新展開』社会評論社、第 2 章）
勝村務［2009］「資本の価値と価値喪失過程」（北星学園大学経済学部『北星論集』49 巻 1 号）
斉藤美彦［2006］『金融自由化と金融政策・銀行行動』，日本経済評論社
建部正義［1997］『貨幣・金融論の現代的課題』，大月書店
日高普［1983］『経済原論』，有斐閣（本文中では「日高原論」と表記）
山口重克［1985］『経済原論講義』，東京大学出版会（本文中では「山口原論」と表記）
吉田暁［2002］『決済システムと銀行・中央銀行』，日本経済評論社

［2010 年 1 月執筆］

勝村　務（かつむら　つとむ）編者紹介参照。

第6章　市場の成り立ちに関する一試論
　　　　――近年の政府紙幣発行論を手掛かりとして――

泉　正樹

1　近年の政府紙幣発行論

（1）政府紙幣発行論の高まり

　「100年に一度」ともいわれる経済の転換期において、資本主義の行く末、自由な市場競争の意味、市場と政府との関係といった問いが浮上している。そうした中、経済を活性化させる方策として提言され、近年、日本で一定の注目を集めたのは政府紙幣発行論であろう。その是非については賛否両論ありながらも、今世紀に入ってからの10年余りの間に、少なくとも二回、世の耳目をひいた点は留意されてよい。

　2002年から2003年にかけての第一期においては、経済構造一新の礎石とすべく、金融機関が抱える不良債権処理を進める財源として、政府紙幣発行論は提示された。非伝統的な手法であることは自覚されつつも、当時の経済状況からすれば検討に値するものとして、いわゆるノーベル経済学賞受賞者や財務官経験者による提言が注目された[1]。その後、2002年初めから始まったとされる戦後最長の景気拡張の下で、政府紙幣発行論への関心は一段落ついたかに見えた[2]。

　しかしながら、2007年夏頃に顕現した世界的な経済危機を受けて、2008年10-12月期の日本の実質GDP成長率は、年率12.1％のマイナスとなる[3]。こうした状況を背景に、2009年1月頃から、今世紀における政府紙幣発行論の高まりは第二期を形成したといってよい。一部の有志議員によって、数十兆円規模の景気対策の財源として提言されたこともあり、各メディアの大いに注目するところとなった[4]。とはいえその後、この議員連盟を束ねた会長の語るところによれば、実は政府紙幣発行論の提示は、日本銀行への牽制が主眼に置かれたものであり、いわばポーズであったとのこととされた（戸田［2009］）。

　また、第一期ならびに第二期の議論とは区別されるが、日本には数百兆円規模のデフレ・ギャップが存在するのであり、かつ財政支出に対する乗数効果も

期待できるという観点から、大規模な需要喚起政策の財源として、政府紙幣発行の提言がなされてもいる（丹羽［1999］、［2009］等を参照）。

（2）現行制度下における「貨幣」の発行

このように様々な観点から提示されてきた政府紙幣発行論ではあるが、発行推進論者に共有された一つの認識がある。それは、政府紙幣には償還の必要がないこと。つまり、たとえば国債発行によって財源を調達する方法とは異なって、いわゆる国の借金を膨らませることなく財源を創出できるという認識である。確かに、840兆円を超える国債等の残高（2009年3月末現在）を念頭に置くならば、償還する必要のない財源があるといわれれば興味をそそられる[5]。それは具体的にはどのような仕組みによるのだろうか。

日本の貨幣法である「通貨の単位及び貨幣の発行等に関する法律」によれば、「通貨」とは「貨幣」と「日本銀行券」とあり（第2条第3項）、「貨幣」の製造・発行の権能は政府に属するものとされている（第4条第1項）。つまり、500円玉や1円玉といったいわゆる硬貨や、各種記念事業の金貨等は、政府の権限のもとに発行されるわけである。その際まず、政府は造幣局に「貨幣」の製造を行わせ、次いで、政府から製造済みの「貨幣」が日本銀行に交付される。ただし現行制度の下では、たとえば政府が100万円を費やして1000万円分の「貨幣」を製造して日本銀行に交付したとしても、差額の900万円が直ちに使えるおカネとなるわけではない。この点をごく簡単化してみると、以下のように説明できる。

すなわち、日本銀行に交付された「貨幣」は、日本銀行の貸借対照表の「現金」（資産の部）に計上され、それに見合う額の「政府預金」（負債の部）を増大させる。ただし、「政府預金」にはいくつかの種類がある。日本銀行に交付された「貨幣」は「別口預金」に保管され、直ちに国の歳入となるわけではない。日本銀行が保管する「貨幣」は、金融機関の求めに応じて市中に出回るが、市中に流出する「貨幣」額の分だけが、「政府預金」を構成する「別口預金」から「当座預金」に組み替えられる。国の歳入となるのはこの部分である。つまり、先の例に即して考えてみるならば、仮に政府が1000万円分の「貨幣」を発行したとしても、実際に市中に出回るのが500万円分であるならば、政府が使えるおカネは、ごく大まかにいえば、市中に出回る500万円から製造費用

の 100 万円を引いた 400 万円ということになるのである[6]。言い換えれば、現行制度下では、どれだけ大量の「貨幣」を政府が「発行」したとしても、それが実際に市中で「流通」しなければ、政府の歳入にはならない仕組みになっている。

（3）政府紙幣発行の効果

　もちろん、現実に政府紙幣を発行する段になれば、現行制度を変更して、日本銀行に交付された「貨幣」を直ちに国の歳入に編入すればよいのかもしれない。また、市中に出回らせる政府紙幣の現物を実際に印刷せずとも、たとえば「政府紙幣〇〇兆円」と記された一枚の証書を日本銀行に交付して、それに見合う額を政府の「当座預金」に記帳してもらえばよいのかもしれない（たとえば丹羽［2009］42-5 頁）。こうすれば、日本銀行券と政府紙幣との併存流通といった煩を避けつつ、かつ、国が直ちに使えるおカネも確保できるのだという。

　しかしながら、どのような様式によるにせよ、政府紙幣の発行は詰まる所、日本銀行による無利子永久国債の引き受けと同じ効果がもたらされるのであって、それは、政府が日本銀行から受け取る国庫納付金の先食いに帰結するというのが道理のようである。

　すなわち、日本銀行は自らが取得する金融資産に見合うかたちで、無利子の債務である日本銀行券を発行している。他方、日本銀行券の発行に伴って同行が取得する金融資産からは、利息の受取等が生ずる。この部分が日本銀行のいわゆる利益を形成するが、これは基本的に国庫に納付されるのである[7]。

　ところが政府紙幣が発行される場合、ごく簡単化してみると、流通する政府紙幣分だけ、日本銀行券の流通高が減少することになる。それに伴って、日本銀行が保有する金融資産も減少する。そうなると、減少部分の金融資産から得られたであろう受取利息等の国庫への納付が行われないことになる。つまり、政府は、現在時点での歳入を確保できるとしても、それは結局、将来、日本銀行から政府に引き渡されるであろう納付金を先取りすることになる[8]。

　以上を要するに、政府紙幣の発行によって、政府は短期的には財源を創造しうる。この点が、発行推進論者には注目された。他方、政府紙幣の発行による財源確保は、長期的な帰結を考えればゼロ・サムであるばかりでなく、新「貨幣」導入によって引き起こされうる金融政策上の影響を考慮すれば、ネガティ

ブ・サムともなりうる。発行反対論者からの批判は、主にこの観点からなされたといってよい。

とはいえ、推進論・反対論に関わりなく、〈政府紙幣の発行〉という前提自体の当否を問う考察はほとんど見られなかったように思われる(9)。もちろん、現実の経済運営に直結しうる問題の性質上、〈政府紙幣が発行されるならば〉という前提に則って考察が進められるのはある意味当然のことなのかもしれない。しかしながら、国家が「貨幣」を創造できるという命題には、果たしてどこまで論理的な妥当性が見出せるのだろうか。この点は、現実がどうであるかという問題とは別に、理論の問題として検討されておいてもよい。

2　貨幣の国家理論──クナップの貨幣観──

(1) 政府紙幣とクナップ

では、貨幣と国家との関係はどのように捉えられるものだろうか。このように問題を設定する際に想起できるのは、クナップ（Georg Friedrich Knapp）の議論である。「貨幣は法制の創造物である」（Knapp［1905］S.1，訳1頁）という一句をもって始められる貨幣の国家理論では、貨幣に対する国家の位置づけが詳細に論じられている。いわゆる『貨幣国定学説』である。

クナップの考え方は名目学説として、より限定的には表券学説として分類されるが(10)、政府紙幣発行論との関係における特徴は、おおよそ次のように示すことができる。

問題は、国家によって「貨幣」が創造されるという命題の当否にある。クナップによれば、「貨幣」を判別する基準は〈国家の受領〉に求められ、「国家に宛つる支払を弁済し得る総ての支払手段は国家の貨幣制度に所属する」（Knapp［1905］S.85，訳132頁）のだという。つまり国家は、自らが支払を受ける際の支払手段を国民に指定できるのであって、その指定されたものこそが「貨幣」であるという考え方になる。その意味からいえば、確かに国家は「貨幣」を創造しうるといえそうである。

しかしながら、仮にこの論理に従って政府紙幣が発行されるとしても、それが私人間の取引でも利用されざるを得ないということまでは確定できそうにない。もちろん、国家が自らに対する支払手段として政府紙幣を認めるなら

ば、国民は、国家に支払う必要があるだけの政府紙幣を受け取るだろうと推論することはできる。しかしそれを越えて、私人間の取引にも政府紙幣が利用されざるを得ないというところまでは論証できまい。私人間の取引では、政府紙幣での支払は認めないという約款を設定することもできるだろうし、そもそも政府紙幣に対しては自商品を売らないという選択肢もありうるだろうからである。その意味からすれば、国家が貨幣を創造するとはいえそうにない。そこには、国家による「貨幣」の指定という論理とは異なった、いわば私人間の論理とでもいうべき原理が作動しているものと思われる。この点に留意しつつ、クナップの貨幣観をまず概観しておくこととする。

(2) 債務の名目性

興味深いことに、この私人間の論理は、クナップにおいても受け入れられていると見うる。クナップは、自らの「貨幣」概念を提示する出発点を、以下のように設定しているからである。

> 然るに一社会圏内 in einem gesellschaftlichen Kreise たとえば国家において慣習が発達し、かつ漸次法制が交易せらるべき総ての財は一定の財の一定量、たとえば銀の一定量に代えて交換せられるということを承認するに至れば、この時銀は狭い意味における交換財となったのである。
>
> 事ここに至れば、この財はその適用せらるる範囲に対して一般的交換財と呼ばれる。……それは最初慣習により次いで法律によってその社会において一定の用途を得たる財である。(Knapp [1905] S.3, 訳 4-5 頁)

ここでは二つの事柄が述べられていると読むことができる。一つ目は、「慣習が発達し」という部分において、商品交換を媒介する流通手段が、交換を通じて自生的に成立するということ。そして二つ目は、「国家」はそうした流通手段の自生的成立の正当性を認めるということ。言い換えれば、市場の自生的な成立は前提された上で、国家の関与が述べられていると読める。

もちろん、クナップにとっての「貨幣」の成立は、ここで論じられる流通手段の成立をもって果たされるわけではない。クナップの「貨幣」は、ここを出発点としながらも、通貨単位ならびに支払手段を変更しうる国家の権能という

第6章　市場の成り立ちに関する一試論―近年の政府紙幣発行論を手掛かりとして―

観点から導かれる。架空の幣制を例にとって説明してみれば次のようになる。
　たとえば、n期に銀が流通手段として慣習的に使用されているとして、国家がその正当性を法的に認めたとする。このとき、純銀8g＝1分という通貨単位が制定されたとしよう。そして続くn＋1期に、国家が純金1g＝1両という通貨単位への変更を行ない、有効な支払手段として、銀に替えて金が指定されたとする。その際に問題となるのは、n期に生じた債権債務関係を、どのようにn＋1期に引き継ぐかと言う点にあるとクナップは考える[11]。
　たとえば、n期に100分（純銀800g）の債権債務関係が生じたとして、その償却期日がn＋1期であるとする。このとき、n＋1期には通貨単位と有効な支払手段が変更されているのだから、債務者は債権者に何をどれだけ支払えばよいのかという問題が生ずる。クナップによれば、特段の定めがない限り国家は、債務を「名目債務」として、つまり、償却時点において有効な支払手段で償却されるべき債務とみなす[12]。このため国家は、n期とn＋1期の通貨単位の換算比率を定める。そこでたとえば、国家が4分＝1両という比率を定めたとすれば、件の100分の債権債務関係は、n＋1期には25両と読み替えられることになる。つまり債務者は、債権者に25両（純金25g）を支払えばよい。このように債務償却は、債権債務関係が発生した時点に有効な支払素材で行われるとは限らない、という意味での名目性を、クナップはまず指摘する。

（3）クナップの「貨幣」＝「表券的支払手段」

　また、クナップによれば、国家が新旧間の通貨単位の換算比率を設定する限り、新たに導入される通貨単位は、何らかの素材、具体的には貴金属の一定量として規定される必要はないのだともいう。先の例を延長してみれば、n＋2期に新しい通貨単位として「円」が導入されたとしても、たとえば1.5両＝1円という比率が国家によって設定される限り、新単位「円」は、金属量として定義される必要はないという考え方になる。幣制の歴史展開次第とはいえ、通貨単位と素材（貴金属）との結び付きは切断されうるという観点から、クナップは自らを「名目論者」（Knapp［1905］S.7，訳11頁）と称したのであった[13]。
　さらに、「貨幣」の法制史を辿ることによって、国家は有効な支払手段を指定するだけでなく、支払素材の秤量を省略しうる制度を導入することもクナップは指摘している。具体的には、「かくかくの外観を有する箇片は、これこれ

101

だけの単位に通用すべし、という条項を公布」（Knapp［1905］S.24，訳38頁）して、この箇片の個数勘定で支払を済ませられるようにするのだという。クナップはこれを、「定形主義」（Knapp［1905］S.22，訳35頁）と呼んでいる。

　まとめてみれば、債権債務関係は、それが発生した時点に有効であった支払手段で解消されるとは限らないこと。通貨単位は、旧単位との比率が設定される限り、何らかの素材量として定義される必要はないこと。そして「定形主義」が導入されることによって、債務の支払は、「国家」が指定する支払手段の個数勘定で済ませられること。これらの諸論点を組み合わせることによって、クナップは「貨幣」を、「表券的支払手段」（Knapp［1905］S.31，訳48頁）と定義する。それは、「貨幣は法制の創造物である」という観点から、政府紙幣といった「真実の紙幣」（Knapp［1905］S.1，訳2頁）をも正規の貨幣として捕捉することを可能ならしめる貨幣概念とされたのであった。[14]

　こうしたクナップ説の特徴は、国家的見地からの動的な幣制把握といいうる。幣制変化に左右されない債権債務関係の維持という論点を延長していけば、一見、政府紙幣の導出も可能であるようにも思えてくる。しかしながら先にも触れたように、政府紙幣の授受は、国家と私人との間では一定量ありうるとしても、それが私人間にまで及ばざるを得ないというところまでは論証できそうにない。[15] クナップにおいて、「慣習」というかたちで取り出された私人間の論理は、国家的見地から矮小化された観が否めないのである。[16] このことは、市場と国家との関係をどのように捉えるかという問題を改めて浮上させる。

3　市場の成り立ちに関する一試論

（1）市場の自生的成立説

　では、市場なるものは、どのような論理で捉えられるのだろうか。クナップによっても端緒には据えられていたと考えられるように、事物が商品と貨幣のかたちを通してやり取りされる場、つまり市場が、自生的に成立するものであるならば、一つの可能性として、市場は、国家にとって操作可能な外的対象とみなすことができるのかもしれない。市場と国家は独立にあり、その上で、国家が市場を操作しうるという構えである。その延長上には、政府紙幣を市場に注入すればよいといった発想が生ずることもありえなくはないものと思われる。

第6章　市場の成り立ちに関する一試論―近年の政府紙幣発行論を手掛かりとして―

　こうした発想を検討するためにも、まずは、自生説の当否を見極める必要があると思われるのだが、市場が自生するという理解は、貨幣生成論を通して醸成されてきたといってよい。たとえばアダム・スミス（Adam Smith）は、いわゆる欲求の二重の一致が要請される直接交換（物々交換）の不便を挙げて、これを克服する契機を次のように説明している。

> このような情況の不便を回避するために、……すべての慮ある人は、自然にnaturallyつぎのようなしかたで、彼の問題を処理しようとつとめたにちがいない。それは、人びとが自分たちの勤労の生産物との交換を拒否することはほとんどないだろうと彼が想像する、なにかある商品の一定量を、……いつも手もとにおいておくということである。(Smith [1776] pp.37-8, 訳52頁)

　本稿の問題関心との関係において注目しておきたいことは、誰もが受け取りを拒否しないであろう商品が、自然に（naturally）人々の手元に置いておかれるようになるという点である。この「自然に」という考え方は、たとえばその後、貨幣の成立を「協定や法的強制もなしに、それどころか公共の利益を何ら考慮することさえなしに、自分自身の経済的利益から」(Menger [1892] p.248) 説明せんとしたメンガー（Carl Menger）に特徴的に継承される。また、マルクス（Karl Marx）にも、「貨幣は、交換から、交換のなかで、自然生的に発生するのであり、交換の産物である」(Marx [1857-58] S.97, 訳150頁) と見る立場は踏襲されており、それを前提としたうえで、独自の貨幣理解が示されているものと考えられる[17]。

(2)「必ず」の論理について

　マルクスの『資本論』を独自の方法で読み解いた宇野弘蔵にも、市場は自生的に成立するという見方が、宇野以後の展開も考え併せてみると、引き継がれていると見うる。宇野は、マルクスの価値形態論に商品所有者の存在を明示的に組み込み、商品の価値表現を商品所有者の交換要求として捉えた。そして、商品と貨幣という分極構造がひとまず成立する一般的価値形態を次のように導いた。

ところがかかるマルクスのいわゆる拡大されたる価値形態の，各商品における展開は，必ずいずれの商品の等価形態にも共通にあらわれる特定の商品を齎らすことになる。……かくして商品は，マルクスのいわゆる一般的価値形態を展開する。（宇野［1964］27頁）

どの商品の等価形態にも「必ず」特定の商品が共通に現われるといわれるものの，「必ず」の論理の内容は明解とはいえない。しかしながら，「生産物が商品形態をとると必ず貨幣を出現せしめ、また貨幣の出現は必ず資本を出現せしめずにはおかない」（宇野［1964］20頁）といった宇野自身の言説、また、宇野の方法が基本的には継承され、他者の交換要求の参照という論理に基づいて展開されるその後の展開に鑑みて、商品とその所有者とが措定されれば、市場は、そこから自生的に構成できるものとして捉えられているのであろうと推察される。
　しかし、市場が自生的に成立するという命題は、それほど自明なことだろうか。たとえば以下の言説に接する時、市場の成り立ちという問題は改めて考えさせられるものとなる。

　　マルクスにせよメンガーにせよ、貨幣形成を個々の商品の集まりのつくる商品世界や経済する個々人のつくる世界から説明しようとして、個からなんらかのかたちでの一般への転化を迫られた。しかし個に個をいくら重ねても、なおけっして埋められない余剰があることに気づかざるをえない。一般的にいえば両者の遭遇するアポリアはこれである。（吉沢［1981］119頁）

こうした指摘を念頭に置きつつ、以下、市場をどのように構成しうるかという問題を、自生説の検討を通して考えてみたい。もちろん、一口に自生説といっても、たとえばマルクスとメンガーとではその論じ方が異なるように、様々な切り口がありうる。しかし、「必ず」の論理に着眼するならば、検討すべき問題は以下のように構成できるだろう。

第6章　市場の成り立ちに関する一試論―近年の政府紙幣発行論を手掛かりとして―

(3) 市場の成り立ちと政府紙幣発行論

　布の所有者（A）が、1個のリンゴを食べたいという状況を考察の出発点とする。このときAは、自分の手元にある幾ばくかの布のうちの、たとえば3mと引き換えに1個のリンゴを獲得したいと考えるだろう。もしAが、運良く、3mの布とリンゴ1個との交換を望むリンゴ所有者に遭遇するのであれば、直ちに問題は解決する。この場合には、商品交換を一般的に媒介する貨幣は必要ない。

　しかし、Aが確認できるリンゴ所有者のうちで、3mの布とリンゴ1個との交換を誰も望んでいないことが分かった場合にはどうか。仮に、あるリンゴ所有者が、リンゴ1個に値するのは3mではなく、5mの布であると考えていることが分かり、Aもこれに応じうるのであれば、直接交換を行えばよい。しかし、それに応ずることはできないとAが判断するか、そもそも布を欲しているリンゴ所有者を確認できない場合にはどのような展開がありうるだろうか。

　Aは、満たされぬリンゴへの欲求を諦めて、自分は実はミカンを食べたいのだと考え直すのかもしれない。しかしそれでも、上に見た同様の問題はAに生ずるのであって、この場合、自らの欲求対象を変更することは根本的な問題の解決にはなりえない。そうであればAが、リンゴ所有者の欲求を意識しだすであろうという推論には、それほどの無理はない。たとえば、Aが確認できたリンゴ所有者（B）が、100gの鉄とリンゴ2個との交換を望んでいるのだとすれば、そのことがきっかけとなって、Aも「自然に」、50gの鉄と布3mとの交換を望むようになるはずである。(19)なぜならば、もしAが鉄を獲得できるのであれば、Bが欲する鉄の所有者としてBに対峙できるだろうからである。そしてこのとき鉄は、AとBから共通に欲せられることになる。

　これと同様のことが、Bにもいえるはずである。たとえばBが確認できた鉄所有者（C）が、1kgの小麦と鉄200gとの交換を求めているのだとすれば、Bは「自然に」、500gの小麦とリンゴ2個との交換を望むようになるだろう。このことはAにも波及して、250gの小麦と布3mとの交換要求を派生させるはずである。そうすると、この展開された世界では小麦が、A、B、Cから共通に欲せられる商品として括り出されることになる。この論理が繰り返されていけば、(n−1)人目から欲求を参照される、n人目の欲する商品が、この系では「必ず」共通に欲せられることになる。もちろん、nの値が一つずつ増大

するにつれて、共通に欲せられる商品は順次浮動する。しかしこのことは、共通に欲せられる商品が「必ず」出現するという命題には背馳しない。浮動するとはいえ、「必ず」出現することに相違ないからである。

とはいえ上の設例では、Aを起点とする一筋の系（仮にA系と呼ぶ）のみが取り出されている。当然、同様の論理は別の系（仮にX系と呼ぶ）でも作動するはずである。そうすると、A系とX系とのそれぞれで共通に欲せられる商品が、いずれの系からも共通に欲せられる商品であるとは限らないという問題が生じざるをえない。もちろん、それぞれの系で共通に欲せられる商品は、それぞれの系でのnが変化するにつれて順次浮動するのだから、それだけ一致しやすくなるかもしれない。しかしこれまでの条件に鑑みて、すべての系で共通に欲せられる商品の同期が「必ず」生ずる、ということまでは確定しえないものと思われる。個別経済主体の論理のみから、「必ず」共通に欲せられる商品を導出することの難しさが、この部分には集約されていると考えられるのである。

このように、「必ず」の論理を自生説の側から眺めてみると、すべての商品所有者から共通に欲せられる商品の出現は極めて希有であろうという側面が見えてくる。逆説的ではあるが、個の論理のみでは市場を構成しきれないという点が、自生的成立説によって明確になるわけである。だからといって、上に見た、他者の欲求参照の論理が作動しないということにもならない。自己の欲求が、他者の所有商品の獲得を基礎として充足される状況下では、上に見た論理は、市場の成り立ちの基底に位置する原理といってよいだろうと考える。しかし、それのみでは市場を構成しきれないという問題が浮上するのである。そうであるとすれば、この隘路を突破して市場を成立させうる契機を考察することこそが検討課題となってくる。

その際、一つの候補としてありうるのは、たとえば「国家」といったかたちで、個別経済主体とは異なる「社会」的な契機を、自生説に合流させてしまうことであるように思われる。もちろん、ここで導入したい「社会」というのは、あらかじめ具体的な内容を備えた社会ではない。あくまでも自生的成立説の隘路を突破する契機として要請される「社会」であり、市場を構成するという観点から逆算された「社会」であるという点は注意を要する。その意味からすれば、いわば市場仕様の「社会」といってよい。また現実には、「個」と「社会」

第6章　市場の成り立ちに関する一試論―近年の政府紙幣発行論を手掛かりとして―

という判然とした二分法は成立せず、「個」は「社会」を構成し、「社会」の中に「個」は埋め込まれているといった相即不離の関係にあるものとも思われる。このため、市場を単一の観点のみで構成しようとするのは、事の始まりから無理を抱えているといえなくもない。しかしこの無理は、どの部分に別の観点が要請されざるをえないのかという点を明らかにする。

　こうした眼で見てみると、自生的成立説が撞着する部分に、たとえば「国家」というかたちで「社会」的な契機を要請することは、一つのありうる処理ではないかと思われてくる。つまり、個別経済主体は自己の欲求充足を私的に追及するものとして「社会」を構成すると同時に、「社会」に埋め込まれた「個」として、特定商品を「社会」に貢納すると想定してみるわけである。そうすると、私的な交換要求が錯綜する世界に、期せずして共通に欲せられる商品の出現を考えることができるようになる。それは結果的に、諸商品群を一方の極に，そして貨幣商品を他方の極に分極化させる，一般的価値形態の成立を意味することとなろう。つまり市場を，「個」と「社会」との交差領域として構成する考え方になる。

　このように、基底部で作動する私的な原理と、「社会」との重層的な仕組みとして市場を捉えてみると、「社会」は市場の外部に位置するのではなく、それ自身も市場の成り立ちを支える契機として、その採りうる行動にも自ずと制約が課されるという発想にはそれほど無理があるとは思われない。もちろん、今後の現実の展開を受けて，政府紙幣発行論の高まりが再生されることはありうるかもしれない。しかし、市場の成り立ちという問題を改めて考えてみるとき、政府紙幣なる「貨幣」は、見馴れぬ紙片というよりほかないものと思われる。

[注]
（1）関税・外国為替等審議会（外国為替等分科会）[2003]、榊原[2002]、滝田[2003]、『日本経済新聞』2003年4月30日（朝刊）「ノーベル経済学賞受賞者来日記念シンポジウム特集」、『日本経済新聞』2003年9月11日（朝刊）「おカネ最新事情（下）デフレに切り札？、政府紙幣案浮上」等を参照。また、政府紙幣と地域通貨との類似性が論じられたものとして、西部[2002]が挙げられる。
（2）たとえば2004年4月には、政府紙幣発行論の提唱者であったスティグリッ

ツ（Joseph E. Stiglitz）によって、政府紙幣発行という「非常手段をとる必要は減っている」という認識が示されている（『日本経済新聞社』2004年4月21日（朝刊）「スティグリッツ教授表明、日本の金融緩和出口論は尚早」を参照）。
（3）2009年3月12日に内閣府より公表された2次速報値（実質季節調整系列（前期比））による。
（4）2009年2月10日に当時の与党有志議員によって「政府紙幣と無利子国債を検討する議員連盟」が設立され、同年3月11日に同議員連盟からの提言書が政府に提出される。これに前後するかたちで、各メディアで政府紙幣発行論の是非が取り上げられた。たとえば、深尾［2009］、野口［2009］、赤間［2009］、岩尾・山口［2009］、大鹿［2009］、大濱［2009］等が挙げられる。またWerner［2009］では、実物的な諸商品量を増大させない市中銀行の不生産的な信用創造が金融危機の根本的な原因とされ、通貨という「公共財」を政府の管理下に置く観点から、政府紙幣への言及がなされている。
（5）いわゆる国の借金の増大が「国の倒産」を引き起こすという見解に対して、現代の国際通貨体制の下での自国通貨建て国債の累積は、インフレを招くことはあっても「国の倒産」（国債の債務不履行）には繋がらないという見解が、岩村［2008］第3章（とりわけ153-8頁）で示されている。
（6）より実態に即した説明は、大久保［2004］2-4頁を参照されたい。また、大内［2005］51-4頁も参照。
（7）2008年度の日本銀行からの国庫納付金は約2,600億円である。日本銀行の財務諸表はhttp://www.boj.or.jp/type/release/teiki/kaikei/zaimu/index.htmから参照できる。
（8）政府紙幣発行によってもたらされうる金融政策上の問題点等については、大久保［2004］8-14頁、深尾［2009］、野口［2009］等も参照されたい。
（9）野口［2009］では、政府紙幣は「財政民主主義」に背くという観点から発行しえないと批判されている。
（10）Ellis［1934］pp.4-5.を参照。
（11）Knapp［1905］S.12. 訳18-9頁。
（12）「国家は支払手段債務をもって、債務の設定当時行使せられていた支払素材の意味における実質債務と解釈せずして、償却の時行使せられている支払素材をもって償却し得る名目債務なりと見ている。」（Knapp［1905］S.12, 訳19頁）
（13）これとは逆に、価格単位と貴金属との結び付きこそ貨幣制度の本質と見る者を、クナップは「金属論者」（Knapp［1905］S.7, 訳11頁）と呼んでいる。
（14）クナップの議論を検討したものとして、泉［2009］も参照されたい。
（15）「国家」が政府紙幣に対して、金銭債務の弁済手段としての効力（法貨規

第6章 市場の成り立ちに関する一試論—近年の政府紙幣発行論を手掛かりとして—

定）を付与することも考えられる。しかしそのことは、特約に基づく代物弁済の禁止を直ちに意味するというわけではないようである（中央銀行と通貨発行を巡る法制度についての研究会［2004］53-73 頁を参照）。
(16)「私人間における支払……の秩序は多くの場合いわば自ら発生するものなれば、かかる支払は系統的には一般に信ずるが如くしかしかく重要なものではない。」（Knapp［1905］S.86, 訳 134 頁）
(17) 奥山［1990］では、形成史の観点からマルクスの貨幣理解が考察されている。また、マルクス自身の貨幣理解については、Marx［1867］、伊藤［2006］などを参照。
(18) 本稿では、日高［1983］、山口［1985］などで提示された議論を念頭に置いている。
(19) このとき A は、B が望む〈100g の鉄とリンゴ 2 個との交換〉に合わせて、〈100g の鉄と布 6m との交換〉を想起すると考えられなくもない。しかし、A が欲しいのは 2 個ではなく 1 個のリンゴであるという「欲求の指向性と定量性」（小幡［1988］45 頁）に鑑みて、鉄に対する A の交換要求は本文のかたちになるものと思われる。

［参考文献］

Ellis, Howard S.[1934]*German Monetary Theory1905-1933*. Harvard University Press.

Knapp, Georg Friedrich.[1905]*Staatliche Theorie des Geldes*. Vierte, durchgesehene Auflage, Verlag von Duncker&Humblot,1923（宮田喜代蔵訳『貨幣国定学説』有明書房，1988 年（なお，*The State Theory of Money*. Abridged edition, translated by H. M. Lucas and J. Bonar, Macmillan and Co,1924. も適宜参照した））

Marx, Karl.[1867]*Das Kapital. Band I,* vierte Auflage, in *Marx-Engels Werke,* Band23, Dietz Verlag,1962（岡崎次郎訳『資本論』第一分冊，国民文庫，1972 年）

Marx, Karl.[1857-58]*Ökonomische Manuskripte1857/58,* in *Marx-Engels Gesamtausgabe* II-1.1, Dietz Verlag,1976（資本論草稿集翻訳委員会訳『1957-58 年の経済学草稿』第一分冊，大月書店，1981 年）

Menger, Carl.[1892]"On the Origin of Money." Translated by Caroline A. Foley, in *The Economic Journal*, vol.2(6), Mcmillan and Co.

Smith, Adam.[1776]*An Inquiry into the Nature and Causes of the Wealth of Nations*. Vol.1, in *The Glasgow Edition of the Works and Correspondence of Adam Smith*(reprint), Liberty Fund, Inc.1981（水田洋監訳・杉山忠平訳『国富論』第一分冊、岩波文庫、2000 年）

Werner, Richard A.[2009]"Should creation of money stay in private hands?" in

The Daily Yomiuri, March9,2009.
赤間清広［2009］「政府紙幣：景気対策の財源として関心──Q＆A」,『毎日新聞』2009年2月5日（朝刊）
泉正樹［2009］「純粋資本主義論における一般的価値形態の成立―市場の成り立ちに関する一試論―」,東北学院大学『経済学論集』第171号
伊藤誠［2006］『『資本論』を読む』,講談社学術文庫
岩尾真宏・山口博敬［2009］「政府紙幣浮上の怪」,『朝日新聞』2009年2月3日（朝刊）
岩村充［2008］『貨幣の経済学』,集英社
宇野弘蔵［1964］『経済原論』,岩波全書
大内聡［2005］「我が国の国庫制度について～入門編～」,『ファイナンス』第41巻第3号、財務省広報
大久保和正［2004］「政府紙幣発行の財政金融上の位置づけ―実務的観点からの考察―」,PRI Discussion Paper Series（No.04A-06）、財務省財務総合政策研究所研究部（http://www.mof.go.jp/jouhou/soken/kenkyu/ron086.pdf）
奥山忠信［1990］『貨幣理論の形成と展開』,社会評論社
大鹿靖明［2009］「『政府紙幣20兆円』の現実味」,『週刊アエラ』2009年3月9日号
大濱裕［2009］「昨今のわが国における政府紙幣をめぐる論議について（上）・（下）」,『国際金融』第1119号・第1200号, 外国為替貿易研究会
小幡道昭［1988］『価値論の展開』,東京大学出版会
関税・外国為替等審議会（外国為替等分科会）［2003］「最近の国際金融の動向に関する専門部会（第4回）議事録」,財務省国際局調査課
（http://www.mof.go.jp/singikai/kanzegaita/giziroku/gaic150416.htm）
榊原英資［2002］「政府紙幣の発行で過剰債務を一掃せよ」,『中央公論』2002年7月号, 中央公論新社
滝田洋一［2003］「政府紙幣が試す「信任」──太政官札の轍踏むな」,『日本経済新聞』2003年4月27日（朝刊）
中央銀行と通貨発行を巡る法制度についての研究会［2004］「『中央銀行と通貨発行を巡る法制度についての研究会』報告書」,『金融研究』第23巻法律特集号, 日本銀行金融研究所
戸田顕司［2009］「ばら撒くよりも、カネを動かせ──「贈与税改正」発案者が語る経済危機対策」,『日経ビジネスオンライン』4月15日号
（http://business.nikkeibp.co.jp/article/topics/20090414/191845/）
西部忠［2002］「今こそ「地域通貨」を見直そう」,『週刊エコノミスト』2002年10月29日号
丹羽春喜［2009］『政府貨幣特権を発動せよ。』,紫翠会出版

第6章　市場の成り立ちに関する一試論―近年の政府紙幣発行論を手掛かりとして―

丹羽春喜［1999］『日本経済繁栄の法則』，春秋社
野口悠紀雄［2009］「政府紙幣や無利子債は天下の偽策」，『週刊ダイヤモンド』2009年3月14日号
日高普［1983］『経済原論』，有斐閣選書
深尾光洋［2009］「効果ない政府紙幣発行」，『日本経済新聞』2009年2月10日（朝刊）
山口重克［1985］『経済原論講義』，東京大学出版会
吉沢英成［1981］『貨幣と象徴』，日本経済新聞社（引用は、ちくま学芸文庫版（1994年）から行なった）
『日本経済新聞』2003年4月30日（朝刊），2003年9月11日（朝刊），2004年4月21日（朝刊）

[2009年10月脱稿]

泉　正樹（いずみ まさき）
東北学院大学経済学部准教授
「不換銀行券と商品価値の表現様式（1）―現代の不換銀行券の原理的把握に向けて―」（『東北学院大学　経済学論集』第176号、東北学院大学学術研究会編、2011年）
「計算貨幣論におけるマルクスのステュアート評―価値概念の観念性について―」（『東北学院大学　経済学論集』第172号、東北学院学術研究会編、2009年）
「原理論の方法に関する一考察―山口「ブラック・ボックス論」を考える」（『季刊　経済理論』第44巻第3号、桜井書店、2007年）

第7章　金保有に向けた政府紙幣オペレーション
―― 仮説的提案 ――

　　　　　　　　　　　　　　　　　　　　　　　松田　学

1　日本政府による金の買い上げ

　世界各国の公的金保有量については、必ずしも数字が正確に整理されていないが、総計で概ね3万2千トンという数字があり、また、公的金保有の評価額も数字が不明な場合が多く、その全体的な把握を正確に行うことには困難があるとされるが、今、3万2千トンという数字を前提に、金価格を1グラム3千5百円（田中貴金属工業株式会社の小売価格ベースで2010年の平均は1グラム3,477円）として計算すると、世界の中央銀行は合計で110兆円を上回る金準備を保有していることになる。

　これをIMFの統計に基づいて、国別に多い順にみると（括弧内は、公的準備に占める金の比率）、2010年半ばの時点で、アメリカは約8,134トン（72.1%）、ドイツは約3,402トン（67.4%）、IMFが約2,907トン、イタリアが約2,452トン（66.2%）、フランスが約2,435トン（65.7%）、中国が約1,054トン（1.5%）、スイスが約1,040トン（15.1%）、日本は第8位で約765トン（2.7%）となっている。

　ここで目立つのが、アメリカの公的金保有量の多さとともに、世界における日本の経済的な地位に比してみた、日本の公的金保有量の少なさである。特に、公的準備に占める金の比率は、アメリカが7割以上、欧州の大国ドイツやフランスがおよそ3分の2という水準になっているのに比して、日本は3%にも満たない。ちなみに、欧州中央銀行（ECB）では、対外準備資産の15%を金で保有することをガイドラインとしている。世界の経済大国ということでは、中国が近年、金保有を相当な勢いで増やしていることに留意する必要がある。

　金はこの宇宙で唯一、永遠に腐食しない物質。金は工業品や装飾品といった商品としても活用されているが、人類社会は古今東西、経済的価値の最終的な拠り所を金に求めてきた。管理通貨制度の下でこうした金のあり方に対する意識は薄れてはいるが、金融システムや国家への信認が揺らぐ度に、金の人気が高まるのは、人類にとっての金の持つ経済的な意味が不変であることを示すも

第7章　金保有に向けた政府紙幣オペレーション―仮説的提案―

の。

　第二次大戦後、米ドル基軸通貨体制クラブの最も忠実なメンバーとなった日本は、戦後のドル為替本位制（金に交換可能な唯一の通貨はドルであり、アメリカ以外の国々は金本位制に代わってドル本位制に組み込まれた）の下で金に対する意識を最も低下させた国といえる。しかし、ユダヤ人が歴史的に唯一、信を置いてきたのが金だったことが象徴するように、金には国家や政府の信用を超えた価値が置かれている。（日本でも、金が最も売れる地域は京都とされるが、それは、千年にわたり政権の興亡を観てきた僧侶たちにとって、時の政府は大きな信頼を置ける対象ではないからであるとされる。）

　日本はせめて欧州大国並みの3,000トン近い金保有を目指し、毎年度700トンずつ、3年間、政府が金を市場から買い上げてはどうか。当然、世界的に金価格は上がるが、それは日本保有の金の評価を上げてくれることになる。

　このオペレーションを、3年間、継続してみてはどうかというのが、本稿の提案である。

（注）本稿を当初執筆した時点（2010年）では、この政策を、当時からみた民主党政権の残り3年の政権期間において、主として「子ども手当て」の国民への配布を「政府紙幣」の形で行うことを想定しつつ、それに対応する期間として、2011年度〜2013年度の予算に組み込むオペレーションを考えたものだった。その後、2011年3月の大震災を経て、政府紙幣の提案の意味合いが変化したが、本稿では、以下、当初の子ども手当てを念頭においた記述を維持することとする。なお、本稿の最後に、震災対応に係る政府紙幣の意義について、付記することとした。

2　政府紙幣の発行

　政府は買い上げた金の a 倍の金額の政府紙幣を発行する。

（注）通常使用されている日銀券（銀行券）という通貨は日銀の負債であり、それは日銀が発行する無利子永久債務証書にほかならない。その裏付けは日銀の資産（そのほとんどが国債か銀行貸付債権）である。政府が無利子永久債の形で債務を起こし、その債務証書を通貨として法定すれば、政府は中央銀行と同じ理屈で「政府紙幣」なる通貨を発行したことになるとも捉

えられるが、政府紙幣は政府の貨幣発行権という政府の「資産」を裏づけに発行されるものであると捉えることができるものである点で、日銀券のような「債務」とは異なる性格を持つものと考えられる。

この政府紙幣を法定通貨とし、2万円札と5万円札として発行、流通させる。1万円札など日銀券と同じ額面の政府紙幣を発行すると、様々な混乱が予想されるので、あえて既存紙幣にはない額面の紙幣を発行。日本に未だ存在しない高額額面紙幣が流通することで、決済や取引、通貨保蔵の利便性が高まることになる。

現実に政府紙幣が取引通貨として使用され転々流通するよう、発行に当たっては、政府から家計への直接支払いの機会をできるだけ活用する。具体的には、子供手当ての支給は極力、この政府紙幣の配布をもってすることとする（ほかにも、公務員への給与や旅費等の支払いのうち現金支給分が考えられる）。かつての地域振興券でなく、紙幣で、制度給付に即した「ヘリコプターマネー」をする。

3　デフレ対策として金融政策の限界を突破

仮に、aを4倍と設定すれば、2兆円（1g = 3,000円として700トン近く）の金の買い上げで、その年度には8兆円の政府紙幣が発行される。日銀券（銀行券）の発行額は2011年時点で約79兆円であり、この対策は毎年度、その概ね1割に当たる紙幣発行高の増大効果をもたらす。

それは国民経済に、購買力の増大をもたらす。直接的には年間で8兆円の新たな購買力の追加が生じる。もし、政府が購入する2兆円の金のすべてを海外から調達した場合、それは海外への所得の漏出となるので、これをネットアウトしても、国民経済全体で6兆円の有効購買力の純増が生じることになる。子供手当てなど家計の直接給付を通じた購買力の散布の形を採った場合、まずは家計の可処分所得を増大させることになり、その一定部分は貯蓄に回るが、消費に回った分の波及効果を含めれば、限界消費性向に対応した乗数を乗じた額の総需要の拡大が起こることになる。

これを3年間続けるとした場合、それは可処分所得を増大させる対策として、8兆円（日本では史上最大）の所得税減税を3年間継続する対策に擬せられることになるが、所得税減税よりも政府紙幣のほうが経済効果ははるかに大きいも

第7章　金保有に向けた政府紙幣オペレーション―仮説的提案―

のと見込まれる。

　なぜなら、①第一に、所得税の減税はその分、財政赤字の拡大＝将来の増税幅の拡大であり、財政錯覚を前提にしなければ（国民が十分に合理的でないと仮定しなければ）、生涯所得は不変であることから、恒常所得仮説の下では、国民は減税で増大した可処分所得を消費には回さないはずだからである。②第二に、これだけ巨額の所得税減税をする場合、その恩恵は高額所得者ほど大きい形にならざるを得ないが、一般に、低所得者よりも高所得層のほうが消費性向が低いからである。③第三に、源泉徴収制度が行き渡った日本の場合、減税による可処分所得の増大は明確に認識されないことが多いからである。

　これに対し、政府紙幣は、①財政赤字を拡大させるものではなく、3年間の実施で国民の生涯所得を総計24兆円、純増させることになる。②子ども手当てなど社会保障給付を通じて所得を増大させるものであるから、消費性向がより高い低所得層により大きな恩恵をもたらす政策である。③国民に政府紙幣という実物が手渡されるため、可処分所得の増大が明確に認識される。

　結果として、このオペレーションは、需給ギャップの縮小、デフレからの脱却に大きく寄与する効果を直接的に発現する。

　通常、マネー供給のうち中央銀行が直接コントロール可能なのはハイパワードマネー（現金＋準備預金）であり、これを金融政策でいくら増やしても、それを基に民間銀行部門が信用創造のリスクテイクをしなければマネーサプライは増えない。銀行としては、有効資金需要（銀行としてリスクテイクができる銀行貸付へのニーズ）の範囲でしか信用創造はできない。これが金融政策ではデフレ克服ができない原因。

　政府紙幣はこうした金融政策の限界の外側から、国の実質的な債務増大を伴わない形で直接マネーを増やすことができるデフレ対策である。

　また、子供手当ては2011年度予算から全額実施となるが、その所要額は年度当たり約5兆円なので、この政府紙幣によって財政状態を悪化させることなく、その財源を賄えることになる。

　3年間実施して、デフレ脱却が確認できれば、このオペレーションを停止して増税を決断すればよい。

4　金との交換性

　この政府紙幣は、金価格のその時々の市場実勢を反映した「公定時価」で金と兌換できるものとする。但し、政府に金との兌換を要求できるのは日銀のみとする。こうして民間が政府紙幣を金投機の手段とすることを防ぐ（金投資のために政府紙幣を保蔵する等の事態を回避、民間経済主体にとって政府紙幣は、通常の紙幣と同等のもの）。

　一般に、政府紙幣そのものには次のような問題があることから、その発行は不適当とされてきたもの。

　すなわち、政府が発行した紙幣であっても、貨幣としての性格を持つ以上、それは預金への預入などを通じて銀行システムに入り、その一部は銀行から日銀に持ち込まれることになる。通常の日銀券（銀行券）の場合は、日銀に入った（戻った）段階で、その分、日銀の負債が減少する。これに対し、政府紙幣の場合は、それは日銀の資産に入るが、それは国債や貸付金のように利子を生む価値ある資産ではなく、単なる紙切れに過ぎない。そうした無価値「資産」の混入により日銀の資産全体が劣化し、日銀資産を裏付けとしている日本の通貨全般に対する信認が低下することになる。

　ここで日銀が自らの資産内容を改善すべく、保有政府紙幣をもって市中から国債を購入したり、政府に国債との交換を要求したりすれば、それは事実上の国債日銀引き受けとみなされ、これも通貨に対する信認を落とすことになる。特に後者は、政府に普通国債の増発を求めるものであり、結局は、政府が借金を増やすことで政府紙幣を発行したに過ぎないことになる。

　ところが、ここで検討している政府紙幣の場合は金の裏付けがあり、日銀はいつでも公定時価で政府に金との交換を要求できるから、日銀資産は金の裏付けを得ることによって、劣化しないことになる。

　特に、金価格が上昇すれば、その分だけ、政府は兌換要求に応じる際に放出する金の量を少なくできるし、すでに政府紙幣と交換されて日銀資産に組み込まれている金があれば、日銀の資産価値はその評価益を享受できることになる。

　日本の当局が金保有を増やしてこなかった理由として、金相場によって資産価格が変動するリスクが挙げられてきたが、たとえ金価格が下落しても、金には他の資産にはない独自の価値がある。確かに、国債や貸付金は元本保証の利

第7章　金保有に向けた政府紙幣オペレーション—仮説的提案—

付債権であるが、そもそも債権とは債務の履行に対する請求権（あるいは求償権）に過ぎないのに対し、金には、それ自体に、時空を超えた人類共通の普遍的で永遠の価値が存在する。それは時々の資産価格変動を超越した絶対的価値である点で、債権の有する資産価値を凌駕するものであるといえる。

　ここで検討する政府紙幣は、こうした金と結びついた紙幣である点で、単なる「政府紙幣」とは異なる意味合いを持つのであり、前述のように、それによって政府紙幣一般に内在する問題点がクリアーされることになる。

　もちろん、政府紙幣は政府が購入する金の a 倍の額まで発行されることから、その全額が金の実勢価値によって担保されているわけではない。しかし、貨幣の特性とは、それが本質的には「皆が受け取ると皆が思っていると思うから自分も受け取る」との自己循環論法によって成立しているものであるという点で、言語や法と同じである（人間社会とは、専ら自己循環論法にしか存在根拠を持たないこれら3つを使うことで成り立つ社会とも定義される）。政府に最低限の信認さえあれば、政府がそれを法定通貨として定めれば、資産の裏付けが十分ではなくても、紙幣として立派に通用し、使われることになるものである。

　問題は、日銀が政府に兌換を請求した際に、政府がそれに完全に応じられるかどうかに絞られる。しかし、一般に、日銀に持ち込まれるのは発行紙幣の一部に過ぎず、a はその比率を勘案して設定すれば、政府の保有金が日銀からの金兌換要求に対して不足する事態は避けられるはずである。$a = 4$ 倍との設定は決して過大ではないであろう。

5　時限性と永遠性

　但し、金が数倍の貨幣価値に化けるという現象が恒常化すれば、それが財政負担の痛みのない「打ち出の小槌」として政治的に利用され、経済の規律や資源配分の効率性を長期的に阻害することになりかねない。また、中央銀行による金融政策とは別のカテゴリーで通貨が増発されることは、インフレを慢性化させ、日本経済への信認をかえって傷つけることにもなりかねない。

　その意味で、これは処方を間違えば大きな副作用を伴う劇薬の側面が強く、患者（経済）の状態に対する的確な診断の下に、処方すべき状況においてのみ処方する薬であるとの限定を設けることが前提である。

翻って、現下の日本経済は、デフレ克服が喫緊の課題とされる局面にあり、それはすなわち、通貨価値を低下させようとしてもなかなか低下させられないことで苦しんでいる状態と言い換えることができる。そのような局面では、上記の副作用を懸念する必要はなく、当面、2011年度以降の3年間に限定して実施し、マクロ的にデフレ克服が認知されれば即刻停止することを法定化するものとする。

オペレーション自体は時限的であっても、それによって日本には、その後も、政府ないし日銀に永遠の価値を持つ金ストックが蓄積されることになる。その a 倍の政府紙幣のうち日銀が金兌換を請求した分を除いた金額は、永遠に流通する（政府紙幣が物理的にすり減っても、それを政府に持ち込んで同額の新札と交換されることは、日銀券の場合と同じ）。

流通している政府紙幣は金本位制通貨といえるものであり、また、金との兌換で日銀の金資産は増大することから、日本の通貨たる円、ひいては日本経済は、その一部が金という永遠の価値で裏付けられている姿が実現する。

6　激甚災害時に限定した政府紙幣発行 　　（震災対応の特別措置）

以上は、平時のデフレ対策として、政府紙幣発行と組み合わせた金保有オペレーションを提案したものだった。その後、日本は2011年の3・11以降、新たな局面に入った。当面は被災地の復旧・復興を中心に、日本は平時モードから有事モードへの切り替えが求められている。しかし、「平時とは異なる異例の対応」が叫ばれながらも、それにふさわしい政策が現実に採られてきたとはいえない。実は、政府紙幣の発行は、この「異例の対応」の中心的なメニューとして検討されるべきものなのである。

それは、政府の貨幣発行権の活用である。銀行券も含めた通貨が日銀の負債であるのに対し、貨幣発行権という政府の資産を活用する方策といえる。これによって、政府はほぼ無コストで購買力を生み出せる。国民負担はなく、財政規律とも無関係な財源調達方法になる。円通貨への十分な信認があり、しかも大幅なデフレギャップにあって、通貨価値の減価ではなく、むしろ増価が問題になっている日本経済だからこそ採れる選択肢である。

具体的には、本稿で提起しているように、新たな高額紙幣、すなわち、従来

第7章　金保有に向けた政府紙幣オペレーション―仮説的提案―

の日本銀行券とは異なる額面の政府紙幣である2万円札や5万円札を発行するが、これを、例えば、被災者に政府が一律に配ることで、当面の生活の安定を図る。被災者が共通に最も必要としているのは現金である。例えば被災者に一人当たり月10万円でこれを一年間配っても全体では数千億円であり、現在の紙幣発行残高（80兆円程度）からみれば微々たる金額である。日銀の金融政策にも影響はないだろう。

　ちなみに、欧州にも二百ユーロ札や五百ユーロ札がある。日本国を象徴する図柄に日本政府と書かれた紙幣は、国は自分たちを見捨てていないという安心感をも被災者の方々に与えるだろう。

　これをマクロ経済対策としてではなく、あくまで激甚災害時のみという縛りをかけることとすれば、政府紙幣を金保有によって裏づけるオペレーションも、今の日本経済の状況にあっては、不要であろう。金による価値保証は、「日本では経済情勢いかんでは政府紙幣が平時においても発行され得る」との認識をマーケットに与え得る場合に必要となる措置だった。そのような認識が円通貨に対する長期的信認を損わないための措置が必要になるからである。しかし、激甚災害という特殊状況に限定されるのであれば、しかも、巨額の金融資産と世界最大の対外純資産を有し、通貨価値が異常に増価するデフレ経済にある日本国が発行するのであれば、あえてそのような価値担保措置は要らない。

　ちなみに、これまでも日本では、財政規律を維持する例外措置として激甚災害限定というやり方が採られてきた（かつての資金運用部の金利減免措置など）。

　ここからさらに踏み込んで、政府紙幣の発行ではなく、政府の貨幣発行権を無形資産として日銀に買わせて、見返りに日銀から政府の口座に電子的に通貨を入れる方策も議論されている。例えば丹羽春喜・大阪学院大学名誉教授は、これを、通貨発行益（シニョレッジ）を活用して財政政策の自由度を高め、財政収支ではなくマクロの需給ギャップを基準に運営される経済政策へと、ケインズ以来の大革命をもたらす「救国の政策」として提案している。

　だが、その実現の最大のネックは、この手段がそのメリットである「打ち出の小槌」を政府に与えることにある。貨幣発行権活用の限度はデフレギャップ解消までということになるが、潜在GDPの客観的な計測方法が合意されたとしても、生産性の低い無駄な支出やモラルハザードに対する歯止めをどう構築し、経済全体の規律を維持するのかという問題がある。今後の議論の進展に期

待したい。

　もし、ケインズ経済学が想定したハーヴェイ・ロードの前提のように、少数の賢者による強力な政治的リーダーシップが実現するのであれば、これを例えば「国力倍増十ヵ年計画」といった構想の財源に限定して用いることが考えられよう。日本経済の将来にわたる成長力が、「政府通貨」の信用の裏づけになるとの発想である。

　しかし、より現実的に考えるならば、政府紙幣も含めた「政府通貨」は、①激甚災害時という縛りをかけた政府紙幣の限定的発行、②平時のデフレ対策として、本稿で提案した「金保有」で裏づけられた形での政府紙幣の発行、③その他、何らかの資産に裏づけられた形での「政府通貨」の発行、という場合に限定されるのではないか。

　このうち③については、例えば、今般の東日本大震災で壊滅状態になった土地等の資産を政府が買い上げる際の財源として「政府通貨」を構築することが考えられるかも知れない。その場合、政府が買い上げた資産を「復興」事業で蘇生させることで、そこに資産価値を生み出すこととすれば、「政府通貨」は、資産の裏づけを得ることになる。

　いずれにしても、通貨を専ら中央銀行の負債としてのみ考える発想からの脱却が、今、問われているのではないか。

参考文献
松田学他著『永久国債の研究』光文社（2009 年 5 月刊）より、Part3　Chapter2「そもそも永久国債とは何か－政府紙幣と無利子非課税国債をめぐる議論－」

［2011 年 9 月執筆］

松田　学（まつだ まなぶ）
衆議院議員、埼玉学園大学客員教授、横浜市立大学客員教授
1981 年、東京大学経済学部卒業、同年に大蔵省（現 財務省）に入省。2010 年、参院選立候補のため退官。
著書：『競争も平等も超えて―チャレンジする日本の再設計図』（財経評報社、2008 年）『永久国債の研究』（共著、光文社、2009 年）『TPP 興国論』（KK ロングセラーズ新書、2012 年）『ニッポン興国論』（KK ロングセラーズ、2012 年）。論文：「超高齢化社会と日本の進路」（政策科学学会年報創刊号、2011 年）「日本の復興と経済財政戦略」（政策科学学会年報第 2 号、2012 年）

第Ⅱ部 金融グローバル化の諸相

第8章　1998年、SEC規則「プレーン・イングリッシュ」の成立

米山徹幸

　企業情報に関連する法律や会計の専門家、そして経営者自身も、複雑な言葉や一般に理解できない専門用語を使うことが多く、一般の投資家を市場から遠ざけてきた。米国は、長年にわたって「平明な英語＝プレーン・イングリッシュ（plain English）」で書かれる企業情報に取り組み、その努力は1998年10月1日に施行されたプレーン・イングリッシュに関する米証券取引委員会（SEC）の規則に結実した。[1]この小論は「プレーン・イングリッシュ」規則にいたる動きを追うものである。

1　「プレーン・イングリッシュ」をSEC規則に
〜レビットSEC委員長のイニシアティブ〜

　SECが「プレーン・イングリッシュ」に取り組む契機となったのは、94年に明るみに出た証券、保険、投資信託の各分野で個人投資家を巻き込んだ数々のスキャンダルだった。

　いくつか例をあげよう。

　94年はじめ、生保大手プルデンシャルの子会社・プルデンシャル証券、同じく大手のメトロポリタン生命が、リスクや商品内容を偽って金融商品を販売したという事件が顕在化した。プルデンシャル証券は、80年代、出資証券を34万人の投資家に総額80億ドル販売した。その後、不動産・石油の下落のあおりで証券価格は半減してしまった。調べてみると、営業員が元本割れのリスクを説明せず「絶対安全、年利回り20％以上」と説明していた事実や、「安全性を強調し個人的な保証を与え、商品内容の詳細に入り込まずに早く商談をまとめる」と書かれた研修資料も出てきた。94年1月、11万5千人がニューオーリンズで集団訴訟を起こした。これにプルデンシャルは9千万ドルの賠償支払いで和解した。[2]

　他方、メトロポリタン保険は、90年フロリダの支店が「看護婦向け年金」を販売。「貯金のように金利が付き解約自由」の謳い文句で勧誘した。しかし、

第8章　1998年、SEC規則「プレーン・イングリッシュ」の成立

終身保険の場合、加入直後の解約をすると返戻金が少ない。そのため苦情が殺到した。消費者の関心は貯蓄性の高い年金にあり、営業員の手数料は終身年金に偏していた仕組みに問題があった。保険加入の説明書は専門用語が多く、契約するまで加入者に見せない慣行がトラブルの一因であった。

　またこの頃、別の保険会社ニューヨークライフで老人を相手に終身保険の契約をした後で、保証額を一桁増やして保険料を吊り上げ、係争になった事件が明らかになった(3)。いかに投資家の自己責任が市場原則だという国柄だといっても、このような営業行為が現場で横行していたのである。「一般投資家向け取引の最も重要なことは、公正な取引をしているという社会的な合意だ」(レビット委員長＝当時) という原点に戻るよう業界各社に、行政当局者は繰り返し指摘した(4)。

　さらに94年9月、コロラド州コミュニティ社のMMF（マネーマーケットファンド）が破綻する。デリバティブ投資で損失を出したのが原因だった。銀行預金と同等の安全な投資商品とみられていたMMF（マネーマーケットファンド）がデリバティブ投資によるポートフォリオ損失で元本割れを生じ、投資家に払い戻す事態が生じた。コロダド州コミュニティ社がそれである。投資家に対しネットアセットバリュー（NAV）が94セントで償還されたのだった。

　MMFは投資顧問法で株式の1株純資産と同等のNAVを保つよう求められていた。この時期、急激な金利上昇の余波でデリバティブを用いていた損失を出したバンカメリカなどのMMFは、自己資金を投じて損失を埋め合わせ、NAV1ドルを保った。こうした措置は自己資金余力のある大手投信だからこそ出来たことだったが、中小のMMFは元本割れの恐れもあると1部で懸念されていた。MMF運用のルールは1940年制定の投資顧問法で、50年間ほぼ変わらず、投資対象は大きく変化している現実に見合わなくなっていたのだった。

　証券や保険の不当販売、MMFの償還問題など、その解決は焦眉の事柄だった。いずれも多くの個人が全国規模で巻き込まれていた。かつてない膨大な数の「専門知識のない無垢の個人投資家」が金融証券の市場に登場していたのだ。「投資家の守護者」を設立趣旨に謳うSECが市場の弱者たる個人投資家の状況改善に取り組む時が来た。

　94年10月、SECのレビット委員長（当時）は個人投資家が占める地歩、情

報弱者の立場、リスク商品の説明責任、証券投資知識の不足に言及し、次のように指摘した。「まず、個人投資家が世界の金融・資本市場での役割を高めている点を訴えたい。個人投資家が各種の市場情報へのアクセスなどの点で（機関投資家のような）他の市場参加者に比べ不利にならないようにしなくてはならない。投資信託を例にとれば、個人投資家がリスクを十分に掌握できないまま投信を買うことがあってはならない。規制当局としては運用の中身などを投資家に十分に開示するよう求めていく(5)」。

　個人投資家の保護を明言するレビット委員長のイニシアティブで、SECは本格的な2つの行動に乗り出した。1つが証券教育活動だ。これまで、多くの場合、証券詐欺などの名目で一般の個人投資家の告発を受けても手遅れのケースが多い。その反省から、事後ではなく事前に力を入れるというのだ。「これまでは100％告発主義だった。今後は投資家教育にも重点をおく」。こうしてSECは投資家教育の一環として全米各地で「タウンミーティング」を開催し、投資家との直接対話に乗り出した。

　もう1つが投信の目論見書の平明な表現だ。訴訟を考えるあまり、専門的で曖昧、分りにくかった従来の文体に単純明快な表現を求めた。フィデリティなど大手7社と要約を一枚で作成する合意をし、サンプルつくりにとりかかった。これは3年後、すべての目論見書に採用される平明な英語（プレーン・イングリッシュ）規則につながる動きとなった。

　3年間の議論は次の3つの結論に達した。その第1は、もし目論見書がわかりやすい形で情報を提供しなければ、投資家は完全かつ公正な情報開示による保護を受けられないこと。第2に、目論見書が、もっと単純、明快であれば、投資家に役立ち、そしてもっと多くの人に読まれるようになること。第3に、平易な英語を用いることは、重要な情報が欠けるということを意味するものではなく、また訴訟のリスクを増すものでもないこと。情報の平易なコミュニケーションいう点で関係者に認識の違いはなかった。

【表1】SEC：プレーン・イングリッシュ（平明な英語）規則（1998年1月）

米国証券取引委員会（SEC）は、投資家にわかりやすい目論見書とするため、平易な英語を使用した情報開示を義務づける規則（プレーン・イングリッシュ・ルール）を1998年1月に制定した。

第8章　1998年、SEC規則「プレーン・イングリッシュ」の成立

○主な論点
■もし目論見書がわかりやすい形で情報を提供していなければ、投資家は完全かつ公正な情報開示による保護を受けられない。
■目論見書は、もっと単純、明快かつ役立ち、もっと多くの人に読まれる。
■平易な英語を用いることは、重要な情報が欠けるということを意味するものではなく、訴訟のリスクを増すものではないという立場が採られた。
○主な内容
目論見書の表紙、裏表紙、サマリー（要約）項目及びリスクファクター（リスク要因）項目の構成、用語および書式については、平易な英語を用いなければならない。
①短い文とすること。 ②確定的、具体的、かつ日常的な言葉を用いること。 ③能動態を用いること。 ④難解な内容については、可能な場合には、表形式あるいは箇条書きとすること。 ⑤法律的専門用語またはきわめて技術的なビジネス用語を用いないこと。 ⑥二重・多重否定を用いないこと。

(http://www.simpsonthacher.com/content/publications/pub423.pdf などの資料から作成)

　1998年1月23日、SECは一般企業の目論見書に対して、投資家にわかりやすい平明な英語を義務づける規則（プレーン・イングリッシュ・ルール）を制定した[6]。目論見書の表紙、裏表紙、サマリー（要約）項目及びリスクファクター（リスク要因）項目の構成、用語および書式に、次の6点を指針とした。
　①短い文とすること。
　②確定的、具体的、かつ日常的な言葉を用いること。
　③能動態を用いること。
　④難解な内容については、可能な場合には、表形式あるいは箇条書きとすること。
　⑤法律的専門用語またはきわめて技術的なビジネス用語を用いないこと。
　⑥二重・多重否定を用いないこと。
　これ以後、一般投資家が理解できない業界用語で書くことは、禁じ手となった。

2 「プレーン・イングリッシュ・ハンドブック」の刊行

　1998年8月、SECは「プレーン・イングリッシュ・ハンドブック[7]」と題する冊子を刊行した。高名な投資家ウォレン・バフェット氏は、その序文を寄稿し、「レビット委員長が先頭に立って開示文書での『プレーン・イングリッシュ』の使用を推進していることは、私にとって大いなる朗報です。なぜなら、私は40年以上にわたって上場企業が提出する資料を読んできましたが、その間、資料に書かれていることが理解できなかったり、それどころか、有益なことは何も書かれていないと判断せざるを得なかったことが、しばしばあったからです。企業や法律事務所がこのハンドブックに書かれているアドバイスにしたがってくだされば、私の人生は荷がはるかに軽くなるだろうと思います[8]」と書いた。

　そして、「おそらく最も共通した問題は、状況をよく把握している善意の資料作成者が、知識も興味もある読者に対して、単にメッセージをうまく伝えられないでいるということでしょう。このような場合は往々にして、形式ばった業界用語や文章の複雑な構成が問題の元凶となっています」と指摘し、「このハンドブックは、皆さんをそのような問題から解放し、いかにすれば効果的なコミュニケーションがとれるのか、その手段を提供しています。ハンドブックが教えるように文書を作成すれば、読者は皆さんがとてもスマートになったことに驚くことでしょう」。

　レビットSEC委員長も寄稿した。「投資家は、連邦証券法が提供する投資家保護の恩恵をフルに享受するために、開示文書を読んで理解する必要があります。投資家の多くは、弁護士、会計士、投資銀行家のいずれでもないため、投資家が理解できる文章、つまり、プレーン・イングリッシュで開示文書の作成を始める必要があります。企業、法律事務所、SECなどで働いている人は、プレーン・イングリッシュに切り替えるために、新しい考え方と書き方が必要です。私たちがこれまで作成してきた文書が、投資家が十分な情報に基づく意思決定を行うための重要な情報をきちんと伝えているかどうか、自問しなければなりません。今まで使われてきた法律専門用語や業界用語は、複雑な情報を明確に伝えられる日常用語に取って代わられるべきです[9]」。

　SECの冊子は、これまでの目論見書が抱える「共通的な問題」として、「長

第8章　1998年、SEC規則「プレーン・イングリッシュ」の成立

い文章」

「受動態」「弱変化動詞」「余計な単語」「法律と金融の専門用語」「特別に定義された用語の多用」「抽象的な単語」「不必要な詳細」「読みづらいデザインとレイアウト」など9つの項目を取り上げた。

【表2】「プレーン・イングリッシュ」の実例①
　　　〜受動態から能動態へ〜

【書き換え前】
The proxies solicited hereby for the Heartland Meeting may be revoked, subject to the procedures described herein, at any time up to and including the date of the Heartland Meeting.
（ハートランドの株主総会のために本文書でご依頼している委任状は、本文書に記載された手続きに則って、ハートランドの株主総会開催日を含め、当日までいかなる時点でも無効とされる可能性があります。）

【書き換え後】
You may revoke your proxy and reclaim your right to vote up to and including the day of the meeting by following the directions on page 10.
（あなたは、10ページに掲載されている手順に従って、株主総会開催日を含め、当日までに委任状を無効にしてあなたの投票権を回復することができます。）

（http://www.sec.gov/pdf/handbook.pdf　20ページから作成）

【表3】「プレーン・イングリッシュ」の実例②
　　　〜否定文から肯定文に〜

否定形の語群	単語
not able（可能ではない）	unable（不可能）
not accept（受け入れない）	reject（拒否する）
not certain（確実ではない）	uncertain（不確実な）
not unlike（異なってはいない）	similar, alike（同様）
does not have（持っていない）	lacks（欠ける）
does not include（含まない）	excludes, omits（除外する）
not many（多くない）	few（少ない）
rarely（まれ）	not often（頻繁ではない）
different（異なる）	not the same（同じでない）
only if（〜の場合だけ）	not … unless（〜でなければ〜でない）
not … except（〜を除いて〜でない）	only if（〜の場合だけ）
not … until（〜まで〜しない）	only when（〜の時にだけ）

(http://www.sec.gov/pdf/handbook.pdf 27ページから作成)

3 プレーン・イングリッシュ、二転三転する歴代大統領の取り組み

　ところで、「プレーン・イングリッシュ」といえば、話は1978年3月に戻る。ジミー・カーター米大統領（当時）は「連邦職員は、あらゆる規則が、関係する人たちが理解できる平明な英語（プレーン・イングリッシュ）で書かれるように配慮しなければならない」とする大統領令12044に署名した。[10]大統領令は大統領の発する命令・規則で法律と同等の効力を有するとされる。この大統領令は、行政での法律用語や官僚用語の氾濫で一般市民を遠ざけてきた文書を止めようとした画期的で、具体的な動きだった。さらに翌年の79年、カーター大統領は、大統領命令12174に署名。[11]連邦政府の文書を「出来るかぎりシンプル」にするように求めた。

　これを受け、教育省は公文書に見られる問題点を調査し研究する「ドキュメント・デザイン・プロジェクト」を立ち上げ、「プレーン・イングリッシュ」を実行しようとする連邦政府の省庁に支援を惜しまなかった。しかし、現実の壁は厚い。「プレーン・イングリッシュ」に関する大統領令に沿って動いた省庁は数えるほどしかなかった。それでも、こうした成果は81年11月に刊行された「ドキュメント・デザイナー向けのガイドライン」に結実する。[12]106ページの小冊子は連邦関係者にとってハンドブックの役割を果たす。

　しかし、1981年、ロナルド・レーガン大統領は新たに大統領令12291を発令し、[13]カーター大統領による大統領令12044と12174を撤回した。このこともあって80年代、連邦政府レベルの「プレーン・イングリッシュ」の動きは限定したものとなった。平明（プレーン）で、明快な文書の作成を業務の優先事項とするかどうかは、各省庁の判断に委ねられたのだ。

　それでも、社会保険省（SSA）は自らが発信する公告の多くをプレーン・イングリッシュに書き換えることを優先事項に取り上げた。[14]弁護士の中にも、この問題に関心を寄せる動きが出てきた。というのも、連邦政府の省庁には多くの弁護士がスタッフとして勤めていたし、プレーン・イングリッシュがもつ意味の深さをよく理解する立場にあったからだ。トーマス・クーリー・ロー・スクールのジョゼフ・キンブル教授は平明な法律文書の積極的な擁護者で、『法

第8章　1998年、SEC規則「プレーン・イングリッシュ」の成立

学者ジャーナル：法律文書』を編集し、また『ミシガン法律ジャーナル』に「プレーン・イングリッシュ」のコラムを連載した。1984年にスタートしたコラムは長年にわたり人気を博した。[15]

【表4】プレーン・イングリッシュ：米政府関連の大きな動き

1974年	米国年金改革法、すべての文書を「プレーン・イングリッシュ」によると求める。
1974年	議会が連邦文書委員会を設置。政府文書を「明快な言語と書式」で書き換えるべきだと。
1975年	マヌスン・モス保証書法、すべての保証書を「プレーンな言語」で書くように求める。
1975年	ニューヨークのシティバンク、すべての書式を簡素化。はじめに約束手形から。
1975年	自動車保険の書式簡素化に関する業界諮問委員会、簡素化された保険契約のガイドラインの草案を作成。セント・ポール火災海上保険、大手保険会社で最初に保険契約の簡素を図る。(1999年には34の州で、保険契約で明快な言語に関する「プレーン・イングリッシュ」法が成立)。
1977年	ニューヨーク州、ビジネス契約を平明な言語で書くように求める。
1978年	カーター大統領、大統領令12044に署名。「政府規則の改正」。
1978年	全米教育協会と教育省が文書の調査・訓練・実践などに向けた「ドキュメント・デザイン・プロジェクト」に着手。
1978年	ハワイ州が州憲法を改正。公に向けた政府文書はすべて明快でなければならないとした。
1979年	カーター大統領、大統領令12174に署名。省庁に書式の数を減らし、出来るだけシンプルにするように求める
1980年	ニューヨーク州知事令で、すべての州省庁が平明な言語で書くように求める
1981年	レーガン大統領が大統領令12291に署名。カーター大統領による命令EO 12044と12174.を撤廃。「プレーン・イングリッシュ」運動にとって1つの後退。
1983年	カリフォルニア州がすべての州文書を平明な言語で書くように義務化。

129

1998年	証券取引委員会（SEC）が「プレーン・イングリッシュ」規則（証券法規則421［d］）を98年10月1日から施行。目論見書のカバーページ、要約、リスク要因を「プレーン・イングリッシュ」で記載することを求める。
1998年	クリントン大統領、すべての新政府文書を10月1日までに「プレーン・イングリッシュ」で記載するように求めた行政メモランダムに署名。
1998年	1999年1月1日までに、連邦政府の官報に載る立法案はすべて平明な言語で書くように法制化。

（http://www.english.udel.edu/dandrews/bcq/plainenglish.html などから作成）

　「プレーン・イングリッシュ」を生き返らせたのはレビット委員長が率いるSECだ。その事情は前述した。98年10月1日、「プレーン・イングリッシュ」規則（証券法規則421［d］）を施行。目論見書のカバーページ、要約、リスク要因を「プレーン・イングリッシュ」で記載することを求めた。94年の証券スキャンダルに学んで、レビット委員長は「プレーン・イングリッシュ」の最大の擁護者となった。このSEC規則は、市場で使われる言葉はすべて一般投資家が理解できることが大前提という原則となった。前出のSECによる「ハンドブック」は関係者の必携本となった。

　この1998年、ビル・クリントン大統領は、政府の主要な政策として「プレーン・イングリッシュ」を取り上げる。同年6月1日、同大統領は連邦政府の職員は平明な言語で文章を書き、すべての規制文は1999年1月1日までに、明快な文章で書かれていなければならないとする大統領メモランダムを発令した。同大統領はアル・ゴア副大統領を「プレーン・イングリッシュ」推進の責任者に任命。ゴア副大統領は「平明な英語は政府への信頼を高めると確信し、「プレーン・イングリッシュは市民の権利である」と語り、お役所的な文書を分かりやすい平明な言葉に直した連邦政府の職員を対象に「No Gobbledygook Award（ノーお役所言葉賞）」を毎月贈呈した。

　「プレーン・イングリッシュ」がSEC規則となったことで、企業情報を市場に発信する責任を担うIR担当者をはじめ、IR業界は大きな影響を受ける。もちろん、米国内35ヵ所の支部で「プレーン・イングリッシュ」の講習は欠かせないテーマになった。100人を超す米国以外のIR担当者が参加する全米IR協会（NIRI）の年次総会は、例年6月に開催されるが、IR担当者向きの研修

講座ともいうべき「IR ファンダメンタル・ワークショップ（IR 基礎講座）」が用意されている。そのプログラムに「プレーン・イングリッシュ」の講習は欠かすことができない。

【表5】全米 IR 協会（NIRI）2005 年年次大会、6 月 5 日（日）「IR 基礎講座」プログラム

	（13 時～ 14 時 30 分）		14 時 45 分～ 17 時 15 分
①	規制エッセンシャル（1）	①	規制エッセンシャル（1）
②	IR プランの作成	②	IR 向きに書く（プレーン・イングリッシュ）
③	財務分析	③	IR 担当者向けメディア・トレーニング
④	パワーポイントの作成		
⑤	ADR ワークショップ(特)	④	ADR ワークショップ

（全米 IR 協会 2005 年年次大会案内冊子から作成）

【表5】のように、10-Q（四半期報告書）、8-K（臨時報告書）、10-K（年次報告書）など公開会社の基本的な届出書類や NIRI の「IR 実務基準」が中心となる「規制エッセンシャル」に始まり、公開企業による「財務分析」と並んで、ここに「IR 向きに書く」というセッションが用意されている。

このセッションでは、「書く力量を評価する」「効果的なプレスリリースの基本」といったテーマに並んで、「コンファレンス・コールの文章起こしのコツ」「スピーチ、アニュアルリポート、報告書の書き方」がプレーン・イングリッシュの実践として位置づけられており、現場ならではの作文講習が続く。プレーン・イングリッシュが企業情報の基礎として位置づけられ、欠かせない実務となっているのが分かる。

4　「21 世紀情報開示イニシアティブ」にラッツ教授を指名

08 年 5 月 14 日、SEC は XBRL（双方向データを生み出すコンピュータ言語）による財務諸表などの報告書届出を義務とする規則案を承認した。SEC が、公開企業やミューチュアル・ファンド、ブローカーなど規制の対象となる各社の情報届出の内容や方法を本格的に見直す。この 75 年間、10 − k（年次報告書）をはじめ、各社が様式に書き込んできた届出に大きな改変を求めることになる。

08年6月24日、米証券取引委員会が「21世紀情報開示イニシアティブ」（注18）を発表し、「21世紀情報開示イニシアティブ」は各社のレポート方法と投資家の情報入手方法について根本的に再検討する」とした。

【表6】XBRLとは

> 　各種財務報告用の情報を作成・流通・利用できるように標準化されたXMLベースの言語。XBRLの仕様は、ソフトウェアやプラットフォームに関係なく、電子的な財務情報の作成や流通・再利用を可能にする。

（http://www.xbrl-jp.org から）

　XBRLによる企業情報を前にして「21世紀情報開示イニシアティブ」の責任者にラトガー大学英語学名誉教授のウィリアム・D・ラッツ氏が責任者となった。「ラッツ教授はこのプロジェクトの責任者として理想的である[19]」とコックス委員長が語る。「同氏は、SECはどのようにしてアメリカの投資家のニーズにベストのサービスを行うのか、といった点を再検討するにあたって、専門的な視点や新鮮な見方をもたらしてくれるであろう」というのだ。

　ラッツ教授は証券法の弁護士であり、情報開示の問題でこれまでもSECと仕事をしてきた。なかでも95年から99年にかけて、ミューチュアル・ファンドや公開企業が明快ですぐ理解できるSEC届出書を書くためのマニュアル冊子「プレーン・イングリッシュ・ハンドブック」の作成には大きく関わった。米国郵便公社（＝当時、現米国郵便庁）や通信大手ベル・アトランティック、オフィス家具のハーマン・ミラー、ネット証券チャールズ・シュワブなど多数の事業会社や金融機関で「プレーン・イングリッシュ」による開示文書を執筆してきたキャリアの持ち主だ。[20]

　「21世紀情報開示イニシアティブ」の責任者の発表にあたり、コックスSEC委員長が「専門的な視点や新鮮な見方」と紹介した背景には、こうしたラッツ氏の「プレーン・イングリッシュ」への知見と実務体験があったのである。コックスSEC委員長は「ラッツ教授はSECが提案している投資家のデータ検索・集積・比較に向けたポスト・エドガーのアーキテクチャーに、公開開示をベストな形で統合する方法も検討することになる[21]」と語り、プレスリリースは結ばれた。

第8章　1998年、SEC規則「プレーン・イングリッシュ」の成立

【表7】 エドガーとは

> Electronic Data Gathering, Analysis and Retrieval System の略称。
> 　米国の証券取引委員会（SEC）が管理・運営する法定開示書類の電子媒体を利用した開示システム。発行会社から法定開示書類の提出を受ける「受理・受領システム」、提出された法定開示書類を審査する「審査・分析システム」、法定開示書類を一般投資家へ公衆縦覧に供する「情報伝達システム」により構成されています。1983年から計画に着手し、1996年5月からSECに提出する全ての法定開示書類（外国会社を除く）が同システムを利用することが義務づけられています。なお、エドガーシステムを通じて開示された法定開示書類については、SECのホームページから閲覧することが可能となっています。

（http://www.tse.or.jp/glossary/gloss_a/e_edgar.html から）

　08年8月19日、SECは96年から実用化した公開企業から法定開示書類の「受理・開示」システム＝エドガー（EDGAR: Electronic Data Gathering, Analysis and Retrieval System）を全面的に一新し、XBRLを採用したアイデア（IDEA: Interactive Data Electronic Applications）に転換すると発表した。[22]ユーザー・フレンドリーで双方向性の高いサイトが実現するアイデアは「21世紀情報開示」のプラットフォームになる。企業情報を「プレーン・イングリッシュ」で書くことに一身を傾けてきたラッツ氏の知見や経験は「21世紀情報開示」で生き続けることになる。

［注］
　（1）http://www.sec.gov/rules/final/33-7497.txt
　（2）日本経済新聞　夕刊　1994年2月2日付
　（3）日経金融新聞　1994年1月14日付
　（4）日本経済新聞　夕刊　1994年2年2日付
　（5）The Washington Post　Oct 16, 1994
　（6）http://www.sec.gov/news/press/pressarchive/1998/98-10.txt
　（7）http://www.sec.gov/pdf/handbook.pdf
　（8）http://www.sec.gov/pdf/handbook.pdf　1ページ
　（9）http://www.sec.gov/pdf/handbook.pdf　3ページ
　（10）http://www.archives.gov/federal-register/executive-orders/1978.html#12044
　（11）http://www.archives.gov/federal-register/executive-orders/1979.html

（12） http://eric.ed.gov/ERICDocs/data/ericdocs2sql/content_storage_01/0000019b/80/2e/68/d7.pdf
（13） http://www.archives.gov/federal-register/codification/executive-order/12291.html
（14） http://www.ericdigests.org/pre-926/english.htm
（15） http://www.plainlanguage.gov/whatisPL/history/locke.cfm）
（16） http://www.sec.gov/news/press/pressarchive/1998/98-10.txt
（17） http://www.plainlanguage.gov/whatisPL/govmandates/memo.cfm
（18） http://www.plainlanguage.gov/examples/award_winning/nogobbledygook.cfm
（19） http://www.sec.gov/news/press/2008/2008-119.htm
（20） http://www.plainlanguagenetwork.org/conferences/2002/doublspk/profile.htm
（21） http://www.sec.gov/news/press/2008/2008-119.htm
（22） http://www.sec.gov/news/press/2008/2008-179.htm

[2011年9月執筆]

米山徹幸（よねやま　てつゆき）
埼玉学園大学経営学部教授、埼玉大学客員教授、全米IR協会（NIRI）会員。1948年生まれ。慶應義塾大学大学院文学研究科（仏文科）修士課程修了。1981年大和証券（国際本部）に入社後、ロンドン、パリ勤務などを経て、国際業務企画部長。1999年に大和インベスター・リレーションズに転じ、2009年大和総研経営戦略研究所客員研究員。2010年より現職。
著書に『コーポレート・コミュニケーション・デザイン入門』（共著、英治出版、2003年）、『大買収時代の企業情報』（朝日新聞社、2005年）、『個人投資家と証券市場のあり方―証券市場の健全な発展のために』（共著、中央経済社、2005年）、『21世紀の企業情報開示―欧米市場におけるIR活動の展開と理論』（社会評論社、2012年）など。

第9章　金融（資本）市場を支えるコーポレート・ガバナンス——注目される監査役制度の課題と展望——

加藤裕則

1　金融（資本）市場の問題意識

(1) 注目される監査役

　2009年春から夏にかけ、日本を代表する5つの経済団体が、コーポレート・ガバナンスに関する報告書を相次いで公表した（以下参照）。

- ■金融庁　　　　　　　金融審議会金融分科会の我が国金融・資本市場の国際化に関するスタディグループの報告書「上場会社等のコーポレート・ガバナンスの強化に向けて」（6月17日）
- ■東京証券取引所　　　「安心して投資できる市場環境等の整備に向けて」（4月23日）
- ■経済産業省　「企業統治研究会報告書」（6月17日）
- ■日本経済団体連合会　「より良いコーポレート・ガバナンスを目指し【主要論点の中間整理】」（4月14日）
- ■日本監査役協会　コーポレート・ガバナンスに関する有識者懇談会による「上場企業に関するコーポレート・ガバナンス上の諸課題について」（4月3日）

　これだけでも日本の金融市場を支える主要団体がほぼせいぞろいしたと言っても過言ではない。これらの報告書にほぼ共通しているのが、日本企業に対し、ガバナンスや規律の強化を求めていることだ。そして、監査役制度について相当の分量をさき、監査役の機能・権限の拡充によってこの世界不況を乗り切ろうとする姿勢が顕著だ。各報告書は、今後、さらに検討を重ねたうえで法制度の改正を目指し、会社の監視機能として監査役制度の確立を打ち出している。ただ、経団連は、法制度の改正ではなく、「現行法制上、監査役には十分な権限が与えられている。監査役が既に与えられている機能を十分に発揮できるために、体制整備や社内連携の強化等に取締役会と監査役会が強調して取り組む

などの、一層の企業努力が必要」と主に運用面で改善を訴えていることが若干の違いと言える。

(2) 監査役無機能論

「監査役無機能論について考える」というリポートが月刊「監査役」(09年7月号、日本監査役協会刊）に掲載された。筆者は同協会最高顧問で元会長の笹尾慶蔵氏。要点は、監査役監査は、取締役会の監督機能の補完であり、監査活動のプロセスは見えないもので、「異常事態をのぞいて公表されない」という。これは、相次ぐ企業不祥事に対し、「監査役は何をしているんだ」という論評が高まり、これに対して監査役の立場から反論したものだ。監査役が機能していないという論調は的はずれで短絡的だとする。

ただ、監査役を取り巻く環境は厳しさを増している。もっとも監査役に衝撃を与えたのが、金融庁の報告書「上場会社等のコーポレート・ガバナンスの強化に向けて」だ。報告書は、「監査役監査の実効性が不足している」「社外監査役の独立性が低い」「財務・会計に関する専門的知見が不足しているケースがある」とけんもほろろで、「現状、必ずしも株主・投資者の期待に応えることのできる存在とはなっていない」と断じた。通常、省庁が公表する文章は抽象的で、表だって人を批判することはない。制度上の欠陥があっても、「さらなる改善が必要」とか「重点的な対策を講じるべきだ」とか前向きな表現でオブラートに包むのが普通だ。だが、「実効性が不足している」と明言している以上、これでは現行の監査役制度がオカミによって落第点を付けられたと言える。

実は、「監査役は十分な働きをしていない」というのは、多くの日本人の感覚も同じはなかろうか。「監査役野崎修平」という漫画本がある。正義感あふれる新任の野崎監査役が銀行首脳の不正を暴き出すという内容だが、野崎監査役以外の数人はみな年配で、いつも囲碁将棋で時間をつぶし、やる気のない風貌をただよわせている。これが日本人の監査役に対するイメージと言っていいのではないか。

実は、当の監査役協会の問題意識も同じような問題意識を持っていた。協会の元会長の関哲夫氏（商工組合中央金庫の初代社長、元新日本製鉄副社長）は、有識者懇談会を設置した理由について、こう記している。「監査役の資質や能力が全体としては十分に発揮されているとは言い難い」「監査役に本気で期待

第9章　金融(資本)市場を支えるコーポレート・ガバナンス―注目される監査役制度の課題と展望―

している経営者、株主、マスコミは、いないといわれる」。雑誌のインタビューでも、「監査役は世の中から信頼されているのだろうか」と疑問を隠さなかった。有識者懇談会を設置したのも、「監査役を機能させ、説明責任を果たしたい」という気持ちからだったという。

　経団連も、監査役を機能させなければと思いが強い。報告書の中で、監査役会を機能させる手法として、「監査役会を、業務執行トップに対して率直に意見を述べることができ、かつその意見が真摯に受け止められるような、人格・経歴・知識等を有する者によって構成することが有効であると考えられる」と記した。この一文は当たり前のことを強調したとも受け取れるが、類推するに、監査役の現状について「業務執行トップは必ずしも真摯に受け止めていない」「人格・経歴・知識が十分とは言い難い」と見る方が素直ではないか。

(3) 時代の要請

　なぜ、今、改めて監査役が注目されるに至ったのか。まずは、日本が陥った深刻な不況の影響が挙げられる。07年7月に表面化した米国のサブプライムローン問題を契機に、08年9月のリーマンショックと世界同時不況の波が日本にも押し寄せた。当初は米国系の金融機関の問題だったが、米国の製造業、そして欧州の金融機関へと伝播していった。大不況の波が世界を一周すると、株価の下落率、GDPの下げ幅が最も大きい国の一つが日本だった。日本は欧米ほど、マネーゲームに興じているつもりはなかったはずだ。だが、実は、金融市場がもろく、これが実体経済にも大きく影響することが判明した。では、日本の金融市場の何が悪かったのか。

　一つの回答が、金融市場の根底を構成する各企業のコーポレート・ガバナンスが未整備だったのではないか、という問題意識だ。資本主義経済の中で、最大のプレーヤーは株式会社で、実体経済と金融市場は切り離せない存在だ。企業が、いい加減な内部手続きで資金調達し、意味のない分野に資金を投入していたのではないか、という疑念にぶちあたった。隠れ負債が膨らんでいるかもしれない。企業不祥事も相次ぎ、国際的な信頼を失っていった可能性がある。

　金融庁の報告書では、「上場会社等の経営が会社内部の論理で支配され、外部に対する十分な説明責任が果たされていない、あるいは、経営の変革が求められる局面にあっても対応が遅れがちとなるケースが少なくない」「市場から

の監視のもと、緊張感のある良質な経営の実現が求められる」と暗に、不況の波に備える経営が市場を支えるとの考えを示唆している。監査役協会の報告書も、「重大な企業不祥事が後を絶たない。金融危機を契機として、我が国の資本市場の低迷ぶりを一段と露呈する事態に至っている」と手厳しい。経団連は「近年、欧米政府や機関投資家から、日本企業のコーポレート・ガバナンスの見直しを求める要求が出されている」とも記した。グローバリゼーションが進み、この中で安定的な経済成長するには、1社1社のコーポレート・ガバナンスを適切な方向に持って行くべきだという視点で一致している。

　その中で監査役が注目された形だが、法制度の改正もこれを後押ししている。06年5月に施行された会社法と、07年9月に施行された金融商品取引法の存在だ。会社法で、内部統制システムの構築という概念を明確化し、監査役監査が間違いなくできる環境整備を求めた。また、会社法は委員会設置会社と監査役設置会社という二つのスタイルを提示。委員会設置会社は社外取締役を経営の中核に置いた制度と言われるが、日本の上場企業の九十数％が従来型の監査役設置会社を選択した。つまり、日本の産業界は総体として、監査役制度によってコーポレート・ガバナンスを維持・強化していくことを宣言したとも言える。社外取締役へのアレルギーが強かったとも言えるが、今後、監査役制度を機能させなければ、委員会設置会社への移行圧力が欧米から強まることをおそれたのではないか。

　金商法でも、内部統制報告書の提出が義務づけられ、公認会計士や監査法人と共に内部統制の確立を求められる結果になった。また、公認会計士には、法令違反の事実を発見した時、会社（監査役）への通知義務が課せられ、適切な措置がとられない場合は金融庁へ申し出ることになり、監査役も見て見ぬふりができなくなって緊張感が高まっていた。

2　監査役の理想と現実

（1）求められる監査役像

　金融庁の報告書では、監査役制度の目指す方向として、「人材・体制の確保」、「独立性の高い社外監査役の選任」、「財務・会計に関する知見を有する監査役の選任」という3点を打ち出している。また、経団連の報告書では、「監査役

の業務をサポートする事務局体制の充実」、「内部統制部門との連携体制の整備」、「情報伝達体制及び社内受け入れ一層の整備」を挙げ、さらに、前述した通り、「その意見が業務執行責任者にとって真摯に受け止められるような人格・経歴・知識を有する者によって構成することが有効」と指摘している。まったくその通りだが、これらの意見について、現実的な視点から論評してみたい。

　まずは、人材・経歴という点を考えたい。これまでのケースを見ていると、大企業の場合、社内から監査役を2人だす場合、役員から一人、部長級から一人というケースが多い。監査役協会の調査では、社内監査役の場合、前職は「部長等」が最も多く、全体27％。次が「取締役」の21％、「常務」の12％と続く。副社長はわずか2％だ。

　これは私見だが、できる限り、上級クラスから登用することが監査役監査の効果が上がる可能性があると考えている。例えば、副社長クラスと、ただの取締役とでは雲泥の差がある。副社長から監査役になった場合、社長が同期または後輩ということが十分にあり得る。定年まで入社年次がまとわりつく日本の企業慣行を見た場合、ささいなことだが、これが有効に働くことがある。日本を代表する企業の監査役が、「社長が同期で、何でも言える」と語っていたことがある。監査役がただの取締役から出るのか、それとも副社長から出るのとでは、社内の受け止め方が、自ずと違ってくるはずだ。理想を言えば、2人の社長候補である副社長がいた場合、どちらかが社長になり、どちらかが監査役になるということではないか。また、同じ部長クラスでも、いわゆる会社のルート（出世コース）に乗った幹部社員が、必ず経験するキャリアパスになることが望まれる。監査役になった瞬間、「（出世コースから）外れた」と思うようでは、いつまでたっても監査役監査の実効性は生まれない。監査役の全国会議などを見ると、50～60代の年配の方、そして男性が圧倒的だ。取締役の構成比率と比べても、年配と男性比率が高いのではないか。若い人（40歳代）、そして女性がいない組織はどうしても衰退の方向に向きがちだ。

　次の課題だが、監査役を支える事務局の体制だ。日本監査役協会の調査では、スタッフ（補助使用人）がいる会社が38％。そのうち、1人が54％、2人27％、3人が10％などとなっている。一見、信じられない話だが、ほとんどの監査役に手足はなく、積極的な調査能力はないに等しい。社内のどこに出かけ

ても、この体制では、型どおりのヒアリングしかできない。経団連は、「監査役が力を発揮できるよう一層の企業努力が必要」と報告書で訴えているが、大企業の場合、取締役の権限・能力は現実的にほとんどが部下に委譲されており、実態を把握し、時には調査するためにもスタッフは不可欠だ。会社法は、監査環境の整備や監査の実効性を確保するための体制を取締役会に課している。ぜひ、監査役の方から声をあげてほしいものだ。

このほか、監査役会の半数以上を構成する社外監査役の充実を求める声が高い。現実的には、大学教授や弁護士、金融機関の元トップなど特定の人が何社も掛け持ちしている事例を目につく。「社外」の人材をどこに求めるかが依然、大きな課題だ。

(2) 会計監査人の選定・報酬問題と、第三者割り当て増資

商法改正の歴史というのは、監査役の権限強化の歴史と符合する。会社法制定後も、新たに監査役の権限強化策が検討されている。大きなテーマになったのが、会計監査人の選任と報酬についての決定権を監査役に持たせるかどうかだ。監査役は会計監査人の選任について、同意権を有しているが、これを格上げし、かつ、監査役と会計監査人との連携を強化させ、監査の効果を上げようとの狙いがある。金融審議会公認会計士制度部会や衆議院財務金融委員会でこの方向性が打ち出され、議論された。

問題の根底は、監査を受ける立場の経営者が、監査する人やその賃金を決めていいのかという考え方がある。このやり方では、会計監査人に積極的に不正・不適正な点を指摘・解明する動機が生まれにくく、「インセンティブのねじれ」問題と言われている。

この動きには、経営者側が真っ向から反対する。経団連の報告書では、「監査役が会社の業務執行の一端を担うことにより、意志決定の二元化をもたらしかねない」と結論づけ、「同意を与えないことにより監査役の意見を反映することができる」「監査役が既に有している権限を十分に行使していないという実態があるのではないか」と記している。

これに対し、日本監査役協会は09年9月、これまでにない画期的な報告書をまとめた。有識者懇談会を受け、協会としての見解を整理したものだが、その中で「会計監査人の選任議案及び監査報酬については、監査役等に決定権を

第9章　金融(資本)市場を支えるコーポレート・ガバナンス―注目される監査役制度の課題と展望―

持たせるべき」と結論づけたのである。つまり、監査役が会社側（経団連）に逆らったとは言えなくはないか。

監査役協会はその理由として、会計監査人の独立性を重視している。制度的に独立性を保持することによって、粉飾決算等の会計不祥事を防止する可能性が高まることを指摘する。つまり、会計不祥事は、会計監査人が経営執行者の圧力に屈したことによって生じていることを挙げ、「トップが提示する選任議案や監査報酬に対して、監査役等が、同意権を根拠としてそれを阻止し、会計監査人の独立性を保持することは容易ではない」と指摘した。そこで、「監査役等に、現在の受動的な同意権に止まらず、主体的に関与できる決定権を与えることは、監査の専門家である会計監査人と、会社の実情に精通している監査役が直接的かつ緊密な連携関係に立つこととなり、会計不祥事を事前に阻止することについて、従来以上にその機能発揮が高まることになると考えられる」とまとめた。監査役協会の意欲がにじみ出た文章だ。

第三者割当増資についても、同じ議論があった。増資手続きは通常、取締役会の決定で決まる。だが、最近、発行量が増え、いくつかの問題や疑念が起きている。つまり、①既存株主の利益が損なわれる②発行価格が時価よりも大きく安く、有利発行にあたるおそれ③割当先が海外のファンドなど目的に疑念、などが指摘されるようになり、中立的な立場の監査役に、妥当性などについて意見表明してもらうことが議論となっている。会社の政策決定の二元化をもたらすと慎重論も根強いが、東証が09年、適時開示に関する規定を新設し、この中で「有利発行でないことにかかる適法性に関する監査役の意見」を適時開示するよう求めることになった。監査役に増資についてお目付役を命じたもので、またひとつ役割が増えたと言える。

(3) 不祥事と監査役

月刊監査役に興味深い記事が09年5月号から5回にわたって連載された。筆者は東日本高速の常勤監査役で、タイトルは、「NOVA破綻とコーポレート・ガバナンス」。放漫経営がたたって経営破綻したNOVAの軌跡を描き、取締役、会計監査人、監査役が何をしてきたのか、してこなかったのかを点検している。監査役に対しては、不信感が前面に出た内容で、「残念ながら、歴代のNOVAの監査役は存在感が薄い。監査役として、取締役や取締役会に対

しては、現実の業務運営、経営の推移を見て、意見表明、注意や提言をする機会は数多くあったはずである。(中略)いずれも監査役として無関心ではいられない重要な問題であり、会社の健全性確保の観点から意見表面を行い、かつ是正を取締役会に対して促すべきであったが、そのような言動の記録は見られず……」と歯切れがいい。破綻直前になって、監査役3人全員が辞任したことについても、「監査責任の放棄で、無責任の誹りをまねがれない」と会社の必要機関を失ってしまい、違法状態に陥ったと指摘する。今回、元受講生たちによる損害賠償請求訴訟の被告には監査役も入っており、「代表取締役の暴走が破綻の原因と言って済まされるものではない」という。

このところ、日本監査役協会には、企業不祥事に正面から向き合い、できるものなら防止したいという姿勢が見られる。09年10月に同協会が公表した研究リポート「企業不祥事と監査役」も、その一つだ。22件の不祥事と、これに監査役がどのようにかかわったのか、それとも無縁だったのかを、裁判の判決や会社が出した調査報告書から調べた。監査役の姿や動きが見えなったものが半分以上だが、「監査役機能が発揮されたケースのほか、監査役が本来の機能を発揮していない、とされる事例が散見された」と記した。リポートでは、「監査役としての任務を怠るケースに加えて、経営トップが生殺与奪の権限を握っている場合や、『会社を潰すのか、粉飾を続けるのか』という選択を迫られた場合など、監査役として一人正論を貫いて毅然とした対応をすることが容易ではないケースも考えられる」と経営トップには逆らえない可能性を示唆した。

リポートは、監査役の擁護論も忘れない。監査役が機能を発揮して不祥事を未然に防止している例も多いという。それなのに、監査役批判が絶えないのは「世間一般のみならず、監査役に関係の深い世界においても監査役の実際の機能や監査活動の実態についての理解不足が目立つことにも留意を要する」と評した。「理解不足」とは、金融庁や、一部の活動を取り上げたマスコミのことを指すと思われるが、こればかりは白黒の付けようのない問題だが、監査役や協会が積極的に外に向かって発言していくしか道はないように思える。

(4) 解任された監査役

実は、そんな監査役への期待の高まりもあってか、昨年から、権限を行使す

る監査役が増えていると言われている。日本経済新聞などでもそんな報道があった。

その一つが、K電機。常勤監査役が取締役の違法行為差し止めの仮処分を東京地裁に申請して認められた。監査役による違法行為の差し止め請求について、「上場企業では初めてでは。伝家の宝刀がついに抜かれた」（日本監査役協会幹部）と注目された。

これを上回る事態も起きた。新興市場に上場し、ITを中心とした多角的な事業を展開する企業T社がある。ここで、会社と監査役が真っ向から対立し、ついに解任議案まで出されることになった。監査役も権限をフルに使って応酬し、「ここまで戦ったのを初めてみた」（企業法務に詳しい弁護士）というほどだ。K電機の場合、会社を買収しようとした投資家から会社を守ろうと、監査役が立ち上がった。T社の場合は、監査役が取締役会の違法行為とみられる点をいくつか指摘し、これに経営陣側が反発していた。

T社の取締役会は09年3月の株主総会で、F監査役の解任議案を出そうとした。T社は「F監査役は、根拠のない主張が多く、業務に差し障りが出た」と説明する。F監査役は銀行出身で、T社首脳に請われて監査役になった。ところが、T社が取締役会の承認なしに、子会社から経営指導料を得ていることなどを問題視し、経営側に是正を求めてきた。解任議案に対しては、「監査役の調査を妨害する行為」とし、東京地裁に差し止めの仮処分を申請し、認められた。

この課程で、F監査役は株主総会の決議取り消し訴訟を起こし、自分のホームページを立ち上げ、株主に理解を求めた。F監査役は、「コーポレートガバナンス（企業統治）の最後の要。株主のためにも、投げ出すわけにはいかない」と話している。株主に公平に正確に理解してほしいと、異例のことなのだが、会社経営者との話し合いを録音した記録をホームページ上で公開した（現在は閉鎖）。約10分の録音だが、これは、すさまじいやりとりだった。社長ら経営陣は複数でF氏を思いっきり、大声で罵倒する。F氏は受け身だが、「ヤクザのようですね」と答えるのがやっとだった。これが上場会社かと思う会社経営者の罵詈雑言が延々と続く。もちろん、これはF氏の立場からの情報提供で、経営者側の言い分を聞かなければ詳細は分からない。

会社は執拗で、二度目となる10月に臨時株主総会を開き、結果的にF監査

役は解任された。会社側は議決権の3分の2以上を集めたことになるが、この結果について、株主はどうしても、長期的な視野よりも、短期的な株価の動向を気にしがちで、もめごとをきらうというとの見方もある。日本の議決権行使制度の課題をも浮き彫りにしたとも言えるのではないか。

「いざとなれば、このくらいの覚悟がいる」と企業法務に詳しい弁護士は言う。監査役が権限のすべて使った事例としては、牛島信の小説「株主代表訴訟」がある。百貨店が舞台で、外資と監査役が組んだ架空の話だが、F氏の解任は現実だ。F氏ホームページを見る限り、F氏に他意があったとは思えない。F氏はおそらく、監査役の職務を全うしたに違いない。だが、自分の後半の人生でこの1年間、いかにはらった犠牲が大きいか。監査役という職責の大きさを思い知らされた。

社長や経営陣と対立することがあれば、これまでは、まず間違いなく監査役が辞任していた」と監査役協会幹部や法曹関係者は口をそろえる。数人の監査役が一気に退任すれば、一大事で公になることもある。だが、一人か二人、それも「一身上の都合で」であれば、ほとんど問題にはならない。監査役は通常、取締役と同じく、社長・会長の経営トップが自らの裁量で人選している。株主総会は形式的な意味合いを出ず、「社長に選ばれている以上、社長には刃向かえない」という論理だ。

新聞記者として企業取材をしていると、社長が監査役を自分の部下だと思っているケースを頻繁に見聞きする。この問題は、専修大学大学院法務研究科の新山雄三教授が月刊監査役の09年6、7月号で記した「監査役（会）制度の過去・現在・そして未来」に非常に詳しく論理的に解説されている。今後の大きな課題になることは間違いない。

3 　監査役の将来

（1）タイヤではなく、バックミラー。下駄の雪？

日本監査役協会の築舘勝利前会長（前東京電力監査役）は、「経営執行部と監査役は車の両輪」という言葉をよく発した。協会の雑誌などによると、「時として対立関係の構図としてとらえられることが多いが、企業価値の維持・増大と持続的成長を図ることという究極的な目的は同じ」とも言う。目的が同

じことは同意するが、私はこの「車の両輪」という比喩には疑問を持っている。物理的なことを言えば、自動車のタイヤは常に同じ向きに回転する。それに、「両輪」という言葉、どちらかがなければ成り立ち得ない、という意味を込めて使われる。正直言って、監査役がいなくとも会社が回ることに異存がある人はいない。それでも、監査役という制度が義務づけられているのは、投資家や社会のためではないか。常に同じ方向を向いているのはどうかと思う。時には進路変更を求めることも大切だ。また、社員数万人にいても、監査役は数人だ。同じタイヤであったとしても、実態としてずいぶん大きさは違う気がする。

　いろいろ考えると、監査役という職業を車に例えるのなら、バックミラーとか、燃料メーターのようなものではないか。監査役には、監視という仕事がある。常には見ていないが、時折、まちがいなくチェックしている。それがバックミラーやメーター類と似てはいないか。いずれも細かな部品で、監査役という仕事をちょっと卑下したようだが、マスコミと一緒だ。ミラーやメーター類は、危険を察知させてくれる。短距離ならば走れないこともないが、なければ相当しんどいものだ。

　以前、社会党が政権を取った時、「下駄の下の雪」と自分たちのことを揶揄したことがあった。経営者に取っては面倒なもので、何とかしたいが、常にくっついてくる。思いっ切り走りたい経営者だが、それに抵抗する。そのことが結果的に長く歩むことにつながる。監査役は、そんな存在であってもいい。

（2）会社の窓としての監査役

　政治資金規正法違反などで問題になった建設大手の西松建設。09年6月の株主総会に退出された監査役会の監査報告書で、「法令違反の原因は、コーポレート・ガバナンスの機能不全、コンプライアンス意識の欠如にある」とし、「再発防止策の実地状況を監視し検証していく」と盛り込んだ。実は、監査報告にここまで書き込むことは極めて珍しい。

　監査報告は、会社法でおおまかな記載内容が決まっている。①業務監査の方法・内容、②会社の事業報告が会社の状況を正しく示しているかどうかについての意見などだ。このため、どこの企業も同じような字句が並び、無味乾燥で、株主もマスコミもほとんど注目しない。ほぼ完全な「金太郎飴」状態だが、法律要件を満たしたうえで、様々な工夫はできるはずだ。それをしない日本の監

査役たちが、何か自分たちの良心を失っているように思えてならない。

　日本監査役協会にも責任がある。実は、協会がひな形をつくり、きめ細かく指導・解説している。その結果、金太郎飴ができたのだが、同協会の幹部でさえ、「自主性を促すよう努力している」というほどだ。会社への忠誠心を大切にし、余計なことを言わない姿勢も理解できなくはない。だが、監査役に成った瞬間、ただの社員でも、執行責任のある役員ではないのだ。自分の言葉で、分かりやすく、自分たちが何をやってきたのかを株主や社会に説明する監査役が出てきてほしい。

　「監査役は黒子」と多くの監査役は言う。しかし、監査役こそ、前面に出るべきだと考える。会社法上、監査役は会社の機関となっており、経営者が暴走した場合、緊急避難的にもう一つの経営体としての役割が期待されている。株主が、取締役に対して株主代表訴訟を起こそうとする場合、まずは会社に提訴するかどうか判断する機会を与える。その判断を求める先は監査役だ。

　また、不祥事やトラブルがあった場合、最近は会社が外部の識者を招いて調査委員会を設置するケースが多い。これらの調査委員会は社長ら経営トップが諮問したり、委託したりする場合がほとんどだが、実際には経営トップら首脳陣が不祥事の関係者になっている場合もあり、調査や責任追及が不十分のまま終わる可能性が否めない。これについて、森・濱田松本法律事務所の山崎良太弁護士は月刊監査役の09年9月号で、「監査役が依頼者となって外部調査委員会を組織することが、この問題（経営者が依頼した場合、調査に限界がある）の解消策として考えられる」と指摘している。そして、取締役に対する責任追及の問題が生じる場合、監査役が対応の前面に立つことを求めている。株主や社会の立場で見た場合、監査役の役割はまだまだ広がると思われる。このほか、「企業不祥事があった場合、陳謝する経営陣に監査役も入って一緒に頭を下げるべきだ」との指摘も、監査役の間から出ている。

　問題なのは、今まで会社という殻に閉じこもり、出てこようとしない姿勢だ。監査役と株主との懇談会や、日常的な広報機能を持たせることなどを考えてもいいのではないか。

（3）法制審と東証の動き

　最後に、自民党から民主党政権になったことで動き出した法制審議会と、東

第9章　金融(資本)市場を支えるコーポレート・ガバナンス―注目される監査役制度の課題と展望―

証の最近の動きに触れておきたい。10年4月に法務省の法制審議会が会社法制部会を設置し、会社法の改正に向けて議論を始めた。この議論の大きなテーマとして、コーポレート・ガバナンスの強化が横たわっている。当然、監査役監査の実効性を高めることも柱の一つだ。関連し、民主党が09年の総選挙前から打ち出していた従業員選出の監査役についても話し合われている。

　12年8月、法制審議会（法相の諮問機関）の会社法制部会は、会社法改正の要綱案を決めた。この中で、従業員選出の監査役の案は「現実的ではない」（法務省幹部）と盛り込まれなかった。しかし、「インセンティブのねじれ」の問題が、解決に向けて前進した。要綱案に「監査役は、株主総会に提出する会計監査人の選任権および解任に関する議案の内容についての決定権を有する」と盛り込んだ。報酬の決定権は会社側（代表取締役など）に残されたままだが、「将来的には報酬の決定権も監査役に移る可能性がある。その第一歩」（日本監査役協会幹部）との見方も出ている。11年に発覚したオリンパスの損失隠しでも、当時の社長は、不自然な企業買収の問題点を指摘したあずさ監査法人との契約をやめ、新日本監査法人に代えた。オリンパスの事件はメディアで大きく取り上げられ、会社法制部会でも、会計監査人の独立性を高める方向に議論が進んだと考えられる。これによって、監査役はより会社業務に関わることになり、もはや「閑散役」ではいられないはずだ。

　また、社外取締役の義務づけは見送るが、各企業に導入を促す仕組みを盛り込んだ。具体的には、証券取引所の上場規則によって、社外取締役の確保に努めることを求める付帯決議を採択した。これを受けて東証は「速やかに手続きを進める」と前向きなコメントを発表している。また、社外取締役を置かない場合、その理由（置くことが相当ではない理由）を公表することにした。委員の一人で京都大の前田雅弘教授は「原則、社外取締役を置くべきだという趣旨。導入に向けて大きな力になる」と指摘した。

　ガバナンスの厳しさで言えば、監査役会設置会社と委員会設置会社の間とも言える「監査・監督委員会（仮称）」の導入も決まった。委員会設置会社から報酬と指名の二つの委員会をのぞいた形で、その代わりに監査役はなくなる。監査役が取締役になったようなものだ。監査役制度から社外取締役を活用したコーポレート・ガバナンスに道を開いた形での、今後の注目点だ。

　東証も、コーポレート・ガバナンスの強化に向け、10年度から「独立役員」

という新制度を本格的にスタートさせた。これまでの社外取締役や社外監査役は、その会社か子会社に勤めていたことがなければ問題なかったが、この要件をさらに厳しくし、親会社や主要な取引先など関係者の就任を禁じたものだ。11年7月下旬時点での調査では、上場企業約2300社で独立役員が約4527人。このうち75％の3375人が社外監査役だった。このように社外監査役がそのまま独立役員に移行した事例が目立ち、コーポレート・ガバナンスの強化につながったかどうかという評価では二分している。ただ、東証は独立役員を導入する理由として、一般株主の利益を挙げており、何かと内向きに走りやすい日本企業の論理を破る第一歩としての意味は十分にあったと思われる。

このように現在の監査役制度は、社外取締役の議論と重なり合い、やや複雑な論理展開となっている。この数年で社外取締役が義務づけられる可能性は少ないが、制度として実質的に広まる可能性が十分にある。こうなれば、監査役制度の役割や期待感が衰退し、社外取締役と今の監査役が取って代わっていくことになる。11年度、東証で社外取締役を入れた企業は51パーセントを記録し、初めて過半数となった。少しずつではあるが、社外取締役の役割は認められている。

社外取締役が広がるかどうかのポイントは、法制審が打ち出した監査・監督委員会設置会社にある。これが、果たして日本の企業は活用するのだろうか。トヨタ自動車や新日本製鉄など日本を代表するいくつかの企業は今も社外取締役を採用していない。結局は、「やはり監査役制度がいい」となり、11年8月の段階で監査役会設置会社が上場企業の98％という高水準は変わらない可能性も高い。

日本のコーポレート・ガバナンスを担うは監査役なのか、それとも将来は社外取締役なのか。金融市場の国際化は日進月歩で、日本企業に残された時間は少ない。

[2012年12月脱稿]

加藤裕則（かとう・ひろのり）　朝日新聞経済部記者（金融情報担当）

第10章　電子マネーの新展開と電子マネー論争

竹内晴夫

はじめに

　電子マネーは、1990年代後半から欧米や日本で実験が行われ、「夢の通貨」として近い将来現金に代わって流通する貨幣として注目を集めたが、その後、期待に反してほとんど普及のめどはたたなかった。しかし、2000年ごろからエディやスイカなど交通手段などを軸にプリペイドカードとしての電子カードの利用が目立ってきた。2007年には、流通大手（セブン＆アイ・ホールディングス、イオン）が相次いで電子カードを導入したことで、再び電子マネーブームが起こったともいえる。もちろん以前のような現金がなくなるとか、銀行が消えるとかいった、熱狂的なブームとは異なるけれども、電子マネーの利用が急増し再び注目を浴びているといえよう。

　本稿の課題は、第一に、こうした電子マネー拡大の現状を確認しつつ、その特徴を整理することである。そのさい、貨幣論的な視点から現行の電子マネー体制の可能性ないし限界について考察しようと思う。第二に、電子マネー論争の争点に対して自らの見解をあらためて明らかにしたい[1]。とくに、電子マネーの概念をめぐる問題、信用貨幣の形式の問題、さらに電子マネーと比較される不換銀行券の性質をめぐる問題について論じていきたい。最後の不換銀行券の性質については、現行の貨幣システム全体に関わる重要な論題であり、この小論で論じつくすことは到底できないが、ひとまずわたしの考えを述べておきたい。

1　電子マネーの最近の展開

（1）少額決済市場における電子的決済手段の増加

　現在、電子的な小口決済手段にはさまざまなものが存在する。エディやスイカなど、ICカード型電子マネーの先行組の他に、2007年にナナコやワオンな

どマネー発行体が小売業者である流通系ICカードも登場した。交通系電子マネーも、JR西日本のイコカ、JR九州のスゴカなど地域特有のカードが発行されるとともに、相互利用が可能になってきている。さらに、サーバ型とよばれるウェブマネーも、ゲーム、音楽、ソフトウェアなどのデジタルコンテンツの販売で利用が増加しているようである。この他、「後払い型電子マネー」とも呼ばれるQUICPayやiDも登場し、決済件数を増やしている。

　このように、さまざまな発行体のもとでさまざまな企画の電子的な決済手段は、一様に「電子マネー」と呼ばれることがあるが、その決済のしくみをよくみると、性格が異なっているように思われる。まずこの「電子マネー」の分類をしておこう。

（2）電子決済と電子マネー

　エディやスイカ、ナナコ、ワオンなどのいわゆる「先払い型電子マネー」は、どのようなしくみになっているのだろうか。まず、現金と引き換えにICカードに発行体の価値を記憶させ、その後、商品やサービスと引き換えに、加盟店の端末機器で商品代価分の価値が差し引かれる。たとえば、スイカに蓄積されたJR東日本の「価値」は、電車の改札口を通ったり、駅ナカ、街ナカの加盟店で商品を購入したりするたびに、商品ないしサービスの価格に相当する額の「価値」が減らされるのである。ここで電子マネーという概念については、ICカードなどの電子媒体に、電子的な価値データが蓄えられて買物が行われるシステムまたは媒体に蓄えられた電子的な価値そのものを意味することとする。ただし、ここでスイカなどの電子媒体に記憶された「価値」は現金や預金のデータではない。現金はたしかに先に支払われているのであるが、現金がそのままICカードに移されるわけではない。ここで行われていることは、現金である日銀券（ないし硬貨）と発行体の「価値」の交換である。

　これに対して、QuickペイやiDなどの「後払い型電子マネー」と呼ばれているものは、いわば少額決済用の簡易クレジットであり、先払い型の「電子マネー」とは区別されるクレジットカードに分類した方がよいだろう。クレジットカードのシステムは、信用販売会社の仲介による立て替えが行われているが、支払そのものは、キャッシュカードを買物に利用するデビットカードと同様に、銀行の預金決済を利用したものであり、いわば決済方法を電子化したもの

である。これらの電子的な決済は、「先払い」の電子マネーのように、銀行以外の発行体の価値をカードに蓄えて決済を行ったわけではないので区別した方がよい。デビットカードもクレジットカードも決済で行っていることは、預金の振替指図であって、けっして IC カードに価値を保有させているわけではないことに注意するべきである。電子的な決済を行う点では、先払いであろうと、後払いであろうと同じことといえばその通りなので、これらを総じて「電子マネー」と呼んでもよいだろう。しかし、前述のように、そのしくみは異なっている。以下では、IC カードやコンピュータのハードディスクに電子的な価値そのものを蓄積し、その価値を用いて買物をする狭義の電子マネーを「電子マネー」と呼ぶこととする。

　このように電子的決済手段の分類を行うことは、その価値の発行体に注目するとともに、電子マネーの流通性を分析するさいに重要な概念となる。この点は、電子マネーをめぐる論争における重要な論点のひとつなので、後にもう一度振り返ることとしよう。

(3) 電子マネーの流通実績

　近年の電子マネーは、高い伸びを記録している。電子マネーの発行枚数は2010 年 4 月に 1 億 3 千万枚（前年比 30％増）[2]を超えた。これは日本の人口に相当し、まだ自身で利用することができない子供を含めても、国民一人当たり 1 枚をもっている勘定になる。もっとも、カードの増加がそのまま利用増加を示すわけではないが、後にみるように、決済件数や決済金額などの急増につながっているといえる。また、電子マネーを読み取る端末台数の方も 2010 年 6 月には 76 万 8 千台になっており、前年比 5 割近い伸びを示している。さらに、「おサイフケータイ」などの携帯電話での利用も決済件数の増加に貢献している。[3]

　以下のグラフは 2007 年 6 月から 2010 年 6 月までの電子マネーの決済件数と決済金額の推移をあらわしたものである。これをみると、この間に決済の件数も金額も 2 倍以上になっていることがわかる。

　2009 年の電子マネーによる決済金額の合計は、初めて 1 兆円を超える 1 兆2500 億円（前年比 54％増）、主要電子マネーの決済件数も、15 億 1 千万件（前年比 35％増）、上記決済金額を決済件数で割った 1 件当たりの平均決済金額は

図表1．電子マネーの決済件数と決済金額

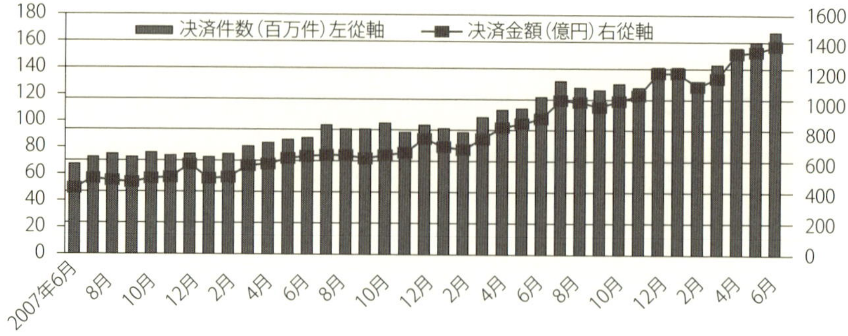

出所：日本銀行決済機構局「最近の電子マネーの動向について（2010年10月）」13頁より作成。

831円であった[4]。また、2009年6月1枚当たりの平均残高は850円であった。もっとも、休眠状態にあるカードが多くあると見られるため、実際のアクティブなカード1枚当たりの利用状況は、こうした平均数値の数倍であると推察される。しかし「利用者は決済直前に必要な金額のみチャージし、日常的に保有する電子マネー残高を極力抑制しているとの傾向が指摘されている[5]」。これは、使える場所がまだまだ少ないというのもあるが、電子マネーを現金や預金に「もどす」（転換する）ことができないということも「日常的に保有する電子マネー残高を極力抑制」する一因だろうか。

さて、このように急増する電子マネーの中で、消費者が最も買物に利用した電子マネーは、流通系の電子マネーである。09年の決済金額がもっとも多かったのは、WAON「ワオン」であり、約4800億円と3倍になり、全体の4割を占めた。また、図表2にみられるように、決済件数の最多は、セブン＆アイHDのnanaco「ナナコ」で3億8350万件であった。この2つの電子マネーは、2010年8月のひと月の決済件数が8860万件（前年比42％増）にも達している[6]。この他、交通系の「スイカ」も、2位の3億2701万件（22％増）に達した[7]。

流通系企業の電子マネー決済が急増しているのは、全国展開をしているスーパーとしての強みゆえであるが、電子マネー決済を増やすことを目的としているというより、ポイント付与によって割引を行い、顧客を囲い込むといった戦略をもって電子マネー決済を増加させているといえる。

図表2　2009年の主要電子マネーの状況

		運営主体	累計発行枚数（万数）	総決済件数
nanaco	ナナコ	セブン＆アイ	942 (12%)	3億8350万 (12%)
WAON	ワオン	イオン	1250 (84%)	2億7230万 (2.8倍)
Suica	スイカ	JR東日本	2815 (16%)	3億2701万 (22%)
PASMO	パスモ	関東の私鉄・バス	1401 (27%)	1億3657万 (70%)
ICOCA	イコカ	JR西日本	507 (19%)	1330万 (54%)
Edy	エディ	ビットワレット	5450 (21%)	2億9900万 (5%)
合計			1億2365万 (25%)	14億3168万 (32%)

（注）枚数は12月末時点。カッコ内は1年前と比べた増加率。決済は鉄道・バス利用を除く。
（出所）日本経済新聞2010年2月3日朝刊

（4）最近の電子マネー展開の特徴

　以上のように増殖する電子マネーの特徴について整理してみよう。第一に、技術的には、非接触カードの利用が決定的に増えたということである。地方都市で実用化されたものや当初実験が行われたものは、接触ICカードがほとんどであったが、エディやスイカ以降の電子マネーでは非接触カードが当たり前になった。というのは、①摩損等によるカードの劣化が減る、②通信速度が速い等のメリットから、決済のスピードが著しく速くなったからである。この技術によって、ICチップを携帯電話に搭載することが可能となった。

　第二に、発行体が多様化したことがあげられる。エディのような電子マネー発行専業（独立系）の発行体、スイカ、パスモ、イコカなどの交通系の発行体、さらに2007年からナナコ、ワオンなどの大手小売企業が電子マネー事業に加わり、これが電子マネー決済の急拡大につながっている。1990年半ばに、イギリスのモンデックスやドイツのゲルトカルテが発行され注目を浴びたが、それは銀行が主導して行った（前者はナショナル・ウェストミンスター銀行およびモンデックス・インターナショナル社、後者はドイツの4つの銀行グループを統括する中央信用委員会が発行体）実験であった。日本でも東京渋谷での実験はクレジット会社のビザが主催し実用化が模索されたが、電子マネー事業の見通しは立たなかった。これらに対し、実際に実用化段階で伸びたのは、交通系のJR、流通系の巨大企業が発行体となっている電子マネーであった。

　第三に、こうした電子決済サービスの発行体の多様化とともに、電子マネー

発行の狙いも多様化してきたといえる。もちろん、決済手段として現金取扱費用を節約するという目的は基本的にあるが、急増している流通系電子マネーの発行は、むしろ顧客を囲い込んだり、ポイントサービスをしたりすることで販売収益をあげるところに、発行体の狙いがあるといえよう。

(4) 電子マネーの意義と展望

　以上のように、日本における電子マネー利用はしだいに広がっていると言えるが、決済手段としてみた場合に、現在どれだけの割合を占めるのか、また今後は「現金」に代替していくのかどうかが問題である。

　まず、フローとしては、電子マネーの決済金額1.3兆円は、クレジットカード42.4兆円、デビットカード0.7兆円、コンビニ収納代行6.8兆円、代金引換2.3兆円[8]と比較すると、電子マネーは、キャッシュカードを用いるデビットカード決済よりも決済金額が大きいが、クレジットカードの決済金額に比べると、圧倒的に小さい（電子マネーの決済金額はクレジットカードのそれの3％）。電子マネー発行残高は年々増えており、電子マネー残高の現金に対する比率も大きくなってはいるが[9]、それでも貨幣（硬貨）ストックと比較すると2.6％、銀行券発行高と比較すると0.15％、現金通貨全体の0.14％にすぎない[10]。

　このように、電子マネー発行残高は、現金通貨と比較し、流通の割合は増加していることはわかるが、現時点での電子マネーは貨幣流通に対してその占める割合は極めて小さいものであり、貨幣流通全体への影響は少ないといってよい。まして現金を押しのけて流通するということは今のところ考えられない。

　これまでみてきたように、ワオンやナナコといった流通系電子マネーやスイカなどの交通系の電子マネーがとくに増加しており、これらの電子マネー事業の展開が、電子マネー流通の増加を全体的に押し上げている。日本において、現在、電子マネー事業を展開している流通大手は、今後もいっそう利用できるエリアを拡大し、また加盟店舗も増やしていくことが予想される。小売流通の規模を想定すれば、電子マネーがカバーする領域も相当程度広がっていくことだろう[11]。大きなネットワーク同士の合同（電子マネーの相互利用）もありうるかもしれない。そうなると、電子マネーの流通が硬貨流通の相当程度を代替していくことも十分考えられることである。

　しかしそれにしても、今のような電子マネーであれば、決済手段として現金

に替わるというようなことは想像できない。現在の電子マネーは、発行体と加盟店の間の協定によって加盟店で受け取られるという、限定された範囲で流通しているのであり、「現金」のような一国的な銀行組織の頂点としての中央銀行の発行する銀行券やその一部を代替する硬貨にとって代わるというのは考えられないことである。ただし、銀行以外の発行体が創造する電子マネーの流通が拡大していき、貨幣発行体が多様化するということはたしかであり、そうした新たな貨幣システムを通貨当局や政府がいかにコントロールするかが問題になる。

このような貨幣発行体の多様化に対して、電子マネーの一般的流通ということでは、文字通りお札（紙）の「現金」に代わり電子の「現金」が広く利用されることが考えられる。これは中央銀行の発行銀行券が電子化することを意味する。ただ、これは、現在の紙の現金が電子の現金に置き換わるだけであり、貨幣システムの構造そのものは現在とそれほど変わらないことになる。

2　電子マネー論争

（1）問題意識─無根拠貨幣論に対する異論

既述のように、1990年代後半、情報通信技術のめざましい発達の中で電子マネーが登場したときは、すぐにでも電子マネーが現金にとってかわる、あるいは銀行が消えるというような風潮があった。こうした見方の背景には、電子マネーを単に価値情報ととらえ電子技術が発展しさえすれば、電子マネーは普及するという考えがあったといってよい。貨幣理論の世界でも、貨幣はもともと単なる記号であるとか無根拠なものであるといった見方があらわれ、電子マネーはむしろ、その貨幣の記号性、象徴性をもっとも端的にあらわすものであるといった主張がなされた。[12]

しかし、その後、電子マネーは目立つほどの普及はみられなかったのであるが、それはなぜかということが問題になる。電子マネーの普及については、技術やコスト、法制度などの問題はもちろんあるが、同時に貨幣論的な考察も必要でありまた有効ではないかというのが筆者の立場である。そして電子マネーの考察で重要なことは、無根拠論とは反対に、電子マネーも貨幣として流通させるためには、その経済的根拠をもっていなければならないという点である。

電子マネーの貨幣性ないし流通性の根拠を追及することによって、電子マネー普及の可能性なり限度なりを示すことができるのではないか。たとえば電子マネーの発行体は何であるか、そしてその発行体が発行して流通させる電子マネーの信用ネットワークの範囲はどのくらいあるか。そうした点を明らかにすることにより、電子マネーの流通範囲もみえてくるのではないだろうか。また、この流通性の根拠を問題にすることで、電子マネーと、電子マネーによってとって代わられるといわれた「現金」通貨や預金通貨とのちがいも明らかになるのではないかと考えたのである。

　無根拠貨幣論の立場から電子マネーの流通を語ったのは、岩井克人であった。岩井は、貨幣はもともと流通根拠がなくとも「貨幣として使われるから貨幣であるという自己循環論法によって」（岩井［1999］25頁）流通するものであるという貨幣論を展開し、電子マネーはその「貨幣の自己循環論法のもっとも純粋な表現である」（同上）と述べている。貨幣なるものは、実質的な使用価値を持つ金属であるとか、国家の権威があるとかの根拠は必要ない。ただ他人がそれを求めているという心理——一種の楽観心理——があればよいというのである。それは、ケインズの「美人投票」の原理を思わせるものである。かつてケインズは株式市場での投機について論じるとき、「美人投票」の原理——自分が「美人」と思う人ではなく、他の投票者が「美人」として選びそうなものに投票するという新聞誌上の賞金レースのような原理——がはたらくといったが、それがまさに貨幣についても起こるとみているといえよう。しかしそれにしても、なぜそういう「楽観心理」が成立し持続するかが問題になるが、それは問題にされない。ケインズの美人投票の原理も、投機の一面を言い当てたとしても、それで株式市場のすべてを解明したわけではない。個別企業では業績が、そして全体的には経済全体のファンダメンタルズが市場の動向を基本的に支配しているという側面を無視することはできない。つまり経済の動きが楽観になるか悲観になるかということそのものを経済の基礎的条件によって明らかにしなければならないのである。もちろん、好景気やバブルが続いているときに、人々はその要因を深く考えないで、したがって貨幣も発行すればみんなが（同じ取引条件以上で）受け取るであろうというような観念をもって受け取ることがあるかもしれない。それはまさにバブル的な心理であり、それが人々の経済活動に影響を与えるという点では、そのような「心理」を経済活動の「増幅原理」と

して認めてもよい。しかし、貨幣は流通するから流通するというような同義反復ないし循環論証だけではやはり証明にならない。楽観心理によるバブルはやがて崩壊にいきつき、歯車は逆に回って悲観に陥ることになる。この一種のバブルとバブル崩壊の心理を支えとする貨幣理論では、心理が楽観か悲観かの元は説明されないわけであるから、結局、貨幣は流通しているから流通しているというほかなく、結果として理論分析を放棄していることになるのである。

　こうした貨幣理論の問題は、経済原論の商品貨幣論から直接に現実の不換銀行券や電子マネーを論じようとして、貨幣の流通性の根拠が見つからず、そのために心理や制度を直接に主軸にすえることになっているのではないだろうか。これらはいずれも信用貨幣論的考察を欠いており、金融システムの土台の上に発行される現実の貨幣—手形や銀行預金が貨幣性を得る貨幣システム—についてほとんど考慮されないことになっている。わたしは、国家の活動を含む様々な要因を含む現実の貨幣システムに対して、第一次的な接近法として、純粋資本主義を想定して形成される原理論の信用貨幣論を援用して考察するということが有効ではないかと思っている。言い換えれば、貨幣の発生論および信用貨幣論の理論を軸にすることで、ここで課題となる電子マネーの流通性が明らかになるとともに、翻って現行の「現金」たる中央銀行券や預金貨幣の流通を考察する手がかりになるのではないかと考えているのである。

（2）電子マネーの概念について

　さて、電子マネーとは何であるのか。そもそもこの概念そのものについて、議論が分かれている。

　これまで見てきたように、狭い意味での電子マネーとは、ICカードやパソコンのハードディスクなどの電子媒体に電子的な価値を保存して買物を行うシステムのことを指す。そのさい、ICカードに入れられる価値は、発行体が発行したものであり、その価値と引き換えに、発行体やネットワークを結ぶ加盟店の商品やサービスを受け取ることができるものである。たとえば、スイカであれば、発行体はJR東日本であり、現金（日本銀行券や硬貨）と引き換えにスイカのカードにJR東日本の価値を記録・保存する。そして、そのICカードに保存された価値は、JR東日本やそれとネットワークを結ぶ鉄道各社や加盟店で商品やサービスを購入するたびに、その価格に相当する価値が減じられ、

その価値は加盟店やJR各社の端末に移される。ここで注意しておきたいのは、前述のように、現金がそのままICカードに移されるのではなく、現金と引き換えに、ICカードにその金額に相当する発行体の価値が記録されるのである。したがって、この価値は日本銀行の発行による日銀券の価値情報とは異なり、JR東日本の価値である。

　これに対して、銀行間で行われる送金やデビットカードないしクレジットカードによる買物とその決済では、預金口座間で預金価値の移転の指図が行われる。たとえば、デビットカードとは、キャッシュカードを買物に利用する場合を指すが、それを利用するさいのカードの役割は、発行体の価値を保有してそれが用いられるのではなく、買物のさい、カード保有者の預金口座から店舗の預金口座への移転を指図することである。言い換えれば、このカードは預金決済の手段になっているのである。

　ここで定義を与える狭義の電子マネーによる決済とデビットカードによる決済は、外見的にはどちらもコンピュータによる電子的な決済としては同じであるが、デビットカードでの決済はあくまで預金価値の口座間移転を指図することが電子的に行われているのであり、これは従来の預金決済がキャッシュカードを用いて行われただけである。これに対して、ここで電子マネーと呼ばれるシステムは、発行体の電子的な価値がICカードに記録・保存され、このカードに保存された電子価値が購買力をもち買物が行われるのである。このような概念を用いるのは、銀行預金とは異なるものが貨幣性をもつ新しい貨幣システムについて分析するためである。

　さて、このような電子マネーの概念については、山口重克の批判がある。山口重克は、現在、電子マネーと呼ばれているシステムは、従来の預金決済を電子化しただけであり、新たな貨幣システムとは言えないとする吉田暁の電子マネー論を支持し、わたしの電子マネーの概念規定を批判している。山口は、筆者の「カードのIC部分に電子的な価値情報を移し、次いでその価値で買物を行う」（竹内［2004］82頁）としている叙述に対して、移した「価値情報」をそのまま「価値」といいかえることはできるどうか、それは小切手に価値情報を「書き写す」という作業と違わないのではないかという疑問を提出し、結局、電子マネーと呼ばれているのは、「預金価値の移転を指図する手段」であるといわれる。「つまり、ここでの決済はやはり銀行の預金口座からの振替決済で

あって、ここで決済手段の役割を果たしているのは、やはり預金そのものなのではないか、という疑問が残るのである。」(山口 [2006] 43 ～ 44 頁)。

「今が既にディジ・キャッシュ」(吉田 [2002] 53 頁)と言って、新たな電子マネーという見方を批判した吉田論文では、次のように表現されている。すなわち「電子マネーも、小切手などと同様の『支払指図』と言ったほうがよいと考える。」(同書 79 頁)「行われているのは、預金振替であって、電子マネーが預金と無関係に登場し流通するわけではない」(同書 57 頁)と言われている。

ここでは、電子マネーが「預金振替」であって新たなマネーではないということが主張する論点であるが、これに続く文章の「電子マネーが預金と無関係に登場し流通するわけではない」という叙述は注意を要する。なぜなら吉田の電子マネーの概念規定に深く関わっているからである。電子マネーが預金や現金と「無関係」ではなく「一定の関連」をもって登場し流通しているというのは、ある意味でとうぜんのことである。たとえば電子マネーの価値をカードに入れる(チャージする)場合は、現金や預金と引き換えに価値を入れるのであるから、まさに預金と関係している。また、このICカードに保存された価値を利用して買物を行うと、店舗の端末に価値が移され、その価値を預金に転換することになれば、これも預金と関連していることになる。

しかし、電子カードに記録されている「価値」は銀行の預金価値とは異なっている。繰り返し述べているように、狭義の電子マネーは、発行体の価値がICカードに記録・保存され、その電子的な価値が買物に使われるシステムを指している。吉田の電子マネー概念は、預金と関連しているところから規定されているが、このICカード自身に発行体の価値を保存して買物を行うという点には十分な関心がはらわれていない。こうした立論は、手形などの信用貨幣に向かって実は金貨幣だといっていることと同じことになりはしないだろうか。電子マネーに保存されている価値は、銀行預金とは異なる発行体の価値であり、それを用いた支払は、預金決済とは異なる決済になるのである。

ここで、スイカなどの交通機関(JR東日本)が発行体の場合を考えてみよう。現金を自働切符販売機に入れて、新しいカードまたは既存のカードに投入される現金の価値がスイカの価値に転換される。スイカの場合、「現金」をカードの価値に転換するのであるが、この場合、現金は日本銀行券または硬貨であり、発行体は日本銀行である。これに対してICカードの価値は、JR東日本という

会社が発行責任を負う「価値」である。したがって、ここでサービスや商品に対する購買力をもつのは、ICカードに蓄積されたJR東日本の価値であり、預金口座間の預金価値の移転を指図するものとは明確に異なっている。

拙稿「電子マネー考」では、電子マネーを銀行預金などからチャージする際に、価値の「移転」という表現を用いたが、適切ではなかったように思う。かつての電子マネーは、銀行出資のICカード実験であったり、ゲルトカルテのように銀行協会が電子マネーの発行体であったりしたので、同じ銀行が電子マネーの発行体に出資しシステムの形成に関わっているときに、銀行の預金からICカードに預金の一部がチャージされることについて価値の「移転」という表現を用いたのであるが、これは預金価値とICカードの「価値」を同一視するかのような表現であり、その点で問題を残している。銀行が出資しているとしても、銀行自身と「モンデックス」や「ゲルトカルテ」の発行体は区別する必要があろう。従来の電子マネー推進論者が電子マネーの価値と現金の価値をまったく区別せずに、「電子マネー」が現金にとって代わるかのように論じていたのは、この異なる発行体を意識しないで現金や預金がそのまま移されると考えたことの結果であるともいえる。

最近の電子マネーの展開において、上述のスイカだけでなく、ワオンやナナコなど流通大手の電子カードが登場し急速に利用が増加していることで、こうした電子マネー概念の中身について認識しやすくなったといえよう。銀行主導で電子マネーを発行するさいには、預金からカードへのチャージが預金価値をそのまま移転するかのような「錯覚」に陥りやすかったが、ワオンの場合、発行体はイオンであり、このカードに蓄積された価値がイオンの「価値」であることは明らかである。

現在の電子マネーが発行業者自身で現金に転換できないという点では、デパートの商品券やギフト券に類似している。流通大手の電子マネーは、いわば商品券やギフト券を汎用化し、それを電子化したものと考えればよい。このいわば電子化された商品券を銀行預金と同一視することはできない。たとえ、その商品券を入手するために、現金や預金が対価として支払われたとしても、その商品券自体はそのデパートないしスーパーの商品券であって、銀行の預金ではない。この2つは明らかに異なるといえよう。

以上のように、一般の預金通貨を用いた支払、デビットカードやクレジット

カードを用いた支払は、まぎれもなく預金価値を指図するシステムであるといえるが、スイカやナナコ、ワオンのような電子カードについては、その発行体の価値を電子カードそのものに書き込み、保存し、この価値を用いて買物を行うものとして、区別しなければならない。そして、電子マネーについてこうした概念規定を与えることにより、銀行の預金決済とは異なる、銀行以外の発行体の価値を用いた支払システムという対象について、そのシステムの可能性なり限界なりを分析することができると考える。

(3) 電子マネーの信用貨幣としての形式

　日本における電子マネーは、現金・預金に転換できない。電子マネーも現金ないし預金への払い戻しの形態を備えてこそ「信用貨幣」といえるが、いわゆるプリカ法（前払式証票の規制等に関する法律）の規制があったため[13]、カードを返還する時などを別とすれば、通常は現金への転換ができないのである。

　これに対して、先行的に導入されたドイツの電子マネー「ゲルトカルテ」は、預金への転換が可能である。いつでも払い戻しが可能であることによって、カード利用者は安心して電子カードに電子価値を入れることができる。ドイツにおいて払い戻しが可能となったのは、一方でカード利用を促進するためであるともいえるが、それより欧州中央銀行（ECB）の金融政策の指針として貨幣価値を安定的に維持するという意図がある[14]。この点は日本の電子マネーにおける政策意図とは異なっている。それはともかく、日本において電子マネーの利用を増やすためには、こうした電子マネーの現金または預金への払い戻しを認めることが必要となろう。払い戻しが可能になれば、電子マネーは支払約束の形式を備えることとなり「信用貨幣」の体裁を備えることになるからである。

　ここで信用貨幣とは、手形など支払を約束する証券が貨幣性をもったものを意味するが、この手形は、将来において上位の貨幣（預金や銀行券）で支払うことが受取人に信用されて受け取られる。企業が出す信用貨幣である手形に比べて、銀行が発行する銀行券や預金になると、一般に流動性が高まり、支払を約束する信用貨幣であることが忘れられるが、銀行預金も中央銀行券での支払いを約束するれっきとした信用貨幣である。中央銀行券については、現在、金兌換が停止されているので、支払約束でない以上、定義上「信用貨幣」ということはできない。その点は後で論及することとして、ここでは日本の電子マ

ネーシステムの特徴として、プリペイドカードとして利用され、現金への転換ができないということである。それは信用貨幣というより、汎用性をもたせた商品券が電子化したものといったほうがよい。

　こうした電子マネーの払い戻しに関する論及に対して、山口重克は、「電子マネーについて信用貨幣という規定とともに、払い戻しの話は理解できない。債権債務の所有者は同一人物で、預金への戻しは、その人物の単なる再預金というか、債権の形態を変えるだけではないだろうか。」（山口［2006］46頁）と述べている。まず、電子マネーについて信用貨幣というのは、経済原論の信用貨幣論を基準に分析するということで、信用貨幣という用語を用いてはいるが、日本の現行電子マネーが定義上「信用貨幣」であるというわけではない。信用貨幣の形式になっていないことを問題にしているのである。信用貨幣論的な分析という視点については、この後の中央銀行券の分析の所であらためて論ずることとして、ここでは、先の引用文の後半の叙述が問題となる。「債権債務の所有者は同一人物で、預金への戻しは、その人物の単なる再預金というか、債権の形態を変えるだけ」というのは、電子マネー概念について、電子マネーを預金の移転指図とみなしていることを明確に示している。電子マネーは小切手のような指図証と考えられているわけであるから、それを預金に戻すというのは再預金になると解釈されているのである。

　しかし、電子マネーは、銀行とは異なる発行体によって発行される価値を指しているのであり、それを銀行の預金に転化することは、電子マネー発行業者の価値から再び銀行の価値に転化されることを意味する。したがって、山口の論じるように、同じ銀行への債権の形態が変わるのではなく、銀行以外の発行体への債権から銀行への債権に再転換されるのである。

　この払い戻し論で言いたかったことは、電子マネー発行体の価値を、支払約束のように、預金や日銀券とリンクさせることによって、電子マネーへの信頼は以前より大きくなり流通性が増すのではないかということである。

（4）現行の電子マネーと「現金」とのちがい—とくに流通性の根拠のちがい

　前出の論文で、もっとも強調したかったのは、電子マネーと現在の「現金」と呼ばれるもののうち中心を担う中央銀行券との違いであり、それを流通性の根拠のちがいから説こうとした点である。

まず、電子マネーの流通性の根拠は何かというと、マネーの発行体とそれが軸になり形成される販売店・金融機関のネットワークへの信用と実際の安定した経営である。発行体と加盟店のネットワークに対する信頼なしでは、利用者は電子マネーを受け取ることはないし、実際に発行体の経営が安定化しないでは持続的には流通しないのである。

　これに対して、「現金」たる中央銀行券を発行する中央銀行は、一国的規模の銀行組織と企業体制を背景に持っており、通常、取引先の諸銀行や諸企業の経営の安定性に支えられてきわめて大きな信用力をもっている。したがって、現在の電子マネーと「現金」たる中央銀行券とでは、その流通性を支える発行体とそのネットワークの規模がまったくちがっており、両者の流通性ないし流通範囲は比べるまでもないほど差がある。言い換えれば、現行の電子マネーが、その発行体とネットワークがなお個別的で部分的なものにとどまっているかぎり、電子マネーの流通性もごく限られた範囲にとどまるのである。たとえば、スイカのような電子マネーは、JR東日本の鉄道旅客サービスやJRとネットワークを結ぶ（提携している）加盟店において流通する貨幣の役割を果たすことになるのであって、日銀券のように、日本全国で使用できたり外国通貨とも交換できたりするものではない。スイカは使用規模が大きいことは確かであるが、日銀券に比べると、JR内やJRと商店との連携の範囲で使用されるにすぎないのである。

　このように、わたしは、原理的な信用貨幣論の視角から現在の電子マネーと主要な「現金」である日本銀行券の比較を行って、その信用力の規模のちがいから流通性ないし流通範囲のちがいを論じたのである。これに対して、山口重克は、電子マネーと比較する不換銀行券の規定について疑問を提起している。「不換銀行券は信用貨幣とは言えない。『一種の』支払約束でもない」（山口［2006］44頁）。また「『信用関係を内蔵して貨幣性を獲得』ということの意味が不分明である。あえていうとすれば、たとえば、割り引いた手形の将来の価値が先取り的に貨幣性を与えているとでもいうべきところではなかろうか。」（同書45頁）「また、不換中央銀行券は『実質的に信用貨幣としての性質を持っている』という場合の実質的な『信用貨幣としての性質』とは何なのか。信用貨幣の流通性の根拠として形式的根拠と実質的性質という二つの基準を設けているわけであるが、いずれからいっても信用貨幣とはいえないのではないかと

思われる。」(同書45頁)。

　現在の中央銀行券は兌換を停止しており、信用貨幣の定義を、支払を約束する証書が貨幣性をもつ（負債が購買力化する）場合に限定すれば、もちろん不換銀行券は信用貨幣とはいえない。しかし、現在の銀行券も、受け取る債権と引き換えに発行されているのであり、これは「手形の将来の価値が先取り的に貨幣性を与えている」ということにほかならない。この点は、まさに原理論で導出した信用貨幣の実質的性質であり、そのことから現実の中央銀行券の発行も手形債権の将来の返済に依存していることで規制を受けている側面が明らかになるのではないかと思うのである。このように、現在の貨幣システムについて分析するにあたって、原理論の貨幣論、信用貨幣論を分析基準として用いることは必要でもあり、また有効ではないかと思うのである。

　ところで、筆者のいう原理論の信用貨幣論というのは、ほかならぬ山口理論の要諦であり、将来の資金形成を先取りした現在の購買力の創造という信用創造論[15]を指している。この場合、銀行券の貨幣性ないし流通性の根拠は、銀行券の発行と引き換えに（銀行券は創造された預金貨幣の一部であるが）受け取る手形債権にあり、この債権への返済見通しと結果としての返済そのものに、銀行券の流通性の根拠があると考えられる。もっとも、銀行券発行や手形の受取りごとに流通性の根拠が生まれるわけではないが、銀行経営の基盤として、銀行に集積された手形債権と結果的な返済還流にその流通性の根拠があると思われる。

　山口は、不換銀行券について、先に引用したように、「信用貨幣の流通性の根拠として形式的根拠と実質的性質という二つの基準を設けているわけであるが、いずれからいっても信用貨幣とはいえないのではないかと思われる。」と述べている。しかし別の論文では、一方で不換制下の信用創造の独自性として不換銀行券が法貨性を持った現金として供給され流通するとしながらも、他方で「兌換銀行券も不換銀行券も、基本的には貸出（信用）を通して発行され、その発行高の収縮は中央銀行への銀行券による返済還流と預金還流によって行われる点は共通である。」（山口[2000]167頁）とも論じている。不換銀行券も、まさにこの「貸出を通して発行される」ことから、その流通性は返済還流に依存しているのであり、理論的な意味で、原理的な信用貨幣の一面である実質的な根拠をもっているといえるのではなかろうか。

現実の中央銀行券は「本質的に」「信用貨幣」だといっているわけではなく、原理的な信用貨幣論の規定を手がかりとして、兌換停止下の貨幣システムを分析することが可能であり、また必要なことではないかというのがわたしの考えである。もちろん、不換制下の中央銀行貨幣の発行・流通の「独自性」については、原理論を基準としつつも国家の活動などを合成して分析する必要があるが、それは別の機会に譲ることとする。

[参照文献]

石橋貞夫［1998］「電子マネーと貨幣の本質」和歌山大学経済学会『経済理論』第285号。
岩井克人［1999］「電子マネーの貨幣論」西垣通・NTTデータシステム科学研究所編『電子貨幣論』NTT出版。
奥山忠信［1997］「電子マネーの貨幣論的考察」、埼玉大学『社会科学論集』第91号、［1999］『富としての貨幣』第7章。
竹内晴夫［2004］「電子マネー考」、『金融システムの変容と危機』御茶ノ水書房。
竹内晴夫［2007］『欧州における電子決済・電子マネー体制　ドイツ調査報告』愛知大学国際問題研究所。
日本銀行決済機構局［2008］「最近の電子マネーの動向について」。
日本銀行決済機構局［2010］「最近の電子マネーの動向について（2010年）」。
三輪春樹［2007］「情報通信技術の発展と貨幣—電子決済と電子マネー—」グローバル資本主義第2巻『情報技術革命の射程』第6章。
山口重克［1985］『金融機構の理論』東京大学出版会。
山口重克［2000］『金融機構の理論の諸問題』御茶ノ水書房。
山口重克［2006］「電子マネーの貨幣論的考察」『流通の理論・歴史・現状分析』中央大学出版部。
吉田暁［2002］『決済システムと銀行・中央銀行』日本経済評論社。

[註]
（1）筆者は2004年の論文「電子マネー考」で電子マネーに関して自らの考えを示した。
（2）日本銀行決済機構局「最近の電子マネーの動向について（2010年）」13頁参照。
（3）同上。
（4）日本経済新聞2010年10月7日付朝刊、同年2月3日付朝刊参照。なお、電子マネーの合計金額は主要8種類の電子マネーである。
（5）日本銀行決済機構局「最近の電子マネーの動向について」（2008年8月）4頁。

（6）日経 MJ（流通新聞）2010 年 10 月 4 日付参照。
（7）同上。
（8）日本銀行［2010］7 頁。
（9）電子マネー発行残高の対貨幣流通高比は、2007 年 9 月末 1.43％、2008 年 3 月末 1.70％、2008 年 9 月末 1.83％、2009 年 3 月末 2.02％、2010 年 6 月末 2.6％は確実に増加している。同銀行券発行高比も、0.08％、0.10％、0.11％、0.12％とわずかであるが増加している。日本銀行［2008］4 頁参照。
（10）日本銀行［2008］7 頁では、電子マネー 0.1 兆円として、貨幣流通高 4.5 兆円、銀行券発行高 77.3 兆円とあるが、本文の 1.2 千億円（＝ 0.12 兆円）を計算に利用した。
（11）百貨店、スーパー、コンビニエンスストアなどを合算した大型小売店等販売額は 28 兆円であるから（経済産業省「商業販売統計」2009 年度計）、仮にこの部分を電子マネーでカバーしてゆくとすれば、電子マネー決済の増加する余地はかなりあることになる。
（12）このような無根拠貨幣論の支持者は少なくない。たとえば石橋貞夫の電子マネー論は、マルクス貨幣論の流通手段論にみられる価値の自立化論を基礎にしつつ電子マネーが他の貨幣よりも「価値データ」という情報そのものをあらわすものと論じている。石橋［1998］38 頁参照。また、奥山忠信は「共同幻想」という概念を用いて貨幣を説明し、そこから金貨幣、不換紙幣、電子マネーを論じている。金貨幣は商品世界の共同幻想によって成り立ち、不換紙幣は実体のないまま商品所有者の共同幻想によって支えられるといわれる。電子マネーもその延長線上でとらえられるとともに、貨幣の実在性がないという「特徴」が強調される。しかし、「実体」のない「共同幻想」でそもそも貨幣システムが成り立つのかどうか疑問である。他方で、電子マネーの場合には発行主体への信認が問題になること、発行主体が多くなり「貨幣と貨幣の間での覇権をめぐるデス・マッチが始まる可能性」があるという論点は重要な指摘であると思われる。奥山［1999］198 ～ 203 頁。
（13）プリカ法（前払式証票の規制等に関する法律）は 2010 年 3 月で廃止され、同年 4 月から資金決済に関する法律が実施されている。保有者に対する前払式支払手段の払戻しについては、その第二十条で、発行機関が電子マネーの発行業務をやめた場合や払戻金額が少額の場合等を除いて、保有者に払戻しをしてはならないとしている。
（14）欧州中央銀行（ECB）は、金融政策の観点から、電子マネーの発展により貨幣の計算単位が危険にさらされることのないように、償還性（額面での買い戻し）をもつことが重要であるとしている。竹内［2007］20 頁。
（15）山口〔1984〕63 頁参照。

［2012 年 12 月執筆］

竹内晴夫（たけうち はるお）
愛知大学経済学部教授
『信用と貨幣』（御茶の水書房、1997年）「電子マネー考」（『金融システムの変容と危機』所収、御茶の水書房、2004年）「日本における金融セーフティネット」（『東アジア社会・経済制度の現状と課題』所収、御茶の水書房、2007年）

第11章　シンガポールと日本の電子マネー
―― 普及の特徴と進化の動向 ――

青木登美子

はじめに

　1997年6月「電子マネーは、まだ本格的な考察対象となるほどには社会の中に定着していない。したがって、そのもたらす経済的および社会的影響も、実際にはまだ何も生じていない」(奥山忠信［1997］)、2004年8月「電子マネーは、一時大きな注目を浴びたわりには、現在のところ社会に広く普及しているわけではない」(佐伯仁志［2004］)、2007年8月「初期の期待に反し、ここ10年間の電子マネーの成長は強くなかった」(コスタス・ラパヴィタス［2007］)、このように論じられてきた電子マネーであるが、2008年6月末、日本の主要9規格の電子マネーの延べ会員数は1億人を突破した。2009年7月末時点では主要10規格の電子マネーの合計発行枚数は約1億3,500万枚となり、日本はまさに電子マネー「1人1枚時代」に入った。また、野村総合研究所は「近い将来に2億人を突破する可能性がある」とみている。

　しかし、このように電子マネーが普及したように見受けられる日本であるが、キャッシュレス取引に占めるカードに基づいた電子マネーの割合が84.2%（BIS［2008］）であるシンガポールでの電子マネーの普及のスピードと利用度合いには遠く及ばないようにみえる。

　本稿はシンガポールと日本の電子マネーの普及過程の違いは何か、日本の電子マネーは今後どのように進化していくか考察する。

1　シンガポールの電子マネー

　コスタス・ラパヴィタス［2007］は、「制度上と法的な枠組みは、かなりの制約が電子マネーを供給する発行人の能力に課している。鍵となる規制はクレジットで電子マネーを出せないことである」と論じた。また、「電子マネーが現在の制度および法的枠組みの下で成功する方法は国が強制的に使用を課する

第11章　シンガポールと日本の電子マネー——普及の特徴と進化の動向—

ことである。シンガポールで電子マネーの使用が急速に生じたのはこのことによる」とある。ではその成功しているシンガポールの電子マネーとはどのようなものなのか、電子マネーが発展した基盤となる ICT と政府の役割等を明らかにする。

（1）世界から見たシンガポールの ICT（Information and Communication Technology）

2011 年 4 月スイスのジュネーブにおいて世界経済フォーラム[3]は「ICT 競争力ランキング（2010～2011 年版）」を発表した。10 回目となるこのレポートは

図表1　世界経済フォーラムによる ICT 競争力の順位

国・地域名	2010年順位	前年順位との比較		2009年順位	2008年順位
スウェーデン	1	0 位	→	1	2
＊シンガポール	2	0 位	→	2	4
フィンランド	3	＋3 位	↑	6	6
スイス	4	0 位	→	4	5
アメリカ	5	0 位	→	5	3
＊台湾	6	＋5 位	↑	11	13
デンマーク	7	－4 位	↓	3	1
カナダ	8	－1 位	↓	7	10
ノルウェー	9	＋1 位	↑	10	8
＊韓国	10	＋5 位	↑	15	11
オランダ	11	－2 位	↓	9	9
＊香港	12	－4 位	↓	8	12
ドイツ	13	＋1 位	↑	14	20
ルクセンブルグ	14	＋3 位	↑	17	21
イギリス	15	－2 位	↓	13	15
アイスランド	16	－4 位	↓	12	7
＊オーストラリア	17	－1 位	↓	16	14
ニュージーランド	18	＋1 位	↑	19	22
＊日本	19	＋2 位	↑	21	17
フランス	20	－2 位	↓	18	19
オーストリア	21	－1 位	↓	20	16

＊：アジア太平洋地域の国や地域
（出所）WEF（2009～2011）"The Global Information Technology Report" により作成

図表 2　シンガポールと日本の ICT 競争力ランキングの比較　　　　　　　　　　（位）

（年）	2001	2002	2003	2004	2005	2006	2007	2008	2009	2010
シンガポール	8	3	2	1	2	3	5	4	2	2
日本	21	20	12	8	16	14	19	17	21	19

（出所）総務省［2009-7］　WEF（2009）"The Global Information Technology Report 2008-2009" を基に作成
http://www.weforum.org/en/initiatives/gcp/Global%20Information%20Technology%20Report/index.htm

　世界138の国・地域を対象として、各国の開発プロセスおよび競争力に対するICTの影響を調査したもので、世界で最も包括的かつ権威ある国際評価として知られている。
　このランキングの基となるスコアーは、ICTの「環境（市場、政治・規制、インフラ）」「対応力（個人、企業、政府）」「利用（個人、企業、政府）」の3つの要素を検証したものであり、順位の算出は合計9の指標群からなる計68の指標を集計した「ICT競争力指数（ネットワーク準備度指数）」に基づく。
　2011年版のランキング首位はスウェーデン、次いでシンガポールとなっている。上位10か国中5か国を北欧を中心とした欧州勢が占めている。アジア太平洋地域では、シンガポール（2位）、台湾（6位）、韓国（10位）、香港（12位）、オーストラリア（17位）、日本（19位）の6カ国・地域が上位20位にランキングした。
　図表1・2が示すようにアジア太平洋地域でトップに座するシンガポールは、今回・前回のレポートは2位、2002年から2006年までの5年間は連続して世界の上位3位に名を連ねるなど世界的に高い評価を得ている。一方、日本は2004年に8位に上昇したが、近年は20位付近に低迷するなど常にシンガポールに水をあけられてきた。このレポートの評価からわかることは、日本の

図表 3　シンガポールと日本の主な政府関連指標の比較

	政府でのICTの優先度	政府の将来ビジョンでのICTの重要性	政府のICT推進	オンライン行政手続の普及	ICTを使った政府の効率性	行政事務でのICTの存在感
シンガポール	1位	1位	1位	2位	1位	1位
日本	41位	31位	59位	51位	78位	35位

（出所）総務省［2009-7］WEF（2009）"The Global Information Technology Report 2008-2009" を基に作成

ICTは「経済大国・IT先進国を自認するわが国の国民意識とはかけ離れたレベルである」、シンガポールは「アジア太平洋地域のみならず世界的に見てもトップレベルにあり、わが国よりはるかに社会のICTが進んでいる国である」ということである。

項目別評価では、シンガポールが「政府部門の情報通信政策への取組」の観点の項目で世界最高水準の評価を受けているのに対し、日本はそれらの項目で著しく低い評価を受けている。そのため日本は企業の利用で高く評価されるも総合評価で立ち遅れる。

これらの評価からシンガポールのICTは、政府の非常に強い指導力により環境も対応も利活用も誘導され、実現してきたことがわかる。

（2）シンガポールのICT政策、電子政府の動向

シンガポールは東京23区（約700平方キロメートル）とほぼ同じ面積（707平方キロメートル）、人口約484万人（うちシンガポール人・永住者は364万人）という小さく、そして、天然資源の乏しい、多民族、多言語、多宗教の国である。1965年8月9日マレーシアより分離、シンガポール共和国として独立以来、金融・貿易・ハイテク産業の拠点としての地位を築くことに努めるなど国家主導型で経済政策を進めてきた。[4] 情報化もその一つである。歴史的に通商が盛んで、長期的に国が繁栄するためには、製造業とサービス業を軸とする知識集約型産業における世界のハブとしての地位をいち早く確立することが不可欠であるとの認識からシンガポール政府は、[5] 情報技術で比較優位を持てる分野に育成するために長期的な戦略的投資を行い、今日では世界でも有数の情報化都市となり、優れた国際競争力[6]を備えるに至った。

1980年以降、シンガポール政府が実施してきたITプロジェクトにはさまざまなものがあるが、それらは政府のITマスタープランに基づき進められた。現在は第6ステップにあたるiN2015（2006年〜2015年）を実施中であるが、これまでに実施されたITマスタープランの概要は次の通りである。

a） National Computerization Plan（1980年〜1985年）

1980年に発表された「国家コンピュータ化計画」は早くも政府機関のコンピュータ化・情報化の必要性を説くものであり、それは「行政機関のコンピュータ化、IT企業の育成、IT人材の育成」を3本柱とするものであった。

b) National IT Plan （1986 年～ 1991 年）

　1986 年に策定された「国家 IT 計画」は情報と通信の融合による行政機関のワンストップサービスの実現を目的とするものであった。政府機関間にネットワーク技術が導入され、異なる政府機関間の情報の共有化、政府内部における情報の重複の解消、ワンストップサービスの実現、土地利用データベース（Integrated Land Use System（INLUS））・司法データベース（Law Net）・医療情報データベース（Med Net）などの各種データベースの構築がなされた[7]。

c) IT2000 （1992 年～ 1999 年）、Singapore One

　「IT2000 計画」は、21 世紀に向けた情報技術の開発により、シンガポールをインテリジェントアイランドにすることを目的として 1992 年に策定された。IT2000 では、シンガポールを情報の世界的なハブとする、社会生活のあらゆる側面で IT を活用し、国民生活の質を向上させるなどがうたわれている[8]。その実現を加速するため、1996 年には「シンガポール・ワン計画」が策定された。

d) Infocomm21 （2000 年～ 2003 年）

　1999 年 6 月、IT2000 に続くものとして策定した「ICT2000 基本計画」は情報社会の新たな時代に向けた情報通信技術開発を促進するための戦略計画であった。「Infocomm21」は柔軟性のないマスタープランではなく、技術、ビジネス環境と社会の変化につれて、更新されていく産業戦略のフレームワークと指針である。

　「Infocomm21」の戦略的プログラムは、①情報通信技術分野で世界のハブとなる、②電子商取引・電子ビジネスの振興（民間部門のドットコム化）[9]、③電子政府の推進（公的部門のドットコム化）[10]、④情報通信技術に熟達した社会の形成（生活環境のドットコム化）、⑤情報通信技術の才能の集積地となる、⑥商取引の環境を整える、以上 6 つを柱とした。

e) Connected Singapore （2004 年～ 2005 年）

　2003 年に発表されたこの政策は、「Infocomm21」の改訂版と位置づけられ、IT、情報、コンテンツのパワーを結集し、より一層の情報化の推進を目指すものであった。

f) iN2015 （2006 年～ 2015 年）

　2005 年 3 月、IDA（情報通信開発庁）は新 10 ヵ年 ICT マスタープラン「iN2015」の策定を宣言し、政府機関、教育機関、産業界、国民等による検討に 1 年以上

を費やし、2006年6月に発表した。この新しいプラン「iN2015」は3つの"I"（Innovation、Integration、Internationalization）をコンセプトとしている。そのコンセプトの一つ「技術革新（Innovation）」は最高水準のインフラ整備の下で情報通信分野の企業と個人が経済社会を変革することであり、「統合化（Integration）」は情報通信が個々の組織とビジネスを上手につなぎ個人、産業、社会等の架け橋になることであり、「国際化（Internationalization）」は小国であるシンガポールが情報通信を通じて、最上のアイデア、製品、サービス、企業と人材の輸出を促進することを意味する。シンガポール政府は「iN2015」を推進し2015年を目処にグローバル情報・通信ハブとして地位向上に努めるのである。

（3）シンガポールのICTの中の電子マネー

シンガポールの情報化の特色の第一は情報通信開発庁（IDA）の主導による電子政府など官主導のプロジェクト、第二はITの「実験場」「ショールーム」としての魅力作りと世界への発信、第三はITを道具として徹底的に使いこなすことである。

カードによる電子決済はまさに政府主導で積極的に進めるICT政策の一事例であり、一般市民が日々利用している最も身近な社会生活とICTの融合の一つであるといえる。

シンガポールにおけるカードによる電子決済は3種類ある。第一がNETSと呼ばれる銀行口座直接引き落とし型デビットカードであり、第二がCash Cardと呼ばれるチャージ型の電子マネー、第三がEZ－Linkと呼ばれる交通系チャージ型の電子マネーである。

NETSはNetwork For Electronic Transfers社によるもので銀行の普通預金口座用ATMカードに搭載されたデビットカードである。支払い時にパスワードを入力することにより直接銀行口座から代金が引き落とされるNETSはシンガポール国内のほぼすべての商店で利用できるだけでなく、駅の乗車券自動販売機においても利用可能で、市民によるその利用は非常に活発である。

シンガポールで広く普及し活発に利用されている電子マネーはCash CardとEZ－Linkカードである。これらの電子マネーはあらかじめ利用する前に入金（チャージ）を行うプリペイド方式の電子的小口決済手段である。シンガポールの電子マネーとしてこの2種に特定し概観する。

a) **Cash Card**

　Cash Card はシンガポール政府の IT 政策に基づくキャッシュレス社会の現実に向けて、1996 年に導入された非接触 IC カード型の電子マネーである。銀行やコンビニエンスストアなどで入手でき、銀行、郵便局、ガソリンスタンド、コンビニエンスストア、駐車場などさまざまな場所で 500 シンガポールドルまで入金できる。自動販売機、駐車料金、図書館、道路通行料金などでの支払に利用されているが、なかでも社会問題となっていた交通渋滞緩和を目的に 1998 年から本格的に導入された ERP（Electronic Road Pricing：電子式道路通行料金徴収システム）の車載支払カードとしての利用率が高い[13]。ERP は日本の主要有料道路で稼動している ETC（Electronic Toll Collection：高速道路通行料金収受システム）と技術的に同様のものである。しかし、ERP は高速道路だけではなく一般道路で都心の中央ビジネス地区へ進入する自動車へのノンストップ課金システムで、自動車だけでなくオートバイを含む全ての車両への取り付けが義務付けられており、ERP 車両搭載率は 100％である[14]。つまり、車両利用者

図表 4　ERP（電子式道路通行料金徴収システム）の料金徴収監視ガントリー

（出所）2008 年 11 月 7 日、シンガポール中央ビジネス地区、左手前は著者

第11章　シンガポールと日本の電子マネー──普及の特徴と進化の動向──

は100％電子マネーを所有し、使っていることになる(15)。このロードプライシング制度を支えるのは日本の三菱重工業が納入したシステムであり、現在も同社がERPシステムに関する主要業務を一手に引き受け、さらに進化させシンガポール市民の利便性向上に貢献している(16)。また、ERPなどのツールによる自動車交通の制御は、渋滞緩和のみならず、環境問題の改善などを実現している。

　電子マネーとしてのCash Cardはキャッシュレス化の利便性を国民に広く認知させる役割を果たした。

b)　EZ − Link

　Cash Cardと並び市民生活に浸透している電子マネーにEZ − Linkがある。EZ − Linkは2002年4月にソニーのFelicaの技術を使用し公共交通網で共通して使用できる非接触型ICカードとして導入された。EZ − Linkの導入主体はLand Transport Authority（シンガポール交通局）の子会社として設立されたEZ − Link Private Ltdである。

　シンガポールの公共交通網はMRT（Mass Rapid Transit）と呼ばれる電車網、これを補完する支線のLRT（Light Rapid Transit）、そして、電車網が行き届かない地域をカバーするバスから成り立っている。EZ − Linkをはじめて購入する際には大人、学生、子供、シニア用とそれぞれの料金体系によりカードが異なるため駅構内の窓口で購入する必要がある。乗車券としては定期券、期限付き乗車券（1日）、駐車券付乗車券、学生向けICカード等各種割引のタイプが用意されている。

　電子マネーの機能としては公共交通用途の他にスーパーマーケット、セブンイレブンやマクドナルドなどメジャーな店舗、自動販売機、映画館、学校・病院内の施設での利用が可能となってきているが、NETSに比べショッピングで利用できる場所は限定的である。

　支払い方法はプリペイド方式で、デポジット（3シンガポールドル）と発行手数料（5シンガポールドル）が必要である。現在ではインターネット経由でのチャージ、クレジットカードの紐付けによるオートチャージも可能となっている。

　EZ − Linkの発行枚数は約900万枚（2005年現在）に上り、その普及率は200.9％となっており、これは国民、住人の殆どが所有している状況といえる(17)。

（4）シンガポールの電子マネーの今後

　狭い国土と少ない人口、資源のなさなど自国のおかれた不利な条件を直視し、シンガポールは1965年建国後、政府主導により効率を重視することで、統制のとれた都市空間を短期間で作り上げた。その評価は当初世界で最も退屈な都市とされたこともあるが、現在のシンガポールの評価には、清潔、安全、コスモポリタンに、ダイナミック、エキサイティングが加わり、さらにICTでは世界のトップランナーと呼ばれている[19]。シンガポールの成功は、政府の先を見越した適切な経済運営によるところが大きい[20]。

　シンガポールの電子マネーの利用普及についてもICTの一環として政府が主体となり積極的に推進していることがわかる。シンガポールは自国で開発した先進技術は少ないが、日本をはじめとする諸外国の技術や制度を積極的に取り入れ、活用し、世界に先駆けて実用化することに力を注いできた。ハイレベルなシステムの導入、快適で質の高い交通網の整備、全ての公共交通機関の連携等により利用者の利便性を重視し、国民、住人の全てが徹底して利用できるようにしている。

　一方、ERPにおいては高度なICT技術の活用により不正車両の特定が可能となり、違反車両については通常の通行料よりはるかに高額の罰金が科されるため確実に車載器IU（In-vehicle Unit）を搭載し、チャージされたCash Cardを挿入した状態にせざるを得ない状況である。そこにはCash Cardを使用しないという選択肢はないに等しい。また、通行料金に関しては支払の煩わしさからは解放されているが、政府の政策で頻繁に改定される、日に何度もガントリーを通過する毎に料金が発生するなど、利用者に経済的負担がかかる一面もある。

　シンガポールの電子マネーの今後については、政府主導のもとでのICTの発展と共に柔軟性のある社会システムの進化により更なる効率化や改善等がなされ、利用者へは利便性、安全性、快適性の向上という恩恵がもたらされるという期待が持てる。ただし、主導していく政府が今後もさらに先見の明を持った明確なヴィジョンを示し、国民のコンセンサスを得た上での的確、適切な計画と実行が重要であろう。

第11章　シンガポールと日本の電子マネー――普及の特徴と進化の動向――

2　日本の電子マネー

　近年、他国に比べ現金選好が際立って高い日本においても急速に電子マネーが生活の中に浸透してきている。新聞には連日のように電子マネーについての記事が掲載され、情報雑誌では特集が組まれ、電子マネーに関する様々な広告をあちらこちらで目にする。実際、多くの人が駅では「Suica（スイカ）」や「PASMO（パスモ）」を使って改札を通り抜け、コンビニエンスストアでは「Edy（エディ）」や「nanaco（ナナコ）」を使って買い物の代金を支払い、街中の自動販売機では「タスポ」を使ってたばこを購入し、高速道路では「走る電子マネー」と言われる「ETC」を搭載する車を走らせている。

　2001年、日本に初めて本格的な電子マネーが登場した。そして、およそ6年8カ月に当たる2008年6月、主要9規格の電子マネーの発行枚数は1億枚に到達した。東日本旅客鉄道（JR東日本）の「Suica」や首都圏の私鉄・バスの共通IC乗車券「PASMO」など交通系電子マネーが普及の力となった。また、とくに2007年は、セブン&アイ・ホールディングスの「nanaco」やイオングループの「WAON」など大手流通企業等による新規電子マネーの発行が相次ぎ、電子マネーの発行枚数や決済金額が急速に拡大したことから「電子マネー元年」と称された。

　ここでは、政府でも銀行でもなく事業会社によって主導される日本の電子マネーの内容を明らかにする。

（1）電子マネーのこれまで

　貨幣の長い歴史から見て貨幣は商品貨幣から名目貨幣、信用貨幣へと様々な形式に変化しながら発展してきた。電子マネーは貨幣の形式の長い発展の末の最新のステージであり、技術開発の成果とここ20年間の金融革新である[21]。1990年ICカード型の電子マネーが現れたとき、時代遅れの銀行券とコインが消滅し、デジタル貨幣に置き換わると推測されるほどであった。

　電子マネーのこれまでの展開を「20世紀末の実験と失敗」と「非接触型ICチップの開発と普及拡大」との2つの段階に分けて分析する。

a）20世紀末の実験と失敗

　20世紀末、電子マネーはその可能性が注目され、議論され、現実の世界で

177

幾度となく実証実験がなされた。奥山［1997］が対象とした電子マネーは、もっぱら当時開発され実証実験されたイギリスの「モンデックス」（ICカード型）とアメリカで開発された「eキャッシュ」（ネットワーク型）であった。

モンデックスは1995年、イギリスのスウィンドン市で実証実験が開始され、世界中から注目を集めた。モンデックスは、現実の貨幣の流通と同じように電子ウォレットを使って、カードから電子マネーを引き出し、カードに移すことができたり、カードの中に5カ国の通貨が入れられたり、優れた機能を持っていた。モンデックスはその技術の大部分を日本の日立が開発したものだが、日本には普及しなかった。また同年、アメリカではマークトゥエイン銀行がインターネット上で「eキャッシュ」の取り扱いを開始した。さらに、シティバンクとチェース・マンハッタン銀行によるニューヨークでの共同実験も行われたが、1998年12月に中止になった。これらは銀行が主体となり直接的に貨幣のデジタル化を展望したものであった。だが、いずれの実証実験も結果は芳しくなく、奥山［1997］の時期には、電子マネーは広がりを見せなかった。[22]

一方、日本においても1998～99年に、ビザ・インターナショナルが中心となって開発した「ビザ・キャッシュ」（ICカード型）、1999年4月から2000年にかけてはNTTや24の銀行を中心とする共同プロジェクトが「スーパーキャッシュ」（ICカード型）の実証実験を行った。しかし、結局、地域限定の導入実験のみで終わり、実用化することはなかった。

1990年代半ばに広く関心を集め、世界各地で実証実験された電子マネーは、対面取引での決済で利用することを想定したものであり、ICチップを使った電子マネーであった。当時のICカードはいわゆる「接触型」であるため、カードを端末機に差し込み、暗証番号を打ち込んでから決済に移る方式であった。つまり、専用のリーダー、ライターにカードを通してICチップに直接接触させないと情報の受け渡しができないものであった。このため店頭等での決済処理に時間がかかる、入金手段が煩わしい、使える場所が少ない、持ち歩くのが面倒、セキュリティが不安という点から従来型の決済手段を上回るような効用が実現できなかった。消費者にとって不便であることはもちろん、小売店にとっても手数料を払ってまでの便益が実感できず、現金以上に利便性の高い決済手段はありえないという見解になったのである。

b）非接触型 IC チップの開発と普及拡大

　非接触型の IC チップが開発され、この技術が電子マネーに応用されるようになると、2000 年ごろより一転して電子マネーは多くの人に受け入れられ、決済規模は急速に拡大していくことになった。非接触型の IC チップは接触型 IC チップとは違い、かざすだけでカード内に内蔵されたアンテナを通じて情報をやりとりできる。そして、カードを軽量に保ったまま大容量の情報を格納することができる。端末機にかざすだけ、サインや暗証番号もいらず、わずか 0.1 秒で決済が完了する非接触型 IC カードは、これまで失敗続きだった接触型 IC カードによる電子マネーとは違い、多くの人に受け入れられた。

　非接触型の IC チップについては、日本ではソニーが開発した FeliCa という規格が普及している。FeliCa は日本ではなく、まず香港で交通機関のプリペイドカード「Octopus（オクトパス）」として 1997 年に導入され、1998 年にはほぼ香港全域の交通機関（タクシーを除く）で利用できるまでになった。

　日本では FeliCa 技術を初めて電子マネーに採用したビットワレット社の「Edy」に始まり、IC カード乗車券を使った電子マネーサービスが全国的に広がり、携帯電話に電子マネー機能が搭載され、大手流通企業が独自の電子マネーを導入し、クレジットカードが電子マネー化するなど、電子マネーの多様化が進んだ。

　このような流れで普及してきた日本の電子マネーであるが、その流れを最も大きく変えたのが ETC と Suica の登場であったと考えられる。2000 年に試行運用された ETC とその後の Suica は、利用者に初めて IC カードの利便性を見せつけた。また、ETC と同時に考案されたクレジットカードに紐付けられた子カード方式が、カード会社に現在の電子マネーのベースとなるシステム構築をもたらしたといえる。[23]

（2）電子マネーの概要

　通常の決済手段として小切手の使用がほとんど見られないなど他国比際立って高い現金選好の日本では長い間、少額決済に関しては現金が支配的な決済手段であったといえる。[24]

　しかし、日常の小さな買物などで小銭をジャラジャラいわせることなく済ませたいというキャッシュレスへのニーズは潜在していた。

このような日本に1990年代後半から複数の新しい少額決済手段が誕生した。例えば、1999年1月からサービスが開始されたデビットカードや電子マネーなどである。
　これら近年開発された電子的な小口決済手段の中でも特に利用が拡大しているのが電子マネーである。ここで電子マネーについて整理する。
a) 電子的小口決済手段サービスの中の電子マネー
　クレジットカードやデビットカードによる決済と違い預金口座にアクセスする必要がないまま決済が完了するプリペイド方式（前払い式）の電子マネーは、電子媒体上の貨幣的な価値の格納場所によってIC型とサーバ型の二種類に大別される。IC型は、カードや携帯電話などの媒体に埋め込まれたICチップ上に電子的に貨幣的な価値を記録し、分散管理するものをいい、サーバ型は、典型的には電子マネー運営事業者のコンピュータ・サーバなどに電子的に貨幣的な価値を記録し、中央管理するものをいう。[25]
　従来の決済方式に対する優位性として、電子マネーは民間の事業体が発行し、当事者間で決済する方式であるので、つねに銀行が仲介しなければならない従来の決済方式に比べて、桁違いに安いコストで決済サービスを提供できることが挙げられる。[26]
　また、利用後に代金が請求されるポストペイ方式（事後払い式）であるクレジットカードの中には、非接触型ICチップを採用し、署名の必要もなく迅速な決済を実現するタイプのものが多数現れている。キャッシュレス、サインレスで決済を完了する形態がプリペイド方式の電子的小口決済手段に類似していることから、ポストペイ式電子マネーと呼ばれる。「走る電子マネー」と言われる「ETC」は、これにあたる。
b) 電子マネービジネスモデル
　さまざまなビジネスモデルの存在する日本の電子マネーは、今後、競争が益々激化するもとで、必要に応じてマルチポータル化や多目的化を進めるなどビジネスモデルの修正を図りながら利用の一層の拡大を目指していくものとみられるが、現状大きく分類すると、①独立系電子マネー、②交通系電子マネー、③流通系電子マネーの3種類になる。
　Edyに代表される独立系電子マネーは電子マネーによる決済サービスをインフラとして提供すること自体を事業とする。発行会社は電子マネー取扱い店

舗からの電子マネー決済額に応じた手数料や電子マネー発行見合い資金の運用益を収益の柱としている。会員証一体型、キャッシュカード一体型、クレジットカード一体型、社員証・入館証・学生証一体型などさまざまな種類があるこの電子マネーは、あらゆる場所で利用するための電子マネーといえる[27]。

交通系電子マネーはICカード乗車券として稼働しているシステムを拡張し、店舗や自動販売機などで電子マネーとして支払いに利用可能としたものである[28]。交通系電子マネーは、多くの場合、IC交通乗車券の標準である「サイバネ規格」に準拠しており、この規格に従う電子マネー同士であれば、相互運用が容易という特徴と追加的な負担が相対的に小さくてすむという利点がある。

流通系企業により独自に発行される流通系電子マネーのビジネスモデルは、コンビニエンスストアやスーパー等に来店する顧客に電子マネーの保有を促進するものである。その目的は顧客管理や販売促進に結び付けることを通じて、本業である小売販売業への顧客誘導、売上げの増加を目指すものである[29]。また、グループ内の銀行との連携、陸・空交通系カードとの連携により相乗効果をあげている。しかし、流通系企業による独自の電子マネー導入の最大メリットはマーケティング精度の飛躍的な向上であるといえる。

(3) 電子マネーの動向

日本の電子マネーの登場から現状に至る普及の状況は運営主体から不定期に発表されるプレスリリース等により概観されてきた。それらから電子マネーは、いずれも、ここ数年、保有者数・加入者数が毎年倍増ペースで増大し、順調に規模を拡大させてきていることが見て取れる。これまでに発表されてきた論文が扱っている数字もそれらにより公表されたデータに基づいたものであることが多かった。

ここでは、2008年8月日本銀行が初めて公表した電子マネーに関する調査結果をまとめた「決済システム等に関する調査論文、最近の電子マネーの動向について[30]」、続いて2009年7月に公表した「決済システム等に関する調査レポート、最近の電子マネーの動向について（2008年度）[31]」、総務省が2009年4月に公表した「平成20年通信利用動向調査の結果」などを基に日本の電子マネーの動向を明らかにする。

図表5　地域別非接触型電子マネー保有率（2008年末）

地　域	全　体	ICカード型	うちICカード乗車券と一体	携帯電話型
北海道　（n ＝　920）	20.5%	12.7%	4.3%	11.3%
東北　　（n ＝ 1416）	14.4%	10.0%	3.6%	6.8%
北関東　（n ＝　929）	25.1%	19.0%	8.8%	9.7%
南関東　（n ＝ 1207）	47.4%	43.8%	30.7%	9.6%
北陸　　（n ＝ 1236）	18.0%	10.6%	2.5%	9.5%
甲信越　（n ＝ 1208）	14.7%	11.2%	3.3%	6.6%
東海　　（n ＝ 1359）	18.8%	12.6%	4.9%	8.7%
近畿　　（n ＝ 1132）	23.1%	18.1%	11.8%	7.8%
中国　　（n ＝ 1011）	14.1%	9.1%	1.8%	6.4%
四国　　（n ＝　958）	15.8%	10.0%	2.5%	8.2%
九州・沖縄（n ＝　864）	18.2%	11.5%	1.8%	9.3%

（注）属性範囲：20歳以上の世帯主がいる世帯及びその構成員
（出所）総務省［2009-4］を基に筆者作成

a) 発行枚数と利用状況

　日本銀行決済機構局［2009］によると近年増加する一方である電子マネーの発行枚数は、2009年1月に1億枚を超え、3月末には前年比30.3％の10,503万枚（うち携帯電話搭載分1,205万枚）と日本の人口に匹敵する水準に近づきつつあるまでになった。また、決済端末台数についても導入先の拡大が進み、3月末には前年比34.1％の48.0万台となった。2008年度の特徴として流通系電子マネーが、グループを超えた展開を図っていることがあげられ、主要な電子マネーが利用可能な地域も全国的に広がっていると報告する。

　一方、総務省［2009-4］の「非接触型電子マネーの利用状況（個人）」の調査によると、2007年末の保有率は21.5％、2008年末は26.7％という結果が出ている。つまり、増加傾向であるものの、2008年末においても人口並みの発行枚数に対して保有者は個人全体の約4分の1にすぎない現状である。そこからは電子マネーの偏在や、退蔵・休眠状態カード比率の高いことが推察できる。また、都市規模別に見ると、都市部ほどICカードの保有率が高いという結果が出ており、地域格差が大きいといえる。地域別に見ると、トップの南関東では半数近くの人が非接触型電子マネーを保有している。その保有状況の内訳は、

第11章　シンガポールと日本の電子マネー――普及の特徴と進化の動向―

図表6　電子マネー決済件数・金額　　　　　　　　　　　　　　（　）前年比

	決済件数〈百万件〉	決済金額〈億円〉	1件あたりの決済金額〈円〉
2007年度	810（n.a）	5,636（n.a）	696（n.a）
2008年度	1,116（＋37.8％）	8,172（＋45.0％）	732（＋5.2％）

（出所）日本銀行決済機構局［2009］を基に著者作成

図表7　電子マネー発行残高　　　　　　　　　　　　　　　　　（　）前年比

	電子マネー発行残高〈億円〉	カード1枚あたり平均残高〈円〉
2007年9月末	643	967
2008年3月末	771	957
2008年9月末	831（＋29.3％）	893（－7.7％）
2009年3月末	912（＋18.0％）	868（－9.2％）

（出所）日本銀行決済機構局［2009］を基に著者作成

ICカード利用者が全体の43.8％、ICカード乗車券と一体型の電子マネーを保有している人が全体の30.7％である。このことから交通網の発達とICTインフラの整備が電子マネー保有率の向上を牽引すると考えられる。そして、交通網が発達し、ICTインフラの整備が進んでいるシンガポールにおいて電子マネーの保有率が高いのも納得できる。

b) 決済件数と金額、発行残高

　電子マネーの決済件数・金額は、流通系新規電子マネーの相次ぐ発行をきっかけに急速に拡大した2007年度に引き続き、2008年度も決済件数・金額ともに前年を4割方上回った。その数は1,116百万件、8,172億円に達した。2008年度、決済金額を決済件数で割った、1件あたりの平均決済金額は732円となり、前年を若干上回るに止まった。コンビニエンスストアでの払込票を用いた電子マネーでの支払い廃止が平均決済金額を引き下げ、大手小売量販店での利用拡大が平均決済金額を引き上げる要因となった。

　カード1枚あたりの平均利用状況は、2009年3月中は、月に0.98回、734円程度利用した計算になるが、退蔵・休眠状態カード比率の高いことが推察できるので、正確に把握することは難しいといえる。[32]

　電子マネーの発行残高（未使用残高計）は、912億円（2009年3月末）であった。前年比で18％増であるが、カード1枚あたり平均発行残高は868円、前年比で9.2％減となった。これに関しても実際に日常的に使われているカード1枚

あたり平均残高の正確な推計は困難といえる。

（4）電子マネーの位置づけ

日本の電子マネーの現在の状況を既存の現金との関係、他の小口決済手段との関係から概観する。

a）電子マネーと既存の現金需要

中田真佐男［2007］は「全ての種類貨幣・日本銀行券において、電子マネーの普及度と通貨流通高伸び率の間に統計的に有意なマイナスの相関が確認された」、「貨幣・日銀券については、電子マネー普及によってその流通高の伸び率が鈍化していることを強く主張することができる」としながらも、「構造方程式の推定結果によれば、電子マネーの普及度合いに対する通貨流通高伸び率の弾性値の絶対水準はいずれの通貨においても非常に小さい。したがって、この結果から判断する限り、電子マネーはこれまで現金が担ってきた決済の範囲のごく一部しか現状では代替していない」と結論づけた。(33) また、日本銀行決済機構局［2009］は電子マネー発行残高について、現金通貨との比較において、2009年3月末では貨幣流通高の 2.02％、銀行券発行高の 0.12％、現金通貨全体（貨幣流通高＋銀行券発行高）の 0.11％、民間銀行の預金を含むマネーストック（M3末残）の 0.009％に相当し、「電子マネー発行残高の比率はごく緩やかに高まっているものの、そのレベルは依然として極めて低く、電子マネーが決済システムや金融システム全体に大きな影響を与えるには至っていない」とみている。(34) しかし、近年の貨幣流通枚数の減少幅が拡大傾向にあることに電子マネーの動向が影響していると考えられる。

図表8　小口決済手段の利用状況の比較

	電子マネー （2008年度）	デビットカード （2008年度）	クレジットカード （2006年度）
期末カード発行枚数　〈百万枚〉	105	410	293
年間決済件数　〈百万件〉	1,116	12.6	4,547
年間決済金額　〈百億円〉	81.7	76.9	3,477
1件あたり決済金額　〈円〉	732	6.1万	0.76万
期末端末台数　〈万台〉	48	33	155

（出所）日本銀行決済機構局［2009］を基に著者作成

図表9　金額別の主な資金決済手段（2つまで複数回答）　　　　　　　　　　　　（％）

	現金 （紙幣および硬貨）		クレジット・カード		電子マネー （デビット・カードを含む）		その他	
	世帯	単身	世帯	単身	世帯	単身	世帯	単身
1,000円以下	90.1	92.9	2.8	12.2	2.6	22.4	0.4	2.0
1,000円超5,000円以下	86.8	81.0	11.7	37.9	1.6	13.2	0.3	1.4
5,000円超10,000円以下	80.5	69.2	20.0	53.5	0.8	5.3	0.5	1.5
10,000円超50,000円以下	64.0	50.9	39.3	67.9	0.6	3.4	1.9	2.5
50,000円超	52.4	40.8	46.6	69.2	0.9	2.5	4.6	5.0

（出所）金融広報中央委員会［2008］を基に著者作成
（注）「世帯」は二人以上世帯のことであり、「単身」は単身世帯である。
調査方法：「世帯」は「訪問と郵送の複合・選択式」、「単身」は「インターネットモニター調査」

b）他の小口決済手段と電子マネー

　電子マネーと他の小口決済手段（クレジットカード、デビットカード）との利用状況の比較から、電子マネーの特徴として2つ挙げられる。1つが他の小口決済手段に比べ、電子マネーは超小口の支払（マイクロ・ペイメント）に利用されていること、もう1つが決済件数はクレジットカードには及ばないものの、デビットカードを大きく上回る規模に成長していることである。また、決済手段別1件あたりの利用金額の状況から、比較的高額の支払に利用されるデビットカードやクレジットカードと、超小口の支払に利用される電子マネーの間の大きな中間領域は依然として現金が固く支配しているといえる。
　金融広報中央委員会［2008］の調査結果からも消費者が日常的支払いにおいてその支払金額により支払手段を変えていることが分かる。支払金額が小さいほど現金（紙幣および硬貨）の割合が高く、逆に金額が大きくなるほどクレジットカードの割合が高くなり、デビットカードを含む電子マネーは、1,000円以下での使用率が最も高いという結果が出ている。
　しかし、近年、小口決済手段のすみ分けに変化が起きているといえる。比較的高額の支払に利用されることの多かったクレジットカードは電子マネー化（署名の必要のないポストペイ方式）が進み[35]、大手スーパー等が小額決済におけるクレジットカード利用を促進していることから、徐々に小額の価格帯にも利用用途が広がってきている。逆に、電子マネーは大手流通グループの新規発行が相次いだことから複数品目の購入が増え、利用価格帯は高額の方向に広がっ

てきている。また、クレジットカードや電子マネーの発行事業会社の新たな取り組み、利用者の意識や生活スタイルの変化等により今後、さらに小口決済手段の勢力図も変化していくと考えられる。

3　シンガポールと日本の電子マネーの普及の違い

電子マネーの普及において日本に先行するシンガポールと近年になって急速に普及をみせる日本の違いを明らかにする。

（1）主導者及び電子マネー普及を後押しするICTの側面の違い

世界経済フォーラムは「ICT競争力ランキング」において、シンガポールが世界的に見て情報先進国としてゆるぎない地位を確立している要因として、シンガポール政府が「継続的にICTの普及拡大と活用を促進したこと」、「外国からのICT技術や産業の積極的導入」、「優れた教育制度」等を挙げている。

日米欧は足元にも及ばないネットワークインフラや完璧に近い電子政府を構築し、ICT国際競争力を世界最高水準に高めたシンガポールは、ICT政策を推進するための政府内のICTマネジメントについて独自の取り組みを続けてきた。[36]

シンガポールの国家的情報化政策は、1980年からの「国家コンピュータ化計画」に始まる。2000年に策定された「電子政府行動計画」の戦略の中には「積極的かつ迅速な対応」があるが、その内容は「新たなトレンドに敏感かつ迅速に対応する。顧客ニーズに応じた行政システム・サービスを迅速に提供し、随時修正を行う。新たなトレンドを予測・提供し、情報通信技術を事業効果の増大、規制の簡素化、サービスの向上に役立てる」というものである。[37]現在はマスタープラン「iN2015」がシンガポールにおける全てのステークホルダーがICTの恩恵を受けることができるよう進められている。

シンガポール政府のICTマネジメント体制は、一機関（IDA：情報通信開発庁）が、インフラ整備、ICTプロジェクトの計画・実施、ICT産業の振興、電子政府の構築等、シンガポールにおけるほぼ全てのICT政策の企画立案、実施を行う体制である。また、IDAがICT政策に関して強力なリーダーシップを発揮し、シンガポールの各省庁のICT関連施策のサポートを一手に引き受

第11章　シンガポールと日本の電子マネー──普及の特徴と進化の動向──

けていることから、省庁間の垣根も無く、様々な施策が導入し易いマネジメント体制になっている。[38]

　一方、日本はシンガポールのICTや各種産業に数々の技術やシステムを提供してきた。そもそも日本とシンガポールとの関係は、長年に亘り極めて良好で、1970年代後半以降のシンガポールの工業化推進の過程では、多くの分野において日本の経験が参考とされた。[39]このように技術面で先行し、諸外国にそれらを提供してきた日本であるが、「ICT競争力ランキング」においてはシンガポールのほか、韓国、香港、台湾などのアジアの国・地域の後塵を拝する結果となっている。

　ここで、日本のこれまでの国家IT戦略について整理する。日本はシンガポールから遅れること21年の2001年に高度情報通信ネットワーク社会の重点的かつ迅速な形成の推進を目的として、「IT基本法」（高度情報通信ネットワーク社会形成基本法）が制定され、2005年までに世界最先端のIT国家を目指す「e-Japan戦略」が策定された。この戦略では日本のICT社会の発展が諸外

図表10　情報通信の「利活用」と「安心」の関係

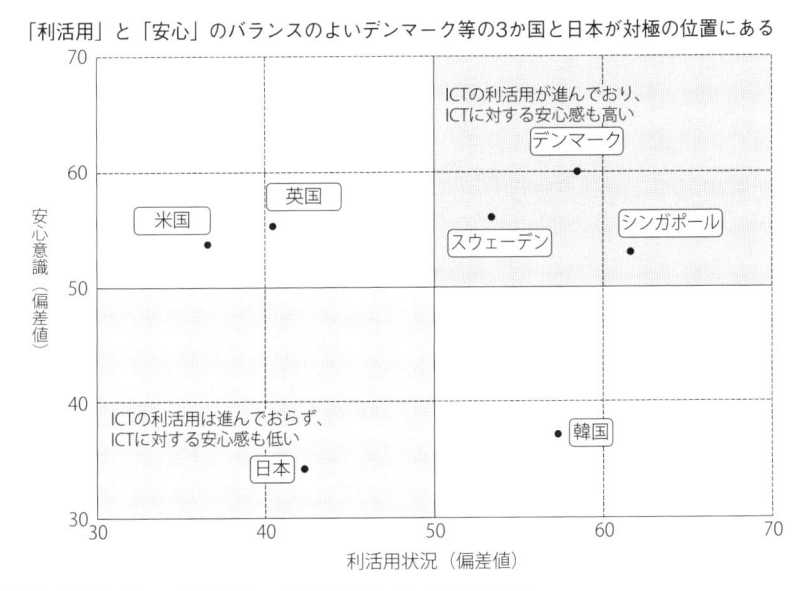

「利活用」と「安心」のバランスのよいデンマーク等の3か国と日本が対極の位置にある

（出典）総務省「ICT関連動向の国際比較調査」（平成21年）

国からかなり取り残された状況にあるという認識のもとに経済産業省の「ICカードの普及等によるIT装備都市研究事業」がスタートした。その後、2003年に「e-Japan戦略Ⅱ」を策定し、2004年に「u-Japan政策」を策定し、さらに2006年には「u-Japan推進計画2006」を策定した。その結果、総務省が発表する「日本のICTインフラに関する国際比較評価レポート」において、日本は過去3回（2005年、2008年、2009年）とも総合評価1位となった。なお、このレポートでのシンガポールの評価は7位、7位、9位と推移している。

しかし、このように総務省が高く評価する日本のICTは、インフラを構築はしたが、社会基盤として有効に利用活用されておらず、広く普及しているとはいえない。総務省の「ICT関連動向の国際比較調査」の結果からも日本はICTの利活用は進んでおらず、ICTに対する安心感も低いことは明らかである。世界経済フォーラムのレポートからもわかるようにICTに関し日本に欠けていることは、政府のICTに対する優先度、政府の将来ビジョンにおけるICTの重要性、政府のICT推進なのである。

日本銀行［2007］は日本の電子マネーの利用拡大を後押しした要因として4つ挙げる。それは、第一に保有者側の要因、第二に加盟店側の事情、第三に情報通信分野における技術進歩、第四に時期的なタイミングの良さである。第一の保有者側の要因は、迅速な決済処理による利便性や、加盟店の拡がりによる汎用性向上への期待、第二の加盟店側の事情をみると、集客効果、客単価引上げへの期待、第三は情報通信分野における技術進歩が果たしている役割、第四の時期的なタイミングとは鉄道改札システムの更新や、小売店等のPOS端末の更新に併せられたことである。

このように電子マネーに関し政府がリーダーシップをとることのない日本であったが、2009年9月になってようやく経済産業省は電子マネーで決済するシステムの共通化に向けた環境整備の研究会を立ち上げた。

（2）法的側面

シンガポールにおける電子マネー関連法規は、金融庁（MAS：Monetary Authority of Singapore）と、シンガポール公共交通委員会（PTC：Public Transport Council）が定める2つの法制度がある。1つはMASが所管する支払システム管理条例で、Widely Accepted Stored Value Facilityのライセンスの取得につ

第11章　シンガポールと日本の電子マネー──普及の特徴と進化の動向──

いて規定している。もう1つの規定は、PTC所管の交通機関協議会旅行条例で定められている。その規定の項目はライセンスの取得と交通料金変更に関するPTCからの許可取得である。

　シンガポールにおいて重要なことは普及させることであり、法制度はさほどきついものとなっていない。また、個人情報保護に関する法についても個別法においてはあっても一般法としては制定されていない[43]。国家的生き残り戦力として情報化を推し進めるシンガポールでは、情報へのアクセシビリティーは国家発展の生命線と考えられており、その発展を阻害する可能性をもった法律は一般法としては制定されていないのである[44]。

　一方、日本では電子マネーを誰が所管するのかという点について必ずしもコンセンサスがなく、また、電子マネーを明確に統一的かつ総合的に規定した法律もない。電子マネーに関する法や経済面・金融論からの検討は、1996年から1998年までは旧大蔵省主導で「電子マネー及び電子決済に関する懇談会」や「電子マネー及び電子決済の環境整備に向けた懇親会」等の会合・検討会をはじめ、一時期は他省庁・日本銀行を含め様々な検討会を通じて行われたが法制定にまで至らないまま時が過ぎた[45]。その原因としては、当時の電子マネーの実証実験の結果が日本のみならず、諸外国においても芳しくなかったことなどが考えられる。しかし、近年になって電子マネーの普及及び高度化するスピードは目覚ましいものがあり、これらをとりまく法制度の整備スピードも緩やかではいられなくなってきた。

　2008年8月22日、日本銀行は日本の電子マネーの動向について初めて公表し、2008年9月12日、金融庁の金融審議会は電子マネーなど新しい決済手段のルール作りについての論点を整理し、2008年10月23日、経済産業省取引信用課から「従来型電子マネー及びポイントに対する規制のあり方について」が出され、2008年11月27日、産業構造審議会産業金融部会・流通部会から「商取引の支払サービスに関するルールのあり方について」（案）が出され、それに対する意見公募を行い、出された意見を反映させた報告書が2008年12月26日に出るなど、どこも無関心ではいられない状況となった。

　現状では日本の電子マネーは多様な分野の事業者が参入し、イノベーションや消費者利便や利用価値を競い合う状況になっているが、消費者にとって重要なことはそれらの追求のみではなく、安心・安全・安定・効率の向上であり、

加えて利益の保護であることは言うまでもない。そのためには悪徳加盟店の排除、情報セキュリティの確保、利用者にとって不利益な原則や犯罪等から自衛するための情報の提供等、法の整備以前にも至急整備されるべきこともあるのではないだろうか。

4　日本の電子マネーの今後の進化と課題

　今日ではすっかり社会のインフラストラクチャーとして定着した観がある日本の電子マネーのさらなる普及の鍵は何か。それはコーディネーション（連携）とインセンティブ（誘因）の強化と進化、利便性の向上にあると考えられる。しかし、現状では地域格差も大きく、普及にはいくつかの課題も見受けられる。

（1）組織とのコーディネーション

　発行主体が多種多様の日本の電子マネーの今後は、さらに活用方法も多種多様のなると考えられる。例えば、これまでにも見られた電子マネーと組織とのコーディネーションは益々増えるであろう。企業における社員証や入館証、学校における学生証、スポーツクラブ等の会員証等がその例に当たると考えられる。しかし、電子マネーと組織とのコーディネーションが活発になるとその組織に属する以上、使うか否かにかかわらず電子財布であるEdyや、通勤・通学にJRを利用するか否かにかかわらずSuicaを、たとえ何らかのリスクがあるとしてもその組織から保有を強いられる。それは電子マネーの偏在と保有枚数の増加、退蔵・休眠状態カード比率の上昇につながると考えられる。

（2）企業通貨の拡大

　企業が発行する、複数企業にまたがって利用できるポイント・マイレージや電子マネーを総称する「企業通貨」は近年急拡大している[46]。元々、企業通貨は、マーケティングの進化にともなって生まれ、そして進化を続けているが、その中でも日本におけるポイント・マイレージは、消費者の節約志向に伴い、2009年度には年間発行額が1兆円を超える見通しになるなど急速に広がっているといえる[47]。

第11章　シンガポールと日本の電子マネー──普及の特徴と進化の動向─

　現在、日本ではポイントサービスやマイレージプログラムは電子マネーと密接な関係となっている。航空会社を中心としたポイント・マイレージと電子マネーの提携により企業ポイントの複雑な相互交換が進んでいる。また、さらに新たな動きとして多数のカードが1枚になる異業種の巨大なポイント企業連合の誕生がある。企業連合の側の思惑としてはポイント連携による共同囲い込み、優良顧客化、新規顧客獲得、相互送客が考えられる。利用者の側は、企業連合の誕生によりポイント共通化が進み、ためやすく使いやすい1枚の共通カードになることで、カードが増えすぎて持ち歩けないという不便さから解放される。
　1枚のカードで「タッチ・アンド・ゴー」で電車に乗れ、「タッチ・アンド・ゴー」で飛行機に乗れ、「ピッ」でお弁当やお茶を買え、「ピッ」でDVDを借りられる等、利便性がメリットの決済サービスに加えて、電子マネー事業各社はポイントやクーポンなど利用者に割安感を直接訴えるサービスを開始し、他の決済手段に対しての優位性を示し、利用者拡大をすすめる。
　また、利用者は電子マネーを利用することで得られるポイントを単なる「おまけ」とは考えず、通貨に似た役割を果たしていると考えている。お金を預金等の利子で殖やすのではなく、電子マネーのかたちで使って殖やすことを楽しんでいるといえる。現実にポイント獲得を目的に商品やサービスを購入する消費者も増えている状況である。
　このように、日本の電子マネーの普及促進に各種ポイントサービスやマイレージプログラムとのコーディネーションは重要なインセンティブとなっているといえる。そして、今後も、電子マネーとそれらとの関係は進化しながら発展していくと考える。ただし、現状では、企業ポイントは、マーケティング、販売促進等の目的で、利用者から対価なしで付与される「おまけ」にすぎないものという見方をされており、ポイントを資産と考える利用者が大半であるにもかかわらず、利用者の要保護性は利用者が対価を負担している電子マネーに比して相対的に低いことが課題といえる。

(3) 地域振興と電子マネー
　日本にはこれまでにも地域で流通している「通貨のようなもの」は多く存在した。それは地域社会や地域経済の活性化を目的としたものとして導入された。地域電子マネーの例としては、1996年長野県伊那市が導入した「い〜なちゃ

んカード」、同じく1996年駒ヶ根市が導入した「つれてってカード」、2009年8月に長野県で誕生した「ナガットカード」(48)などがある。他にも、今までに、日本全国で600を超えるともいわれる地域で経済の活性化を主目的とした地域ポイントや、地域社会の活性化を主目的とした地域通貨プログラムが導入されてきた。しかし、多くの地域でそれらの目的を達成することは非常に困難となっている。その主な理由としては、人材と資金の不足が挙げられる。成功させるためには、特別なノウハウを持った人材や、多くのコストが必要である。また、それらにICカードを使う場合、初期導入コストとして、データの読み書き専用端末の買い取り費用や、情報分析までできるシステム構築費等の初期投資負担が重くのしかかる。さらに導入後は通信費などのランニングコストも必要になる。電子マネー保有率の地域格差が大きい現状、日本の行政に対しこれらに対する様々な関わりや支援、利用者の側に立った使い勝手の良いICT政策が望まれる。行政・地域企業・商店街・マスコミ・学術・観光関係など様々な分野が連携し、電子マネーを利用した利便性、快適性の高い地域共通カード・地域通貨を作り、活用範囲を広げることは、地方の活性化と発展に役立つと考える。(49)

まとめ

　日本の電子マネーの普及は、シンガポールの政府主導による普及とは違い、多種多様な事業会社主導によるものである。縦割りの情報化により強固に一本化されたICT政策もなく、所管も曖昧で、さらに明確に定められた法律もないまま、様々な事業会社が発行主体として参入し、企業連合を作り、イノベーションや消費者利便やインセンティブを競い合うことで成長してきた。
　シンガポールから学ぶべきは、電子マネーの発展を妨げることのない法規制と、柔軟性のある利用者優先のICT政策である。日本のICT政策は、障壁となりうるものは取り除き、非効率性を回避し、守るべきものは守りながら、国・地方行政や医療・労働・教育など多岐にわたって利用者の視点に立ってニーズを把握し、積極的かつ迅速に進めるべきであろう。
　今後、さらなる日本の電子マネーの発展と普及の鍵となるのは、国家が強いリーダーシップを取り、民間を効率的に活用し、コーディネーション（連携）

とインセンティブ（誘因）の強化を図ることであると考える。重要なことは公的分野と大企業のみならず中小企業・地場産業など全ての民間分野が連携を深めることである。そして、ICTの地域格差をなくし、ICTを有効に利用活用し、地域経済と地域社会の両方を活性化し、すべての市民の生活の質を向上させることである。こうしたすそ野の広い連携と安全性の高いシステムの中でこそ、急速に高齢化の進む日本の社会で、電子マネーは安全性、効率性、利便性の高い、快適で楽しい生活のツールとして役割を果たすであろう。

[参考文献]

BIS [2008], Statistics on payment and settlement systems in selected countries- figures for 2006- March2008, Committee on Payment and settlement systems, March2008

Costas Lapavitsas [2007], Electronic money and the power of central banks, Department of Economics School of Oriental and African Studies University of London, August2007

IC乗車券等国際相互利用促進方策検討委員会 [2008],『IC乗車券等の国際相互利用促進方策について（最終報告）〜IC乗車券によるアジア各都市のシームレスな旅行の実現に向けて〜』, 国土交通省, 2008年3月

伊佐治好生 [2003],「シンガポールのIT政策、電子政府の動向」,『ITソリューションフロンティア』, 2003年4月

今津美樹 [2004],「ITで渋滞緩和を実現！政府主導で迅速な効果をあげるシンガポールの"ERP"」, Wisdom, 2004年4月

上田恵陶奈 [2008],「研究開発　企業通貨〜行動情報に基づいたマーケティング〜」,（野村総合研究所コンサルティング事業本部）, 2008年6月

NTTデータ [2005],「シンガポールのICTマネジメント―ICT調達の最新動向―」,『アジアマンスリーニュース』, 2005年11月

大塚玲・守岡太郎 [1999],「電子マネー事業の成立に向けて」,『知的資産創造』, 1999年7月

岡田仁志 [2008],『電子マネーがわかる』, 日本経済新聞出版社（日経文庫）, 2008年4月

奥山忠信 [1997],「電子マネーの貨幣論的考察」,『社会科学論集』, 第91号（埼玉大学）, 1997年6月

小幡・大野・宮崎・安藤 [2003],「シンガポール向け電子式駐車場システム」,『三菱重工技報』, Vol.40　No.3, 2003年5月

兼子利夫 [2006],「連載：世界各国のIT政策　第9回シンガポール」,『情報管理』,

Vol.48 No.11, 2006 年 2 月
金融広報中央委員会［2008a］,「家計の金融行動に関する世論調査［単身世帯調査］平成 20 年」, 2008 年 10 月
金融広報中央委員会［2008b］,「家計の金融行動に関する世論調査［二人以上世帯調査］平成 20 年」, 2008 年 10 月
経済産業省取引信用課［2008 - 10］,「従来型電子マネー及びポイントに対する規制のあり方について（資料 7）」, 2008 年 10 月
経済産業省商務流通グループ取引信用課［2008 - 12］,「産業構造審議会産業金融部会・流通部会商取引の支払に関する小委員会報告書に対する意見公募の結果について」, 2008 年 12 月
産業構造審議会産業金融部会・流通部会　商取引の支払に関する小委員会［2008 - 11］,「商取引の支払サービスに関するルールのあり方について（案）」, 2008 年 11 月
産業構造審議会産業金融部会・流通部会　商取引の支払に関する小委員会［2008 - 12］,「商取引の支払サービスに関するルールのあり方について」, 2008 年 12 月
CICC シンガポールニュース［2007］,「JETR／CICC シンガポール・ニュース―社会の情報化について感じること（269 号）―」, JETR／CICC, 2007 年 9 月
CICC［2007］,『アジア情報化レポート 2007―シンガポール―』, 国際情報化協力センター, 2007 年
自治体国際化協会［2006］,『平成 17 年度海外比較調査―各国の電子自治体の推進状況』, 2006 年 7 月
自治体国際化協会［2004］,『シンガポールの情報化政策と電子行政』, 2004 年 3 月
シンガポール日本商工会議所［2007］,『2007 年シンガポール経済動向』, 2007 年
総務省［2008 - 3］,『日本の ICT インフラに関する国際比較評価レポート～真の世界最先端 ICT インフラ実現に向けての提言～』, 2008 年 3 月
総務省［2008 - 5］,『ICT 成長力強化プラン』, 2008 年 5 月
総務省［2009 - 4］,「平成 20 年通信利用動向調査の結果」（報道資料）, 2009 年 4 月
総務省［2009 - 7］,『平成 21 年版情報通信白書』, 2009 年 7 月
総務省［2009 - 8］,「日本の ICT インフラに関する国際比較評価レポート」, 2009 年 8 月
佐伯仁志［2004］,「通貨偽造罪の研究」,『金融研究』（日本銀行金融研究所）, 2004 年 8 月
杉浦宣彦・片岡義広［2003］,「電子マネーの将来とその法的基盤」, 金融研究研修センターディスカッションペーパー
中田真佐男［2007］,「電子マネーが既存の現金需要に及ぼす影響―種類別貨幣需

要関数の推定による実証分析」，PRI ディスカッションペーパー No. 07A － 19，2007 年 12 月

日本機械工業連合会・野村総合研究所［2008］，『平成 19 年度電子マネー及び企業ポイントの利用拡大に向けた事業環境整備報告書』，日機連 19 標準化－ 3，2008 年 3 月

日本銀行［2007］，『決済システムレポート 2006』，2007 年 7 月

日本銀行決済機構局［2008］，「決済システム等に関する調査論文－最近の電子マネーの動向について－」，2008 年 8 月

日本銀行決済機構局［2009］，「決済システム等に関する調査レポート、最近の電子マネーの動向について（2008 年度）」，2009 年 7 月

野村総合研究所　企業通貨プロジェクトチーム［2008 － 3］，『企業通貨マーケティング』，東洋経済新報社，2008 年 3 月

萩原一平［2007］，「地域再生の鍵を握る「地域電子マネー」」，『Info － Future』，No.30，2007 年 12 月

ビットワレット［2008］，「Edy の現状―電子マネー　今後の発展性」，決済 WG1 － 4，2008 年 5 月

藤井康幸［2007］，「シンガポールの都市国家形成の評価」，『IBS 研究活動報告 2007』，2007 年

松田千恵子［2005］，「電子マネーのテイクオフ可能性を探る」，『金融ジャーナル』，2005 年 4 月

宮居雅宣［2007］，「電子マネーシステムの課題と展望―キャッシュレス社会を支える電子マネーの技術―」，『IT ソリューションフロンティア』，2007 年 7 月

安岡寛道・梶野真弘［2008 － 6］，「グローバル視点を取り込んだ「企業通貨マーケティング」の導入」，『知的資産創造』，2008 年 6 月

山内徹［2007］，「シンガポールの IT 政策」，国際情報化協力センター，2007 年 6 月

[注]
（1）日本経済新聞 2008 年 8 月 14 日
（2）日本経済新聞 2009 年 8 月 25 日
（3）世界経済フォーラムは 1971 年に設立され、スイスのジュネーブに本拠を置く独立した国際組織であり、いかなる政治的、党派的、国家的利害にも関与せず、世界規模および地域、産業の課題に取り組み、世界の状況改善に注力している非営利団体である。各国の政財界の指導者が集まるダボス会議は同フォーラムが主催している。
（4）外務省ホームページ「シンガポール共和国」（2009 年 10 月現在）参照。
http://www.mofa.go.jp/MOFAJ/area/singapore/index.html

(5) 兼子利夫［2006］736頁
(6) スイスの有力ビジネススクールIMD（経営開発国際研究所、本部ローザンヌ）がまとめた「2009年世界競争力年鑑」（評価対象は57か国）で、シンガポールは3位、日本は17位（前年比5位上昇）である。なお首位は米国、2位は香港となっている。このランキングにおいても日本の順位を引き下げる要因は「政府の効率性」（40位）である。
　　また、世界経済フォーラムの「2009年版世界競争力報告」（133カ国・地域が対象）では、シンガポールは3位、日本は8位である。この報告での首位はスイス、2位は米国である。
(7) 1988年に実施した行政サービスコンピュータ化計画の監査結果として、人員を5,000ポスト削減、IT関連投資の収益率171％を達成したという。（自治体国際化協会［2004］参照）
(8) 生活の質の向上の一環に、キャッシュレス支払、電子式ロードプライシングシステムや自動交通制御システムによる交通渋滞の解消がおかれている。また、その他に、在宅勤務、医療情報システムや遠隔治療による医療費の抑制と医療の質の向上などがあり、現在の日本が学ぶべき項目も多いといえる。（自治体国際化協会［2004］参照）
(9) この戦略の一つ「需要の喚起」として、非接触型ICカード基盤のバス・鉄道事業への導入など、国家的インフラ事業を支援するが挙げられている。（自治体国際化協会［2004］参照）
(10) この戦略の一つ「電子サービス提供のさらなる強化」として、手数料支払や資金移動を要するサービスの促進のため、電子支払システムを構築するが挙げられている。（自治体国際化協会［2004］参照）
(11) 山内徹［2007］参照。
(12) CICC［2007］参照。
(13) 小幡・大野・宮崎・安藤［2003］参照。
(14) 今津美樹［2004］参照。
(15) 総務省［2009-4］によると日本のETC車載器の普及率は2004年10.2％、2008年36.2％である。
(16) 三菱重工ニュース参照。http://www.mhi.co.jp/news/story/200704264577.html
(17) IC乗車券等国際相互利用促進方策検討委員会［2008］参照。
　　また、日本機械工業連合会・野村総合研究所［2008］によると、これまでに1,000万枚以上を発行し、現在でも、一ヶ月当たり2,000枚程度が販売されているという。
(18) 外務省ホームページ「最近のシンガポール情勢と日・シンガポール関係」
(19) 藤井康幸［2007］参照。

第11章　シンガポールと日本の電子マネー──普及の特徴と進化の動向──

(20) 自治体国際化協会［2004］
(21) コスタス・ラパヴィタス［2007］参照。
(22) 大塚・守岡［1999］（78頁）も、ニューヨークの「VISAキャッシュ」と「モンデックス」の共同実験の終了を機に、いわゆる「電子マネーブーム」は終わったと論じている。
(23) 宮居雅宣［2007］参照。
(24) 中田真佐男［2007］9-10頁参照。
(25) 日本銀行決済機構局［2008］参照。
(26) 大塚玲・守岡太郎［1999］参照。ただし、インフラ整備が不可欠。
(27) ビットワレット［2008］
(28) 日本銀行決済機構局［2008］7頁参照。
(29) 日本銀行決済機構局［2008］7頁参照。
(30) 日本銀行決済機構局［2008］の集計値の調査対象はプリペイド方式IC型のカード（非接触）と携帯電話の電子マネーの中でも汎用性が高く、広域展開されている主要な6つの電子マネーのみとなっている。具体的には「Edy」、「Suica」、「ICOCA」、「PASMO」、「nanaco」、「WAON」の6電子マネーについての発行・利用状況等の調査結果である。
(31) 日本銀行決済機構局［2009］の調査対象は日本銀行決済機構局［2008］の6電子マネーに「SUGOCA」、「Kitaca」を加えた計8電子マネーである。
(32) ビットワレット［2008］によると、「Edy」の利用金額はコンビニエンスストアでは1回に約500円、利用回数は1月に約6回、スーパーでは1回に約2,000円、利用回数は1月に約10回となっている。
(33) 中田真佐男［2007］は大変興味深いものであるが、分析対象が電子マネーとしてEdyとSuicaのみであるのは残念である。
(34) 日本銀行決済機構局［2008］についても調査対象がプリペイド方式IC型の8規格のみで、日本における電子マネーをすべて網羅したものとはなっていない。
(35) 会員数（カード発行枚数）の合計は、1,500万枚を超え、利用可能な端末の台数は電子マネーを上回る60万台に達している。（日本銀行決済機構局［2009］）
(36) ITmediaエグゼクティ「電子政府世界一シンガポールから学ぶ」2009年4月23日 http://executive.itmedia.co.jp/c_obi1310waseda/archive/75/0
(37) 自治体国際化協会［2004］参照。
(38) NTTデータ［2005］参照。
(39) 外務省ホームページ「最近のシンガポール情勢と日・シンガポール関係」参照。
(40) 評価分野はICTインフラの（1）利用料金、（2）高速性、（3）安全性、（4）

モバイル度、(5) 普及度、(6) 社会基盤性で、評価方法は各指数のデータを偏差値化し、総合評価として偏差値平均により国際ランキングを作成している。2009 年は 24 か国・地域で国際比較している。
(41) 日本経済新聞 2009 年 9 月 3 日
(42) 日本機械工業連合会・野村総合研究所［2008］参照。
(43) EC における消費者保護について、2000 年前後から法整備が進められているが、消費者は消費者保護への意識が相対的に低い。(日本機械工業連合会・野村総合研究所［2008］参照)
(44) 自治体国際化協会［2006］参照。
(45) 大塚・守岡［1999］(85 頁) は、「消費者保護を充実すると必然的に決済コストも高まるため、消費者は安いサービスか安心なサービスかの選択が迫られることになる」、「安心できるサービスをいかに安く実現できるかが事業成功の鍵となってくる」と論ずる。
(46) 世界各国でも企業は自社の戦略に則って「企業単独のポイントプログラム」「企業連合通貨」「共通企業通貨」を展開している。(安岡・梶野［2008－6］43-44 頁参照)
(47) 日本経済新聞 2009 年 10 月 27 日参照。
(48) フェリカポケットマーケティング参照。http://felicapocketmk.co.jp/pdf/nagat.pdf
(49) パッケージツールを利用したマーケティング事業者であるフェリカポケットマーケティングなどの登場は、特別なノウハウや大規模投資を必要とせずに"早く・安く・簡単に"地域振興カードを導入でき、今後電子マネーの地方での活用、普及を促すことにつながるのではないかという期待が持てる。
FeliCa ポケット　ウェブサイト参照。http://www.sony.co.jp/Products/felica/felicapocket/index.html

［2011 年 7 月執筆］

青木登美子（あおき とみこ）
　越日外語工科短期大学（ベトナム、バックニン省）日本語学科・客員講師
　「シンガポールと日本の電子マネー―普及の特徴と進化の動向―」（2009 年 3 月、上武大学大学院経営管理研究科「金融と経営コース」修士論文）
　「急拡大する電子マネー―これまでの成果と今後の課題―」（2006 年 3 月、『流通経営研究 2006』埼玉大学大学院経済科学研究科受託。発行人：流通・まちづくりコンソーシアム）

第12章　ロシアにおける「安定化基金」の設立と再編
―― 第2期プーチン政権の経済政策との関連から ――

日臺健雄

はじめに

(1) ロシア経済の現況

ロシアでは、1998年8月に生じた金融危機から回復する過程において、石油等の鉱物資源の比較優位が明瞭になる中、石油輸出によって獲得された外貨で消費財を輸入するという形で個人消費に依拠する成長メカニズムが形成された（田畑伸一郎［2006］)[1]。そして、世界的な原油価格の高騰による石油ガスの輸出収入の増加を背景に、プーチン政権下のロシア経済はマクロ的には順調な成長を遂げた。2007年にメドヴェージェフが大統領に就任し、プーチンを首相に任命するという、いわゆる「2頭体制」が成立した後も、ロシア経済のマクロ的成長は継続した。

しかし、2008年初夏に原油価格が下落傾向へと転じ、8月初頭にグルジアとの間で戦争が開始されると、ロシアからの資本逃避が目立つようになった。さらに9月中旬にいわゆる「リーマン・ショック」が発生すると、ロシア経済は製造業を中心に深刻な景気後退に陥り、2009年にはマイナス成長を記録するに至った。

(2) 安定化基金の設立と再編

ロシア経済がまだ順調な成長を遂げていた2004年1月、ロシア政府は将来における原油価格の下落に備えて「安定化基金」を設立した。その蓄積額は、同基金が再編される直前の2008年1月末時点で1,500億ドルを超えるまでに至った[2]。この基金の設立の背景には、上述の98年以降の成長メカニズムにおいて、成長の規定要件である石油輸出による外貨獲得が世界市場における原油価格に左右されるという限界があり、その限界を克服する施策が必要とされたことを指摘できる[3]。

この巨額の基金は、2008年2月に「予備基金 Резервныйфонд」と「国民福祉

基金 Фонднациональногоблагосостояния」（正式名称「将来世代基金 Фондбудущихпоколений」）に分割されるという再編を受けた。

　新たに設立された2つの基金のうち、予備基金では高格付の外国国債への投資ないし外国銀行への預金に限定されるというかなり保守的な投資指針がとられたのに対し、国民福祉基金では、当初、収益を最大化するためにハイリスク・ハイリターンな資産への投資がおこなわれるものと想定された。後者の基金の投資先としては、石油ガス部門企業の株式や不動産の購入等が候補に挙がり、基金の運用にあたっては西側金融機関のファンドマネジャーに委託されるとの見方もあった。

　しかし、既に述べたように、2008年9月中旬に発生した「リーマン・ショック」の影響を受け、ロシア経済は景気後退局面に入った。今次世界金融危機に端を発する景気後退に対し、各国政府は多額の財政資金を出動させているが、ロシア政府もその例外ではなく、景気後退局面を脱すべく、ロシア政府は巨額の財政資金を景気対策に投じている。一方、景気後退に伴い、税収はかなりの落ち込みをみせた。（同国の税収の多くは原油・天然ガス・石油製品の輸出によるものであり（輸出動向については【図】参照）、そのため税収の多寡は原油価格の変動により大きく影響を受ける）。この財政支出増と税収減の結果、2008年までの大幅な財政黒字（財政黒字のGDP比は2007年5.4%、2008年4.1%）から一転して、2009年は大幅な財政赤字となった（GDP比6.3-6.4%となる見込み）。

　そして、財政赤字にもかかわらず巨額の景気対策を可能としたのが、予備基金と国民福祉基金の存在である。前者の資金は財政赤字を補填するために用いられ、後者の資金は株式市場ならびに債券市場の買い支え等に用いられた。このように、安定化基金の後身である予備基金と国民福祉基金の存在が、世界的な金融危機による景気後退を受けたロシア政府による危機対策を資金面で支えているといえよう。

（3）先行研究と本稿の課題

　上述のように、安定化基金は、その後身となる基金が今次金融危機に際して重要な役割を果たしているといえるのであるが、その安定化基金に関する日本における先行研究をみると、基金の設立時の概要については安木新一郎

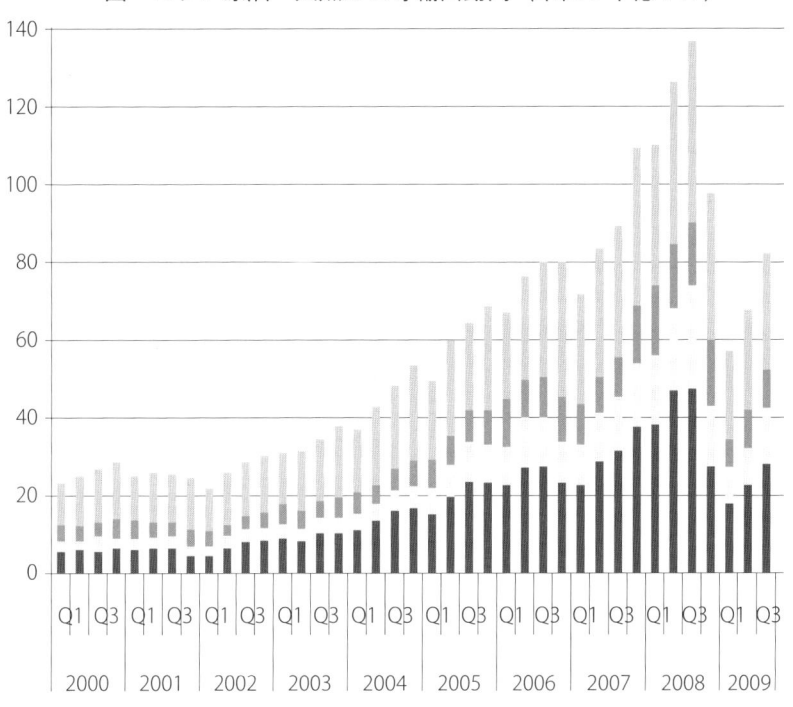

第12章　ロシアにおける「安定化基金」の設立と再編―第2期プーチン政権の経済政策との関連から―

図　ロシア原油・天然ガス等輸出動向（単位：十億ドル）

［2006］が、基金の制度や資金動向については、田畑伸一郎［2007］ならびに田畑伸一郎［2008］が要を得た整理をおこなっている。さらに、金野雄五［2008］は、安定化基金の予備基金と国民福祉基金への再編に関して手際良くまとめている。

　しかし、管見の限りでは、安定化基金の設立や再編とロシア政府による経済政策とを関連させて考察する研究は少なくとも日本においては見受けられない。そこで本稿では、安定化基金の設立と再編について、プーチン政権（特に第2期）の経済政策と関連させつつみていくことにする。その際、紙幅の制約ならびに上記の先行研究との記述の重複の回避のため、安定化基金ならびにその後身の予備基金、国民福祉基金の概要については記述を省いていることから、各基金の概要については上記の先行研究を適宜参照願う次第である。

1　安定化基金の設立前史

(1) 各国の事例

　安定化基金設立の過程において当事者（財務省第一次官）として関わったウリュカエフ[9]は、その著書において、安定化基金の設立について説明を加えている（Улюкаев［2004］）。

　それによれば、設立の際に参考となった外国の事例について、1990年代末までに世界15カ国で財政を安定化させる目的の基金が存在しており、それらは（イ）財政安定化基金、（ロ）将来世代基金、（ハ）財政予備基金、の3種類からなると分類している。そして、（イ）に分類されるものとして、米国アラスカ州、ベネズエラ、コロンビア、クウェート、ナイジェリア、ノルウェー、チリが挙げられている。また、（ロ）に分類されるものとして、カナダ・アルバータ州、米国アラスカ州（二種類の基金があるため重複する）、キリバス、クウェート（二種類の基金があるため重複する）、オマーン、パプアニューギニアが挙げられている。（ハ）に分類されるものとしては、香港、シンガポール、エストニア、南アフリカが挙げられている。

　（イ）と（ロ）は資源輸出収入の一部を蓄積するものであり、（ハ）は不況期に備えて好況期に余裕資金の一部を蓄積しておくというものである。

(2) 基金設立の延期

　ウリュカエフによれば、ロシアにおいて安定化基金の設立は2002年予算の編成時にいったん試みられたものの、基金について各年予算を根拠法として規定すれば、ポピュリスト的な経済政策がとられることによって乱用される可能性があるため、別途の法整備が必要であると判断された。そして、各年予算とは別に、安定化基金の設立に関する予算法典を制定するという手続きを踏んだことで、安定化基金の設立は2004年になったとのことである[10]。

　このように、安定化基金は、その設立の前から政治的路線対立の道具となることが懸念されるような存在であった。

2　第2期プーチン政権の経済政策と安定化基金

(1) 経済政策をめぐる政府内部の路線対立

　2004年1月に安定化基金が設立された後、その資金の蓄積方針や使途に関して、政府内部において路線対立が生じた。

　この路線対立は経済政策をめぐる路線対立と密接に関係しているが、大別すると、(イ) グレフ前経済発展貿易大臣に代表される、基金からの支出による国内のインフラ整備を重視する路線、(ロ) フラトコフ元首相に代表される、基金に繰り入れる資金を縮小させ、その分を原資として減税をおこなうことによる経済活性化を重視する路線、(ハ) クドリン財務大臣に代表される、財政の健全性を重視する路線、に分けられる[11]。(イ) は、上述のように、資金の蓄積については積極的である一方で基金の支出については消極的な立場をとり、(ロ) は、資金の蓄積及び基金の支出の双方について積極的な立場をとり、(ハ) は、資金の蓄積について消極的な立場をとる。

　以下、それぞれについて検討していこう。

(2) 経済発展貿易省の路線

　ロシアにおいてマクロ経済と通商政策を担当する経済発展貿易省（当時[12]）を統括していたグレフ前経済発展貿易大臣は、赤字予算の編成について批判的である等、野放図な財政支出による経済成長には否定的な発言を繰り返してきた[13]。また安定化基金についても、インフレの抑制面において同基金が果たす役割について肯定的に言及してきている[14]。

　しかし一方で、国家の資源は民間企業の買収等に用いるのではなく、インフラを近代化するのに用いられるべきであるとも主張している[15]。このグレフによるインフラ近代化の必要性という主張の背景には、「投資基金」の存在が指摘できる。投資基金とは、官民共同プロジェクトによるインフラ整備に充てる目的で2006年予算から設置された予算項目で、支出先の選定等を経済発展貿易省が所管することもあって、グレフは安定化基金の資金を投資基金に繰り入れるよう主張していた。

　なお、財務省による「石油ガス外収支」（＝後述）の提出をうけた経済発展貿易省のベラウソフ次官（当時）の見解が2006年10月26日付 Ведомости 紙に

おいて紹介されているので、ここで検討してみよう。

　ベラウソフは、財務省のいう「石油ガス外予算」という発想を理論的には認めているものの、収入の使い方に関し、財務省のアプローチに賛成しておらず、別の仕組みを提案している。その仕組みとは、通常支出（基本的に削減しないもの：住民に対する義務的な支出及び政府機関に対する支出）は、原油価格の変動からそれら支出を保護するために、石油ガス外収入で賄うが、石油・天然ガスに基づく収入は、不胎化、保険、投資の全3部門に分かれる特別な基金に繰り入れる、というものである。

　ベラウソフによれば、第一の部門（不胎化部門）は、ほぼ現在の安定化基金のような機能を果たすであろうが、不胎化の必要性が減少していくにつれ、段階的に残高ゼロまで下がっていく。第二の部門（保険部門）は、原油価格の変動に伴う経済リスクの低減にとって必要であり、最も流動性が高く収益性の良い証券に投資しなければならない。第三の部門（投資部門）は、事実上、年間ＧＤＰのおよそ3.5％規模の予算が割り振られることになるが、現在ではおそらくその額は効率的に消費されるだろうとした上で、ベラウソフは、資金は基本的には運輸、電力網等といったインフラ整備に投入されるとした上で、「将来世代基金とはいったい何なのか、私にはわからない。投資部門をそのように名付けることは可能であろう。（投資部門によって）形成された資産は将来世代のものとなるであろうから」と指摘している。

　また、同記事によれば、匿名の財務省関係者は、この経済発展貿易省サイドによる批判に対して、経済発展貿易省案はオイル・マネー支出の「イデオロギー」となるようなものではないとした上で、石油・天然ガスに基づく収入は、将来の年金支給といった社会的目的にも支出することができるし、また、投資目的の資金の活用に関しては、ロシアには既に投資基金が存在していると反論しているとのことである。

　ここで「オイル・マネー支出のイデオロギー」が必要であると財務省のスタッフが主張していることは、クドリン率いる財務省が「石油ガス外収支」の作成において「理論」の形成を重視していることのあらわれといえよう。

　他方、同記事によれば、匿名の首相府スタッフは、財務省のアプローチも経済発展貿易省のアプローチも批判している。そこで、以下、首相府系の見解を検討してみる。

（3）首相府の路線

　第2期プーチン政権において長らく首相を務めたフラトコフは、その在任期間中、閣僚がGDP倍増というプーチン前大統領が掲げた目標を実現するために充分な働きをしていない旨、幾度となく不満を述べてきた[16]。また、フラトコフ及びその側近は、経済成長のためには付加価値税を減税すべきと繰り返し主張していた。

　具体的には、付加価値税率を18％から13％に引き下げ、税収の減少分を安定化基金から補填すべきとのコペイキン首相府官房次長による主張があり[17]、またフラトコフ自身も同様の主張をした[18]。

　また、2005年予算までは安定化基金への繰入基準価格はウラル原油価格で1バレルあたり20ドルであったものが、2006年予算以降、フラトコフのイニシアチヴにより27ドルに引き上げられ[19]、安定化基金への蓄積額が抑えられることになった。

　この引き上げの経緯をみてみると[20]、2004年末の段階で財務省はまず21.5ドルまでの引き上げを容認した。その後、財務省はさらに23ドルまでの引き上げを認めたが、2005年3月下旬には首相府付属委員会が25ドルまで引き上げるようクドリンに圧力をかけた。そして最終的にはフラトコフがさらに2ドルの引き上げを認めさせたとのことである。

　この基準価格引き上げをめぐる経緯からもわかるとおり、首相府と財務省との間の安定化基金をめぐる路線対立はかなり大きいものとなっていた。

　なお、グールヴィチによれば[21]、この「27ドル」という価格は、1996年から2005年にかけての10年間における原油価格の平均価格であるとのことであるが、原油価格が高騰した2000年代をも含めて平均した数値をもとに繰入価格（切断価格）を決定したことには、やはり政治的要素がみてとれよう。

（4）財務省の路線

　上記でみたように、首相と経済発展貿易大臣という経済政策の策定に関わる重要閣僚2名が、経済政策における路線対立も相まって、2005年以降、安定化基金についてクドリン財務大臣と異なる路線を取っていた。この状況は、閣内におけるクドリンの立場を政治的に微妙なものとさせた。また当時は、2007年秋の国家院議員選挙を控えて、2008年予算案の編成・審議過程において財

政支出の増加圧力が増大することも見込まれており、この政治的圧力をかわす必要にも迫られていた。

このような状況の下、2006年夏の段階でクドリンは、ロシアを代表する経済関係の学術雑誌である『経済の諸問題』誌に、「ロシア財政における石油ガス外収支の形成メカニズム」という論文を発表した（Кудрин,А.［2006b］）。このクドリン論文の発表は、首相や経済発展貿易大臣らとの経済政策をめぐる路線対立に勝利し、また政治的圧力をかわす道具として学術的議論の構築・援用を行い、理論武装を固めるという意図によるものと考えられる。

クドリンは同論文において、「**予算の石油ガス収支**」「**予算の石油ガス外収支**」概念（太字化は引用者による）を用いつつ、安定化基金を再編する必要性を説いている。以下、その内容をみてみよう。

クドリンはまず、財政運営について、予算を編成する際に、石油や天然ガス等の燃料資源から得られる収入と、燃料資源以外から得られる収入に分割する必要性を説いている。ここでは、国際的な原油価格の変動によって生じる財政面でのリスクを管理する手法として、上記の分割が適するとの見解が示されている。さらに、この手法を具体化するにあたり、石油・天然ガスからの収入を積み立てる基金の創設が必要になるとともに、予算編成において「予算の石油ガス外収支」という概念が必要になるとしている。

つまり、財政収入のうち石油・天然ガスに依存しない部分（＝「石油ガス外収入」）で財政支出を賄うことを基本としつつ、それで不足する分（＝「石油ガス外赤字」）については、石油・天然ガスからの収入（＝「石油ガス収入」）の一部で補填する。この補填された分を「石油ガス移転」と呼ぶものとする。

このようにして、予算において石油ガス資源関連の部分と石油ガス資源以外の部分とを分離する。その上で、「石油ガス収入」から「石油ガス移転」を差し引いた残額を原資として、（イ）資源の価格変動を平均化するための貯蓄として安定化基金を設立する、（ロ）将来世代のために石油ガス収入の一部を長期的に貯蓄する目的で貯蓄基金を設立する、（ハ）将来の債務償還費を削減して非利払支出を拡大するために国家債務の繰り上げ償還を行う、という3点が主張される。

ちなみに、（イ）は「予備基金」、（ロ）は「国民福祉基金」（法律上の名称は「将来世代基金」）として、2008年2月に安定化基金を再編する形でそれぞれ設

第12章　ロシアにおける「安定化基金」の設立と再編—第2期プーチン政権の経済政策との関連から—

立されているが、この再編構想の原型はこのクドリン論文においてみてとることができるのである。

（5）その他の安定化基金をめぐる見解

　なお、上記以外にも、安定化基金を再編する、ないし同基金に類似した基金を設立する内容の見解が複数提起されていた。例えば2005年10月には、ヴューギン連邦金融市場庁長官が、安定化基金とは別に、原油収入により非積立型年金基金を設立する構想を提起しており[22]、また、ダニーロフ・債券市場振興センター上級顧問（マクロ経済担当）は、安定化基金と比べて収益性の高い運用をおこなう、年金に類似した「将来世代基金」の設立を提案している[23]。さらに、上述のクドリン構想に近い内容の提案として、ショーヒン（産業家企業家同盟総裁）、クジミノフ（ロシア国立高等経済研究院長）、ガブリレンコフ（トロイカ・ディアローグ社主任エコノミスト）の共著論文が挙げられる[24]。

　このように、安定化基金をめぐっては、政権内外から多様な見解が出されていき、議論が戦わされていったのであるが、そのような中で、当時大統領職にあり、様々な路線対立を総括する立場にあったプーチンの見解はいかなるものであったのであろうか。

（6）プーチンの見解

　プーチン前大統領は、2006年の予算教書の段階において将来世代基金の設立の必要性に言及しており、また2007年の予算教書や年次教書演説においても、安定化基金の組み換えについて積極的な位置づけを与えている。

　たとえば、2006年5月30日の予算教書[25]においては、天然資源市場の価格高騰に伴う歳入増加分を安定化基金に繰り入れる方針を支持し、安定化基金の使途は対外債務の繰上げ返済に限定しつつ、同時に、安定化基金の内訳につき、原油価格の下落による悪影響を最小化する「予備部分」と、この部分を超過して蓄積される「将来世代基金」とに区分し、その際「予備部分」の規模は対GDP比で決定するよう求めている。

　また、2007年4月26日に行われた一般教書演説[26]においては、「安定化基金の機能と構造の変更が必要である」とした上で、予備基金について、「世界市場におけるエネルギー資源の価格暴落が発生した場合にロシア経済のリスクを

207

最小限にするため」のものと位置づけ、また将来世代基金については、「この資金は将来および現在の世代の福祉の向上のために用いられなければならない。「将来世代基金」は、まさに「国民福祉基金」と呼ぶのが適切であろう」と述べ、支出先として年金基金の赤字の補填を指摘している。

　但し、その内容を検討してみると、以下の点でクドリン路線との若干の相違があることがみてとれる。一例として「予備基金」の規模を取り上げてみると、クドリンが機会ある毎に予備基金は「GDPの7〜10％」規模のものとならなければならないと主張してきたにもかかわらず、2007年の予算教書および一般教書演説のいずれにおいても、プーチンは予備基金の規模については明確に触れてはいない。特に予算教書の原案の作成過程には財務省が深く関与しているはずであるにもかかわらず、予備基金の規模が明示されなかったということは、プーチン（ないし大統領府スタッフ）がその時点ではあえて予備基金の規模を決定することに否定的であったことをうかがわせる。また、一般教書演説では、石油ガス収入の繰入先として、まず「予備基金」を挙げたものの、次に挙げられたのは「将来世代基金」ではなく、「一般予算への繰入」が二番目に挙げられており、「将来世代基金」は三番目に指摘されることになった。このことは、プーチンが石油ガス収入を「基金」への繰入に用いることに対して微妙な距離をとったことのあらわれと解釈することも可能であろう。

　結局、予備基金の規模をめぐっては、改正予算法典第96条（9）において、「当該予算年度で想定されているGDP総額の10％」が繰り入れられると明記されたことにより、クドリンの主張は通った形になった。

　しかしその後も、プーチンは安定化基金の資金について「政府は（安定化基金の資金を―引用者注）外国債券に投資しているが、なぜ国内の株式市場にまったく投資することができないのか？」と5月21日に閣議の場で発言するなど、プーチン自身の安定化基金に対する姿勢には「ぶれ」がみられる。この「ぶれ」は、いわゆる政権内の「実務派」（ないし「リベラル派」）対「シロビキ派」の権力バランスをにらんだ政治的なものと解釈することもできよう。

　なおクドリンは、このプーチンの「ぶれ」にも関わらず、2008年予算案の国家院での第一読にあたり、共産党や自民党から予備基金や国民福祉基金の資金を住宅整備などに用いるよう求められた際、予算案に対する批判はプーチン大統領の政策に対する批判を意味するとした上で、「我々の政府は大統領なく

第12章　ロシアにおける「安定化基金」の設立と再編―第２期プーチン政権の経済政策との関連から―

していかなる重要な決定も下さない」と述べ、財政政策が大統領の承認の下でなされていることを強調し、プーチンとの一体的な姿勢をアピールしている[29]。また、「石油ガスに重度に依存しているわが国にとって、リスクを招きかねない決定を促す諸政党は恥を知れ」とも述べ、石油ガス依存型経済からの脱却を目指す強固な姿勢をあらわにしている[30]。

（7）安定化基金の再編

　最終的には、これまでみてきたような経済政策をめぐる路線対立は存在したものの、安定化基金の再編をめぐって、二つの基金に分割する内容の予算法典の改正案が2007年4月に議会を通過し、2008年2月に実施へ移されたが、これは概ねクドリン構想に沿うものであったといえる。2007年4月に議会で承認された改正予算法典において、安定化基金の組み換えに関する条項は以下のようになっている。
　第13章（2）　連邦予算における石油ガス収入の利用
　第96条（6）　連邦予算における石油ガス収入
　第96条（7）　連邦予算における石油ガス外赤字
　第96条（8）　石油ガス移転
　第96条（9）　予備基金
　第96条（10）　将来世代基金
　第96条（11）　予備基金および将来世代基金の資金管理
　第96条（12）　連邦予算における石油ガス収入の運用に際しての勘定と会計制度
　ここで注目されるのが、太字で示した「第96条（7）　連邦予算における石油ガス外赤字」と「第96条（8）　石油ガス移転」である。ここにおいて、クドリンが上記論文で述べた概念が予算法典に援用されていることになる。
　このようにクドリン構想が実現した背景には、「ぶれ」はみられたものの、クドリンによる財政政策の路線に対するプーチンによる支持があったものと考えられる。

3　結びにかえて

　プーチン政権は第2期に入って以降、国家による経済への介入を強めた。その結果、ロシア経済は「国家資本主義」とも呼べる情況となった[31]。この傾向は、メドヴェージェフが大統領に就任した後も継続しており、政府および政府系企業の経済活動が GDP のほぼ半分を占めるに至っている[32]。

　このように、ロシア経済が原油・天然ガスを主とする資源輸出に依存する経済構造から脱却できず、「国家資本主義」化の傾向に歯止めがかからない情況に対して、メドヴェージェフ大統領は、2009年11月の教書演説において懸念を表明し、市場経済の活性化とロシア経済の近代化の必要性を強調している。しかし、金融危機到来後のロシア経済は、安定化基金の後身である「予備基金」ならびに「国民福祉基金」に蓄積された国家資金を危機対策に用いることによって辛うじて支えられているのが現状であることから、ロシア経済が「国家資本主義」から脱却する道のりは長いものとなろう。

[註]
（1）特に 147 〜 148 頁。
（2）設立当初、基金の資金は単に中銀の国庫口座に積み立てられるだけであったが、2006年7月以降、金融資産、具体的には格付の高い外国の国債による運用が認められるようになった。
（3）これ以外の克服策としては、塩原［2006］が、教育レベルの向上や資源関連部門の重点的な研究開発を国家が意識的に行うことを指摘している（18頁）ことが参考になる。
（4）プーチン大統領（当時）による2007年教書演説において、「将来世代基金」を「国民福祉基金」に改称すべきと提案されたことをうけて、政府関係者は「国民福祉基金」との名称を用いるようになった。なお予算法典自体では「将来世代基金」のままとなっているため、法的には「将来世代基金」と呼ぶのが正しいと思われる。
（5）基金の設置根拠法である予算法典は、国家院および連邦院ウェブサイト、ならびに 2007年4月19日付 Российская Газета によれば、同年2月1日から国家院において審議に付され、4月13日に第3読で可決され、4月18日に連邦院によって承認された。
（6）シュヴェツォフ・ロシア中銀公開市場操作主任は、予備基金の運用先が外

国債の購入および外国銀行への預金に限定されることを批判し、原油のオプション取引も認められるべきだとしている（2007年4月23日付 Moscow Times 紙）。
（7）2007年4月24日付 Financial Times 紙。
（8）2009年12月29日付 ИНТЕРФАКС 等。
（9）2004年3月まで財務省第一次官、2004年4月以降、ロシアの中央銀行であるロシア銀行第一副総裁。
（10）同書396頁以下。
（11）この区分については、エフゲニー・ガブリレンコフ氏（トロイカ・ディアローグ社主任エコノミスト）による教示を得た。記して感謝の意を表したい。
（12）その後、通商政策を担当する部門が切り離され、産業・エネルギー省の産業政策部門と併せて産業・貿易省となった。
（13）例えば、2005年6月16日の閣議において、赤字予算を組んででも経済発展を加速させるべきとの閣内の意見に対し、「そのような考えは経済的過激主義である」と批判しており（6月16日付 ITAR-TASS、6月17日付 MoscowTimes 紙）、また同年6月23日の閣議においては、積極的な財政支出により2010年までに対2003年比でGDPを倍増させるという目標の遂行に固執するフラトコフ首相に対して「非現実的である」と激しい口調で述べている（6月24日付 MoscowTimes 紙）。
（14）2005年11月22日に開催された英王立国際問題研究所及びインターファクス共催の投資セミナーでの発言（11月23日付 MoscowTimes 紙）。
（15）同上。
（16）例えば2005年6月16日の閣議において、フラトコフは「GDP倍増を射程に入れた中期計画を達成するために必要とされることを実行せよ」と閣僚に対して命じている（6月16日付 ITAR-TASS 等）。
（17）2005年2月24日付 Коммерсантъ 紙。
（18）2005年3月4日付 Ведомости 紙等。具体的には2007年予算から税率を引き下げようと試みたが、結局実現されなかった。
（19）2005年3月31日付 Финансовые Известия 紙等。
（20）2005年3月31日付 Финансовые Известия 紙による。
（21）Гурвич（2006），40頁。
（22）2005年10月14日付 Время Новостей 紙。
（23）2005年10月13日に開催された高等経済大学におけるラウンドテーブルでの発言（2005年10月14日付 Время Новостей 紙による）。
（24）2006年4月4日付 Коммерсантъ 紙に掲載。
（25）大統領府ウェブサイト www.kremlin.ru 参照。

(26) 同上。
(27) 例えばКудрин［2006 с］において、「安定化基金は現在、インフレ及びルーブル高から（ロシア経済を）防衛している。＜中略＞安定化基金の資金を国内産業の支援に用いることは、国内産業の弱体化をもたらすことを意味する。しかし残念ながら、このことはまだ完全には体得されていない（理解されていない）。安定化基金をさらに理性的に蓄積していくために、我々は同基金を予備基金と将来世代基金という二つの部分に分割する。予備部分はGDPの約7〜10％からなり、この水準を超過する額は全額、将来世代基金となる。現在安定化基金の総額はGDPの6.4％となっているが、この額はまだ予定されている最低水準に達しておらず、我々の計算によれば、この額は（全額が）予備（基金）に回されるべきである」と述べている。
(28) 例えば2007年5月23日付MoscowTimes紙。
(29) 2007年5月28日付MoscowTimes紙。
(30) 同上。
(31) 日臺健雄［2009b］参照。
(32) 2009年7月3日付Известия紙等によれば、経済発展省のクレパッチ次官は、ロシアの経済活動において国家が占める比率は国内総生産（GDP）比で45〜50％にのぼるという同省の推計値を明らかにした。その中には「国家コーポレーション」による活動や、ガスプロム、ロスネフチ、ズベルバンクなど、国家が株式の多くを所有する国営系巨大企業の活動も含まれているとのことである。

［参考文献］
（1）ロシア語文献

Гурвич, Е. [2006] Формирование и использование стабилизационного фонда, Вопросы Экономики, No.4

Дмитриева, О. [2006] Формирование стабилизационных фондов:предпосылки и следствия, Вопросы Экономики, No.8

Кудрин, А. [2006a] Стабилизационнцй фонд: зарубежный и российский опыт, Вопросы Экономики, No.2

Кудрин, А. [2006b] Механизмы формирования ненефтегазового баланса бюжета Россий, Вопросы Экономики, No.8

Кудрин, А. [2006c] О проекте федерального бюджета на 2007 год, Финансы, No.11

Улюкаев, А. [2004] Проблемы государственной бюджетной политики, Дело

(2) 英米語文献
OECD [2006] OECD Economic Surveys Russian Federation, OECD

(3) 日本語文献
金野雄五［2008］「最近のロシア経済情勢〜ロシア政府系ファンドの新展開〜」，みずほ総合研究所『みずほ欧州インサイト』2008 年 6 月 10 日号
塩原俊彦［2006］『ロシア資源産業の「内部」』，アジア経済研究所
田畑伸一郎［2006］「ロシア経済の変容（1991〜2005 年）」，一橋大学『経済研究』57-2
田畑伸一郎［2007］「ロシアのマクロ経済と財政状況：凍結されるオイルダラーによる財政黒字」，ロシア NIS 貿易会『ロシア NIS 調査月報』2007 年 5 月号
田畑伸一郎［2008］「ロシアの財政状況：安定化基金の再編をめぐって」，2007 年度財務省ロシア問題研究会報告書
日臺健雄［2009a］「世界金融危機下のロシア経済」，独立行政法人石油天然ガス・金属鉱物資源機構『石油・天然ガスレビュー』43-3
日臺健雄［2009b］「プーチンの「国家資本主義」」，『週刊エコノミスト』，2009 年 7 月 21 日号
安木新一郎［2006］「ロシアの 2004 年「安定化基金」について」，大阪市立大学『経済学雑誌』107-2

［2010 年 4 月脱稿］

日臺健雄（ひだい たけお）埼玉学園大学経済経営学部専任講師
東京大学経済学部を卒業後、東京大学大学院経済学研究科修士課程を経て、同博士課程単位取得退学
（財）国際金融情報センター研究員、在ロシア連邦（モスクワ）日本国大使館専門調査員、一橋大学経済研究所・研究機関研究員等を経て、2012 年 4 月より現職。
主要論文：「1930 年代後期のコルホーズにおける定款違反と雇用労働力の利用」（野部公一・崔在東共編著『20 世紀ロシアの農民世界』所収、日本経済評論社、2012 年）。「1930 年代後期ソヴェト農村におけるアルテリ模範定款の浸透過程」（『比較経済研究』第 49 巻第 2 号所収、2012 年）。

第13章　韓国上場企業の所有構造と
　　　　　パフォーマンスに関する実証研究

劉　　忠實

はじめに

　本研究の課題は、アジア通貨危機と韓国上場企業の所有構造との関係を検証することにある。通貨危機に際して、韓国上場企業における「古い家族的な」所有構造が企業のパフォーマンスの悪化につながったかどうかを、韓国上場企業の所有構造に関するデータを分析することで明らかにしていきたい。

　1980年代には奇跡の成長とまでいわれる高成長を達成してきたアジア諸国は、1997年7月、タイ・バーツの暴落に端を発して深刻な通貨危機に陥った。通貨危機は、マレーシア、フィリピン、インドネシア、韓国のいわゆる危機5カ国のみならず、その影響は香港・中国の株価の急落、日本の長期不況の一層深化にもつながったと考えられる。

　アジア通貨危機以前には、韓国経済は、1980年を境にして急成長を開始し、韓江の奇跡とも言われるほど目覚しい発展を見せた。こうした経済成長を背景に、韓国政府は、90年代の世界的なグローバリゼーションの流れに乗った政策を遂行した。そして、1996年にはOECDにも加盟し、先進国の仲間入りを果たした。

　しかしながら、韓国は、1997年11月には、アジア通貨危機に巻き込まれた。それは、1990年後半のグローバリゼーションがもたらした国境を越えた資金移動による、短期資本の運用ミスが大きな要因となっていた。すなわち、こうした経済環境の激変の中で、韓国経済を主導していた財閥[1]は膨大な不良債権や為替レートの急激な低下による外貨の不足のため経営が行き詰まり、このことが通貨危機を招く要因となったのである。すなわち、韓国経済における財閥の影響が大きかったため、財閥が抱えていた膨大な負債は韓国経済全体を危機に陥れたのである。

　韓国は、1997年12月に、IMFの管理下におかれ、韓国とIMFとの間で、支援に関する交渉が行われた。その中で、特に政府の経済政策や財閥の非効率

第13章　韓国上場企業の所有構造とパフォーマンスに関する実証研究

的な経営が危機の原因として見なされ、IMF 側から、韓国の政府と企業の両方の抜本的な改革が求められた。さらに、米国をはじめとする先進国からも、財閥中心の経済システムの改善、ひいては家族経営を中心とした所有構造が経営の不透明性や責任の不分明をもたらしたとして、韓国企業のコーポレート・ガバナンスそのものが非難された[2]。

　しかし、こうした韓国経済に対する批判は、必ずしも韓国経済の現状把握を十分に行ったうえで行われたものとは言い難い。韓国経済支援の条件となる IMF コンディショナリティーの中にも、韓国企業の特徴である所有構造に直結する勧告がなされてないまま、企業のガバナンスの改善が進められた[3]。また、IMF とアメリカは、韓国企業への政府の介入つまり、韓国における政界と財界の癒着という韓国の経済的な環境を強く批判しているが、そこで要求された政策も市場原理によって企業自身の自覚と自立を促すものではなく、政府が強く介入することで債権者の権利まで政府が奪うことになる危険性もある。

　IMF のコンディショナリティーについては、韓国経済の独自性を踏まえたうえでそれに適合しようとする視点を欠いた政策ではないかという批判もあり、その正当性については議論の余地がある。すなわち、IMF のコンディショナリティーは先進国の資本が韓国に入りやすくするために先進国向けに韓国のシステム整理・整備をするためのものではないかとも考えられるのである。こうした議論もある中で、本稿では、今回の韓国の通貨危機の原因は企業統治のあり方に問題があったのではなく、むしろ1997年に急激に増えた世界的な資本の流動性に飲み込まれやすかった韓国独特の資金導入システムに問題があったと考える。

　アジア経済危機の原因に関する説明として、大きく2つの説が存在している。Jeffrey Sachs を代表とする投資家の panic 論（心理的な恐慌）と Paul Krugman を代表するアジア経済の構造的な欠陥論がそれである[4]。これらの諸説は、ファンダメンタルズの弱体化や、国際化によって短期資本が自由に移動できるようになったことなどを指摘している。本稿では、1997年の韓国の通貨危機の特性とこれらの説に基づいて、韓国の通貨危機の注目すべき原因は経済の全体的なシステムや企業統治のあり方に問題があったのではなく、金融システムの未整備のまま、資金運用の国際化の流れに乗ってしまったことがもたらした資金調達問題に原因があったと考える。

本稿では、以上の論争点を明確にするために、何よりも韓国企業の現状の把握を重視する。そのため、韓国非金融上場企業データによるガバナンス指標と企業パフォーマンスとの関係を1990年から2002年の13年間についての検定と通貨危機後のタイムダミーを入れた検定との2つの検定を用いて定量分析を行う。

　具体的には韓国上場企業の所有構造や負債機能の現状、さらに韓国上場企業の所有構造や負債によるコーポレート・ガバナンスが97年韓国通貨危機にどのような影響をもたらしたのかの検証を行う。また、通貨危機とそれに伴う法制度改革のガバナンスへの影響を見るために、通貨危機前後での各種ガバナンス指標の影響度の差異を検証する。法制度改革はIMF提案に基づくものであり、危機前後のIMF提案の正当性を示すものになるからである。

1　韓国における大企業集団の特徴

（1）韓国のおけるコーポレート・ガバナンスの特徴
①コーポレート・ガバナンスとは

　1997年のアジア通貨危機後、経済の世界的な変化とそれへの対応の遅れや急激なグローバリゼーションの進行による各国の経済システムの立ち遅れから、各国の経済危機の原因のひとつとして、現状の企業のあり方に関心が集まるようになり、コーポレート・ガバナンスがその中心となってきた。こうした動きの代表的な例としては、たとえばOECDが一般原則を指摘したことがあげられる。OECDの一般原則は強制力は持ってないものの、影響力は強く、実質的には模範的な原則になりつつあり、各国はOECDの一般原則に沿った形で企業統治の改善を試みっている。

　ここでは、今後の議論に必要な限りで、コーポレート・ガバナンスに関しての一般的
　な理解を確認しておこう。
　近代的な企業においては、企業規模の拡大とともに資金規模も大きくなってきた。そ
　のため株式市場を通じた資金調達の方式が広く用いられることとなり、これに伴って所有と経営との分離が進んだ。すなわち、投資家としての株主は、自

己の出資金に対するリターンを受け取る権利としての私的所有の法的地位を確保し、他方、企業経営については、経営の専門家である経営者に日常的な経営を一任するようになった。

しかしながら、株主と経営者とは、しばしば利害が一致しない場合がある。すなわち、

株主は経営者に企業価値あるいは投資した資本から得られる収益性の極大化を求めるのに対して、経営者は株主よりも自分自身や従業員の利益を優先させる経営を実施することが考えられる。また、経営者は、自分の親族が営む会社に利益となるものの、自社にとっては損失をもたらすような悪いプロジェクトに資源を投入しようとするかもしれない。このように、株式という資金調達手段には、所有と支配における乖離を引き起こし、経営者に企業価値に負の影響を及ぼす非効率な経営意思決定（たとえば、過剰投資）を許すという問題が存在するのである。また、分散された所有には、株主間で経営者監視活動にただ乗りが生じ、経営者の規律付けが有効に実行できないという問題が乗じるおそれがあるのである。

株主は常時経営者の行動を監視することはできないので、株主と経営者との間には情報の量的な面や質的な面に情報の非対称性が生じることが多い。

一般的に、依頼者が代理人（エージェント）に仕事を依頼し、そこから得られる成果

を両者の間で何らかの形で配分するような関係をエージェンシーの関係というが、株主と経営者との間の関係は前者が後者に企業経営を指示して仕事を依頼する典型的なエージェンシー関係にあると理解することができる。そして、依頼人と代理人との間の情報の非対称性や両者の目的や動機の相違に基づく利害対立の問題（エージェンシー問題）は、株主と経営者との関係においても存在すると考えられる。

コーポレート・ガバナンスは、典型的には株主と経営者との間にエージェンシー問題が存在する場合に、資金提供者である株主に対して投資に見合った収益をいかに確保する仕組みを整えるかという問題を取り扱うものである。換言すれば、それは株主から経営を依託された経営者が、自らを利するのではなく自社の利益を高めることを目標に経営を続けることを保証する仕組みを検討することであるといえる。そして、株主の利益のためにいかにして経営者の規

律を確立するかという問題は、コーポレート・ガバナンスの中心的課題であり、これには様々なアプローチが存在する。

また、企業に対するが外部の資金提供者が主体的に経営者をモニターすべきという考え方も有力である。ここで言う企業への資金提供者とは、言うまでもなく株主のみではなく銀行や社債権者などが含まれる。銀行や社債権者からの負債という資金調達手段には、Jensen (1986) の主張のように株主と経営者との利害対立における問題を軽減する働きがある。つまり、負債の増加は、債務不履行の可能性を生じさせ、あるいはその確率を高めることによって、経営者に対して健全経営を強いる規律付けとしての機能を果たすことが期待される。

さらに、投資家の中でも、企業を実質的に支配している株主とその他の一般の投資家との利害が対立する場合があるとの議論がある。つまり、Shleifer and Vishny (1997) が指摘するように、支配株主とそのほかの株主とは必ずしも利害が一致している保証はなく、支配株主の支配力が高まれば高まるほど、その他の一般株主が本来稼得すべき利得が支配株主によって搾取される可能性がある。これは家族支配によって特徴付けられる韓国をはじめた東アジア地域の企業に広く見られる現象であり、コーポレート・ガバナンスに関しも先進国とは異なった仕組みが必要とされる。東アジアでは、株式市場の歴史が短いこともあって、一企業の所有が創業者一家あるいは特定個人や機関に集中しているためでもある。

その上、特に、韓国の企業ガバナンスは他のアジア国々とは違った側面が見られる。

すなわち、政府と銀行が強く結ばれていて、企業の所有者あるいは経営者はいるものの、最終的な決定権は政府が持っているといういわば「政府によるガバナンス」が行われているのである。特に、政府と銀行の関係が密接なことより、債権者である銀行の企業に対する監視機能つまり、モニタリングが働いてなかった。さらに、資金の確保のため系列会社の中に総合金融機関を持って、資金調達を行っていたため、非効率的な融資が行われやすい環境に置かれていた。また、韓国の財閥は日本と同じように、株式持合いによって外部からの乗っ取りが阻止されてはいるが、株式持合いに加えたピラミッド所有構造によって創業者オーナー族に所有権が収斂するところに特徴がある。この場合は、所有者と経営者は同一人物（創業者オーナー一族）であるので両者の利害対立は

生じないが、創業者オーナー一族以外の出資者との利害対立が問題となりえる。

他方、コーポレート・ガバナンスの問題を直接的な資金提供者と企業経営者との関係に

限定せず、広く企業とその利害関係者との関係のなかで捉えようとする考え方もある。

ここでいう利害関係者のなかには、企業で働く従業員、製品の顧客、原材料の納入業者、企業が立地する地域の住民などが含まれる。企業の意思決定は、これらの関係者に何らかの外部効果を及ぼす可能性があることから、これらの関係者の利害を、社会的な基準で調整する仕組みとしてコーポレート・ガバナンスの問題を捉えるべきだとも言われている。しかし、韓国企業においてはまだ、従業員らによるガバナンスはほとんど見られてない。

②韓国大企業集団の特性から見た発展と成長の軌跡

韓国の経済をこれまでリードしてきたものは財閥である。韓国の経済は、1992年に金泳三政権が誕生するまでは、軍事政権の経済統制下に置かれていた。軍事政権は、あらゆる権限を持っていたため、銀行も政権下の統制によって融資先を決定されていた。すなわち、軍事政権に逆らうことは企業の倒産を意味していた。

韓国の財閥自体が、1950年朝鮮戦争以降の軍事物資調達の過程で成長してきたことを考えれば、軍事政権と財閥は密接な協力関係にあったといえる。朝鮮戦争後、韓国の民需物資、建設、軍需物資にかかわって急成長したのは、三星、現代、ラッキー金星などの財閥であった。また、この頃、国内資本は乏しく、外資の導入権限も軍事政権が握っていたため、政府の外資導入の許可はなければ、急速な財閥形成などできなかった。1960年代初頭、韓国は、国家主導の資源配分と輸出志向の組み合わせで発展に向けた課題に取り組んだ。その過程で生まれた政府と企業のリスク・パートナーシップは、一方では急速な経済発展をもたらしたが、他方ではさまざまな管理機構間のもたれあいや政治と経済の馴れ合いが生じ、このことが企業経営においてモラルハザードを招く結果となった。

財閥は歴代政権と癒着し成長していった。確かに、癒着しすぎると、政権交代の際に次の政権の圧力を受けて解体されることもあった。しかし、財閥とい

う存在は、韓国国民の中に「政権は長く続かないが、財閥は政権よりも長く存在する」という社会的意識を作りあげた。財閥は血縁と地縁に固められた組織で、財閥の経営支配層は世襲制であった。政府に潰されなければ、最も安定した集団は財閥という意識が生まれるのは当然であった。韓国の財閥は企業ではなく個人商店の巨大な組織で、オーナー一族の財産と権限は絶対であった。

　韓国国民が生活を考える上で、血縁、地縁、学閥に続いて重要視するのは、どの財閥に勤めているかということである。個人企業とはいえ財閥という集団は、近代社会においては利益追求集団として、個人間の競争においても韓国における重要な競争の手段となった。日本と同じように、財閥に就職することが生活を安定させ、社会的な体面を保つ重要な韓国人の目標となったのである。

　1993年の金泳三大統領の誕生以降、強権発動する軍事政権から文民政権に代わり、財閥は不正がなければ理由もなく潰されるという危険がなくなった。財閥は銃による政府の恫喝から開放され、逆に選挙にともなう献金を武器に、政府に影響力を行使できる状況を手に入れつつある。

　政府による特権的な保護を受けて成長してきた韓国の財閥であるが、1996年OECD加盟により、国内的には政府政策であった韓国の市場開放と外資企業への規制緩和などと国外的には国境を越えた資本の増加という動きが相まって、韓国企業が財務的な混乱に陥ることとなったのである。特に、国内での資本が乏しかったため、それぞれの資本の特性が分かっていながらも、短期資本を長期の施設費に回してしまった過ちを起こし手しまった。そのように甘かった政策は、図8と図9から分かるようにGDPが1995年を境に減少を見せているものの、心配するほどのものではなかったことや輸出と輸入はかえって増加気味を見せたことから、1997年通貨危機のような自体を想定できなかったことが起因であると思われる。

　また、1990年代のグローバリゼーションにより、国内のみならず海外市場における企業競争力も考えなければならない状況が生まれてきた。IMF危機を乗り越えて、今までど違って政府からいろんな制約が課せられた大企業が、今後いかに生き残るのか、注目されている。

③韓国企業における資金融資関係の特徴

　生産主体である企業は、国際的な経営環境の変化にもかかわらず、以前と同

様の拡張的な経営戦略を持続した。このことによって、韓国企業の慢性的な資金不足や低収益性は規模拡大＝借金増加という関係を成立させたのであった。この企業の規模拡大的な経営戦略は、企業と金融機関と政府との親密的な三角関係に基づいていた。

　何よりも企業の規模が銀行融資の基準となっていた。また、大企業に政府の強力な支えがあり、企業規模の大きさをみて、銀行は融資を行っても安全であるかどうかを判断した。銀行は政府の指示に従って融資を行う限りでは、経営責任が問われなかった。その結果、銀行は安全な大口顧客である財閥を融資先にとして選好し、財閥は文句なしに融資をしてくれる銀行を相手に無責任的な借金に走り回った。高物価、高金利の韓国では銀行融資の確保は、銀行にとっては直接利益となった。しかし、97年ころから財閥企業が倒産し始め、銀行も多量の不良債権を抱えるようになり、金融機関の不良債権の規模は118兆ウォンに達した。韓国は、この不良債権の処理に加えて、経営不振の銀行を撤退させる作業も行った。それ以来、BIS自己資本比率が8％に満たされない場合は経営陣交代、減資などの経営改善命令がくだされるようになった。

　韓国政府は、主要財閥に対して、都市銀行の所有を制限しているので、かわりに各財閥は系列社として総合金融会社を所有していた。総合金融会社は銀行業務に準する機能を果たすことができたので、資金調達において国内外の資金を問わず、財閥系企業の資金調達窓口としての役割を果たしたのである。このことが、短期外資流入の増加や外国投資家による韓国金融市場の参入を容易にし、危機に際しての混乱の要因となった。こうして、総合金融会社が財閥の負債増加に主要な役割を果たしたのでもあった。それ以後、金融監督委員会（1998年6月18日）は破綻した財閥系列社を退出させ、財閥構造改革の一環として連結財務諸表を勧告した。

　つまり、財閥の負債額増大原因は慢性的な資金不足で国内外からの膨大な借り入れが問題であると考えられるが、根本的には慣行的な銀行の規模中心の融資、財閥の総合金融会社による資金調達という韓国の脆弱な金融システムが負債増の主な原因であると考えられる。それが、投資家の心理的なpanicに耐えられなかった弱みでもある。

　韓国企業の資金調達は、経営改善よりは外部の力の利用に依存していた。つまり、政治家との癒着であった。金融機関は、厳密な経営または財務状況を審

査せずに、政治的要求に応じて融資を決定したため韓国企業の経営悪化を促進していた主犯であった。

　これまで大企業はつぶれないという神話が社会全般に拡がり、財閥企業は具体的な償還計画もなしに、相互債務保証などを通じて外部資金の借り入れの拡大していた。

　歴代政権も韓国企業のこのような問題を承知しなかったわけではないが、経済成長を優先することが、政治権力と財閥企業の地位を安定させたのであった。今回のような短期資金の危機的な状態では、これまでのような経済優先政策が困難となり、債権国からの韓国の構造改革への要求も強くなったのである。

（2）韓国企業における1990年から2002年までの株式市場の現状

　ここではこの章の後ろに添付してある図を参考にし、韓国株式市場の遷移（1990～2002年）を見ながら韓国上場企業の現状を把握することにする。

　図1の上場企業数の推移の現状を分析してみると、上場企業数の持続的な増加が1997年を境に急激に減少したのは、1997年の通貨危機で倒産してしまった企業が多かったためである。98年から持続的な減少現象を見せているのは韓国証券取引所が退出基準を段階的に強化して、上場基準に符合できなかった会社が上場廃止[6]されているためである。完全資本蚕食された企業、部分蚕食が2年以上である企業が退出された。しかし、現在は一定水準の取引がない企業、事業報告の提出を決まった時期にしてない企業など、退出基準が厳しくなり、だんだん上場企業が減っていたのである。

　図2の証券・債権市場の取引高を見てみると、通貨危機後に大幅に取引高が増加している。それは図3から分かるように1998年と1999年間の株価の上場で、証券・債券市場に人々の関心が集まったことによる現状だと考えられる。そのため上場企業の数とは関係なく、市場での売買が盛んになり、回転率が高く、取引高も高くなり、利益を確保するインセンティブが働いていたと思われる。[7]

　図3の上場企業の平均株価は、通貨危機前は1994年がピークでその後減少傾向が見られるが、それはマクロ的な原因により輸出が伸びなかったためである。通貨危機後は1998年から上昇し1999年にピークを経験している。韓国の通貨危機からの立ち直りがはやく、1998年から予想以上の経済成長を成し遂

げていたことが高く評価され、株価も1998年以後続けて上がり、1999年の株式市場は盛況であった。これにはインタネット ブームの影響も一定程度ある[8]と思われる。

上場企業の株式所有形態は、図5で見られるように、最大株主の所有比率は[9]90年代を通じて緩やかに減少しており、図4の所有集中度は1990年から急に[10]減少し、1992年から1998年の間はその動きが激しくないものの、1998年半ばから上場傾向が見られる。この傾向は、モーグ・モデルより1997年通貨危機からの克服が早かったため、企業経営改善より、利益上昇を期待した大株主がその利益を求めて、株を買い求めたため、株式所有がより集中的になった結果だと思われる。

図6の外国人投資家の所有比率は1992年半ばから緩やかに上昇している。これは金泳三政権の自由化、世界化の政策のためである。1997年以後、政府の外貨保有のための外資誘致政策にもかかわらず、それほど変化が見られないのは非金融上場企業だけを対象にしたためであると思われる。[11]

図7の韓国企業の負債比率は、1997年をピークに通貨危機以前より低下傾向にある。

それは1997年以後、政府やIMFから負債比率を厳しく制限され、200%以内まで縮小するように勧告され、義務化されたためである。特に5大財閥企業は1999年末まで平均負債比率を200%以内にしなければならなかった。企業が負債償還のために不動産を売却する場合、譲渡差益に対する税金を免除し、自己資本の5倍を超過する借入金に対しては2000年から利子を損費として認めなかった。また、1998年以後の持続的な減少低下はIMFや政府の政策よりいくら大きい企業であっても、債務不履行の可能性のため、つぶされるというインセンティブが強く働いた結果だと考えられる。負債のメカニズムが有効に働かず、むしろ1997年通貨危機以後負債が企業パフォーマンスを悪化させている。

2　先行研究

（1）先行研究

本論に入る前に、所有構造とパフォーマンスに焦点をあてた先行研究を概観

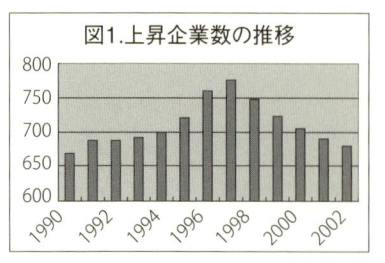

図1.上昇企業数の推移
出所：韓国銀行HPより作成

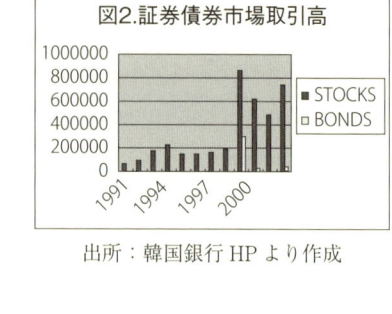

図2.証券債券市場取引高
出所：韓国銀行HPより作成

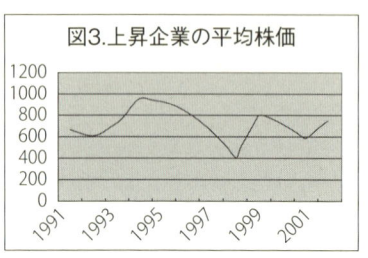

図3.上昇企業の平均株価
出所：韓国銀行HPより作成

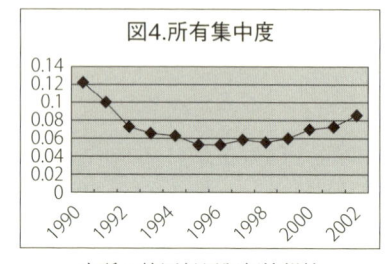

図4.所有集中度
出所：韓国信用評価情報社

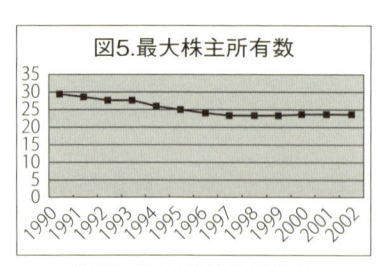

図5.最大株主所有数
出所：韓国信用評価情報社

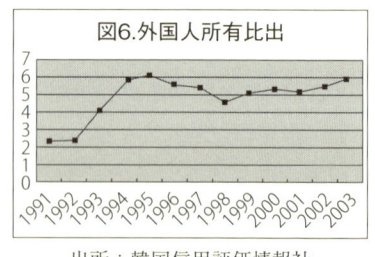

図6.外国人所有比出
出所：韓国信用評価情報社

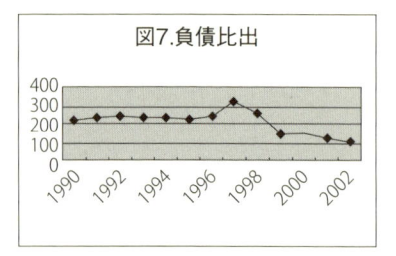

図7.負債比出
出所：韓国信用評価情報社

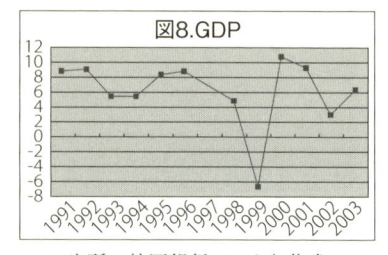

図8.GDP
出所：韓国銀行HPより作成

することにする。特に、本稿と関係の深い株式所有構造や債権者（負債比率）等の統治構造の特性と企業パフォーマンスとの関係を分析していた研究を検討してみる。しかし、これらの先行研究は、ほとんどがアメリカの企業についての分析であり、新興諸国についての研究はまだほとんど行われていないことや、理論的モデルとメカニズムが明らかにされてないため、本稿の実証結果と必ずしも一致してない。

①所有構造に関する先行研究

　Shleifer and Vishney（1986）は、機関投資家が株式を一定比率以上保有することは、機関投資家のモニタリング強化を通じて、経営者のモラルハザードを防ぐ役割があるとの仮説をテストして、成長性の低い企業において機関投資家等の株式保有比率の上昇が、企業 performance の改善に繋がっていることを示している。しかし、Bolton and Thadden（1998）では、株式流通市場での取引費用がかなり小さくて取引できる株式数の上限を　　かなり大きくできる（取引株式の単位をかなり小さくできる）ならば、集中的所有構造が望ましくなることも示されている。なぜこのような結果になるかというと、取引株式の単位が小さいときには、集中的所有構造のもとでも、株式所有者の数が多くなって、株式流通市場で十分な流通性が達成されるようになるからである。さらに、Lemmon and Lins（2001）は、東アジアの8地域を対象に、ききの直前1年と直後1年の企業価値の比較を実施し、企業の所有構造において所有と支配の乖離が大きい企業ほど、企業価値の下落が著しいとの結論を導いている。
　Maug（1998）は、最初から大株主の存在を前提として、その上で、株式市場での流動性の大きさと大株主がモニタリングをする誘因との間の補完性の問題を考察している。
　このようなモーグ・モデルでは、大株主の株式保有割合が大きければ大きいほど、大株主にとって企業が生み出す収益はより重要になるため、大株主の株式保有割合の増加は企業経営へ介入しようという大株主のモニタリング意欲を強めるという結果を出している。
　また、McConnell and Servaes（1990）（1995）と Morck, Shleifer,and Vishny（1998）は Tobin's q と株式所有構造の関係に関する実証分析を行っている。Tobin's q は分子が企業の市場価値で、分母は企業が所有する物的総資産の価

値と考えられるため、Tobin's q の上昇は企業が投入した物的資産の価値と比べて企業の市場価値が上昇していることを示す。これらの論文では、大まかな傾向として、機関投資家の所有する株式保有割合が大きいほど、Tobin's q は上昇する一方、創業者の家族などが大株主として大きな株式保有割合を持つこと自体は、Tobin's q に影響を与えないという結果も得ている。

②**負債に関する研究**

他方、今1つの焦点は、負債の規律効果であり、Jensen (1986) は一定水準の負債が存在することで、正味現在価値 (NPV) は負であるが経営者の私的便益は正である投資プロゼェクトを選択するという経営者のモラルハザードを防ぐことができる、つまり、負債契約が企業経営に及ぼす規律付けのメカニズムが作用し、債権者から効果的にモニタリングされることから、かえって効率的な経営を実現するという考え方 (free-cash-flow 仮説) が提示され、実証分析が試みられてきた。

また、McConnell and Servaes (1995) は、Tobin's q を企業のパフォーマンス変数として捉えた上で負債とパフォーマンスの関係を分析しているが、その際には PER (株価/1株あたり利益) を用いて成長性の高い企業と低い企業にサンプルを分割して両グループを比較している。そして、成長性の低い企業では負債の増加は企業パフォーマンスの増大につながっている一方、成長性の高い企業については逆に、負債の増加はパフォーマンスの低下をもたらすとの実証結果を通じて、負債に伴う過少投資の発生の抑制の存在と共に確認している。

(2) 花崎・劉 (2003) 論文との比較

つづいて先行研究における本研究の base 論文である花崎・劉 (2003)、「アジア危機と governance 構造」と本研究との関係を説明しておくことにする。

花崎・劉 (2003) では、Worldscope の 1994～2000 年までの企業データと、Classens, Djankov and Lang (2000) の 1996 年末前後の企業所有構造をもとに、企業統治構造が通貨危機に与えた影響に関して、企業所有集中度とパフォーマンス、所有と支配の乖離とパフォーマンス、負債とパフォーマンス、事業の多角化とパフォーマンスに関する仮説を設けて分析を行っている。

花崎・劉 (2003) の結論では、支配株主によるその他の株主の搾取を惹起す

る企業所有の集中化、債権者によるモニタリングが有効に働かないもとでの負債による資金調達、さらに非効率性を生む安易な多角化などの弊害が、アジア危機を境に、これらの要素を多分に有する企業の経営を圧迫してきたことが、企業データに基づく分析によって示された。

なお、本論文は、花崎・劉（2003）の分析と以下の点が異なっている。

まず、韓国企業だけを対象としていて期間的にも 1990～2002 年と、より長い分析期間を用いている。韓国企業に関しては、より多いデータセットを用いているし、精度の高いデータをもって分析を行っている。分析期間において、毎年取得されている所有構造データを用いている。また、通貨危機後、政策的に外資誘致を図っていたこともあって外国人によるガバナンスの影響力が高まったと想定し、外国人所有比率に関する分析も行われている。花崎・劉（2003）と違って、ガバナンスの通貨危機への影響力度ではなく、韓国企業統治の現状を分析し、把握しながら、危機前後での構造変化の分析を行って、97年通貨危機後に韓国企業のガバナンスの変化があったがどうかを見て解釈することを目的としている。

3　仮説

以上の先行研究の理論や韓国企業の特徴に基づいて、検証を行うため、以下の三つの点に注目して、仮説を設けることにする。

第一に韓国企業の現状を把握するために、韓国企業は一般的に創業者一家による所有が集中している点を勘案して、韓国企業環境における株式の集中度がどんな働きをしているのかを検証することにする。所有構造とパフォーマンスの関係を観察するため、最大株主（血縁関係）、外部大口所有者（非血縁関係）、外国人投資家の所有集中度と企業パフォーマンスがどんな相関を持っているかを分析する。

第二に負債構造とパフォーマンスの関係を見る。韓国企業における負債の機能の現状を把握し、1997 年通貨危機から立ち直りが早かったことで、通貨危機の主な原因と考えられる負債が韓国企業にどんな影響を与えていたのかを分析する。また、通貨危機後の変化を検定を通じて分析を行うことにする。

第三に危機前後の企業構造をパフォーマンスの変化にも注目する。具体的に

は、各説明変数に1997年の通貨危機のデータにタイムダミーをかけて、通貨危機後のガバナンス指数の変化を分析することにより、通貨危機前後の変化をも見ながら、仮説の検証を行う。以下では、韓国企業ガバナンスの特徴と先行研究の理論と結びつけて仮説を立てることにする。

（1）所有構造に関する仮説

韓国企業の場合は、Claessens, Djankov and Lang（2000）によると株式保有がオーナー家族経営者に集中している。さらに、オーナー経営者の持分を高く維持することによって、株式保有の分散化に伴う少数株主の経営者監視活動におけるただ乗り問題が回避され、債権保有が政府に集中したことによって、債権保有の分散に伴う少額債権者の経営者監視活動におけるただ乗り問題が回避された。

以上のように、韓国企業の株式所有は集中的であるため、大株主の株式保有割合が大きければ大きいほど、大株主にとって企業が生み出す収益はより重要になるという、所有集中によるインセンティブが働いていることや、所有者と経営者が一致しているときに情報の非対称性が生じないため、次のような仮説を設けることにする。

> 仮説1　　経営者に大きな影響力がある、最大株主の株式所有集中度が高ければ、最大株の利益と企業収益が一致するために、パフォーマンスは改善する。[12]最大株主の株式所有集中度が低ければ、最大株主がその他の株主の権利を侵食する行動を取ることが考えられるため、パフォーマンスは悪化する。

Lemmon and Lins（2001）の結果のように、韓国企業においても、創業者一家の所有と経営が一致している方が、所有権を持っている最大株主と支配権を持っている経営者の間に情報非対称性の問題が生じないし、また、所有者と経営者のエージェンシーの問題が生じないためパフォーマンスとプラス相関をもっていると思われる。

> 仮説2　　経営者と最大株主が一致する場合、所有と経営の分離が発生

しないため、最大株主の株式所有比率が高いほど、パフォーマンスは改善する。

　外国人によるガバナンスに関する先行研究は乏しくて、理論的なモデルがないものの、韓国の場合は政府が外資誘致をしたこともあり、98年からは外国人の株式保有比率基準を55%まで緩めたので、外国人によるガバナンスは考えられると想定して、仮説3を設けた。

　　仮説3　　外国人投資家は、先進国での経験により経営者を効率よくモニタリングするノウハウを保有する。よって外国人による株式所有比率が高いほど、パフォーマンスが改善する。[13]

（2）負債構造に関する仮説

　経営者はフリー・キャッシュフローを、自己の利益のための投資に用いる可能性があ
　る。負債を中心とした資金調達を行っている企業はフリー・キャッシュフローを持たないため、経営者の企業の私物化を阻止することができる（free-cache-flow仮説）。この場合は、負債比率が高いほど、パフォーマンスが改善する。一方で、過剰な債務を負っている企業は、借り入れた資金を有効な投資機会に用いず、別の負債の返済にあてる可能性もある（debt-overhang仮説）。この場合は、負債比率が高いほどパフォーマンスが悪化する。韓国企業は、フリー・キャッシュフローを得る一方で、負債によるガバナンス機能が働かないケースも考えられる。この場合は、負債によるパフォーマンスへの影響は観測できないはずである。

　　仮説4　　韓国は銀行をはじめ、金融機関によるモニタリングが効いてないということから韓国企業は負債による規律付けが行われてないと考えられるので負債比率とパフォーマンスは（−）相関を持っている。

(3) 危機前後の変化に関する仮説

　ここでは危機前後の企業構造をパフォーマンスの変化に注目し、先進国から要求されている企業ガバナンスではなく、韓国型といえる企業ガバナンスのあり方に関して考えることにする。韓国上場企業がおかれている経済環境においては、所有集中度が高いほどパフォーマンスがよいと想定されるので、通貨危機後の経済的な立ち直りが早かったとしても、韓国上場企業の所有構造の変化によるものではないと思われるため、所有構造の変化は見られないと考えられる。

　しかし、1997年通貨危機の際に倒産してしまった企業が多かったため、外部投資家への所有集中が考えられる。ところで、図4と図5からも分かるように、最大株主の所有集中度は1997年前後に目立つ変化が見られないことから、企業所有の移転の対象が一人の個人ではなく、一家族や一機関であったと考えられるため、根本的な所有構造の変化はなかったのではないかと考える。

　また、危機からの克服や外貨の確保のため、政策的に外資誘致がなされていたため、通貨危機後、外国人によるガバナンスの影響力が以前にも増して強くなったと考えられる。しかし、本稿では金融機関を除いて検証を行っていたため、外国人によるガバナンスの影響力が現実より強くない結果が得られている可能性がある。

　負債構造は韓国経済において、負債の規律付けの機能が働いてないことや通貨危機の主な原因であったため、通貨危機後はより強く、負債とパフォーマンスはマイナス相関を持っていると思われる。

仮説5　　1997年通貨危機後最大株主の所有集中度の変化はないものの、外部投資家の所有集中度は高まる。また、通貨危機後、政府の外資誘致政策や外国人による投資参加が増えたので、外国人によるガバナンスはプラスに効く。韓国においてはそもそも負債というのはネガティブな性格を持っていることや、通貨危機後大企業であっても、つぶされるというインセンティブが働いているため、通貨危機後は負債とパフォーマンスはより強い相関を持っている。

4　推計方法とデータ

(1) 変数の説明
①被説明変数
以下の収益性指標を企業パフォーマンスの代理変数として用いる。

1. ROA[14]（総資産収益率）＝純利益／総資産
2. ROE[15]（自己資本収益率）＝純利益／株主資本
3. Tobin`sq[16]（市場における企業の価値）＝株式時価＋総負債／総資産

ROA（return on assets）は企業が、与えられた総資産を、収益創出活動をして、どんなに効率的に利用したのかを図ってくれる収益性指標として、税金引き後の純利益を平均総資産で割った値である。総資産を収得原価から減価償却を引いた価値で評価して、期末資産と基礎資産の平均を使用したものである。収益を利子費用の引いた当期純利益をもって測定するため、負債比率によって変化するという短所を持っている。

一方、ROE（return on equity）は投資収益率を測定する成果指標でROAより、株主中心の収益性を測定することができるという長所がある。ROEは自己資本の大きさと投資純利益を比較するため、自己資本に正確的に対応する収益率を測定することができる。

経営者が株主の資本を使用してどれくらいの利益を上げているのかを表しているものとして、株主持分に対して、運用効率を表す指標である。株式市場では自己資本利益率が高ければ高いほど、株価も高く形成される傾向がある。

Tobin`s qは分子が企業の市場価値で、分母は企業が所有する物的総資産の価値と考えられるため、Tobin`s qの上昇は企業が投入した物的資産の価値と比べて企業の市場価値が上昇していることを示す。

先行研究ではパフォーマンスの指数として、一般的にこれらのROA、ROE、Tobin`s qが使われている。

計量分析に用いるデータでは、ROAの導出に純利益を用いているため、利益から利払いの影響が差し引かれてしまっており、理論上期待される企業パフォーマンスとROAとは乖離が生じてい[17]る。

ROE は、以上の ROA の不完全性を補完するために分析を行う。

企業パフォーマンスが高いと判断されるほど、将来のキャッシュ・フローの増加が期待されるため、株価が上昇し負債も増加させやすくなるため、Tobin's q も大きくなると考えられる。[18]

②説明変数

略号	意味	特記事項
OWNER	代表者兼最大株主の所有比率	血縁関係の合計シェア
BLOCK	OWNER 以外の主要株主のシェア	非血縁関係者の合計値
FSHARE	外国人投資家の株式保有シェア	合計値
POD	負債比率（＝総負債／総資産）	長短与信を含めた負債で計算
OWNER_A	通貨危機以後（1998〜2002年）のダミー変数	1990〜1997 は 1、1998〜2002 は 0
BLOCK_A		
FSHARE_A		
POD_A		
GROWTH	GDP 成長率	景気の代理変数
SICCODE	産業コード（中分類）	産業ダミー変数（KSIC5桁コード）

（2）推計式

基本モデルは、次式で表される。

$$PER_{it} = \beta_1 OWNER_{it} + \beta_2 BLOCK_{it} + \beta_3 FSHARE_{it} + \beta_4 POD_{it} + \beta_5 GROWTH_t + \beta_6 SDUMMY_i + \varepsilon_{it} \quad (1)$$

$$PER_{it} = \beta_1 OWNER_{it} + \beta_2 BLOCK_{it} + \beta_3 FSHARE_{it} + \beta_4 POD_{it} + \gamma_1 CRISIS \times OWNER_{it} + \gamma_2 CRISIS \times BLOCK_{it} + \gamma_3 CRISIS \times FSHARE + \gamma_4 CRISIS \times POD_{it} + \gamma_5 GROWTH_t + \gamma_6 SDUMMY_i + \mu_{it} \quad (2)$$

各変数は、次の通りである。
　PER：3 種類のパフォーマンス指標（ROA, ROE, Tobin's q）。
　SDUMMY：産業ダミー変数（KSIC5 桁に基づき作成）。
　CRISIS：1998 年から 2002 年にかけての年次ダミー変数。
　GROWTH：GDP 成長率。
なお、添え字 t は時系列要素、i は企業レベルのクロスセクション要素を示

している。(1) 式は1990年から2002年の13年間における、コーポレート・ガバナンスに関する変数が企業のパフォーマンスに及ぼす影響度合いを測り、韓国企業統治の現状を検定するのを目的としている。また、(2) 式を通じては、それらの変数が通貨危機後にどのように変化したかを検証する。とりわけ、(1)・(2) 式の検定結果を分析することにより、韓国型ともいえる企業ガバナンスを考えることにするのが主な目的である。

（3）データ

データソースは、企業の所有構造に関するデータは韓国信用評価情報社の企業データをGDPデータや利子率dataは韓国銀行のデータで分析を行う。

作業の最初の段階ではWorldscopeの資料でデータの作業を行ったが、対象となる韓国上場企業の数が少なかったことや新しいデータの更新がされてなかったことの不備な点があった。このためWorldscopeのデータより制度の高い韓国信用評価情報社のデータを持って作業を進めることにした。しかし、その中でも最大株主と経営者の関係に関するデータはデータ・アップされてなかったため、韓国信用評価情報社の好意で貴重な資料を提供していただき、データセットを作った。

韓国の非金融上場企業700社の中で、1990年から2002まで連続上場企業413社を対象とする。また、ROEの欠損がある企業52社を除き、最終的には361社のデータを持って分析を行う。

所有集中度を分析するため、各企業上位10位までの比率の合計を用いる。商法では株主と企業の間柄を明示する義務はないため、データに値が記入されてない企業もある。間柄に関する情報が不十分であった10企業を除き351社を対象にする。

分析上、1. 本人　2. 本人の子、妻　3. 兄弟、またその兄弟の俳愚者と子　4. 親、親の兄弟、その兄弟の俳愚者と子　5. 姻戚　6. 他人（空欄は他人として見なす）と株式保有者の種類を分類した。

韓国における一般的な認識では、1から5までを家族と見なしているので、本稿でもこれを踏襲する。しかしながら、経済成長にともない、従来とは家族とみなされる範囲が変化していることも考えられ、家族の範囲を狭めた検証も行ったが、結果は変わらなかった。

経営者と最大株主との関係データは今の段階では、血縁関係にあったとしても（このデータでは間柄は明視されてないため）同人物でなければ、分離していると考える。韓国信用評価情報社によると春と秋、1年間2回公表されているが、春版の欠損が多かった　ため、各年秋版のみを用いることにした。

（4）推計方法

分析方法として、ROA・ROE・Tobin's q のバランスパネルと OLSQ を用いた分析をもとに、推計を行い、GDP 成長率が収益に影響を与えると思われるため、コントロール変数として用い、産業をダミー変数として用いた。

第一段階としてバランスパネルや OLSQ を同時に推計してみた。しかし両方とも推計式との当てはまりの非常に低度が低かった。また、バランスパネルの検定を行った際に random　effect モデルは産業ダミーが ROA を除いたほかの変数に有意に効いてなかった。そのため、第2段階として、ROA はバランスパネル検定や OLSQ 検定の際にその分析結果の使用に問題が起きなかったものの、ROE や Tobin's q は不備なところがあったので、ROE や Tobin's q だけをもって、産業ダミーなしのバランスパネル検定を行った。しかし、この検定においてもの決定係数の値が非常に低かったことや CHISQ の値で棄却されたため、望ましい結果をえることができないと考え、最終的には fixed effects モデル検定を用いることにした。

また、手元の ROA は純利益つまり、税引き前当期利益を元にしたものであるため、余分な利払いの影響が含まれている。その影響を除去するため、ROA の値を出す際、市中金利を使って、経営者のパフォーマンスの値と一致させた。最終的に対象となった分析企業数は 351 社、分析期間は 13 年、サンプル数は 3642 である。

5　推計結果についての解釈

（1）全体的な解釈
①オーナーカンパニー

所有と経営が一致していてその株式の所有が血縁関係に集中していると ROA、ROE、Tobin's q は（＋）相関を持つ。ROA や ROE が（＋）相関を持

っていることから、韓国企業の株式所有は集中的であるため、大株主の株式保有割合が大きければ大きいほど、大株主にとって企業が生み出す収益はより重要になるという、所有集中によるインセンティブが働いていることや、所有者と経営者が一致しているときに情報非対称性が生じないためであると思う。また、創業者オーナー一族以外の出資者との利害対立が起きてないとも考えられる。また、通貨危機後 Tobin's q が（−）相関を持っていることから、通貨危機後、所有集中度が高いほど将来の企業収益に対する期待度が必要以上に低くなったということが考えられる。[20]前にも説明したように、通貨危機後オーナーカンパニーに対する期待値が非常に低くなったためであると考えられる。

②外部投資家

所有と経営が分離していて、非血縁関係のブラックホルダが存在すると通貨危機前は ROA、ROE、Tobin's q は（＋）相関を持つ。しかし、通貨危機後においては非血縁関係のブラックホルダが存在することにより、ROA と ROE はそれほどの変化は見られないものの、Tobin's q との相関は強く（−）の関係を持っているという結果を得た。そのため通貨危機後、所有と経営が分離していたとしても、所有集中度が高いほど将来の企業収益に対する期待度が低くなったと考えられる。

また、ROA と ROE の結果より、通貨危機前後の変化が見られなかったため、韓国企業においては所有と経営が分離されていても、所有者と経営者の間にエージェンシー問題は起きてないと考えられる。また、最大株主と経営者が一致してなくても、ブロックホルダによる経営者へのモニタリングがうまく利いている可能性も考えられる。これにより韓国上場企業においても、Maug（1998）の大株主の株式保有割合が大きければ大きいほど、大株主にとって企業が生み出す収益はより重要になるため、大株主の株式保有割合の増加は企業経営へ介入しようという大株主のモニタリング意欲を強めるという結果と一致する。その一方、Lemmon and Lins（2001）の企業の所有構造において所有と支配の乖離が大きい企業ほど、企業価値の下落が著しいとの結論とは違った結果が導かれた。

③外国人投資家

　外国人投資家は全てのパフォーマンス指数を通して（＋）の相関が見られ、韓国企業に対する影響力が強いと考えられる。外国人の持っている豊かな経験やモニタリングのノウハウが活かされていると判断される。しかし、ROEだけが通貨危機後外国人によるガバナンスが弱くなっている。これは外国人が通貨危機後、財務状況が非常に悪くなった企業を買い取ったためであるという可能性が考えられる。通貨危機後、Tobin's q と ROE が反対の動きをしているのは、企業に外国人の参加が増加したことにより、人々の企業に対する期待値が上昇したためではないかと考えられる。しかし、まだ外国人によるガンバナンスのメカニズムがまだ明らかにされてないため、外国人によりパフォーマンスがよくなったのかあるいは、外国人は長期的な投資が難しいためパフォーマンスのよいところを選んで投資しているのかは今のところ、明らかではないため、今後の課題として研究の余地があると考えられる。

④負債比率

　負債比率は全てのパフォーマンス指数を通して、危機前後ともに（－）の相関が見られており、負債の規律付けやモニタリングは働いてないと考えられる。銀行などの金融機関の情報生産能力や監査制度に問題があった可能性が高いと考えられ、97年韓国経済危機と強く関係を持っていると思われる。

　つまり、韓国の場合、Jensen（1986）による free – cash flow 仮説は支持されてい

　ないのでる。また、このことから McConnell and Servaes（1995）より、韓国上場企業は成長性が高いと考えられるので、現在の所有構造が韓国経済環境において足を引っ張っているとはいいがたいものがあるのではないかと考えられる。

6　結論と今後の課題

　韓国企業経営をめぐるさまざまな議論はこれまでも多くの学者または研究機関によってなされてきた。しかし、そのほとんどが韓国の大企業、すなわち財閥が持つ経済力の集中の問題に焦点を当てていたといっても過言ではないであ

ろう。つまり、今日の企業ガバナンスの主たる議論である、企業は誰のものであり、誰によって支配・経営されるべきか、また企業と株主の関係はどうあるべきか、経営者を監視する企業内部・外部のシステムはいかなるものであるかなどについては、あまり研究がなされてないのが現状である。このようなことから、本稿は韓国上場企業の所有・支配構造について考察し、こんごの韓国的資本主義にもっとも有用な企業支配構造を見だすことを目的とした。

本稿の分析から、しばしば指摘されてきているような韓国企業の所有形態、すなわち家族的な支配形態は、Tobin's q はその指数の特性上、若干違った傾向を見せたものの、必ずしも韓国企業の悪化とつながるものではないということがわかった。つまり、血縁関係であっても、非血縁関係にあっても、所有集中度が高いほどパフォーマンスがよく、所有と経営が分離していても、このような相関が利いている。所有と経営が分離していても所有集中度が高いほどパフォーマンスがよいというのは、おそらくブラックホルダによる経営者のモニタリングが利いているためであると考えられる。また、通貨危機後 Tobin's q が（－）相関を持っていてその係数が他の指数より高いことから、所有集中度が高いことやオーナーカンパニーであることが通貨危機後、必要以上に将来の企業収益に対する期待値を低めたということが考えられる。

外国人によるガバナンスは通貨危機前後で ROE 以外は（+）に利いている。具体的には、まず、通貨危機後 ROE の値が－0.453 であることから、韓国において外国人投資家は通貨危機後、企業成果の悪い企業を買取していた可能性があったのではないかということが伺われた。これに対して、Tobin's q の通貨危機後の値が有意ではないものの（+）相関を持っていることから、外国人による参加が企業に対する期待値を高めているということが伺われた。

負債に関しては仮説とおり、負債と三つのパフォーマンス指数が（－）相関を持っていたので、負債の比率が高いほどパフォーマンスがよくなかった。つまり、韓国上場企業においては負債のモニタリングの機能ははたらいてなかったという結果が得られた。

また、人々の行動の傾向が ROA,ROE, Tobin's q の指数を通じて、はっきりと見られたことや ROE と Tobin's q が違った傾向を見せたことにより、通貨危機後人々の企業に対する期待値がどんな傾向を見せたのかが明らかとなった。本稿の検定では韓国のケースでは株式時価にその期待値が現れていると考えら

れる。

　以上のことより、韓国企業のガバナンスより、むしろ資金調達の脆弱さが韓国経済のもっとも根本的な問題であることが明らかになった。ゆえに韓国企業ガバナンスの改善を行う前に、金融システムの改善が優先されるべきである。

　経済システムのあり方は単一の最適状態に収束するという見方は、必ずしも正しくない。各国の経済は過去の歴史的発展経路に従って、それぞれ固有の歴史的社会的条件の中で最適な状態を作り上げてきている。ひとつの国にとって最適な経済システムがそのまま他の国に適用されるわけではない。最適なシステムそのものが国によって異なる可能性があるからである。また、経済環境の変化に伴い非効率となった企業統治構造は自然に淘汰され、一様な最適な企業統治構造に収斂するという考えも各国の歴史的社会的事情に対する配慮を欠いた考えである。

　とはいえ、本研究の推計は、相関関係を中心とした大まかな手法にとどまっている。今後、実証分析手法をしっかりと身につけ、データの豊富化を計るとともに、分析の精度を上げる必要がある。また、本稿の中でも触れたように、外国人によるガバナンス、パフォーマンス指数としてのTobin's qのとらえ方や解釈に関する研究が必ずしも十分ではなかった。今後、理論と実証の研究を豊富にすることで明らかにする必要があるであろう。また、今後、本研究の内容を深めるために、韓国の経済環境の現状や韓国企業のガバナンスのあり方を研究するとともに、政府と銀行と企業という三角関係をより詳細に明らかにしたい。それによって、韓国企業ガバナンスばかりではなく、1997年通貨危機の原因と考えられる韓国金融システム、すなわち資金融資に関する検証を行うことができると考えられるからである。また、韓国における企業ガバナンスの特徴を明らかにし、今後の発展の方向を見出すためにも先進国の金融システムと企業ガバナンスとの比較を行いたい。これらの点を今後の課題としたい。

[注]
（１）韓国の「財閥」は世界学会でも使われている用語であり、韓国公正取引法では大規模企業集団と定義され、財閥を間接的に表している。韓国で使われている財閥という用語は日本の「財閥」から来たものではあるが、基本的な性質は異なっている。韓国の財閥は、総帥という一人の個人を中心に、

第13章　韓国上場企業の所有構造とパフォーマンスに関する実証研究

　　その家族が多くの企業（系列）に対して、所有権を掌握してからそれを踏み場としてそれらの企業に対して経営権まで行使しながらその企業を実質的に支配する企業集団である。つまり、韓国の財閥は一人の個人が所有と経営を実質的に掌握していながら数多くの企業の集合体である。オーナーは存在しても経営に参加しなかった日本の戦前の旧財閥や、株式持合いによって実質的オーナーが存在しなくなる戦後の企業グループとも異なる経営組織である。
（2）98年 한국일보記事、全米大統領クリントンの批判より
（3）石田　賢（1998）「急がれる韓国の財閥構造改革」。
（4）投資家のpanic説というのは危機状態が予想を越えた点での行動を重視する見解である。すなわち、アジア外貨危機の過程では、短期外資が主要な役割を果たしており、アジア政府の積極的な外資誘致政策によって、アジアの金融機関は海外から大量の短期資金を導入し不動産や企業の長期投資に運用した。しかし、97年下半期に入ってから投資心理が急激に冷え込んだことにより、この時点を境にアジア国家が集団的に経済危機に陥ったという説である。アジア経済の構造的欠陥説は投資家のpanic説を全面的に否定することではないものの、基本的にアジアの金融危機がアジアだけで発生したし、それはアジア経済の構造的な脆弱さにもとづくものであり、これによってアジアの通貨金融危機の大部分を説明できるという考えである。（강호병, 오정훈 [1998]）。
（5）Jensen（1986）の論文は4.2負債構造に関する仮説のところで説明してある。
（6）公示義務違反の数、株式分布状況の条件が達してないとき（最大株主の持分率がある程度以上に高いなど）、監査に意見限定、株価水準未達（額面価2／10末満が30日持続）などの基準で引っかかるようになると、管理種目に編入され、それ以上であったら、上場廃止されるのである。
（7）ある程度株価が上がると、株式保有者はその株式を売って、利益を実現しようとし、あるいは、その株価がそれ以上上がると期待して、もっと株式を買うため、回転率が高くなり、取引高が大きくなるのである。
（8）ベンチャー企業やIT技術関連企業は成長のために資金が必要であるものの、証券取引所での上場条件を満たしてない企業が多いため、政府は金融圏で投資資金を借り入れするより、証券市場で登録し、多数の一般投資家から資金を集めるように、米国のNASDAQのような機能をするKOSDAQ市場を作った。そのため、それらの企業の影響はそれほど大きくないと思われるが、人々の関心を証券市場に集めるのには役に立ったと思う。
（9）最大株主というのは、本人を含め、その家族（血縁関係）が所有している株式比率の合計が最大のであるものを言う。
（10）各企業の株式所有順位から、上位10位までの所有比率を合計したものであ

る。
(11) 実際、97年以後、倒産企業により不良債権の膨らんでいた銀行やBIS自己資本比率が満たされてなかった銀行が退出されたが、その影響力が大きいため国家が公的資金で買い取って、外国人の売ってしまったケースが多い。(グンミン銀行、ゼイル銀行、ウリ銀行など)
(12) 一般的には、所有集中度とパフォーマンスの関係は、所有集中度が高まるほど、大口株主が経営者をモニタリングするインセンティブがたかまると議論されている。しかしながら、韓国経済においては、先進国に比較して企業年齢が若いため、単なる所有集中度以上に、もともとの創業者一族が経営者に影響力を発揮できると考えられている。(張松気 [2000])
(13) 将来、再び採算の合わない設備投資を行う可能性が大であることを考慮するならば、効率的な投資家の一人である外国人投資家は購入しないと考えられている。(丸 淳子 [2003]) また、韓国の場合は国内の資本金が不足しているため、外資誘致が重要であるので、外国人投資家の所有比率程度は performance に繋がると思われる。
(14) 先進国の場合は利払い前ROA (純利益+利子率・(1-税率) /総資産) を扱っているが、データの制約のため、途上国では単純化したROAをもって対応している。
(15) ROEは株主によって、投資された資金を使用して経営者がどれだけ効果的に利益を生み出しているかを示しているので、株主から見た企業業績の包活的な指標である。
(16) ここでのTobin's q は計算上の問題のため、Simple Q を示している。
(17) ROA は純利益/資産つまり (営業利益-利払い) /資産であり、経営者パフォーマンスは営業利益/調達したお金であるため、ROAと経営者パフォーマンスの間に乖離が生じてしまう。
(18) Yupana (2001) は、開発途上国でのROAに関するデータが不完全であり、また、株価は企業の真の価値をあらわしていると主張している。
(19) 該当年度や以前年度が完全資本蚕食状態 (資本総額がマイナス) であるため、分母が不完全にされていて、計算されてない部分である。
(20) 通貨危機後、有意ではなかったものの、ROAやROEもガバナンス指数と (-) 相関が見られた。しかしTobin's q はP値が0.000ではっきりと (-) 相関が得られたので、通貨危機後、必要以上にオーナーカンパニーに対する期待値が低くなったのではないかと考えられる。

[参考文献]

Bolton,P. and E.-L.von Thadden (1998),"Blocks,Liquidity, and Corporate Control," Journal of Finance 53,pp.1-25.

Claessens,Stijn, Simeon Djankov and Larry H.P. Lang (2000),"The separation of ownership and control in East Asian Corporations,"Journal of Financial Economics 58,pp81-112

Cho,M.-H (1998),"Ownership Structure,Investment,and the Corporate Value:An Empirical Analysis, " Journal of Financial Economics 47,pp.103-121.

Jesen,M.C.(1986),"Agency Costs of Free Cash Flow,"American Economic Review 76,pp.323-339.

McConnell,J.J.and H.Servaes(1990)"Additional Evidence on Equity Ownership and Corporate Governance Value," Journal of Financial Economics 27,pp.595-612

McConnell,J.J.and H.Servaes(1995)"Equity Ownership and the Two Face of Debt," Journal of Financial Economics 39,pp.131-157

Morck,A.Shleifer,and R.W.Vishny(1988)"Management Ownership and Market Valuation:an empirical Analysis," Journal of Financial Economics 20,pp293-315

Maug,E.(1998)"Large shareholders as monitors:Is There a Trade-Off between Liquidity and Control," Journal of Finance 53,pp.65-98

Lemmon, Michael L. and Karl V. Lins (2001),"Ownership Structure, Corporate Governance, and Firm Value: Evidence from the East Asian Financial Crisis," unpublished manuscript.

Shleifer and Vishney(1986)"Large Shareholders and Corporate Control"、Journal of

Political Economy 94,pp.461-488

Wiwattomakantang ,Yupana(2001),"controlling shareholders and corporate value:evidence from Thailand ,"Pacific-basin Finance Journal 9,pp323-362

飯島　高雄・池尾　和人（2000）,「韓国財閥の企業統治構造」、『通産ジャーナル』Vol. 33, No.12, 36-39 頁。

張松気（2000）、「韓国における Corporate governance の特徴」、『関西大学商学論文集』 第 45 巻第 3 号。

花崎正晴・劉　群（2003）、「アジア危機と governance 構造」、花崎正晴・寺西重郎『Corporate Governance の経済分析』、東京大学出版会。

丸　淳子・米澤康博・松本勇気（2003）、「東アジアにおける外国人投資家によるコーポレート・ガバナンス」、花崎正晴・寺西重郎『Corporate Governance の経済分析』、東京大学出版会。

小佐野広（2001）、『コーポレート・ガバナンスの経済学』日本経済新聞社。

荒巻　健二（1999）『アジア通貨危機と IMF －グローバリゼーションの光と影』、日本経済評論社。

石田　賢（1998）、「急がれる韓国の財閥構造改造」Japan Research Review。

慶応義塾大学地域研究センター（2000）『アジアの金融・資本市場－危機の内層』、

慶応義塾大学出版会。
谷浦孝雄編（2000）、『21 世紀の韓国経済―課題と展望』, アジア経済研究所。
K.G. パレプ、P.M. ヒーリー、V.L. バーナード（2001）、『企業分析入門』東京大学出版社。
롤프 H. 칼슨（2002）、『오너십이 기업운명을 지배한다』김영사.
이한득（2003）、「기업지배구조의 국제비교」、『LG 경제연구원 주간경제』711 호.
강호병, 오정훈（1998）、「아시아금융위기원인과처방을 둘러싼 논쟁」、『LG 경제연구원』

［2012 年 8 月脱稿］

劉　忠實（ユ・チュンシル）
（株）日立コンサルティング勤務
論文：「韓国上場企業の所有構造とパフォーマンスに関する実証研究」（一橋大学大学院経済研究科修士論文、2004. 2）

第14章　中国の外貨準備について

薛　俊

はじめに

　2006年末、中国の外貨準備は1兆ドルを突破し、その後も急ピッチで拡大し、2009年4月に2兆ドルを超え、世界を驚かせた。中国は外貨不足に悩んでいた時期が長かったが、現在は、外貨準備の急増を憂慮する時代を迎えている。本稿では、外貨準備理論を踏まえて、中国の外貨準備が急増する理由を分析し、中国の通貨政策の将来を展望する。

1　外貨準備の理論

　従来、外貨準備に対する伝統的な先行研究は、国際収支の決済における支払能力を保つことと為替市場の安定を維持することを中心に展開するものである。Buffer-Stockモデルは「外貨にかかる機会費用と経済危機が起こった場合に発生する経済調整コストの和を最小にするように、通貨当局が外貨準備保有量を調整する」という視点から構築されたものである[1]。つまり、外貨準備は固定相場制を維持するために使われる保障である。ですから、80年代前の外貨準備の先行研究は国際収支、保有コスト、為替市場の維持などを強調した。

　しかし、アジア通貨危機以降、伝統的な外貨準備理論の背景は大きく変わった。それに伴って新しい理論も発展された。

（1）重商主義（mercantilism）

　Dooley,Folkerts-Landau&Garber（以下DFGと略記）は「ブレトンウッズⅡ仮説」を主張する[2]。つまり、現在の経済収支の不均衡とアジア諸国による実質的なドル固定制が戦後のブレトンウッズ体制と類似しているとし、現状がブレトンウッズ体制の再来と考えるのである。

　DFGによれば、米国を中心としてその周辺に貿易収支地域（中国をはじめ東

243

アジア諸国）と資本収支地域（EUをはじめ先進国）が位置している。米国の経常赤字は貿易収支国における政府による対米投資と資本収支国における民間による対米投資でファイナンスされている。また、アジア諸国は米国へ輸出することを第一に考える輸出主導の成長戦略をとっており、それゆえ米国の経常赤字が拡大しても自国通貨価値の上昇を防ぐために政府が米国に資金を還流させざるを得ないからである。

DFGは、米国は海外資金の調達により、国内投資を行うことができ、より高成長を実現することができる。そのかわりに、東アジア側（特に中国）では、余剰な労動力をフル活用して生産を行い、それを米国に積極的に輸出することによって、より高い経済成長を実現することができる。米国と中国の関係を着目しながら、そのシステムの安定性は、中国の農村にいる余剰な労働力が沿海部に移動していく間に続くとし、20年間程度は維持できると予測した。

Aizenman & Leeは中国の外貨準備の戦略は重商主義の可能性が高いと指摘した。[3] 重商主義は大きく二つに分かれている。一つは輸出競争力を維持するために割安な為替レートを取る貨幣重商主義（monetary mercantilism）であり、もう一つは製造業を補助する財政重商主義（financial mercantilism）である。しかし、貨幣重商主義によって数十年にわたって割安な為替相場を維持することは難しい。また、貨幣重商主義は金融部門の脆弱性を加速し、高度経済成長後に金融危機が起こる可能性が高くなる。それと同時に、同一の地域内に、もし数カ国が同時に貨幣重商主義政策を取ると、為替レートを切り下げることでコストを下げることができるが、長期的にみればその国の外貨準備が増え、負の外部性により競争が激しくなるかもしれない。このような点から長期的に見れば、東アジアの経済の高度成長は財政重商主義に依頼してきた。

（2）自己保護論（self-insurance）

金融のグロバール化によって巨額な資金が発展途上国から急に流出する可能性は高くなる。そこで、危機に対する自己保護手段として、多量な外貨準備を備えなければならない。Aizenman & Leeは自己保護理由で発展途上国が過剰な外貨準備を持つことを解釈する。つまり、90年代後半に経験した国際金融危機にはインドや中国は、厳しい為替管理・資本取引により、経済危機から免れた数少ない国である。この経験から、経済の発展に伴い、金融自由化の背景

で、過剰な外貨準備を備えることは自己保護を動機とする可能性は高くなる。

2　中国の外貨準備の変遷

　中国の外貨準備を解明する際に、中国の国際収支表を分析する必要がある。国際収支表は一定期間における一国の対外経済取引を記録した統計である。中国には1984年から国際収支表を公開し、1997年以降国際間による比較が可能である掲載項目が整備された。中国の国際収支表を分析すれば、中国の外貨準備の特徴がわかる。

　国際収支表の定義により、外貨準備＝経常収支＋資本と金融収支＋誤差脱漏である。中国のデータを見れば、中国の経常収支、資本と金融収支が持続的に黒字を保ったことが外貨準備の黒字の原因であることがわかる。しかも、1999年以来「双子の黒字」が拡大してきた。

図1；中国の外貨準備（単位：千ドル）

出所：中国国家外貨管理局、WIND

　したがって、中国の外貨準備を解明するために、経常収支、資本と金融収支を分析しなければならない。

（1）経常収支（貿易黒字）が急増する理由

　まず、なによりも特徴的なのは、中国の貿易黒字の激増である。90年代後半以来、中国の貿易黒字は輸出主導で持続的に増加してきた。その背景として

は、中国の貿易構造の特徴、安価な労働力、輸出促進策と外資優遇策などがあげられる。

図２；中国の貿易黒字（単位：億ドル）

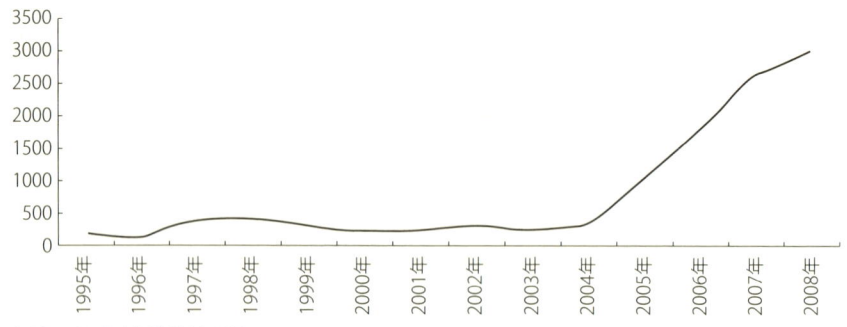

出所：中国国家外貨管理局、WIND

①中国の貿易構造の特徴——加工貿易主導

国際分業の視点から見れば、中国は90年代以来主に世界の加工工場として成長してきた。すなわち、中国国内企業及び中国に進出している外資系企業が、外国から原材料、部品、生産技術や設備などを輸入して、中国で生産加工した後、再び海外に輸出するのである。1996年－2004年の間に、加工輸出が輸出総額に占める割合は一貫して55％程度で推移してきたが、それに対して、一般輸出は41％にとどまる。

図３；中国の一般輸出と加工関連輸出が輸出増額に占める割合（単位：％）

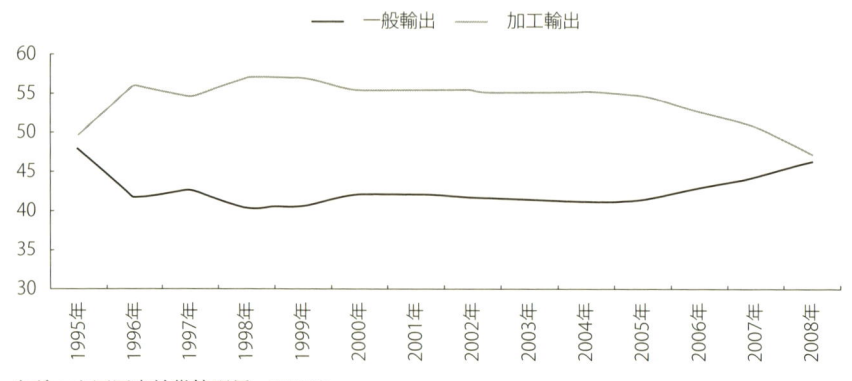

出所：中国国家外貨管理局、WIND

②安価で質が高い労働力の存在

こういう貿易構造を維持してきた最も重要理由は、中国の安価で質の高い労働力の存在である。

改革開放以来、中国では終身雇用制が崩壊して、労働力の流動性が高まり、企業間移動が常態になりつつある。そして、工業化により、中国の農村部の人口が都市部に移転してきて、都市化が加速してきた。1996年－2004年にかけて、都市部人口の割合は30.5%から41.8%に11.3ポイントに上昇した。

図4；中国の都市人口と農村人口（単位：億人、％）

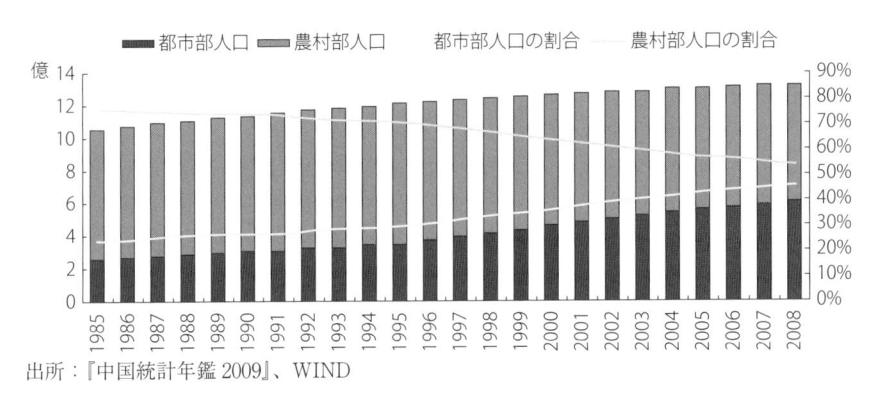

出所：『中国統計年鑑2009』、WIND

その同時に、90年代から国有企業の改革のもとで、大量の失業者や一時帰休者が出てきた。国家統計によると、国有企業の雇用者は1996年に1.09億人であるが、2004年に0.67億人まで減らした。都市部の雇用者は1.48億人から1.11人まで減少した。

図5；中国の都市部と国有企業の雇用者（単位：万人）

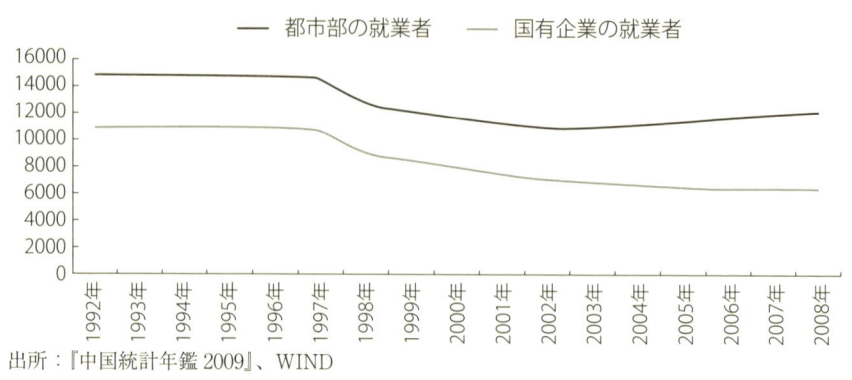

出所：『中国統計年鑑 2009』、WIND

農村部からの人口流入と都市部の失業率の増加により、賃金上昇の圧力が常に存在している。特に、1996年—2004年には、都市部人口の可処分所得は4838.9元から9421.6元に増加したが、外国に比べるとまだ安い。

図6；中国の都市部と農村部労働者の年収（単位：元／年）

出所：『中国統計年鑑 2009』、WIND

③輸出促進策と外資優遇策

政府の政策も輸出促進策と外資優遇策を採用することで、中国の輸出に大きな効果を発揮してきた。輸出促進策としては輸出補助金、輸出税還付、通貨の切り下げがあり、輸出企業に直接や間接な補助手段をとっている。外資優遇策としては、外資企業に所得税、輸入税、外貨管理などがある。それに加えて外資企業を誘致するために、地方企業はさらに優遇処置を多くとっている。

（2）資本や金融収支が増加する理由

　経常収支が持続的に増加するにもかかわらず、中国の資本と金融収支も増加している。90年代後半以来、資本や金融収支は1998年にアジア通貨危機の時に赤字になったことを除いて、今まですべて黒字である。特に、2000—04年間は毎年増加していた。WTO加盟後は減少していたが、なお黒字であった。

　資本と金融収支を分析すると、海外からの対中直接投資のウェイトが圧倒的で、このため、常に黒字である。他方、中国からの対外直接投資は常に海外からの投資を下回り2003年には極端に少なくなっている。証券投資とその他投資は赤字の年がほとんどである。つまり、中国の資本と金融収支が増加する要因は海外からの直接投資が多いことにある。

図7；中国の資本と金融収支の構造（単位：千ドル）

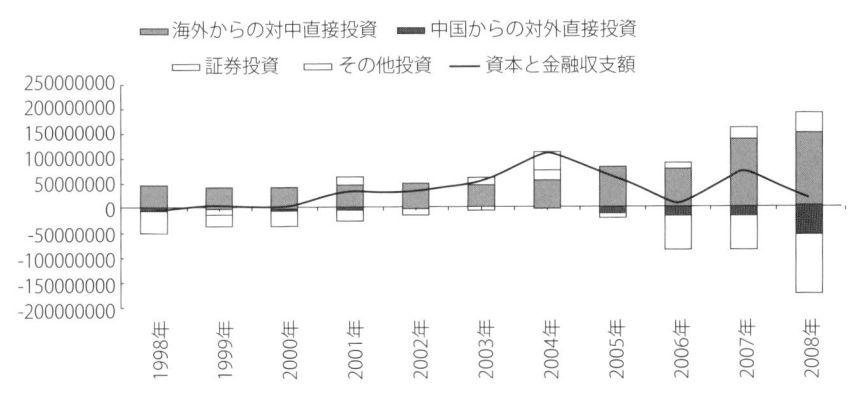

出所：中国国家外貨管理局、WIND

　「双子の黒字」は中国に膨大な外貨準備をもたらすとともに、多くの問題も生じてきた。それについての中国国内の研究者で影響力のある余永定の分析を紹介しよう。余は「双子の赤字」次のように分析する。[4] 第一に、中国は外国貯蓄を国内投資に利用しないことで、10年以上、資本輸出国であった。第二に、中国は莫大な外国債券を保有しているので、外資系企業の中国に対する投資はちょうど中国国内の貯蓄よって提供されていることになる。つまり、外資系企業は中国系企業の代わりに中国の国内貯蓄を利用しているのである。第三に、外国の対中投資により外貨準備の増加は、中国にとって中国の国内資産を海外債権資産に転換することである。第四、中国の外貨準備の増加は、外国の対中

投資が経常収支の赤字に転換されず、中国の国内貯蓄が投資を上回ることによる。すなわち、国内貯蓄と加工貿易と海外直接投資（FDI）との組合せが中国の膨大な「双子の黒字」を生んでいるのである。

しかし、余氏の解釈はこれまでの状況に関してのものである。中国は現在急速に中国国内の産業が発達し、低賃金を武器とした加工貿易からの転換が図られつつある。このことは、中国の国際収支のバランスを崩し、大幅な元高の危険性をはらんでいる。現行の変動為替相場制度の下では、中国は1980年代から90年代にかけての日本と同じように自国通貨高に苦しめられる可能性が高くなりつつある。こうした危険性を回避するためには、国際的に安定した通貨システムの確立が望まれるが、他方では、当面こうした状況を回避するために、元の国際化を図ることも考えられる。為替変動リスクを回避し、安定的な発展を遂げるためには、元の国際化の問題をさけて通ることはできない。

[注]
（1）Frenkel & Jovanovic[1981]
（2）Dooley, M., D.Folkerts-Landau& P.Garber [2003]
（3）Aizenman, J.& J.Lee [2008]
（4）余永定 [2006] a,b

[参考文献]
英語：

Aizenman, J. & N.P.Marion [2003] The high demand for international reserves in the Far East, Journal of the Japanese and International Economist 17(3):370-400

Aizenman, J. & N.P.Marion [2004] International reserves holdings with sovereign risk and costly tax collection, Economic Journal 114 (July) :569-591

Aizenman, J.& J.Lee [2007] International reserves: Precautionary versus Mercantilist views, Open Economies Review 18 (2) :191-214

Aizenman, J.& J.Lee [2008] Financial versus monetary mercantilism: Long-run view of large international reserves hoarding, The World Economy 31 (5) :593-611

Dooley, M., D.Folkerts-Landau& P.Garber [2003] An essay on the revived Bretton Woods System, NBER Working Paper, No.9971

Flood, R. &N.Marion[2002] Holding international reserves in an era of high capital mobility, IMF Working Paper, No.62

Freddy Van den Spiegel[2005] Will the role of the dollar as the international reserve currency be challenged?, International Economics and Economic Policy Feb:293-304
Lee, J.[2004] Insurance value of international reserves, IMF Working Paper No. 04/175

日本語：

赤間弘・御船純・野呂国央［2002］「中国為替制度について」、『日本銀行調査月報』五月号

深尾光洋［2006］「中国経済と人民元の行方：戦後日本の通貨・為替政策の比較」、『三田商学研究』第49巻第2号 123 － 140

中国語：

劉霖林・王紅領［2009年第一期］「外匯儲備与主権財富理論研究評述」、『経済学動態』131 － 136

白暁燕・何国華［2009年第一期］「国際儲備理論研究新進展」、『経済学動態』137 － 141

徐奇淵・李婧［2008.2］「国際分工体系視角的貨幣国際化：美元和日元的典型事実」、『世界経済』30 － 39

王志軍［2008.4］「美国近百年来的対外負債」、『国際金融研究』13 － 21

劉昌黎［2008年第9期］「美元国際循環問題与中国的対策」、『国際貿易』43 － 50

陳雨露・張成思［2008.11］「全球新型金融危機与中国外匯儲備管理的戦略調整」、『国際金融研究』4 － 11

宋国友［2008.10］「中国購買美国国債：来源、収益与影響」、『世界経済導刊』28 － 34

李众敏［2008年第4期］「我国外匯儲備的成本、収益及其分布状況研究」、『経済社会体制比較』87 － 93

張純威［2008.6］「美元本位、美元還流与美元陥阱」、『国際金融研究』4 － 13

李衛兵［2008年第7期］「中国超額外匯儲備的社会成本」、『国際貿易問題』102 － 106

高海紅［2008.1］「当然全球美元本位：問題及東亜区域解決方案」、『世界経済与政治』69 － 77

白暁燕［2008年第5期］「復活的布雷頓森林体系：国際争論与現実衝撃」、『世界経済研究』44 － 50

周小川［2009］「関与改革国際貨幣体系的思考」、http://www.pbc.gov.cn/

余永定［1997.10］「関与外匯儲備和国際収支結構的幾個問題」、『世界経済与政治』18 － 23

余永定［2006.1］a「全球経済不均衡、中国匯率政策和双順差」、『国際金融研究』

26 - 28

余永定［2006.19］b「中国的双順差：根源及対策」,『中国金融』25 - 27

余永定・覃東海［2006.3］「中国的双順差：性質、根源和解決弁法」,『世界経済』
31 - 41

著書
中国語：
何帆・徐奇淵等［2008］『人民元為替改革的経済学分析』, 上海財経大学出版社

日本語：
奥山忠信［1999］『富としての貨幣』, 名著出版
関志雄［2004］『人民元切り上げ論争』, 東洋経済新報社
白井早由里［2004］『人民元と中国経済』, 日本経済新聞社

［2011 年 9 月脱稿］

薛　俊（セツ　シュン）東京三菱銀行（上海支店）職員
埼玉大学大学院経済学研究科博士前期課程修了
長江証券研究部（エコノミスト）、中信証券研究部（ストラテジスト）、光大証券研究部（ストラテジスト）を経て現職。

第Ⅲ部 貨幣理論の展開と市場の形成

第15章　十八世紀の銀行券論
―― ジョン・ローとジェームズ・ステュアート ――

古谷　豊

はじめに

　十八世紀は貨幣論が大きな転換点を迎えた時代であった。それまで数世紀にわたって、国内流通を維持発展させるために金銀貨幣を確保することが国家経済上の重要課題であるとされていたものが、まず1752年にヒュームによって、さらに1776年にスミスによって否定されていった。経済学の主流の、金銀貨幣を重視する貨幣観からいわゆる貨幣ヴェール観への転換である。

　しかしこの移行期に、さらに第三の理論的立場が登場したことが知られている。貨幣の確保が国家経済にとって枢要な課題であるという点で旧来の立場に立ちつつも、だから国内流通拡大のために金銀を増大させるべきであると主張するのではなく、だから銀行券の発行を通して国内流通の拡大を支えるべきであると主張するのである。ヘクシャーがペーパーマネーマーカンティリズム、紙券重商主義と呼んだところの立場である。この立場は次代の主流となる古典派の貨幣観とは相容れず結果として日の目を見なかったが、今日の目から見るならば、当時まだ各国の国内流通が主に金銀貨幣に担われていた時代にあって驚くほどに先の時代を見通した理論的立場として注目される。

　この立場はジョン・ロー（1671-1729）とジェームズ・ステュアート（1713-1780）の二人によって代表される。この二人はまた、貨幣の理論的な側面で際立った主張をしただけにとどまらず、貨幣政策の実践にも特異な関わりをしたことで知られている。ローは巨大な国家債務と経済停滞に悩むフランス国家に銀行券を導入してその経済を立て直し、1716年から1720年の短期間に奇跡的な成功を収めた。しかし行き過ぎたブームは1720年5月21を境に崩壊し、ローはこの歴史的なバブル崩壊の元凶とされてしまう。他方のステュアートは1745年にステュアート亡命王朝が反乱をおこした際に亡命王朝側の外交使節としてフランス国家と交渉にあたり、スペイン宮廷から亡命王朝に与えられた特別補助金の管理も担った。その後1760年には神聖ローマ帝国バーデン辺境

第15章　十八世紀の銀行券論―ジョン・ローとジェームズ・ステュアート―

伯に、1763年にはイングランド政府高官に貨幣改革を建言。1772年にはイギリス東インド会社に請われて東インド会社の支配地ベンガルにおける貨幣改革並びに銀行設立の案を作成する[2]。

この卓抜した才能を持った二人の貨幣理論家の理論内容については以前から関心を集め研究されてきた。しかしなによりも近年のロー研究とステュアート研究が発掘した新たな一次資料によって、両者の銀行券論の立ち入った研究が可能となってきた。本章はこの近年の研究の成果を受けて、ローとステュアートの両者が上述の第三の理論的立場を提起し得た契機は何か、という課題に迫りたい[3]。近年の研究はローとステュアートそれぞれの銀行券論の形成過程を跡づける重要な材料を提供しており、この両者の理論的発展過程を検討することで、結論として本章では、ローとステュアートは理論的に同様の経路を経ることで、従来の貨幣イコール銀貨幣という貨幣観から脱し、銀行券による経済の発展という理論的枠組みを作ったのだと主張する。

1　ローの銀行券論、その形成過程

(1)『貨幣と商業』(1705)

ジョン・ローはフランスで活躍する前に、1705年に母国スコットランドで議会に銀行設立の提案をしている[4]。当時スコットランドは経済的・政治的危機のさなかにあり、船出したばかりのスコットランド銀行も機能停止に陥っていた。スコットランド中の投資をかき集めて試みられた植民地計画であるダリエン計画は1700年に実質的に壊滅して多額の人的・資金的負債を抱え、さらに1704年にはスペイン継承戦争の帰趨からイングランドでの貴金属調達も困難になっていた。そういうなか通貨の標準が変更されるのではないかという噂が広まり、人々はスコットランド銀行に銀行券の銀貨への兌換を求めて押し寄せる。スコットランド銀行は応ずることができず1704年12月18日に支払いを停止、兌換が再開されたのはその半年後の1705年5月で、銀行の為替手形割引業務が再開されたのはさらに8月末のことであった[5]。スコットランドは結局単独では復活できず1707年イングランドと合邦するに至るのだが、ローがスコットランド銀行とは別種の銀行の設立案を提起しそれが議会で検討されたのはスコットランドの金融が麻痺していた1705年の夏のことである。

その年に刊行された『貨幣と商業』でローは、銀よりも土地の方が貨幣の諸機能を果たすうえでより優れており、土地貨幣を発行・供給する機関を設立することがスコットランド経済の発展に大きく裨益すると主張している。その機関は議会に任命された40名の委員から成り、紙幣（土地貨幣）を発行する権限があたえられる。紙幣を供給する方法は以下の三通りのいずれかを議会が決めるものとする。1. 借り手の土地を担保とし（on Land Security）、その土地の価値の3分の2を上限として、紙幣を通常利子で貸し出す。2. 一定期間内であれば抵当に差し入れた土地を買い戻すことができるという条件で土地を差し入れた者にたいして（on Wadset）、その土地の価値に相当する紙幣を与える。3. 機関が土地を紙幣で購入する。(6)

ここで理論的に重要な点は、このローの提案する土地貨幣は貨幣論的にはどのような銀行券なのか、という点である。供給される銀行券の裏付けは土地だが、利子はどうなっているのか、また兌換はされるのか、されるとすればどうされるのか。ローは三通りの銀行券供給方法を提示し第一の方法では利付き融資であることを示すが第二、第三の方法はどう理解するべきか。これらの点は今日の目から見ると一見不明瞭だが、当時のスコットランドの限られた数の地主貴族を中心とした遅れた経済状況と、スコットランドの古い土地担保融資形態である'wadset'を正しくふまえれば、ローのこの議論に理論的な曇りは見あたらない。

すなわち当時土地担保融資という場合の土地は所領であり、その価格は所領の生む地代等収入を利子率還元することで算出される(7)（例えば一般的利子率が5％の場合は20年購買の価格）。つまり一定の収益を生むことが予想される資産に他ならない。さらにまた、ここで言われるwadsetとはスコットランドにおける土地担保融資の古い形態で、一定期間後に買い戻すことができるという条件で貨幣と引き替えに土地をいったん銀行に手渡すが、その際肝心なのはwadsetは利子として銀行がその地代を受け取るという融資形態だという点である。これにも二形態ありproper wadsetという契約形態では各年の地代収入が結果として利子率よりも高い場合も低い場合もそのリスクは銀行が負う一方、improper wadsetという契約形態では実際の地代収入の変動リスクは借り手が負って、地代収入が利子率を下回った年は差額を銀行に別途納め逆に地代収入が利子率を上回った場合はその超過分を銀行が借り手に渡すことになる。

第15章　十八世紀の銀行券論―ジョン・ローとジェームズ・ステュアート―

　つまりどういうことかというと、ローの提示する三通りの土地銀行券供給方法はいずれも原理的には同じ構造になっているのであった。銀行は銀行券と引き替えに土地所有者から収益を生む資産（土地）を受け取り、銀行券が銀行に環流するまでの期間、利子ないし利子に相当する地代収入を享受する。土地銀行券はその意味で土地銀行券と引き替えに銀行のもとにおかれた収益資産の持ち分を意味し、その価値は銀貨幣とは独立に、土地一般の価値上昇・下落に応じて土地貨幣は上昇・下落するという原理になっている。

　ではこの銀行券はどのようにしてその持ち分と「兌換」されるのか。この点についてローは具体的には説明しておらず、しばしば問題点とされ「欠陥」とさえされてきた[8]。しかしながら次のことは言いうるであろう。ここで想定されている仕組みは、一単位分の銀行券を銀行に持ち込めばそれに相応して細分した狭隘な土地断片の所有権が渡されるというものではもとよりない。当時の土地は村、教会、教区学校、水車場等を含んだ所領全体が一つの経済体を成していてその一分割部分では経済活動は成り立たず収益も生まない。そういう意味での「兌換」は所領単位でしか行われないであろう。つまり一つの所領全体に相当する分の銀行券を持ち込んではじめて、銀行からその所領の所有権が渡される。肝心なことは当時金銀並びにそれに基づいた銀行券だけでは流通必要量をまったくまかなえておらず、ローの発想としてはこの土地貨幣によってマクロで見ると流通手段としての必要貨幣量が銀行から供給され、それに相当する分の土地が年収益（ないし利子）とともに銀行の手にとどまるという構図が成り立つという点である。一所領よりも少額の「兌換」要求には、理論的には株式（ないし債権）の場合と同様に、所領の地代収益（ないし利子）の該当分割分を割り当てるということになるであろう[9]。

　このローの土地銀行券論は当時の標準であった銀から相対的に独立した貨幣の提案であった。当時機能不全に陥っていたスコットランド銀行券は銀の一定量と兌換されるものだったが、ローの銀行券は土地の一定量を体現するものである。ローはこの銀の一定量を意味する銀貨幣と、土地の一定量を意味する土地貨幣とを対比させ、両方がともに成り立ちうること、後者の方が優れていることを説いている。

(2)「土地銀行論」

　しかし見過ごしてならないのは、後年ローが書いた文章からはこの土地銀行券の議論が姿を消してしまうということである。ローはこの後土地銀行券とは異なる銀行券論ないし貨幣論を主張することになる。そしてこのローの銀行券論の変遷を示す重要な論稿が「土地銀行論」(1705?) である。近年 Antoin Murphy を中心にロー研究の復興があり、その最も重要な成果が、これまで知られていなかった 1705 年前後のローの貨幣論についての二つの文献を発見したことであろう。この二つとは一つは「1705 年土地貨幣造幣局法案」でありもう一つは「土地銀行論」で、いずれも草稿のままであったものを 1994 年にマーフィーがはじめて公刊した。前者はローが『貨幣と商業』の中で提示した銀行案がスコットランド議会で否決されたあとに、再度修正案の形でローが準備したものと思われ、後者の「土地銀行論」はそのさらに後にローがイングランド議会に提出するために、スコットランド向けに書いた「1705 年土地貨幣造幣局法案」の銀行案と『貨幣と商業』の議論とをイングランド向けに表現を直しつつ組み合わせたものと思われる。

　この、イングランド議会に向けて書かれた「土地銀行論」は『貨幣と商業』と同様に〈貨幣理論部分〉と〈政策提示部分〉から構成されている。〈理論部分〉では「土地銀行論」も『貨幣と商業』も、ともに貨幣の諸機能を分析し、銀も土地もいずれも貨幣の機能を果たしうること、土地の方が銀よりも優れていることを主張する。土地の方が優れているとする最大の理由は、銀も土地もともに価値変動を免れないが歴史的に見て銀は供給超過によりずっと価値が低下してきているのにたいして土地は逆に価値が上昇し続けていることである。つまり銀貨幣は土地貨幣にくらべて長期では大幅に価値が毀損してきたのだ。もう一方の〈政策提示部分〉では「土地銀行論」も『貨幣と商業』も、理論部分の議論を受けて土地銀行設立の提案をする。

　『貨幣と商業』と「土地銀行論」は全体として、ともに土地という収益を生む普遍性の極めて高い経済的価値に着目することで、従来の貨幣イコール銀貨幣という観念から脱却するものであった。つまり価値形態論でいう一般的等価形態におかれる商品は必ずしも銀（金銀）である必要はない、否、むしろ銀（金銀）よりも土地の方が優れているのだ、としてその実現方法として土地銀行論を提示するのである。

第15章　十八世紀の銀行券論―ジョン・ローとジェームズ・ステュアート―

　ただ「土地銀行論」の議論のなかでローは『貨幣と商業』での議論の枠を踏み越えて、貨幣についての観念をさらに一歩押し広げている箇所が見られる。

　「東インド会社や［イングランド］銀行の株式、アイルランド債等々は時に支払として受け取られる。それはその価値が将来どうなるかは不確かでも、その時々の価値は知られており、これらの株式が値下がりするよりも値上がりするだろうと考えそのリスクを引き受けたいと思う者は、同額の銀での支払よりも株式の方を好むからである。それ故これらの株式は一部の支払において貨幣の機能を果たし、仮にこれらの株式が分割可能であればほとんどの支払において貨幣の機能を果たすであろう。」(12)

　すなわちローは金銀や土地ばかりでなく、株式等もまた（流通に適した単位に分割されることで）貨幣の役割を果たすことができるのだとする。「土地銀行論」ではこれは単にひとこと言及されたにとどまるが、この株式等への貨幣の拡張は、ローにとっては理論的必然であったということができる。土地という収益を生む財が銀行券という仕組みで分割されることで貨幣の役割を果たしうるとしたローにとっては、東インド会社やイングランド銀行といった強大な特権を持った国家的な会社の分割部分（株式）もまた同じ論理で貨幣の役割を担えると認められるはずである。土地所領も国家的会社（の株式）もともに毎年果実を産んでいる資本であり、前者はこれまで永きにわたって主役であった資本形態、後者はこれから次第に主役になっていく資本形態に他ならない。

　それ故この拡張された貨幣観は1707年の「新種の通貨は金銀より優れていることを証明する覚書」でも繰り返されることになる。「新種の通貨」とは金銀に基づかない通貨のことを指し(13)、この覚書でもローは「土地銀行論」と同様に基本的に土地貨幣を提唱しつつ、その議論のなかで東インド会社の株式が貨幣の役割を果たしうることを指摘する。

　「（戦費をまかなうための割符と）同様に、国庫証券や特定の銀行の手形もまた交易のなかで通貨として流通する…。…これらの手段は信用ないし支払約束にすぎない。新種の貨幣により近づいているのは東インド会社である。この会社の資金は［イングランド］銀行と同様に分割された株式である…。これらの株式は現金の支払約束ではない。これらはいわば新種の貨幣である。」(14)

(3) 「トリノでの銀行設立計画」

「土地銀行論」（1705?）ならびに「覚書」（1707）での議論を経て、1712年に書かれたとされる「トリノでの銀行設立計画」ではさらに、ローの提案する貨幣は土地貨幣からより一般的に、銀行による信用の創造（信用による貨幣の増殖）へとシフトすることになる。

ローは、経済の発展には正貨だけでは不足であり、「貨幣を増やすために国家に信用を打ち立てることこそが最も重要なことである」としてイングランドのあり方を参考にすることを求める。「イングランドには各種の信用が存在する。銀行券、国庫証券、割り符、特定の金匠や銀行家の手形、［イングランド］銀行や東インド会社の株式等々。」ローはそのなかでもとりわけ容易で堅実かつ効果的なのは国庫の出納に基づく銀行の設立であるとする。そこで示される銀行は狭義の土地銀行とは異なる、イングランド銀行を念頭に置いた通常の与信を行う銀行である。

以上要するに、第三の理論的立場の代表者の一人であるジョン・ローが時代を遙かに先取りした銀行券流通論を提起できたのは、ひとえに彼が貨幣イコール銀貨幣という当時の貨幣観を理論的に脱却することによってであった。そしてその過程で二つの重要な局面があった。

第一は土地所領という金銀以外の財への着目である。土地所領は過去何世紀にもわたってもっとも普遍的かつ安定的に収益を生む富の形態であった。銀と比較して土地は経済的価値として劣らぬ普遍性を持ち、適正な制度設計さえできれば銀行券という形で貨幣の機能を果たしうるのだ、銀行を介していわば証券化されることで金銀以上に貨幣たり得るのだとローは構想した。この議論は1694年のイングランド銀行設立、1695年のスコットランド銀行設立という時代背景抜きには考えられない。

第二は土地貨幣論の他の財への一般化である。土地所領を貨幣化するという議論を何度も推敲し書き換えるなかでローは、土地形態ならざる資本、商業・産業に投下された資本にもまた一定の条件下で同じ論理が当てはまることに気がついていった。こうして銀のみから、銀以外にも土地形態での資本、さらにいわば資本一般へと、銀行券という信用貨幣の信用の基盤が拡張されていったのだった。

第15章　十八世紀の銀行券論―ジョン・ローとジェームズ・ステュアート―

2　ステュアートの銀行券論、その形成過程

(1) ステュアートの銀行券促進論

　ステュアートが主著『経済学原理』を刊行したのはジョン・ローの活躍した時代から約半世紀後の 1767 年のことであったが、この時代でも銀行券、とりわけ金銀準備量から乖離した銀行券の発券については否定的な見方が多勢であった。例えば当時爆発的に読まれ大成功を博した『政治論集』Political Discourses, 1752 のなかでヒュームは「商品の価格は常に貨幣の豊富さに比例する」という貨幣数量説的な立場から説いて曰く、経済が発展するとその国の貨幣が増え、それは労賃を上昇させて商品の価格を上げ、国際競争上不利に働く。それ故私は銀行や紙券信用に懐疑的にならざるをえない、と。「外国人が決して受け取らず、またその国で大きな動乱があれば無価値に帰してしまうような、本物でない貨幣［紙幣のこと］［を発行することで］そのような不都合［食料価格および労賃の上昇］を増大させる理由は見あたらない」。当時王立造幣局で金属の純分を検査する king's assay master の役職にあったハリスもまた、『貨幣・鋳貨論』An Essay upon Money and Coins, Part I, 1757 のなかで 100％の金属の準備がない銀行券の発行はその国の商品の価格を上昇させるか貴金属の流出をもたらすかして国に損害を及ぼすとする。

　ステュアートは当時の主説であった銀行券への消極論とは逆の立場で論陣を張る。「信用を論じる政論家 political writers の多くは、それをみなして［中略］、ほんのささいな不利な状況によって消滅してしまうという、極めて不可思議な性質のものとしている」が、それはその政論家が信用の立脚する原理を正しく掴んでいないからなのだ。「われわれが生きているこの時代にあっては、銀行業は為政者が当然もっとも配慮すべき信用の分野である。交易の繁栄と流通の平穏な進行とは銀行が正しく設立されているか否かにかかっている。」

　このような強い表現を用いてステュアートは、経済における銀行並びに銀行券の重要性を主張する。その際に彼は、当時無視されるか否定的に扱われていたローの説への支持を明確にする。「王国に貨幣も信用もあまりなかった時代にフランスに設立されたロー氏の銀行の驚異的な成果を思いおこすことほど、銀行の有効性を印象深く指摘することは私にはできない。」こうしてステュアートはローとともに、単純な重商主義者とも、ヒューム、スミス等とも異

261

なった第三の理論的立場の陣営を形成するのであった。

(2) 1764年初稿段階

　近年のロー研究がローの銀行券論の形成過程を辿るうえで重要な資料を提供してくれたのと奇しくも同様に、ステュアート研究の分野でも、近年の草稿研究はステュアートの銀行券論の形成過程をつまびらかにしてきた。実はステュアートは1764年を境にして銀行券論を全面的に改変・拡張したのだった[23]。

　ステュアートは信用が合理的に立脚しうる原理には異なる三つがあるとする。第一は私的信用の原理で、これは「貸付の保証として担保に入れられる不動産が信頼の根拠をなす場合に成立する」。第二の商業的信用は「それを得る人の信頼の根拠が交易資本、商才、誠実、繁栄であるときに成立する」。第三の公信用は「元本の償還請求はされないという条件で借り入れをする国家すなわち政治体におかれた信頼に基づいて設定され」る[24]。そして1764年草稿の段階でステュアートは、三つの信用の原理はいずれも合理性を持つものの、銀行ならびに銀行券は私的信用の原理に依拠すべきであるとする。すなわちこの段階でのステュアートの信用論は、利子論を全体の基礎とした上で、銀行論を展開することで私的信用の原理を説き、為替論を説くことで商業的信用の原理を、また公信用の原理は英仏の国家の信用を論じるなかで説くという構成になっていた。

	ステュアートの信用論・1764年草稿	
銀 行 論	…………	〈私的信用の原理〉
為 替 論	…………	〈商業的信用の原理〉
公信用論	…………	〈公信用の原理〉

　「銀行は私的信用に基づいて発券すべきであり商業的信用に基づいて発券すべきではない」1764年草稿でステュアートはこう明言して、銀行論では土地（を中心とする確かな不動産・動産）に基づく銀行券のみを認めていた。そのための支配的原理はすなわち、担保となりうる債務者の財産を貨幣へと転換することを容易にすることであり、為政者は必要に応じて限嗣相続制の廃止、債務の公的登記簿への記録等によってこの信用を拡張させることができるとする[25]。この

第15章　十八世紀の銀行券論―ジョン・ローとジェームズ・ステュアート―

判断の背景としては、一つには土地担保に基づいて発行されていたスコットランドの銀行券がスコットランドの一般流通で広く用いられており、その意味で世界的にも稀有な成功を収めていたということもあったと思われるが、原理的には私的信用の場合は商業的信用や公的信用にくらべて担保が一目瞭然で庶民に容易に理解され、広く一般流通に入り込む信用としてその堅固さが重要であるとの理由からである。

　適切な制度によって、固定財産が溶解されて銀行券となり、不要となった銀行券は再び固定財産に戻される。こういう仕組みで国内流通はその発展に必要な貨幣が供給されるという議論である。

（3）1767年完成稿段階

　しかしながらステュアートは1764年前後に、スコットランドの銀行制度に関わる論争に加わり、かつイングランド銀行についての研究を進めるなかで信用論の構成を大幅に組み替えていく[26]。それは構想していた銀行論を大きく改変し拡張する必要に迫られたからであった。私的信用に主に基づくスコットランド銀行の抱える問題について実地に理解を深め、それとの関わりで商業的信用に依拠するイングランド銀行の持つ可能性もより見えてきたものと思われる。

　ステュアートはそれまで銀行券は土地担保発券に限定されるべきであるとしていたが、一定の条件下ではその他の形での銀行券発行も積極的に推し進めるべきであるとするようになる。

「交易や産業はほとんど知られていないものの、洗練への嗜好が生じつつある国では、…銀行はまずこの種の財産［土地所領］だけを担保として紙券を発行するという決定をしなければならない。／産業がいっそう拡大して交易が商業資金の充実によってさらに確実なものになると、その時には銀行が為替手形の割引を開始することができ、さらにこの信用部門の拡大につれて、銀行は徐々に商業的信用に保証された銀行の性質を帯びるようになる。／さらに公信用が首尾よく確立すれば、銀行は彼らの手元に抵当に入れられた政府の保証に基づいて貸し出し、かくて銀行は公信用の上に基礎を固めるようになるであろう[27]」

　すなわち、経済の揺籃期においては銀行は土地担保を軸に富者に信用貨幣を供給するが、商業が根付き発展していくのに伴って土地担保の原理だけではなく商業的原理に基づいて商工業へも適正に信用貨幣を供給し、さらに、一国

の経済のなかで国家財政の流れが大きな役割を果たすようになっていくのに伴い公信用の原理に基づいた信用貨幣の供給も行っていく。このような歴史的・動態的な銀行論へと脱皮させたのであった。

```
            ステュアートの信用論・1767 年完成稿
                                      〈私的信用の原理〉
    銀 行 論   ……〈国内流通〉………  〈商業的信用の原理〉
                                     ┌〈公信用の原理〉
    為 替 論   ……〈対外流通〉………  ┤〈商業的信用の原理〉
    公信用論   ……〈国庫を介した流通〉└〈公信用の原理〉
```

ここでのポイントはステュアートもまた土地所領の価値に基づいた銀行券から、商業債権をも価値の裏付けとする銀行券へと、銀行券論を拡張させている点である。1764 年草稿段階では銀行は土地所領のみに基づいて銀行券を発券すべきであり、商業的信用に基づいては発券すべきではないとしていた。しかしその後、イングランド銀行についての研究の進展等により一定条件が満たされさえすれば理論的に認めうるのだという考えになった。「イングランドの場合のように交易が確立し、産業が栄え、信用が普及し、流通が豊かで速やかな国々においては、担保に基づく銀行は、他の目的にいかに有用であろうと、イングランド銀行が担っているようなロンドンにおける交易の要求や政府の公務に役立つことはないだろう。／この銀行の規制原理とその信頼の基礎とは商業的信用である。[28]」

結　語

貿易差額を順にして自国の貴金属量を増加させるという重商主義的な貨幣観から、それへのアンチテーゼとなる貨幣ヴェール観への移行期にあった十八世紀。この時代に、そのいずれとも異なり、経済的価値に裏打ちされた銀行券の発行・流通制度を確立することの重要性を前面に押し出すという、極めて近代的な理論的立場はどのようにして成立し得たのか。本章ではこの第三の理論的立場を代表するジョン・ローとジェームズ・ステュアートが、実はそっくりの

第15章　十八世紀の銀行券論―ジョン・ローとジェームズ・ステュアート―

理論的発展過程を経てきたのだと指摘し、さらにその発展の過程は、この理論的立場に到達する上で相当な必然性をもっていたのだとして跡づけてきた。今一度概括してみよう。

　ローもステュアートもともに経済の発展のためには貨幣を供給することが大切であるという立場に立った。ローは言う、「貨幣の増加はその国の富を増す」と。しかし他方でローもステュアートもともに、そのためには自国に金銀を集めるべきであるとするのではなく、そのためには金銀の量に直接依存しない銀行券の導入こそが鍵であるとした。この彼らの銀行券論を支える核心が、彼らの貨幣についての理解の深まりに他ならない。すなわち彼ら二人の銀行券論の発展は、彼らの貨幣概念についての深化・拡張と表裏一体だったのであり、貨幣形態におかれる商品は金銀のみに収斂するという観念から脱し、広く経済的価値一般のなかに貨幣を見出していく過程なのであった。

　脱却の第一歩は土地所領という優れた経済的価値への着目であった。幾世紀にもわたって社会の主要な富の源泉であり続けた土地所領。その流通市場が整備され銀行の制度設計が適正に行われればこの経済的価値を交換・流通手段に転化することができる。ここからローの土地銀行、ステュアートの土地担保発券銀行の提案が生まれる。

　ひとたびこのように貨幣概念を解き放つと、条件付きで多かれ少なかれあらゆる経済的価値に同じ論理が適用できることが明らかになる。土地所領の貨幣化の議論で効いていた論理は、別の形の富を生み出す資産すなわち経営体＝株式ないし手形等の債権にも該当する。ローの場合もステュアートの場合もこの普遍性のある経済的価値は証券化等制度を工夫することで貨幣たり得るのだという理論的拡張はイングランド銀行の分析が一つの契機となっていた。

　　「土地であれ家屋であれ、流通しているあいだ同じ価値を保持する性質の
　　ものであれば何であれ、それ［の価値］を流通させる貨幣を考案すること
　　は簡単なことである。価値を持つものであれば何であろうと等価物とひき
　　かえに持ち手を変えることができるし、この価値が確定され変化しない場
　　合はそれを流通させることができる。これはちょうど鋳貨に鋳造された一
　　ポンドの金銀と同様にである。そしてその流通によって富のバランスは変
　　動する。
　　それ故、金属しか流通させていない国々は、産業［の規模］をその金属の

量に見合った程度に制限することになる。［他方で］土地、家屋、製造品、いやそれどころか個人的奉仕、さらに時間までも流通させることができる国々は、金属だけの場合よりも遙かに超えて、産業を促進させることができるのである。このことは産業の発展が金属で担いうる以上の流通を要求するような時に実行されうる。」[31]

これはステュアートの文章だが、自らの貨幣観を貨幣すなわち銀という観念から解き放ち、社会的に認められ単位化され転移可能となった経済的価値が貨幣であり得る、という極めて一般化された貨幣理解がはっきりと表明されている。このような貨幣概念の深化・拡張の帰結が、彼らの時代を遙かに先取りした銀行券による経済発展の構想だったのである。

[註]
（1）ヘクシャーはローをその代表とした。「紙券重商主義に向けて決定的な歩みを進め、また多くの不運な試みの後に自分の理想を巨大な規模で実践へと適用するよう運命づけられていたのは、ジョン・ローであった。」「彼は…土地を担保とする紙幣の案を出した。…ここで考慮されるべきポイントはなによりも、ローの著作が、一方では貴金属についての重商主義的な見解からの離反、他方では（流通の規模こそが経済生活の支配的な動力であるという）貨幣についての重商主義的な観念への殆ど狂信的といえるほどの信仰、こういう二側面から成立していたという点である。」(Hecksher (1935) pp. 234-36)
（2）本稿はローとステュアートの理論的側面に焦点を絞り伝記的側面には深く立ち入らないが、二人の間には興味深いつながりや共通点が認められる。その一つとして、ローもステュアートも所領を持っていたが、これらはともにステュアートの曾祖父とローの父親がエジンバラで銀行業を営んで稼いだお金で購入したものである。
（3）ローとステュアートの関連は先送りされてきた課題であった。小林が1977年に「とくに例えば（『経済学原理』）第四編第二部中における、ジョン・ローの企画についてのステュアートの詳細な分析について」は「研究者に共有の知識はまだ十分ではない」（小林（1977）pp. 343-44）と指摘した後、1987年に「ジェイムズ・ステュアートの見たジョン・ローのシステム」（小林［1988］所収）を書いたのを数えるのみで、マーフィーも2006年に「サー・ジェイムズ・ステュアートとジョン・ローとの関連は重要で、できればこの後にこの関連をもとにした論文を書きたいと思う。」(Murphy (2006) p. 25) と述べている。先送りされてきた第一の原因はロー研究とス

第15章　十八世紀の銀行券論—ジョン・ローとジェームズ・ステュアート—

テュアート研究の遅れである。
（4）なおローは bank という呼称はここでは用いていない。同年に準備されたと思われる法案 '1705 Act for a Land Mint' でも bank という呼び方はせず mint という用語を選んでいる。
（5）Saville (1996) pp. 48-51, Checkland (1975) pp. 37-39.
（6）Law (1705) p. 85.
（7）地代収入他家賃収入、石炭等地下資源並びに木材の収入などを含める。所領が売りに出されるときにはこれらの情報が示される。
（8）例えば吉田は次のように述べる。「一般の紙幣所有者は、いかにして土地と兌換するかについては、ほとんど述べられていない。これは一見不思議に見えるが、恐らくローは、土地を保証とする紙幣は正貨よりも確実な価値を持つものであるから、もし価値の減少が起るとすれば、それは紙幣に対する正貨の方であると考えたためである。したがって紙幣をもって土地に換えようと希望する者などはいないであろうと考えたのであろう。これはジョン・ローの提案の中の一つの、しかし重大な誤謬であったというべきであろうか、あるいは彼の紙幣に対する過信というべきであろうか。」（吉田 (1968) p. 192）すなわちローは誰も土地銀行券を土地に兌換したがらないと考えていた、なぜならば土地銀行券は（正貨とくらべて）価値が上昇していくからである、土地銀行券はほとんど兌換されないであろうというこの議論は重大な誤謬ではないか、と。なお「欠陥」の表現は吉田 (1968) p. 189 より。
（9）つまりここで土地銀行券とその担保となる土地との関係は、ちょうどケインズの流動性選好論における貨幣と債権との関係になっている。
（10）Emerson によれば「土地銀行論」の草稿は第三代アーガイル公爵アーチボルド・キャンベルが所有していた（Emerson (2007) pp. 17-18）。
（11）マーフィーはこの「土地銀行論」を『貨幣と商業』の前に書かれたものであると推定している。つまり「土地銀行論」は1704年に執筆、『貨幣と商業』は1705年執筆と主張する（主に Murphy [1994] を見よ。[1997]，[2006] でも強調・敷衍される）。しかしこれは渡辺 [2009] が示すように、「土地銀行論」は『貨幣と商業』の後に書かれたものであるとする方が筋が通り、理に適った推定であろう。
　マーフィーが「土地銀行論」を先に書かれたものであるとする根拠のなかでもっとも致命的なのは、『貨幣と商業』のなかでローは貨幣供給が経済活動を促進させることを論じているが「土地銀行論」ではその議論が見られないことを受けて、「土地銀行論」の段階ではローはその作用に気づいていなかったのだ、『貨幣と商業』でローはその作用に気づき、理論を発展させたのだと解釈している点である。すなわちマーフィーは「土地銀行論」と

『貨幣と商業』の関係を、ケインズの『貨幣論』と『一般理論』の関係になぞらえ、

| ロー： | 「土地銀行論」1704［?］ → | 『貨幣と商業』1705 |
| ケインズ： | 『貨幣論』1930 → | 『一般理論』1936 |

これを「二人とも前者の作品ではまだ古い考えに囚われており、同時代の支配的な説から脱しようと試みつつも、未だ自らの発想の革命的な可能性を充分掴むに至っていない」（Murphy（1994）p. 23）と形容する。二人ともに後者の作品にてようやく貨幣供給と経済活動との関係を議論の前面に打ち出すことができるようになった、という理解であろう。

しかしケインズの場合、『貨幣論』から『一般理論』への理論的発展はケインズが自ら学んできた古典派経済学から脱却する過程であったが、ローの場合は状況は正反対である。なぜならば貨幣供給が経済活動を促進させるというのは当時の通念だったのだから。ケインズ自身も『一般理論』の23章で「重商主義者は…貨幣の稀少を失業の原因と考えた最初の人たちであった」（Keynes（1936）p. 346）と述べるように、流通の拡大が経済活動の支配的な動因であるというのは「貨幣についての重商主義の根本的な考え」（Heckscher（1935）p. 235-36）である。マーフィーの想定すなわちローが「土地銀行論」を書いたときには貨幣の経済促進作用を知らず『貨幣と商業』で「革命的な」理論的発展を果たしたとする想定は、取りも直さずローが貨幣についての当時の根本的な考えを知らずに「土地銀行論」で貨幣論と銀行設立提案を展開したと想定することに他ならない。これはあまりに困難かつ不自然な想定で、逆に、当時の常識であったが故に短い文章（「土地貨幣論」）ではあえて書かなかったと理解する方が遙かに自然であろう。なぜならローの強調点は銀よりも土地の方が貨幣として優れているという点にあったのだから。

「土地銀行論」の内容自体も『貨幣と商業』の後に書かれたものであることを示している。本文で示したように「土地銀行論」も『貨幣と商業』もともに〈理論部分〉と具体的な〈銀行設立案部分〉とから成るが、『貨幣と商業』で提示される銀行は議会任命の委員会形態であるのにたいして「土地貨幣論」で提示される銀行は株式会社形態で、これはちょうど1705年7月27日にスコットランド議会で『貨幣と商業』の銀行案が否決された後にローが起草したとされる「1705年土地貨幣造幣局法案」の内容と一致する。すなわち

第15章　十八世紀の銀行券論—ジョン・ローとジェームズ・ステュアート—

1705年7月	委員会形態銀行案	『貨幣と商業』で提示
1705年8月以降	株式会社形態銀行案	「土地銀行論」の案と一致

という構図になっている。

さらに「土地銀行論」草稿の紙の透かし模様から、草稿の紙は1705年のものだと推定されている。

この銀行の組織形態にしても、紙の透かし模様にしても、本文で述べた貨幣概念の問題にしても、いずれも「土地銀行論」が『貨幣と商業』の後のものであれば筋が通り、逆に「土地銀行論」を『貨幣と商業の』前の1704年のものと解釈しようとすれば無理と捻れを生んでしまう。

マーフィーは自らが発掘したローの草稿である「土地貨幣論」の意義を（その執筆時期が1704年のものであるとすることで）、ローの最初の貨幣論草稿である点と、ローの貨幣論のケインズ的発展を明らかにしている点に求めている。では「土地銀行論」が『貨幣と商業』の後に書かれたとすると「土地銀行論」草稿の意義は失われてしまうであろうか。そうではないと私は思う。「土地貨幣論」草稿のロー研究における本来の意義は次の三点に求められるべきである。すなわち第一に、これまで作者不明であった「1705年土地貨幣造幣局法案」がローのものであることを明らかにしたこと。第二に、それとともに株式会社形態のローの土地銀行案を明らかにしたこと。第三にローの貨幣論の本論文で示した意味における発展（あえてケインズ的発展に対比させて名付ければステュアート的発展）を明らかにしたこと。

なおこの「土地銀行論」の執筆時期については、その後の研究ではBerdell (2010) p. 211のようにマーフィーの見解を既定のものとして扱うものがある一方で中川（2011）pp. 18-19のように「マーフィーによれば」と慎重な書き方をするものもある。

(12) Law [n.d., MSS] f. 18-19, 下線引用者、以下同様。なおここでローはこれらの株式は貨幣の価値尺度機能は果たさないが貨幣の交換・支払手段としての機能は果たしうるのだとする。

(13) ローの貨幣理論では「新種の通貨」は前節で見た彼の土地貨幣のように、銀価値から独立した価値を持つものをいう。「新種の正貨は銀から独立した価値を持っている」（Law [1707, MSS, published 1934] p. 205.）

(14) Law [1707, MSS, published 1934] pp. 204-05.

(15) 「イングランド［の状態］は私の主張に対する説得力ある証拠である」（Law [1712, 1991] p. 24.）

(16) Law [1712, 1991] pp. 25-27.

269

(17) Hume（1752）p. 41. なお角度を変えてヒューム研究の視点からいうならば、ヒュームを単純に貨幣数量説的立場と規定すると、連続的影響説等別の側面が抜け落ちて片手落ちとなる。「デヴィッド・ヒュームの貨幣についての考えは変幻自在で悪名高い」（Wennerlind（2008）p. 105）ため多くの議論が交わされてきた。この点の議論については坂本［2005］も参照せよ。しかしヒュームの貨幣論を前後の時代の流れにおいて捉えればその強調点は自ずと明らかである。だからこそヒュームのこの貨幣数量説的な議論と貨幣自動調節の議論については、例えば出版される前の1750年に友人のオズワルドが、連続的影響説的立場から強く反論する手紙をヒュームに書き送ったのだった（James Oswald to David Hume, 10 Oct. 1750 in the Maitland Club（1854）part II vol. I pp. 93-107）。ヒュームはオズワルドへの返信のなかで彼の指摘に感謝し、表現を修正すると述べている（David Hume to James Oswald, 1 Nov. 1750 in Hume（1932）vol. I pp. 142-44）。この点はまたヒュームの二人の親友、パトリック・マレー並びにステュアートとヒュームとの間でも争点となった。
(18) Hume（1752）pp. 43-44.［　］内は引用者による補足、以下同様。
(19) Harris（1757）pp. 95-97.
(20) Steuart（1767）II p. 102, 次の引用は p. 149.
(21) Murphy（2006）pp. 13-21 を見よ。ローのもとで働いていた Nicolas Du Tot の擁護にもかかわらず、ローは同時代のスコットランド啓蒙の文筆家から exclude され就中ヒュームとスミスはローの議論を否定した、このことが今日の研究者にも影響を与え、スコットランド啓蒙研究のなかでローが扱われない原因の一つになっている、と Murphy はいう。
(22) Steuart（1767）II p. 149.
(23) 古谷（2006）序。
(24) Steuart（1767）II p. 599, p. 142.
(25) Steuart［1764, MSS, published 2006］pp. 55-56, p. 60.
(26) 奥山と古谷の研究［2006］は、ステュアートの『経済学原理』がその形成過程で次のように大きく改編されてきたことを明らかにした。

```
『経済学原理』の編別構成（1）　草稿段階（1764年草稿以前）
    第1編　人口と農業について［26］
    第2編　商業と工業について
    第3編　貨幣と信用について
  第1部　貨幣について
  第2部　信用について
    第4編　公債と租税について［26］
```

第15章 十八世紀の銀行券論―ジョン・ローとジェームズ・ステュアート―

> 『経済学原理』の編別構成（2）　著作段階（1767年版・1805年版）
> 第1編　人口と農業について
> 第2編　商業と工業について
> 第3編　貨幣と鋳貨について
> 第4編　信用と負債について
> 第5編　租税とその総額の適切な使用について

この改編の引き金になったのが銀行論の大幅な変更・拡張であった。
(27) Steuart（1767）II pp. 602-03.
(28) Steuart（1767）II p. 148.
(29) 本章はローとステュアートの銀行券論を論ずる上で最も重要な点はこの共通性であるとしてそこに焦点を絞っている。他方で当然のことながらローとステュアートの貨幣把握には相違点もあった。そのなかでもとりわけ理論的に重要なのは、土地の貨幣化の場合でも、商業債権の貨幣化の場合でも、ローはそれぞれの財の分割部分そのものがいわば流通させられる（すなわち土地一般の価値が銀の価値にくらべて騰貴すれば土地貨幣の価値も騰貴する）のに対して、ステュアートはそれぞれをより抽象的な経済的価値一般の単位（ステュアートの「計算貨幣」概念）へと還元し、銀も土地も商業債権も銀行がその同一の一般的価値単位へと媒介するという論理になっている点である（古谷［2003］）。この相違点についてはまた別稿で論じよう。
(30) Law（1705）p. 13.
(31) Steuart（1767）I p. 366. この箇所も最初の草稿にはなく、後に最終稿を準備するなかで加筆された文章である。

［参考文献］

Berdell, John [2010] Retrospectives : An Early Supply-Side—Demand-Side Controversy : Petty, Law, Cantillon, in *The Journal of Economic Perspectives*, 24 (4).
Checkland, S. G. [1975] *Scottish Banking: a History, 1695-1973*, Glasgow and London: Collins
Emerson, Roger L. [2007] The Scottish Contexts for David Hume's Political-Economic Thinking, in *David Hume's Political Economy*, ed. by Carl Wennerlind and Margaret Schabas, Routledge
Harris, Joseph [1757] *An Essay upon Money and Coins*, Part I. London: G. Hawkins
Heckscher, Eli F. [1935] *Mercantilism*, London: G. Allen & Unwin ltd.
Hume, David [1932] *The Letters of David Hume*, ed. by J. Y. T. Greig, OUP

Hume, David [1752] *Political Discourses*, Edinburgh: Kincaid and Donaldson.

Hyde, H. Montgomery [1948] *John Law the History of an Honest Adventurer*, Home & Van Thal

Keynes, John Maynard [1936] *The General Theory of Employment, Interest, and Money*, (塩野谷祐一訳『雇用・利子および貨幣の一般理論』, 東洋経済新報社, 1995 年)

Law, John [n.d., MSS] *Essay on a Land Bank*, published in [1994] *John Law's 'Essay on a Land Bank'*, ed. by Antoin E. Murphy, Dublin: Aeon Publishing

Law, John [1705] *Money and Trade Considered, with a Proposal for Supplying the Nation with Money*, Edinburgh: Andrew Anderson

Law, John [1705] *Proposal for Supplying the Nation with Money*, Edinburgh

Law, John [1705, MSS] 1705 Act for a Land Mint, Scottish Record Office PA7/19/175-6, published in [1994] *John Law's 'Essay on a Land Bank'*, ed. by Antoin E. Murphy, Dublin: Aeon Publishing

Law, John [1707, MSS] Mémoire pour prouver qu'une nouvelle espèce de monnaie peut être meilleure que l'or et l'argent, in [1934] *Œuvres complètes de John Law*, ed. by Paul Harsin, Paris: Librairie du Recueil Sirey.

Law, John [1712, MSS] Proposition pour une banque à Turin, in Murphy, Antoin E.[1991] John Law's proposal for a bank of Turin (1712), *Œconomia*, no. 15

Maitland Club, the [1854] *Selections from the Family Papers Preserved at Caldwell*, Glasgow

Murphy, Antoin E. [1994] Introduction and Commentary, in *John Law's 'Essay on a Land Bank'*, ed. by Antoin E. Murphy, Dublin: Aeon Publishing

Murphy, Antoin E. [1997] *John Law: Economic Theorist and Policy-Maker*, Oxford: Clarendon Press

Murphy, Antoin E. [2006] John Law and the Scottish Enlightenment, in *A History of Scottish Economic Thought* ed. by Alexander Dow and Sheila Dow, Oxon: Routledge.

Saville, Richard [1996] *Bank of Scotland: A History, 1695-1995*, EUL

Steuart, Sir James [1767] *An Inquiry into the Principles of Political Œconomy: being an essay on the science of domestic policy in free nations: in which are particularly considered population, agriculture, trade, industry, money, coin, interest, circulation, banks, exchange, public credit, and taxes*, London: A. Millar, and T. Cadell, (小林昇、竹本洋他訳『経済の原理』, 名古屋大学出版会, 第 1・2 編 1998 年, 第 3-5 編 1993 年)

Steuart, Sir James [1764, MSS] *First draft of An Inquiry into the Principles of Political Œconomy Book 3rd Of Money and Credit*, published in [2006]『ジェーム

ズ・ステュアート『経済学原理』草稿 ——第三編 貨幣と信用』奥山忠信・古谷豊 編著, 御茶の水書房
Wennerlind, Carl [2008] An Artificial Virtue and the Oil of Commerce: A Synthetic View of Hume's Theory of Money, in *David Hume's Political Economy* ed. by Wennerlind and Margaret Schabas, Abingdon: Routledge
小林昇 [1977]『小林昇経済学史著作集 VJ・ステュアート研究』, 未来社
小林昇 [1988]『小林昇経済学史著作集 XJ・ステュアート新研究』, 未来社
坂本達哉 [2005]「デヴィッド・ヒューム—経済発展と奢侈・貨幣—」『経済思想 第3巻黎明期の経済学』坂本達哉編著、日本経済評論社
中川辰洋 [2011]『ジョン・ローの虚像と実像—— 18世紀経済思想の再検討』, 日本経済評論社
古谷豊 [2003]「ジェイムズ・ステュアートの計算貨幣論」『経済学研究』(東京大学) 45
古谷豊 [2006] 序『ジェームズ・ステュアート『経済学原理』草稿 ——第三編 貨幣と信用』奥山忠信・古谷豊編著, 御茶の水書房
吉田啓一 [1968]『ジョン・ローの研究』, 泉文堂
渡辺沙耶 [2009]「ジョン・ローの土地銀行論—— EssayonaLandBank の位置づけをめぐって」修士論文, 東北大学大学院経済学研究科

[2011年9月脱稿]

古谷　豊（ふるや ゆたか）東北大学大学院経済学研究科准教授
東京大学大学院経済学研究科博士課程修了。経済学博士（東京大学）
著書：『ジェームズ・ステュアート『経済学原理』草稿』お茶の水書房、2006年（共編著）
「ジェイムズ・ステュアートの貨幣・信用論」（博士学位論文・東京大学）2008年

第16章　マルサス貨幣理論

佐藤　宏

はじめに

　マルサスの貨幣理論に対しての評価が一定化しない理由として、マルサスの『経済学の原理』において独立的な「貨幣」に関する論題を提示しなかったことがあげられる。マルサスは、1811年の2つの貨幣論文をのぞいて、貨幣を主テーマとした論考をも示すことをしなかった。マルサス貨幣理論の解釈史を概観するとき、我々は、まず、Viner（1924）の1811年におけるマルサスの『エディンバラ・レヴュー』第1論文（1811a）の解釈があげられるだろう。Viner解釈の検証については、佐藤（2001）の整理に詳しい。その上で、「穏健な地金主義者」というVinerのマルサス像に同意しない、というのが佐藤（2001）の見解である。或いはSowell（1972）は次のように示している。
「マルサスは、貨幣的分析を発展させたと考えられてきた。これによって、彼はセー法則の支持者たちの物々交換分析の弱点を暴くことができた」「だがマルサスの主著のどれにも体系的な貨幣的分析は全く含まれていなかったし、貨幣の重要性についての彼の主張は、古典派分析はそれなしでは記述的に不十分であると指摘する域をほとんど出なかった。」「本質的に彼の分析は，セー法則の支持者たち……と同じくらいに非貨幣的であった。」
　また、Hollander（1997）のマルサス貨幣理論の分析は緻密ではあるが、しかしその方法は、マルサス『人口論』の経済学的分析を顧みない方法である。それに比べると、『初版・人口論』に賃金基金説の論理を説得的に見出したVint（1994）の見解は、マルサスとヒュームの関連性をマルサス『人口論』中に見いだした研究であり、注目に値する。が、貨幣支出の増減は実物的賃金基金の大きさに影響を与えない、とマルサスが考えていたとする見解には若干の疑問を覚える。
　ところで、1936年にJ・M・ケインズは「雇用・利子及び貨幣の一般理論」の中で二分法問題を提示した。いわゆる二分法問題とは、いかなる経済理論と

いえども、経済の実物的側面と、貨幣的側面との相互作用を分割して考えるか、統合して考えるかの問いといっていい。

ケインズは、「経済学を一方で価値及び分配の理論と他方貨幣の理論とに分つことは、私の考えでは間違った分類である。」とした。ケインズによれば、正しい二分法は、一方に個々の産業または企業の理論に与えられた資源量の諸々の報酬と用途への配分に関しての理論を置き、他方で産出・及び雇用に関する理論を置くことであった。

古典派の貨幣価値決定理論の二分性を指摘したケインズは、貨幣数量の諸変化に対する有効需要の反応ならびに貨幣諸価格の反応を弾力性という概念によって提示した。経済の実物的領域と貨幣的領域との統合問題は、貨幣価値の決定とその変動に関する問題であり、貨幣の本質とは何であるか、貨幣価値はどのようにして決まるか、またその変動は、という問いに対して解答を与えて来た貨幣に関する諸学説上のポジションを決定するであろう。その意味では、古典派経済学者とマルサスの貨幣に対する認識が、まったく異なっているのも当然のことであった。なぜなら、マルサスは非古典的であったし、産業・雇用・貨幣理論を統合的に考えていたからである。

そして、本稿の結論を急ぎ足で述べてしまうと、マルサスの考えている方向性は、現在で言うところのパティンキン理論に接近するものであったのではないか。なぜなら、以下、検証するようにマルサスの貨幣理論は実質現金残高に依存するものであったからである。

本稿では、まず、マルサスの貨幣理論における経済学史上の位置づけをはっきりとさせることからはじめたい。

1　貨幣理論生成史におけるマルサスの位置づけ

貨幣理論には古くから商品学説と名目主義学説とが対立している。対立の原因は、貨幣の本質に関する見解の相違である。

貨幣の概念的独自性、すなわち貨幣が他の財と異って名目価値で流通するという事実は、どの理論も認めている。この事実認識からして貨幣理論に、数量分析が重要になるのであるが、貨幣の価値決定理論は、一方では数量説、他方では生産費説、あるいは限界効用学説によって並列的に説明された。

Schumpeter（1917）が強調しているように、従来の経済学者が主として貨幣本質論にのみ興味を抱き、財と貨幣との関連性における分析を行わなかった。またこのような部分的な分析が、貨幣理論は経済理論とは別部門であるとし、経済学者達は貨幣理論を一般経済理論に統合させるということができなかった。

　ハイエク（1949）は、貨幣理論の生成段階4つに分類した。ハイエクのいう第一段階とは、経済の物価水準・貨幣量・総生産相互間に直接的因果関係を設定し、貨幣価値の説明をしようとするものである。

　貨幣は物価水準の変化を通じてのみ生産に影響し、物価水準の上昇が常に生産物の増加を費すという誤った見解をもつ段階である。

　第二段階は、カンテイヨンによって代表される考え方であって、貨幣量の変化が個人の所得に影響し、個人の所得の変動を通して価格に影響を与えるとする段階である。この段階は、限界効用分析が適用され、更に拡張された。

　第三段階には、物価水準に影響を与える要因として、貨幣量のほかに、利子率が入る。この段階にはベンサム、マルサス、ワルラスが入り、近代貨幣理論では、ヴィクセルによって採り上げられ、強制貯蓄の理論と結びついて展開された段階である。

　最後の第四段階では、生産に及ぼす相対価格の変化の影響、相対価格と貨幣の影響を考察する段階である。

　Bothaによれば、「貨幣理論の役割は物価水準が決定される因果の過程を分析する」とする限り、いかに物価水準決定の要因として貨幣所得と利子率、総現金残高を採用したとしてもハイエクが指摘したように貯蓄投資の乖離は、ヴィクセル派の市場利子率と貨幣利子率との乖離と同義であるから、第三段階に入る。

　もっとも、Bothaの考えでは、ケインズ「一般理論」において貨幣量があつかわれるのは、雇用水準決定のためであって、貨幣理論の純化によっていないため、ケインズの理論はハイエクのどの段階にも属さない、という。

　なぜなら、ケインズ自身が語ったように、実物的領域と貨幣的領域を数量的に統合して関連つけているとは言い難いためである。

　そして経済の実物的領域と貨幣的領域を数量的に関連つけている当初のものとして著名であるのが、古典的な貨幣数量説である。もし貨幣価格の代りに、

第16章　マルサス貨幣理論

貨幣の計算価格をとれば、計算価格の変化は、すべての財の価格および初期の資産価値が同比率で変化するから、財の売買にあっては影響がない。従って、市場の影響を受けずして、任意に計算価格の均衡水準は決定してしまう、というものである。周知のように、ヴィクセルやフィッシャーの説くところである。

これによって、貨幣理論と価格理論を個別に敢扱うことが可能となった。

貨幣をベールに過ぎないと解釈する古典派の分析では、価格騰貴は財の需要関数を変えないという貨幣数量説に依っている。

しかし、そうなると、我々が問題としなければならないのは、マルサス貨幣理論においてケインズが提唱するところの二分法問題にあって、マルサスがどのようなアプローチをとったかにあるであろう。

2　「貨幣の中立性」問題

「あらゆる種類の流通媒介物の価値は，他のあらゆる種類の商品と同じように，信頼にも内在的用途にも関係なく，必然的に需要と比較して過剰であれば下落し，不足であれば上昇する。」「この学説は，疑いなく経済学のすべての上部構造がその上に構築される基礎である需要供給の一般原理から直ちに導かれる。」(Malthus 1811a, 22-3／訳（1）80)

マルサスの1811年第1論文の冒頭である。古典的な貨幣数量説の説明と言って良いだろう。しかし、多くのマルサス研究者達がそうであったように、ここからマルサス貨幣理論を読み込もうとする立場や、或いはヒュームからの影響からマルサス貨幣理論の本質に切り込もうとする姿勢には同意しがたい。

マルサスが貨幣の問題を扱った最初の例としては、既に初版『人口論』に見いだせる。しかし、佐藤（2001）や羽鳥（1999）、渡会（1997）が示すように、この初版『人口論』でマルサスが「貨幣支出に対する食糧供給の過度の非弾力性を強調し」「貨幣支出が実物的産出に影響を与えない中立性命題を提示し」ていたのかどうかは疑問である。

確かに、初版『人口論』にはマルサスの賃金基金説の論理がある。この賃金基金説によると貨幣支出の増減は、実物的賃金基金の大きさに影響を与えない。事実、マルサスは言う。

「人口数に比して生活資料が稀少な場合には、社会の最下層の人々が18ペン

スをもっているか、5シリングをもっているかは、重要でない」(Malthus 1798, 31／訳58)。

　このマルサスの言葉は、救貧法批判に向けたものである。救貧法により、一時的に需要者の購買力を上昇させると、食料価格をいっそうの騰貴に導くという『人口論』の問いを、マルサス『経済学原理』での説明に求めると、需要者の数が同じで購買力が増加するケースにあてはまり、需要は上方にシフトし、価格は上昇するということになる。

　加えて『人口論』中の労働力市場という場においては、需要サイドとしての資本家、供給サイドとしての労働者と捉えられている。

　救貧法批判は、この市場に救貧法が介入することで、貨幣の分配が不要な人口増大を生み出し、食料価格を騰貴させ、さらに、これによる労働供給のさらなる増加が、労働者の生活状態を悪化させる。こうして労働者の主体性は奪われ、自由な労働市場の確立を遅らせているというのが、その大要であった。

　こうした説明を見る限り、マルサスの考察は、労働市場における労働の有効需要をいかに高めるかという点に及んでいる。この市場において、労働者が低い生活水準を余儀なくされるのは、まず、実質賃金と名目賃金の格差にあり、実質賃金を規制するものは、食料水準であり、名目賃金を規制するものは人口水準であるとされる。今、名目賃金は高い水準で一定しているが、その要因は貨幣の不要な分配に他ならない。

　他方、実質賃金は低い水準において低迷する。これに加え、労働市場における労働人口は、数々の「不幸」によって停滞している。人口停滞期にあるため、供給される労働人口は一定であるから、実質賃金を高めるためには、食料の増産を前提とした、労働需要を増加させる必要がある。マルサスのこうした複数の視角による分析は、マルサスの主張を一見複雑にしているようにも取れるが、マルサスの意図は、整然としている。

　労働への有効需要の高める方法として、つまり、食糧増産を前提とした食料高価格という状況が、資本家をして労働を雇用させていく契機となる。

　つまり、貨幣支出が誰の手に依るか、具体的には社会の下層階級層に位置する労働者が糧を得るための支出は、賃金基金を増大させるわけではないという意味でマルサスはこれをのべているにすぎない、ということに我々は注意しなければならない。

3 食料価格論・地代論から見たマルサスの貨幣観

1800年に提出された『食料高価論』では、食料の高価格は、資本家階級に投資の動機を与え、結果、食料増産に結びつくという流れを説いている。

また、食料が土地所有者に投資の動機を与えないほどに高価にない場合、その投資は奢侈品への生産に振り分けられ、結果として食料増産の伴わない生産は、依然として労働者に貧困を余儀なくさせると説かれている。というのも、労働の維持は、土地所有者が自分たちの消費分をのぞいた「基金」にあたいする。この基金に対しての需要が大きく、かつ多数であれば、必然的に、労働者各人に対しての分配はわずかになる。

従って労働維持のための基金の増加こそが課題とされる。言い換えれば社会上層階層の余剰がどのようにして下層階層に流入していくのか、或いはその流入を妨げる要因は何か、がマルサスの問いとなる。

資本家と労働者の賃労関係は、実質的には資本家の剰余生産物という商品をめぐって形象化された名目賃金によって分配される。
「食料の名目価格がしだいに騰貴するあいだ、それ「労働の名目価格」はしばしば同一のままであることは…実際には労働の価格における実質的下落であり、そしてこの期間中、社会の下層階級の状態は、次第に悪化せざるをえない。」[M1798,30/32-3] という社会が、資本をして積極的に低廉化した労働を雇用するようになり、これがひいては食料の生産を上昇させる。

この間、労働者は困窮の時期にありながら、勤勉の動機を持ち、かつ節倹を余儀なくされる。そこで救貧法は、労働者の主体性・独立性を奪うものであり、自由な労働市場の形成を妨げるとマルサスによって批判される。
「商品が希少で、すべてのものに分配されえないばあい、もっとも有効な特許証を示すことができるもの、すなわちもっともおおくの貨幣を提供するものが、その所有者となるのである。」[M1798,76/58]

だが救貧法によって、一時的に人口が増大、労働者数が増加すると、これに反比例した実質賃金は下落する。これが、一層に労働者の生活を困窮させることになる。人口の真実かつ恒久的増加の唯一の基準を生存手段の増加に求めたマルサスにとって、労働者をして「困窮」させ低価格の労働賃金は一応の必然性をもってとかれることになる。生産物が増大しないことは、労働者に、一日

の労働においてよりすくない量の食料しか購入させないとしたマルサスにすれば、ヨリ多い食物量の購入、つまり労働者の生活状態を改善させるためには、人口停滞期の生活資料増大と労働者への「適切な」配分が不可欠であった。
「1人の人間が消費できる食糧の量は人間の胃の狭い能力によって必然的に制限されていること、かれが残余を投げ捨てることはありえず」[M1798,197-8/121]、結局、かれはこれを他人の労働と交換することになる。

一方、社会下層階層人口は「生存手段」を超えて人口を増大させつつある。その原因を作っているのが貨幣の不要な分配に他ならない。結果として、自らの実質賃金低下として現われ、食料の名目価格の水準をある一定程度に高めるが、この間の労働者は困窮を余儀なくされ、そして人口停滞期に入る。

厳密に言えば、社会下層階層は多くの「悪徳・悲惨」の結果、その人口を停滞させることになろう。名目賃金は高い水準に、実質賃金は低い水準となる。

加えて、労働市場における労働人口は、やはり人口停滞期にあるため、供給される労働人口は一定的となり、実質賃金を高めるためには、食料の増産を前提とした労働需要を増加させる必要がある。マルサスは、労働への有効需要の高める方法、つまり、食糧増産を前提とした食料高価格という状況が、資本家をして労働を雇用させていくと考えた。

こうして、資本家と労働者の利害関係が一致することで、労働者をして労働の動機を与え、土地所有者をして投資の動機を与える。それは、社会上層階層所属者の収入の一部が下層階層所属者にヨリ多くの分配が行なわれることとなる。

さらに、この議論の延長上には過剰生産状態を想定させる。『経済学原理』において議論されている過度の蓄積が一般的供給過剰を引き起こすというマルサスの見解では、資本の蓄積が、個人的サービスに従事していた人々を、生産的労働者に転化させることによって生じるとされている。そして市場に異常な量の商品を供給してしまった社会では、労働者数は全体として同じであると仮定すると、実質賃金の上昇を促し、これがいっそうに生産的労働者を生むという循環性を説いている。

そうすると、マルサスが「貨幣支出に対する食糧供給の過度の非弾力性を強調し」たというのは正確ではない。マルサスが主張したのは人口増加に対しての食糧供給が非弾力的であるということである。

第16章　マルサス貨幣理論

　資本家の貨幣支出に対しては、一定の経済的局面において食糧供給を増加させる。すなわち、食料価格が十分に高価であるときである。食料価格が高価で、名目労働賃金が低廉化している場合にあっては、資本家は積極的に労働者を雇用する動機があり、結果として食糧供給を増産させる。

　下層階層の人口増大は彼らの実質賃金を低下させ、生活を「困窮」させる。こうした下層階層の生活改善を期すのであれば、労働需要を高めることにあった。労働者の労働と資本家の投資が「農業」に向けられることは下層階層に実体的な実質賃金水準を教えることになる。なぜならば、そもそも実質賃金低下の事実を下層階層に「隠蔽」していたのは救貧法や上層階層の不当な団結にあったのだとマルサスは厳しく批判する［M1798,34-6/35］。

　そして、銀行券の追加的発行は、「われわれは物価騰貴が産業に及ぼす魔術的効果を知っている。これはヒュームによって指摘されてきたし，またこの種の問題に留意してきたすべての人に目撃されてきた。」(Malthus 1815b, 166／訳145)

　インフレーションが食料の弾力的供給を刺激する。だが、
「資本の増加の不足から、生産の増加が阻害され、生存手段が増加しないときには、労働の賃金は、必然的に、現在の人口をかろうじて維持し、どのような増加をも阻止するほど、低く下落するに違いない」という事態が生じた場合、従って、この財の需要が価格変化に影響を与えなければ、貨幣量の増加をインフレーションの刺激の説明に使っている貨幣数量説と矛盾する。

　具体的には、「政府によって所有される剰余生産物がそれによって雇用される人口をまもなく生み出」すまでは、「他の部門における労働の価格を農業における価格水準にまで抑制する」し、「社会の大多数が貧困であるがゆえの、商工業の勤労の生産物に対する小さな需要は、商工業で高い利潤を伴って大きな資本を用いる余地を与えない」(Principles, pp.157-58) ケースであろう。

　これは、政府が土地の剰余生産物を労働者や資本家から税金等の形で回収してしまうと、耕作者の貧しい状態を造ってしまうことを指摘している。

　そうすると、資本を蓄積することができず、また労働者の賃金が非常に低いため商工業の生産物に対する需要もなく、商工業の利潤自体も、耕作者と同様に、低いものにならざるをえない。

「もし資本が増大して、それがある利潤率をもって普通用いられていた部門に

おいて過剰になるならば、それは遊休資本としてとどまらないで……他の産業部門に用途を求めるであろう……もし人口がそれに対する需要よりもよりすみやかに増大するならば、労働者はより少ない量の必需品で満足しなければならない。そして現物での労働の費用はこうして減少する」(Principles, p.161)

「資本蓄積と人口の増大に向かっての、自然で規則的な発展において、利潤率と労働の実質賃金は一緒に永続的に下落する．これは労働の貨幣賃金の上昇、しかし比例的上昇ではない、をともなう、穀物の貨幣価格の永続的な上昇によって、もたらされるであろう。」「穀物の貨幣価格の上昇は、耕作者にとって、同じ資本量によって得られる生産物量の減少によって相殺される。そして彼の利潤は、すべての他の資本家のそれと同様に、同じ貨幣収入からより高い貨幣賃金を支払わなければならないことによって、減少する。一方、生活必需品に対する労働者の支配は、穀物価格に比して労働の価格の不十分な上昇によって、もちろん減少する。」(Principles, p.162)

資本と人口が増加し、穀物の貨幣価格が上昇していくと、利潤率と実質賃金の両者が下落していく。

利潤率は、穀物価格上昇を得ても、「同じ資本量によって得られる生産物量」が減少するので、収入額は「同じ貨幣収入」である。しかし、「より高い貨幣賃金を支払わなければならない」ため、差額としての利潤は減少し、利潤率は低下することになる。

賃金は、穀物価格の上昇率は貨幣賃金の上昇率よりも大きい。従って、穀物賃金は低下することになるというのである。つまり、利潤減少については価格タームで考え、賃金の低下については穀物タームで考えられている。

マルサスの考えでは (Principles, pp.162-63)、同じ資本によって生産される穀物量が減少し、それに対し穀物賃金も減少する。しかし、その減少の割合は生産量より少なく、その結果、利潤は減少する．そして穀物タームではかった賃金と利潤の両者が減少しているから、耕作費用は減少していることになり、以前の賃金と利潤のもとでは耕作されなかった劣等地耕作が行われることになる。「貨幣が常に、その生産に労働と資本の同じ量が必要だとすると、耕作と人口の進歩において、それは価値が持続的に下落するであろう。一方、労働は価値が同じなので、貨幣価格が上昇する、そして、労働需要に比べて穀物需要が増大するので、穀物の貨幣価格はおそらくよりおおきく上昇するであろう。」

（Measure, p.201；訳，43 - 44 ページ）

また、マルサスは「製造品に対する同じような需要の増大」が穀物価格を上昇させることができるのは「自国民に食糧を供給し続けている国」(ibid.) に限定している。

労働者が「同じように良く食物を与えられ、衣服を身につけ、住まいを得、そして人口は同じように刺激を与えられるであろう．」(Rent, p.127)

ここでマルサスは，労働者の賃金は「以前と同じ生存手段の支配を労働者に与えるように、上昇する」が，「生産物の価格に比例するほど高くは上昇しない」と言っている．もし「生存手段」が穀物のみからなると想定すると、「以前と同じ生存手段の支配を労働者に与える」ためには，賃金は穀物価格と同じ比率で上昇する。

だが、たとえ穀物価格が上昇したとしても、これらの商品の価格は不変であろうから，「以前と同じ生存手段の支配を労働者に与える」ために、賃金は穀物価格と同じ割合で上昇する必要はないであろう。穀物価格の上昇率が貨幣賃金の上昇率を上回り、以前と同じ量の生活必需品や便宜品を購入できたとき、「人口は同じように刺激を与えられる」。

マルサスは次のように言っている。「そして労働に対する需要が生産に対する需要に先行するか、あるいは少なくともまったく同時であるときにのみ起こりうるのだが、労働の価格が実際に生産物価格に比例して上昇するときですら、資本が支出されるすべての他の経費，すなわち十分の一税，教区税，租税，肥料，および以前の低い価格のもとで蓄積された固定資本の合成物が，まったく同じ割合で、そして同じ時期に上昇すべきであるということは不可能なので、生産物価格と生産費との差額が増大したときには、いくらかの継続期間が必ず起きるのである」

4　マルサスとパティンキン

ここで、我々は本稿が提示した最初の問題関心に戻ってみよう。

そもそも、古典学派の価値理論と貨幣理論との間の矛盾とは、前者の理論においては諸財の需給は相対価格のみに依存し、人々の手持ちの実質現金残高に依存しないということにあった。つまり、財に対する超過需要は、すべての財

の価格が同じ率で変化するかぎり不変である。結果、価格水準には依存しないという意味で絶対価格に関しては、次期においても同次性を満たす。また、貨幣数量説は追加供給された余分の貨幣はすべて財の購入に向けられるという意味で財の支出に向けられることを意味する。だから、財に対する超過需要は実質貨幣残高に依り、価格水準と貨幣量に依存すると考えるという基本的な不一致を示すことになる。

　換言すると、もし貨幣に対しての超過需要がおこるとすると、「すべての財の超過供給は貨幣に対する超過需要に等しい」としたとき、例えば、すべての財の価格が2倍になれば、貨幣の超過需要も2倍になる。

　貨幣数量説から導き出される貨幣の超過需要は、この1次の同次性の条件を満たさない。この矛盾を取り去るには、パティンキンによれば、諸財の需給量を財の相対価格のみならず実質残高（したがって価格水準と貨幣量）にも依存させれば良いと言うことになる。

　財に対する超過需要をすべての価格および貨幣量に関してゼロ次の同次関数とすることによって可能となる。たとえば、なんらかの理由ですべての財の価格および貨幣量が2倍になったとするなら、財の超過供給は変わらず、他方、貨幣への名目超過需要は2倍となり、価格および貨幣量に関する1次の同次性を満たす。

　さらにパティンキンは、実質残高効果は財への支出について生ずるだけでなかった。貨幣に対しての需要においても生じうる。つまり、増加した貨幣賦与量の全部が商品市場で支出されるのではなく、増加した富の一部をその経済主体の流動性状態を改善するために用いるという意味で貨幣市場にも実質残高効果が存在するというのである。

　貨幣量増大による実質残高効果からインフレーションを説明することは同次性の公準に反する。そこで同次性の公準は実質残高効果によって置き換えられる。

　実質残高効果は貨幣量の増大が、実物経済領域を変化させる。もし均衡が、貨幣量の増大によって乱されるとすれば、財の超過需要が存在したということになる。だから、価格水準は上昇する。貨幣量の増大した割合だけすべての実質残高が増加すると、そこには模索過程が存在しないから、実物領域には影響がない。したがって、貨幣の中立性という新古典派の理論は妥当するのである。

このように考えれば、価格形成過程を実物と貨幣の両領域に二分することはできない。相対価格と絶対価格および利子率の均衡値は、経済のすべての市場によって同時に決定されるからである。相対価格が一方で、絶対的価格が他方で決定されるということは正しくない。この同時一般均衡過程における唯一の二分法は、実物タームで考える場合、所得効果と代替効果が作用するし、貨幣領域においては実質残高効果が作用するという二分法である。

おわりに

　貨幣理論と価値理論はすべての市場を同時に考えなければならない。二分法の結論は、パティンキンによって与えられたものであり、したがって、貨幣理論、とりわけ新古典派の貨幣理論に対する一般均衡分析からの反省に対する貢献はパティンキンにあるといえる。このパティンキン理論を貨幣的均衡理論の軸として、貨幣理論に実質残高効果を認め、均衡の安定性を理解し、正しく貨幣需要曲線と市場均衡を区別し、誤った二分法を行わなかったのは、新古典派の中でヴィクセル唯一人であると考えた。

　経済の実物と貨幣の両領域の統合に関する問題としての二分法問題にかかるとき、全面的にパティンキン理論を採用している。パティンキンのこの問題に対する貢献を強調する以外の何ものでもない。またややもすれば、貨幣の作用を等閑視するきらいのある所得分析に一種の反省を与えるものとしてパティンキン理論の重要性を強調しているとも解されるのであるが、パティンキン理論が何等の疑問なしにボータのように全面的に受入れられるとは限らない。すなわち、既にのべたように厳密に定義された概念、また設定された諸前提および仮定が限定された モデルに妥当するとしてもしばしば「分配効果がなければ」というように推論上に重要な仮定を設けて、限定されたモデルをさらに限定し、この例でいえば分配効果のある場合が必ずしも明確ではなく一般均衡論に忠実になるための議論に終るおそれがないといえない。二分法問題は、ケインズが正しい二分法として提出せざるを得なかった問題意識に立ちかえって再吟味されるべきではなかろうか。

[引用文献一覧]

佐藤有史（1999）『現金支払再開の政治学―リカードウの地金支払案および国立銀行設立案の再考―』Study Series No. 41（一橋大学社会科学古典資料センター）.

―― （近刊）「アダム・スミスと正貨流出入メカニズム」

中西泰之（1997）『人口学と経済学―トマス・ロバート・マルサス―』日本経済評論社.

中村広治（1975）『リカァドウ体系』ミネルヴァ書房.

―― （1999）「リカードウ「地金案」考」『熊本学園大学経済論集』第5巻第3・4号合併号.

羽鳥卓也（1999）「マルサス『人口論』における労働貧民の状態」『熊本学園大学経済論集』5/3.4: 5-32.

山下 博（1965）「地金論争におけるマルサス」『経済学における古典と近代』（岸本誠二郎博士還暦記念論文集）日本評論社.

渡会勝義（1997）『マルサスの経済思想における貧困問題』Study Series No. 38（一橋大学社会科学古典資料センター）.

Cannan, E.(1917)A History of the Theories of Production and Distribution in English Political Economy 1776-1848. 3rd edn. London: P.S. King and Son.

Fetter, F.W.(1965)The Development of British Monetary Orthodoxy, 1797-1875. Cambridge, Mass.: Harvard Univ. Press.

Glasner, D.(1989) 'On Some Classical Monetary Controversies.' History of Political Economy 21/2: 201-29.

Gomes, L.(1993)The International Adjustment Mechanism; From the Gold Standard to the EMS. London: Macmillan.

Hansson, B.(1987)'Forced Saving.' In pp. 398-400 of vol. 2 of The New Palgrave: A Dictionary of Economics, ed. J. Eatwell, M. Milgate and P. Newman, 4 vols. London: Macmillan.

Hayek, F.A. von(1935)Prices and Production. 2nd edn. London: Routledge and Kegan Paul. 谷口洋志訳『価格と生産』,『ハイエク全集 Ⅰ』春秋社, 1988, 所収.

Hollander, S.(1997)The Economics of Thomas Robert Malthus. Toronto: Univ. of Toronto Press.

Horner, F.(1994)The Horner Papers: Selections from the Letters and Miscellaneous Writings of Francis Horner, M.P., 1795-1817, ed. K. Bourne and W.B. Taylor. Edinburgh: Edinburgh Univ. Press.

James, P.(ed.)The Travel Diaries of Thomas Robert Malthus. Cambridge: Cambridge Univ. Press.

―― (ed.)(1989)T.R. Malthus: An Essay on the Principle of Population, 2 vols. Cambridge: Cambridge Univ. Press. 吉田秀夫訳『各版対照・人口論』春秋社 (1948-

49) 全4巻.

Johnson, H.G.(1949)'Malthus on the High Price of Provisions.' Canadian Journal of Economics and Political Science, vol. 15, pp. 190-202. As reprinted in pp. 59-72 of vol. Ⅳ of Thomas Robert Malthus: Critical Assessments, ed. J.C. Wood, 4 vols. London: Croom Helm, 1986.

King, Lord P.(1804)Thoughts on the Effects of the Bank Restrictions. 2nd edn. London: Cadell & Davies, J. Debrett.

Laidler, D.(1999) Fabricating the Keynesian Revolution: Studies of the Inter-war Literature on Money, the Cycle, and Unemployment. Cambridge: Cambridge Univ. Press.

Laughlin, J.L.(1903) The Principles of Money. New York: Charles Scribner's Son.

Link, R.G.(1959)English Theories of Economic Fluctuations 1815-1848. New York: Columbia Univ. Press.

McCulloch, J.R.(1854)A Treatise on the Circumstances which Determine the Rate of Wages and Condition of the Labouring Classes. 2nd edn. London: G. Routledge and Co.

Malthus, T.R.(1798)An Essay on the Principle of Population. As in Works of Malthus, Ⅰ. 永井義雄訳『人口論』中公文庫（1973）.

―― (1800)An Investigation of the Cause of the present High Price of Provisions. In Works of Malthus, Ⅶ: 5-18.

―― (1811a) 'Depreciation of Paper Money.' Edinburgh Review 17/34 (February): 339-72. In Works of Malthus, Ⅶ: 21-56. 溝川喜一訳「マルサスの物価変動論（1），（2）」『甲南論集』4/4（1957）: 77-94, 5/2（1957）: 84-103.

―― (1811b) 'Pamphlets on the Bullion Question.' Edinburgh Review 18/36（August）: 448-70. In Works of Malthus, Ⅶ: 57-82.

―― (1815a) An Inquiry into the Nature and Progress of Rent. In Works of Malthus, Ⅶ: 115-45. 鈴木鴻一郎訳『マルサス穀物条例論―地代論―』改造文庫(1939)所収.

―― (1815b) The Grounds of an Opinion on the Policy of Restricting the Importation of Foreign Corn. In Works of Malthus, Ⅶ: 151-74. 鈴木鴻一郎訳『マルサス穀物条例論―地代論―』改造文庫（1939）所収.

―― (1823a)The Measure of Value Stated and Illustrated. In Works of Malthus, Ⅶ: 179-221. 玉野井芳郎訳『価値尺度論』岩波文庫(1949).

―― (1823b)'High and Low Prices.' Quarterly Review 29/57(April): 214-39. In Works of Malthus, Ⅶ: 225-53.

―― (1986)The Works of Thomas Robert Malthus, ed. E.A. Wrigley and D. Souden, 8 vols. London: William Pickering.

―― (1997)T.R. Malthus: The Unpublished Papers in the Collection of Kanto Gakuen University, vol. Ⅰ, ed. J. Pullen and T.H. Parry. Cambridge: Cambridge Univ. Press.

Marcuzzo, M.C., and Rosselli, A.(1991)Ricardo and the Gold Standard: The Foundations of the International Monetary Order, trans. J. Hall. London: Macmillan.

Mayer, T.(1980)'David Hume and Monetarism.' Quarterly Journal of Economics 95/1: 89-101.

Morgan, E.V.(1943)The Theory and Practice of Central Banking 1797-1913. Cambridge: Cambridge Univ. Press.

O'Brien, D.P.(1975)The Classical Economists. Oxford: Clarendon Press.

Pullen, J.(ed.)(1989) T.R. Malthus: Principles of Political of Economy, variorum edn, 2 vols. Cambridge: Cambridge Univ. Press.

Ricardo, D.(1951-73)The Works and Correspondence of David Ricardo, 11 vols, ed. P. Sraffa with the collaboration of M. Dobb. 日本語版「リカードウ全集」刊行委員会訳『リカードウ全集』雄松堂（1969-1999），全11巻．

―― (1992)David Ricardo: Notes on Malthus's 'Measure of Value', ed. P.L. Porta. Cambridge: Cambridge Univ. Press.

Smith, A.(1976 [1776])An Inquiry into the Nature and Causes of the Wealth of Nations, 2 vols, ed. R.H. Campbell and A.S. Skinner. Oxford: Clarendon Press. 大河内一男監訳『国富論』中公文庫（1978）全3巻．

Sowell, T.(1972)Say's Law: An Historical Analysis. Princeton, N.J.: Princeton Univ. Press.

Thornton, H.(1939[1802])An Enquiry into the Nature and Effects of the Paper Credit of Great Britain, ed. with an introduction by F.A. von Hayek. London: George Allen & Unwin. 渡辺佐平・杉本俊朗訳『ソーントン・紙券信用論』実業之日本社（1948）．

Viner, J.(1924)Canada's Balance of International Indebtedness 1900-1913: An Inductive Study in the Theory of International Trade. Cambridge, Mass.: Harvard Univ. Press.

―― . (1937)Studied in the Theory of International Trade. New York: Harper & Brothers.

Vint, J.(1994)Capital and Wages: A Lakatosian History of the Wages Fund Doctrine. Aldershot: Edward Elgar.

Wheatley, J.(1807) An Essay on the Theory of Money and Principles of Commerce. Vol. Ⅰ. London: Printed for T. Cadell and W. Davies by Bulmer and Co.

［2009年7月執筆］

佐藤　宏（さとう　ひろし）上武大学経営情報学部にて産業経済論・サービス経済論を担当　東北大学経済学研究科修了。経済博士学位取得後、東北大学経済学部助手、東北文化学園大学等の講師を経て現職。

主要論文：「マルサス価値論におけるスミスからの継承」（社会科学論集、2003年）「マルサス価値論と需給論の関係」（上武大学経営情報学部紀要32号、2008年）「人口原理と人口波動論」（上武大学経営情報学部紀要32号、2008年）

第17章　デリバティブの歴史と今後の研究課題

新井　栄二

はじめに

　2009年10月、証券取引等監視委員会は、仏大手証券BNPパリバの東京支店に金融商品取引法違反で行政処分を下すよう、金融庁に勧告した。
　パリバはソフトバンクにまつわる複数の金融派生商品（デリバティブ）契約を結んでいたが、この日の相場の終値が決まれば、大量の現物株を買い付けてデリバティブ契約を終わらせる必要があった。そこで、大量の買い注文を高値で出し、「買い気配」のまま値がつかなくなるよう工作したとされる。
　デリバティブ（Derivatives）という英語は金融派生商品と訳され、一般に、「原資産の市場価格によって相対的にその価値が決定される金融取引」とか「主として資産価値の変動にともなうリスクを移転させたり、ヘッジしたりする機能をもつ金融契約」と定義されている。
　デリバティブは、第2次世界大戦後の国際通貨体制を支えていたブレトン・ウッズ協定の崩壊によって、その誕生の産声をあげた。
　一方、1971年8月15日に当時のニクソン米国大統領は金とドルとの交換停止を宣言した。これによって主要国の通貨はドルとのペッグから離れ、1973年には変動相場制に移行することになった。
　米国の商品先物取引の中心地シカゴのシカゴ・マーカンタイル取引所（CME）はこうした国際通貨体制の激変に着目し、為替リスクをヘッジするための通貨先物取引の創設に向かった。シカゴ大学の著名な経済学者であるミルトン・フリードマン教授は、CMEの要請に応えて通貨先物取引の必要性を訴える論文を発表した。CMEは1972年1月に通貨先物取引を専門に取引する国際通貨市場（IMM）の創設を、会員の圧倒的多数で可決した。1972年5月16日に、IMMでは、英国ポンド、カナダ・ドル、ドイツ・マルク、イタリア・リラ、日本円、メキシコ・ペソ、スイス・フラン、の7通貨の先物取引を開始した。

第17章　デリバティブの歴史と今後の研究課題

1　金融商品の取引方法

　金融商品の取引の方法として、上場と相対との違いは知っておくべきである。
　「上場」というのは、誰もが自由に取引できるようにするシステムである。「できるようにする」という表現で分かるとおり、人為的なものである。上場が人為的というのは、「取引所」という制度にも関連する。東京証券取引所、大阪証券取引所……と「取引所」と名前の付く機関はたくさんあるが、どこでも、取引に一定のルールを設けている。取引時間が決まっているのはそのルールの例であるし、取引の単位も取引所が決める。
　取引所では、多くの人からの買い注文と売り注文とを集中し、価格を決めていく。
　なお、金融商品を、上場されている取引所で取引する場合、清算機関という特殊な主体が取引の相手方となる。そのため、取引相手が倒産して取引が反故にされる心配はない。
　ところで、私たちが株の取引をする場合には直接取引所に注文を出さず、証券会社を通す。証券会社は顧客と取引所との間に入り、取引が成立すると手数料を得る。このような業務をブローカー業務といい、ブローカー業務には定義としてリスクがなく、顧客から見ると最終的な価格決定が取引所であるから、どの証券会社に注文を出しても価格には差がない。つまり、証券会社に出す株の売買の注文は、証券会社がさらに取引所に出すのであって、証券会社自身が受けているのではないのである。
　一方、相対取引では、取引ごとに取引相手と条件を直接交渉し、直接取引を行う。したがって、相手がその取引を履行できない可能性も考えなくてはならない。買い手がお金を持っていなかったり、逆に売り手が売るものを持っていなかったりすることもある。そのような手間はあるが、取引所での上場取引のように厳格なルールがあるわけではない。であるから、取引所で取引しようとすると四営業日目に決済しなくてはならない株の取引であっても、店頭取引であれば、お互いが合意さえすれば、自由に決めることができる。
　債券や外国為替の取引は相対取引が主流である。顧客からの売買に応じる業務は、先に述べたブローカー業務に対してディーラー業務あるいはマーケット・メイク業務と呼ばれ、証券会社や銀行は、自らがリスクをとり、売買益で

収益を狙うことになる。

　なお、ディーラー同士の取引という形で、相対取引においても、市場機能が働いているのが一般的である。[3]

2　オフ・バランスについて

　デリバティブの大きな特徴はオフバランス性であると言われている。決算書のひとつである貸借対照表のことを英語でバランス・シートというが、先物やスワップといったデリバティブはバランス・シートに元本額全体が計上（オン）されないため、オフ・バランス取引とされる。

　ある会社の株式を10億円購入すると、バランス・シート上、現金などの資産が10億円減り、株式という資産が10億円増えることなる。ところが、日経平均株価の先物を10億円分取引しても、10億円の現金は動かない。バランス・シートは左右バランスするのが前提であるが、他の資産が消えていない以上、この先物取引を10億円としてバランス・シートに計上される術もない。また、日経平均株価のように、そもそもモノが存在しない取引は、決済も差金決済以外ありえないから、損益は反映されても、バランス・シートには何も出ないことになる。

　取引所に上場されている先物取引であれば証拠金が必要で、証拠金については現金が動くから、その分は貸借対照表に計上される。相対取引である先渡し取引やスワップの場合、相手に担保として現金や有価証券を渡していればその分がバランス・シートに記載されるが、取引そのものは、やはりオフ・バランスとなる。

　デリバティブ取引には当然リスクがあるが、リスクのある取引をしているのにバランス・シートに計上されないというのは、特に上場会社の場合、さすがにまずいと言える。したがって、デリバティブ取引の状況については財務諸表に注記することが要求されるし、デリバティブ取引の時価も開示しなくてはならない。また、上場していない会社であっても、デリバティブ取引の時価は開示しなくてはならない。つまり、デイリバティブの時価の開示に際しては、含み益の状況になっていれば、その分バランス・シートの「資産」に、含み損は「負債」に計上する。

一方、オプションについては、オプションそのものに価値があることもあり、オフ・バランス取引にはならない。つまり、オプションを買えばバランス・シートの資産に、オプションを売れば負債に、それぞれ計上されることになる。オプションの価格には時価があるから、時価の変化に応じて適切に計上額を変える必要もある。

デリバティブにオフ・バランス性があるからといっても、何も開示の必要がないわけではない。リスクがある以上、一定の開示は当然なのである。(4)

3　ヘッジ会計について

デリバティブ取引に独自の開示基準が適用されることは既述のとおりであるが、その中でも厄介なのは「時価評価」である。デリバティブの価値が刻々と変化することを捉え、その情報を公開することは有用なのかもしれないが、他の資産や負債を時価評価していないのに、デリバティブだけを時価評価することが常に適切かどうかは別の問題である。

企業のバランス・シート上にはさまざまな資産が載っている。土地、建物などの不動産は、売却すれば価格が付くし、その価格が変動するという意味では時価評価の対象となっても不思議ではないが、実際の企業会計上は一部の例外を除くと時価評価が要求されない。あるいは、企業が資金を調達する際の利率は市場の動向や企業の信用度の変化によって変わるが、一部の国を除くと、負債を時価評価することは一般的ではない。

なるほど、日経平均株価が上昇すると思って日経平均の先物を買った場合、あるいは国債の価格が下がると思って国債先物を売った場合、価格変動が損益に直結するため時価評価の必要はあるであろう。あるいは、今後金利が低下することを見込んで金利スワップで固定金利の受け取り（＝変動金利の支払い）というポジションを、ヘッジ目的ではなく、単純な利益目的で組んだ場合も同じである。

一方、デリバティブをヘッジ目的で使っていて、デリバティブだけが時価評価の対象になると妙なことが起きる。

典型的なのは金利スワップである。変動金利で調達している企業が、金利上昇リスクをヘッジするために固定金利支払い（＝変動金利受け取り）の金利ス

ワップを締結した場合を考えてみよう。

　目論見がはずれて金利が低下すると、デリバティブの価値が下がる。支払金額は変化しないのに受け取る金額が下がっていくから、スワップの価値が低下するのである。しかし、この企業はもともとの借入が変動金利であるから、支払金利が下がっていく。つまり、金利変動の影響は、実は良かれ悪しかれ中和されている。このときに、デリバティブである金利スワップだけを時価評価して、評価損を計上することは適切ではない。

　ヘッジ会計というのは、このような「ヘッジ取引」がある場合、デリバティブの時価評価をしなくてもよいという会計手法のことである。金額や期間がきちんとマッチしていることを示せば、ヘッジの対象となっている取引で時価評価がないことを条件に、デリバティブの時価評価が免除されるわけである。金利スワップや通貨スワップのほか、キャップやフロアと呼ばれる金利のオプションも条件が整えばヘッジ会計の対象となる。

4　取引相手の倒産リスクについて

　デリバティブ取引のうち上場取引については、清算機関が取引相手になるため、取引相手が倒産するリスクを考える必要は通常ない。逆に言えば、相対取引であれば、取引相手が倒産する可能性がある。

　取引相手が倒産して困るのは、こちらが「勝っている」場合である。為替予約の取引をして、三カ月後に1ドル＝100円で500万ドルを購入する場合を考えよう。ドルを買う価格が決まっているから、ドル高（＝円安）になると利益が出るはずであるが、たとえば三カ月後の為替予約レートが1ドル＝120円になると、5億円で買った500万ドルを6億円で転売できるため1億円の利益が出る。

　このとき取引相手との関係を考えると、取引相手に1億円貸しているのと同じ効果になる。取引を今解約したら相手から1億円もらえるからである。「貸しているのと同じ」ということは、返済されないリスクもある。つまり、ここでは相手の倒産によって1億円の損失が発生するリスクがあると言える。

　これは他のデリバティブでも同じである。金利スワップで固定金利の受け取り（＝変動金利の支払い）をしている人は、金利が下がると今後の支払額が減

るため有利になるが、相手が倒産してしまうと取引が反故にされてしまってメリットがなくなってしまう。メリットがなくなる＝損失、なわけで、やはり相手の倒産リスクがあるのである。

　オプションの買い手についても同じである。オプションの買い手は、今後こちらから追加でお金を払う必要はなく、相手からお金を受け取る可能性があるが、相手が潰れてしまったら受け取れるものが受け取れなくなるのである。

　上場取引でないデリバティブについては、ほとんどの場合、取引相手のリスクにもさらされることになるため、このリスク管理は極めて重要である。多くの取引を行っている金融機関では、融資など他の取引と併せて、取引相手のリスクが過大にならないよう目を光らせているのである。金融機関以外であれば、金融機関がつぶれることを前提としたリスク管理は一般的ではないが、リスクの所在は知っておくべきであろう。

　なお、デリバティブは時間の経過に応じて価値が変化し、負けていたのが勝ちに転じることがある。先ほどの為替予約で言えば、1ドル＝90円になったからと言って、将来ドル高にならないとは限らないわけである。したがって、仮に今解約すればこちらの負け、つまり、相手方に支払いをする立場であっても、満期まで時間がある場合には、やはり相手のリスクを考慮しなくてはならない。相場はどう動くか分からないのである。(5)

5　デリバティブの契約書について

　通常の株式の取引であれ日経平均株価の先物などであれ、上場されている金融商品の取引をするのに契約関係を強く意識することはない。多くの人が同じ条件で取引することが上場の本質なので個別性の強い契約書があるわけではなく、ルールに従っているという感覚だけがあるのであろう。

　一方、金利スワップや為替予約などの店頭デリバティブの取引に際しては、取引の個別性も強く、また、ものによっては複雑な取引もあるため、契約書の整備は極めて重要である。

　ISDAは日本では「イスダ」と発音して、国際スワップ・デリバティブ協会の略である。もともとは、金利スワップや通貨スワップで標準的な契約書を提供するなど、国境を越えたスワップ取引の業界団体として機能していたが、デ

リバティブの取引が多様化し、それに伴って取引および契約書の標準化への要請が高まったため、スワップ取引以外のデリバティブについても同様の役割を果たすようになった。

ISDAの契約書はマスター（基本契約書）とコンファメーション（個別契約書）の二本立てになる。マスターで両当事者の基本的な権利義務関係を明確化し、個別の取引条件はコンファメーションで確認する。コンファメーションは英語のコンファーム（＝確認する）から来ているから単なる確認書のようにも思えるが、法律的には、契約書の一部を構成する。

デリバティブの個別の取引は、こだわり始めると極めて微細にわたる。そのため、ISDAでは取引の定義集を公表し、契約書が定義で埋まってしまうことを防いでいる。金利スワップで「三カ月LIBOR」を変動金利の基準にしようというときに、そもそもLIBORの定義は、というところから契約書に書き始めると大変なので、「定義は別途ISDAの○×の定義を用いる」とすれば、円滑に進むわけである。ISDAの定義集には、金利・通貨デリバティブ、エクイティ・デリバティブ、コモディティ・デリバティブ、通貨オプション、国債オプション、転換社債デリバティブ、インフレ・デリバティブ、不動産価格指標デリバティブ、クレジット・デリバティブなどがある。

ISDAは国際標準であるため、日本語参考訳はあるものの原本は英語である。そのため、日本の金融機関が日本の顧客と取引をする際には、ISDAに基づかない日本語の契約書を準備しているケースもある。また、為替予約や為替オプション、債権のオプション取引については、日本語で作成された日本での標準的な契約書があるため、それに従うケースも多く見られる。[6]

6　デリバティブの法律について

相場機能は資本主義経済の根幹をなすものであるから、その公正性を保つことには社会的な意義がある。相場に参加する人は、好むと好まざるとにかかわらず重要な役割を果たしているため、一定の規制に従うことになる。一方、人間の金儲けに対する慾は否定すべきものではなく、多くの人が金儲けを目当てに相場に参加するが、その際、慾に目がくらんでだれかに騙されないことも重要で、投資家から注文を受ける業者などに対する行為規制も必要である。

第17章　デリバティブの歴史と今後の研究課題

　日本では、金融取引に関する規制は金融商品取引法で、また、商品先物（＝コモディティ）取引に関する規制は商品取引所法で、それぞれ行われている。たとえば株の取引ではインサイダー取引や相場操縦といった不正な取引が禁じられているが、その根拠は金融商品取引法となる。

　デリバティブについては、かつては有価証券にかかわるデリバティブのみ、金融商品取引法の前身である証券取引法で規制されていたが、金融商品取引法の施行に伴い、一般的なデリバティブ取引のほとんどが金融商品取引法でカバーされている。もっとも単純な商品先物については、既述のとおり、商品取引法の範疇になる。行為規制を破った場合には、罰金や懲役となる。

　金融商品取引法は、市場参加者に対する行為規制の他、業者に対する行為規範も扱っている。一般的に、何かを業（＝ビジネス）とする人を規制する法律を「業法」といい、金融商品取引法は金融商品の取引を業とする人たちの行為規範にもなっているわけである。

　デリバティブ取引の契約を締結する前に、顧客に対してリスクの説明を尽くし、書面を残すといったことが業法の内容となる。業法に違反した場合は行政処分の対象となり、程度が軽ければ業務停止もあるが、程度が重ければ登録の取り消しや免許の剥奪につながることもある。

　金融商品販売法（正確には「金融商品の販売等に関する法律」）も、デリバティブを含めた金融商品を取り扱う業者の行為規範として機能する。そこでは、顧客に対する説明義務などが記載されるなど、金融商品取引法と類似の内容もある。しかし、金融商品販売法は「私法」の部分が圧倒的に多い。

　私法とは契約関係の規律と考えればいい、つまり、金融商品販売法に反しても、罰金や懲役などの刑罰、あるいは直接行政処分の対象にはならない。契約関係のトラブルの解決手段である訴訟（＝裁判）に際して極めて不利になる、つまり、敗訴の可能性が高まるのである。

　業法と私法の区別はそれなりに重要で、知っておく必要はある[7]。

　最後にブラック＝ショールズ・モデルの話題を提供してこの章の終わりとしたい。

　ブラック＝ショールズ・モデルといえば、ファイナンス理論やその応用分野である金融工学を実際の世界で使っていく人なら知っていなければならない、派生証券（デリバティブ）に関する基礎理論である。事実、1997年のノーベル

297

経済学賞はこのモデルの生みの親、ショールズとマートンに与えられた。また、社会科学の分野では、ブラック＝ショールズの書いた論文がもっとも多くの論文に引用されている事実からも、その重要性は理解してもらえるであろう（アメリカには、誰の論文が何回、他の人の論文に引用されているかを示すCitation Indexという統計があって、アメリカの学者の業績審査には必ず使われている。[8]

結　語

2008年夏以降、上場企業や学校法人などがデリバティブで大きな損害を被ったという報道が相次いだ。デリバティブはリスクをヘッジする側面と、投機的な側面とを併せて持ち、リスク管理の難しさが改めて浮き彫りにされた。

本稿では、これまでデリバティブに関する種々の意義を考察してきたわけであるが、中でも、その根幹をなすものはデリバティブの公正性であろうかと考えられる。社会の大きな要望に応じ、デリバティブの進化発展を目指して研鑽すること、デリバティブの特徴を充分に把握して活用することが今後の重要な課題であろう。

[注]
（1）朝日新聞朝刊 2009年10月18日
（2）証券団体協議会レポート 1994.10.4
（3）永野学［2009］『図解いちばん面白いデリバティブ入門（第2版）』、30～31頁
（4）同上、214～215頁
（5）同上、216～217頁
（6）同上、218～219頁
（7）同上、220～221頁
（8）森平爽一郎［2007］『物語で読み解くデリバティブ入門』、173頁

[参考文献]
Bruce E.Henderson & Georgia Geis [2008], THE ECONOMIC TSUNAMI How & Why the U.S. Sub-Prime Mortgage Storm Formed － Its Far-Reaching Human & Global Impacts, & Who Is To Blame,SAGA　Agency,Inc.（橋本碩也訳『サブプライム危機はこうして始まった　決定版　アメリカからの最新レポート』、ラ

ンダムハウス講談社，2008年）
朝日新聞朝刊2009年10月18日
河合祐子、糸田真吾［2007］『クレジット・デリバティブのすべて第2版』，財経詳報社
証券団体協議会レポート1994.10.4
永野学［2009］『図解いちばん面白いデリバティブ入門（第2版）』，東洋経済新報社
森平爽一郎［2007］『物語で読み解くデリバティブ入門』，日本経済新聞出版社

[2009年11月執筆]

新井栄二（あらい えいじ）
東京大学大学院経済学研究科博士課程単位取得退学。
論文：「リカードゥにおける労働価値論と貨幣数量説」（『社会科学論集』第93号、1998年2月、埼玉大学経済学会）
ブライアン・K・マクリーン「カナダの進歩派経済学――日本への教訓――」訳新井栄二・芳賀健一（編集：天野勝行・芳賀健一『現代資本主義の現実分析――新しいパラダイムを求めて――』昭和堂、2000年5月）
共著：「地域通貨と情報技術革命」（SGIME編『情報技術革命の射程』、御茶の水書房、2007年、8月）

第18章　市場における主体の生成
――インセンティブ論を契機として――

山口系一

はじめに

　経済活動には外部性・外部効果というものがある。市場を介さずに主体の経済行為が他者に正負の影響を与えることを意味する。その影響が顕在化・問題化すれば、市場で解決できるようにその外部性を内部化する。現代ではこの内部化によって、外部性を巡る問題、たとえば公害等の環境問題の解決が試みられている。可能な限り所有権を明確化し、インセンティブをつくり出し、また所有権の明確化が難しい場合には政府の規制・法整備が必要とされるという考え方である。

　二〇世紀において社会主義体制がなぜ崩壊したのかという問題の原因の一つも、これと関係すると考えられている。社会主義体制では生産手段の所有のあり方が不明であり、そのため経済活動を効率化しようというインセンティブが欠如していたというのである。この考え方の背景には所有権を明確化すれば経済は効率的になるのだという前提がある。所有権の設定によってインセンティブが生まれるとされるからである。

　では、所有とは市場の外側、与件としてあるものなのか、それとも市場内部において成立することなのだろうか。所有とインセンティブに構造的連関があるとすれば、市場がインセンティブを形成するのか、という問題ともいえよう。このインセンティブを経済活動を引き起こす基礎的な動因としてとらえれば、ここでは市場の歴史性が問題となる。

　市場といっても、歴史貫通的な共同体の外部にあった市場と、共同体を包摂した市場では、人間に対する規定性は大きく変わる。後者をひとまず資本制システムとすれば、その「歴史性」を指摘したのがマルクスといえる。所有についても、普遍的で歴史を超えたものではなく、ある歴史的段階においてはじめて成立するというとらえ方をしている。所有（と所有する人間）の歴史性をマルクスは指摘しているのである。この所有論は、主体の生成論としてとらえ返

第18章　市場における主体の生成―インセンティブ論を契機として―

すことが可能であり、本章では市場において人間がいかに主体として生成するか、というかたちで問題を考えたい。『資本論』「価値形態論」において、所有の原理的な機制と欲望を併せて考察することで、人間主体の生成にとって根源的な「貨幣」という他者が最終的に示されることになる。所有を前提に市場をとらえる議論は、市場という場によって成立した「人間」、いわば近代的な自律的主体を暗黙のうちに前提してしまっているのだが、このことへの批判となる。

「所有する」「持つ」ことは、市場において形成される。あらかじめ所有者として主体的になにかを「持っている」人間が形成する場が市場なのではなくて、積極的になにかを持つことが市場においてはじめて成立するのであり、また交換しようという意志、欲望は市場の外側で所与としてあるのではないのである。主体を〈持たざるモノ〉として概念化することで、所有すること、持つことの「事後性」を明らかにしたい。

1　インセンティブ論と所有する主体

「インセンティブ」[2]とは、経済主体にある特定の意思決定をさせたり、行動をとらせたりする誘因であり、インセンティブがいかに生じうるかという点から経済問題の分析を行うのがいわゆる契約理論（あるいは情報の経済学）であり、それは応用ミクロ経済学の主要な一分野となっている。その対象とする問題領域は、モラルハザードとエージェンシー問題、逆選択の問題、そして取引費用と契約に関わる問題などである[3]。

ここではこれら諸問題のうち、インセンティブと所有をどのように契約理論がとらえているかを整理することで、所有権と市場の関係について検討したい。

社会主義の崩壊をインセンティブ論からみると、その失敗の原因は効率的に経済システムを導くインセンティブを人々に継続的に与えられなかったことにあり、それは基本的な生産資源（資本や土地）を誰が所有するのかといった問題、すなわち所有権の問題に原因があったという[4]。ただこうしたインセンティブ設計の問題は社会主義固有のものではない。というのも、資本主義においてもあらゆるものが所有の対象になっているわけではなく、所有権が曖昧な領域があり、そのため明確なインセンティブが与えられず非効率な、解決の困難な

301

経済問題があるからである。インセンティブという概念を使うことで、社会・制度と人間についての広い領域を分析対象としうるというのが契約理論の立場である。

契約理論からするインセンティブ問題の解決の基本的な方策は、所有権[5]の明確化・拡大と、適正な契約にあるといってよい[6]。ある資産が効率的に使われるためには誰が所有するかを明確にしなければならない、と考えるその根拠は契約には不完備性の問題が伴うからである。不完備性はプリンシパルとエージェント[7]という効用関数・目的関数が相違する経済主体間に情報の非対称性[8]が存在する場合に生じる。経済主体を限定合理性[9]の下にあるととらえれば、将来の様々な事象を予見できないゆえに契約にすべての情報を書き込むことができず、不完備になるのである。そこで、契約に明記できない場合には、コントロール権としての所有権を明確化することでインセンティブを有した主体を定めておき、不測の事態に対応させるのである。したがって、契約上、あらゆる状況を想定しうる経済主体などいないという意味では、所有権を設定しておかないと、ある資産を効率的に使うインセンティブを有した経済主体が最終的に存在しえないということになる。

さて、こうした契約理論の展開に大きな影響を与えたのがR・コース[10]である。「コースの定理」は、当事者の所有権を明確にしておくことで外部性（「外部不経済」）を政府に頼らず市場だけで解決しうると証明した。しかしコースは、市場が常にそのような解決をなしうると考えたわけではなく、取引費用（並びに資産効果）が存在する場合には解決しないが、それでも安易に政府にたよらずに取引費用を最小化するような契約を結ぶべきだという結論になっている。コースの定理は1960年の発表であり、すでに多くの批判があるが、ここで取り上げたいのは取引費用と、所有する主体の関係である[11]。

インセンティブを扱う上で取引費用が問題となるのは、それが優れて制度の問題だからである。実際の経済活動においては契約や取引に様々な費用がかかることを実証研究を経て発見したコースは、従来の経済学がその取引費用を除外して理論を組み立てていることを批判した。取引費用の存在は企業をはじめ、多くの制度というものを成立させることになる。そして、インセンティブは実際の制度の中で経済主体に作用するものである。

コースの定理は暫定的に取引費用のない世界を設定した上で、外部性は市場

第18章　市場における主体の生成―インセンティブ論を契機として―

で解決されうることを明らかにした。その際、所有権の明確化は重要だが、誰が所有するかは問題ではないとされる。しかしながら、コース自身、取引費用が現実には必ず存在すると考えていた。取引費用が生じる世界では契約によって所有権を含めた権利を配分しなければならないが、それには多くの費用がかかり、契約は完全でない。それゆえ、誰にどのように所有権を付与しておくかは避けられない問題なのである。これを不完備契約という考え方から明らかにしたのが契約理論である。適切な所有権の設定によって主体にインセンティブを与えることで、いかに効率的な経済活動を促すのかということを課題としている。

　契約理論は不完備契約という概念を使って、所有権の適切な配分が資源の効率的な利用には不可欠であることを示した。取引費用が経済活動には必ずともなうということを指摘したコースは、従来の経済主体像や市場観があまりに「透明」であることを批判したのだが、取引費用が実際には最終的な確定性を有していないことをみていなかった。つまり、取引費用が確定可能であると想定したために、どのようなかたちで所有権が配分されようとも、資源は誰かの手によって効率的に用いられると考えたのである。けれども、取引費用が不確定で、契約が不完備である場合、資源が効率的に使われるには誰が最終的な所有者かを設定する必要がある。不確定な世界における限定合理的な経済主体には、すべての事柄を把握し予見することは不可能であるがゆえに、費用を最小限に抑えた最終的なインセンティブを持つ経済主体を定めた契約を結ばねばならないのである。

　ここで問題を整理しよう。コースは取引費用の無い世界では市場内部で外部性は解決できることを示しつつ、同時に、取引費用の無い世界で経済を考えることの虚妄性を主張した。そこでは所有権の設定は必要だが、誰に、ということは問題にならないとした。しかし、契約理論が明らかにしたように取引費用のある世界では契約は不完備になるため所有権の適切な配分が必要となる。インセンティブを有する主体をあらかじめ設定しなければ、資源の効率的な利用ができないからである。コースがひとまず政府というものを外して考えた外部性の問題は、契約理論を経由することで、つまり所有権とインセンティブの関係を考慮することで、やはりなんらかの公的機関をその解決に再び引き入れなければならないことになる。たしかに当事者間だけで所有権を含めた諸権利の

配分を契約によって定めうる場合もあるだろうが、外部性の問題を考えた場合には所有権の設定はかなり困難をともなう。そもそも、だれが当事者かを決めることさえ難しい。

そこで必要となるのは、所有（者）はいかにして成立するのかを問うことである。契約理論はあくまで資源の効率的な利用には所有権の設定が不可欠だ、といっているだけであって、所有成立の機制そのものに光を当てているわけではない。市場における当事者だけで所有権は解決できないという点で、市場の外側に第三者を要請するものであり、それゆえ、所有からもたらされるインセンティブも市場内部から生じるものではないことになる。ひとまず契約理論を検討することで、インセンティブと所有の関係性が明らかになったといえるが、この所有が市場の内部で形成されるものと考えるとインセンティブについてのとらえ方も大きく変わることになる。次に検討してみたい。

2　市場と所有——商品論における二様の主体

所有の歴史性と所有成立の構造を、マルクスのテキスト解釈から明らかにしたのが青木孝平氏である。所有を市場の、資本制システムの内部でとらえるその議論は、近代の自由なる主体という「イデオロギー」への批判にまで広がるパースペクティブを有している。本稿では、『資本論』「価値形態論」という場に限定し、「所有」するということが他者との関係性を措いては成立しないこと、そして市場内部で成立することを検討する。しかし、他者との関係を論じる際、そこに主体の欲望・意志を射程に入れる本稿の立場との違いが露わとなる。その差異が、第1節でみた所有とインセンティブの関係を明らかにする基礎となるのだが、まずは所有の歴史性と所有者が成立する構造について考える。

青木孝平著『コミュニタリアニズム——家族・私的所有・国家の社会哲学』（以下、『コミュ』と略記）では次のような論理が展開される。マルクスのテキスト解釈から「商品占有者」と「商品所有者」を区別し、前者が後者となる過程（生成論ではなく、構造論的理解において）が価値形態論の課題であるという。『資本論』における「主体」概念は、「コミュニタリアニズム」的にとらえるべきであり、「リベラリズム」的側面を有したマルクスの主体概念が否定され、

第18章　市場における主体の生成―インセンティブ論を契機として―

「人間主義的で主観主義的」理解ではなく、「今日の社会哲学における関係主義や構造理論の知見」に耐えうるものとして、人間や所有というカテゴリーをとらえなおすべきであると主張するのである。

　本稿ではマルクスが「コミュニタリアニズム」であるかどうかについては論究しない。宇野弘藏に「リベラリズム」的側面があるという指摘については検討するが、その前に「所有者」成立の論理を辿るため、『コミュ』の「商品占有者」と「商品所有者」についての議論を整理してみたい。

　まず、『資本論』をこのように批判する。『資本論』の商品論において、「商品の担い手としての人間は、抽象的人間労働の体化を根拠にして均質化され、同型化された商品の人格的表現として登場し、抽象的で普遍的な『人間』すなわち『主体』の地位を与えられ」ている。マルクスはせっかく「商品の集積」として資本主義社会をみながら、結局それを「"人間の集合"にそのまま等置してしまってい」て、主体としての人間を前提していると。マルクスは第一章「商品」で、価値実体と商品の物神性を説いてしまったため、第二章「交換過程」では「人間労働量を等値する商品の交換関係をたんに"人間語"に翻訳し」なおされるにすぎず、「主体としての人間があらかじめそれ自体として前提されたのちに、この『主体』が契約によって社会関係に入るものとされる」[12]と批判している。

　しかし、マルクスの交換過程論について、「商品交換は、共同体の果てるところで、共同体が他の共同体またはそのメンバーと接触する地点で始まる」という文言があり、「商品の交換に対してあらかじめ商品所有者という主体が前提されているわけではな」い、として評価する。「歴史的事実の跡づけにとどまって」はいるが、「特定の主体」を前提しない商品交換による結果として、「初めて商品の『所有主体』が設定されている」ことが重要であるという[13]。

　そして、この交換過程論の解釈から、次のように述べる。

　　「交換過程論」のテキストでは商品交換の担い手として、あらかじめ「商品の番人」が置かれているようにもみえる。しかし注意深く見てみると、まず第一に、この商品の番人は、偶然的で気まぐれな言わばその存在根拠をもたない「商品の代表者」としてWarenbesitzerというカテゴリーによって把握されており、あらかじめ特定の実体的な主体が前提とされてい

るわけではない。第二に、そこになんらかの「共通な一つの意思行為」が可能になることを媒介にして、初めて抽象的で同型の「主体」なるものの導き出されるというコンテキストに注意せねばならない。こうして構成された「主体」がまさに Privateigentümer というカテゴリーである。したがってそれはイデオロギー的には、商品の代表者である Besitzer が互いに相手を承認し合うことによって成立する意思関係という法規範的形態においてあらわれるのである。[14]

　ここから『コミュ』では占有と所有の諸学説が検討されてゆく。結論としては、Warenbesitzer が商品占有者、Privateigentümer は私的所有者となるのである。要するに非実体的な主体、商品占有者が、商品交換による結果として私的所有者というイデオロギー的主体というかたちで実体視されるということである。

　商品論にとどまらず、『資本論』全体を所有論として解読する青木は、流通形態論からさらに議論を展開しているが、ここでは商品論の領域で議論をしたい。なぜなら、人と物との関係ではなく、他者との関係性こそが人間を所有者にするということが充分に指摘されているからである。

　さて、以上の引用と要約において重要な点は、所有者なる主体は交換関係において、市場での過程において成立するイデオロギーであると主張していることである。主体の成立は、いわば事後的なものであると。これは、あらかじめ所有権を有した合理的主体が契約を取り結ぶという社会契約論の世界の虚構性を暴いているといえる。商品論、価値形態論といった市場を原理的に考える場では、なんらかの「実体」的な主体を前提としてはならないということなのである。

　対他関係、交換関係から所有が成立するというこの議論から、前節の所有（権）を市場の外側においてみる契約理論を見れば、以下のような問題が明らかとなろう。すなわち、所有する主体が市場過程の結果であるなら、あらかじめ適切に所有者と所有権を定めることによって資源が効率的に利用されると考える契約理論には限界があるということである。経済と法が独自の領域として認識されている日常において、経済活動を十全に為すための法整備があらかじめ必要だ、という議論は必然的なものであり、それ自体では批判さるべきでは

第18章　市場における主体の生成—インセンティブ論を契機として—

ない。しかし、なぜ「外部性」が生じるのか、ということを原理的に考察するための場では所有（権）そのものの成立契機をみなければならないのである。

「外部性」に関して、所有者を成立させにくい対象（空気や水など）が存在することが問題視されるが、それは一つの転倒であろう。なんらかの「占有」をしている者が、市場において交換プロセスを経ることではじめて「所有者」となり、その対象をまさに自己の所有物とする。この関係構造を考慮すれば、所有者をあらかじめ設定しておけば市場はうまく働くことになるはずだ、という議論は後知恵にすぎないのである。これは、一旦所有権の成立したモノは、あらかじめそれが所有すべき対象として存在していたと考えてしまう遠近法的倒錯によるといえる。それゆえ市場には外部性がある、という言い方には問題があり、市場によってはじめて外部性として現れる領域が生じるのである。外部性を市場に内部化することで解決する、というのではなく、市場が外部をつくりだし、その外部の内部化そのものが市場の過程なのである。

ここまでは、市場が原理的には所有者と所有対象を作り出す場であることをおさえておけば良いだろう。占有者が所有者になるという、市場における関係構造を示した青木の方法は、所有者の事後性を明らかにした点で優れているが、占有者がいかなる存在かは、その定義上、括弧に入れられたままである。この問題を、青木の宇野弘蔵批判を取り上げて次節で考える。

3　主体とイデオロギー

青木は、人間主体の行動による機構編成論として価値形態論を解釈した宇野弘蔵の方向性を、マルクスにおける「価値形態」から「交換過程」への後退として批判し、商品所有者という「主体のイデオロギー」をつくりだすプロセスの解明こそ、価値形態論のプロブレマティクであるという。それはまた、価値形態論を、貨幣の生成論としてではなく、「私的所有者」がいかなる関係において存立しているかを分析する場として考えるべきだ、という批判でもある。

このとらえ方から、宇野の方法を「商品論から価値の実体規定のみならず、この実体にもとづく通約の論理である『交換過程』をも完全に消去」、「このかぎりで商品論を文字通り"形態"の論理に一本化するものであった」という点で評価する。逆にまた、マルクスの交換過程論にあったような商品所有者を前

提し、その世界を"人間語"で発生論的に構成した宇野の方法を批判し、形態論理の徹底というからには、所有者を消去し、商品占有者を前提すべきだ、とされる。商品論における価値実体批判と、商品に"所有者"を導入し主観的欲望に即して展開することは同じことではない、というがその主張である。

　交換過程では、「商品の所有者」なるものは「主体としての根拠も性格もまったく不明のままであり、ただ現実の物を支配しているという事実以外はすべて捨象されて」おり、「きわめて消極的で受動的な商品の番人であり、レーゾン・デートルのない幽霊のような地位しか与えられていない」、と言う。その意味で、宇野がマルクスの交換過程論から、商品所有者概念を彼の論理に引き入れたことは誤りであると批判し、「商品経済的連関が所有を構成するのであって、けっしてその逆ではありえないのである(17)」と結論する。

　ここに青木の方法の核心がある。つまりこういうことである。商品占有者が商品を交換する意味は、商品占有者自体のなかにはない。むしろそれを交換せざるをえないという外部の関係の中にあり、その関係から商品占有者が主体として形成される。これは関係主義的・構造論的理解であるといえよう。

　ただ、こうした論理は、ある関係構造をあらかじめ前提して主体をとらえるものであり、関係そのものがどのように形成されるかを明らかにするものではない。価値形態論において他者との根源的な関係性を示すなら、なんらかの「主体」性がなければならないのではないか。「主体」を理論の端緒におくことが、主体を実体視することにはならないというのが本稿の立場であるが、これらの点を以下、検討してゆきたい。

　では、価値形態論における主体性の問題を考えてみよう。宇野は価値形態論から労働実体論を排除し、商品所有者の欲望を導入したのだが、この方法の意義は『資本論』における価値形態論、第一形態、「単純な、個別的・偶然的価値形態」と題されている場で示される。

　『コミュ』では、商品論の段階では価値をただ商品相互の同質性として問題にすればいいだけであり、相手の商品に対する商品所有者の欲望は問題にならないとしている。この第一形態は「たまたま上衣を選択的に欲望したからというより」、それは「むしろ偶然のなりゆきの結果」であると理解すべきであるとされる。その根拠は初版も現行版でも、等価形態をなす商品の内容はとりあえず問題にしないこととなっているからだという。それがマルクスのいう「偶

第18章　市場における主体の生成―インセンティブ論を契機として―

然性」なる規定であると。

　しかし第一形態の場合においても、相対的価値形態にとって、等価形態をなす商品の内容は「まったくどうでもよいこと」であるとすれば、なぜ交換が生じるのかが不明となるだろう。等価形態の商品は、相対的価値形態とその使用価値が違いさえすればよいというのだが、それでは第一形態と第二形態を区別する意義が失われる。さらに、あらかじめ商品が価値を表現する、ある種の能動性をもっていることが前提されているのではないか。

　商品は、価値を初めから表現しようとするのではない。他の使用価値をもった商品と交換せざるをえないがゆえに、価値を表現せざるをえないのである。ここになんらかの欲望・意思を導入する宇野の方法の意義がある。等価形態の使用価値はなんでもよい、というのでは、始めから無媒介に、商品は価値であり価値表現するものだから、それで十分だという外在的理解となってしまう。ここは『コミュ』の議論のきわめて重要な点である。なぜなら、主体はそもそも関係からしか見えないのだから、商品関係にあらかじめ人間主体を置く必要はなく、すでに関係が与えられているのだから、二つの商品をただ置くだけでいいということになるからである。しかしこれでは、第一形態の両極におかれた商品相互の違いを明確にできない。「価値と使用価値が両項に分離される同質的関係性」こそが重要であると認めているのに、それを価値形態論の前提として封印してはいないだろうか。

　商品と欲望する主体を導入する意義は、なぜ交換が生じるのかを他者との関係性において内在的に説明しうるからだといえるが、だからといってそれが主観価値説となるわけではない。また、価値形態論冒頭の主体が所有する主体であるか、欲望する主体であるかは別の問題なのである。前節で検討したように、所有という形態があらかじめ交換関係以前にあるという捉え方は、青木と同様に本稿でも退けるが、なんらかの欲望・意思を見いだすこと自体が冒頭の主体を「実体」ととらえることにはならないのである。

　では、第一形態においてこの問題を考えよう。一般に、等価形態にある商品の受動性は指摘される[18]。しかし、相対的価値形態にとって、等価形態の商品は自己とは関係なく否応なく現れる対象・存在であり、向こう側からやってくるものである。相対的価値形態の商品も、等価形態を介することでしか自己たりえないがゆえに、実は等価形態にすべてを負っているという受動的存在なので

309

ある。等価形態は「なんでもよい」というが、それは、あくまで相対的価値形態の価値を表現する上で与えられたものであり、なんにでもなりうるが、相対的価値形態にいる「主体」の恣意にはならないのである。等価形態という他者は、必然的に相対的価値形態を縛りあげているのであり、相対的価値形態の商品は、等価形態に対して受動的なのである。欲望する主体は一般的には能動的主体と理解されやすいが、あるものを自分の欲望の対象にするということは、まさにあのモノ（等価形態）が、自己の欲するものとして現れるがゆえである。欲望する主体が自己を理解するには他者を介して以外ありえない。だからこの点で、欲望主体はたんなる能動的主体ではない。まさに「受動性」を秘めているのである。

この「受動性」は、貨幣に対する相対的価値形態の受動性とは別に見いだせるものである。まず明確な欲求があって、次に他者の商品を欲することで貨幣が生成する、ということではない。明確な意思を有した欲求する主体は、価値形態論の論理を経て、はじめて成立するということなのである。この意味で所有者なる主体が事後的なものであることを指摘した青木の議論と本稿の論理は、人間「主体」を非実体化してとらえる視角を共有しているといえるだろう。

そこで、明確な、対自化された欲求を形成する以前の主体について、いかなる存在であるかを示す必要がある。それは、占有者をおかなければ所有者の存立構造が見えてこないのと同様の論理構造である。欲望を組み入れて、所有成立の機制を次に明らかにしたい。

4　欲望する主体の受動性——〈持たざるモノ〉としての「主体」

ここでは、人間の欲望主体としての受動性に着目して「主体」の主体化の論理を辿ってみたい。まず、価値形態論における主体を二つに区別しておく。価値形態論の前提としての「主体」、これを「s」とする。sには相対的価値形態に立つ者と、等価形態に立つ者が含まれる。ただし、等価形態の位置に自ら立つことはできない。つぎに、貨幣形態まで完成した世界における主体、これを「S」とする。つまり貨幣によって購買されることで認められる主体である。この区別を前提にして市場において「主体」性はいかに生成するのかを見てみよう。

第18章　市場における主体の生成―インセンティブ論を契機として―

　価値形態論は「主体」(s) の主体 (S) 化プロセスとしてとらえることが可能である。その意味で『コミュ』における、価値形態論と交換過程論での主体の差異を明確にした青木の論考はきわめて大きな意味を持つ。しかしながら、そこに「占有」する主体という規定はあっても、その主体の内容理解については希薄である。なぜなら、始めから主体は商品関係によって決定される主体であり、どこまでいっても受動的な（被規定的）存在だからである。
　本稿でも価値形態論の前提としての主体の受動性は主張した。がしかし、そこには限定された能動性があるのではないか。商品関係は、宇野のいう商品所有者なくして動態化しない。主体の外側に在る関係も、やはり主体が形成するものである。それをマルクスは「社会的過程」としたが、これは主体に内在することによって理解できることである。宇野の価値形態論が、商品それ自体の関係プロセスではなく、あくまで人間（商品所有者）の認識と行為の展開だとするなら、本稿では欲望を導入した方法の可能性を、価値（概念）がモノとsとの関係で成立してゆくという機制を明らかにするものとして理解しておきたい。sにも限定された能動性を観て取るべきではなかろうか。
　このsは、まず明確な自己というものがあって、それから諸対象を欲求する、という存在ではない。いわば〈欲するゆえに我有り〉という、他者を介して欲する対象、欲望それ自身、そして自己を認識し形成するような始原としての「主体」である。対して、これを「構造論的な関係主義」の立場からみれば、ただ「占有」する、いわば亡霊のようなsが、貨幣によってS化されることをとらえ、Sが商品経済におけるイデオロギー作用によって成立すると考えられることになろう。
　しかしながら、イデオロギーとは、人間自身の社会的生活が作り出してゆくものである以上、その生成構造を明らかにせねばならない。それが価値形態論という場にあるなら、関係を関係たらしめる動因としての「主体」をみるべきである。[23]
　青木はまた、資本主義が「自由な自立したアトム的『主体』という幻想」を作り出すのであり、アルチュセールを引きつつ、「人間なるものは無意識の関係構造がつくりあげるイデオロギー的主体以上のものではありえないのである[24]」と主張する。強調点は、イデオロギーの否定的側面だが、資本制システムは、たとえそれがイデオロギーであるとしても、それによって人間なる主体

311

（＝S）が形成されていることに変わりはない。亡霊から少なくとも何者かには成れたのである。ただ、これを青木はあくまで近代的所有のイデオロギー性として批判的に、本稿でいうところのsのS化の論理を辿ったといってよい。

しかし、商品交換によって手にした貨幣の所有者になることで、自らの受動的在り方から離れることが「できる」という存在になったとも把握しうる。この意味で人間は根源的に貨幣を求める「インセンティブ」を有していることになる。これは資本制システムの肯定的側面であり、貨幣は、主体にとって自由の可能性の条件なのである。

また、欲望の受動性を条件としてこうした能動性をとらえれば、「実体」としての主体、すなわち他者を介しない独立自尊の〈我能う〉という主体を前提せずに、関係・構造を動態化する「主体」を理解することが可能となる(25)。関係・構造は、すでに主体と共にある。だからといって、主体を関係に規定されるだけのマリオネットとするわけにはいかない。

その意味で宇野が価値形態論に導入した、欲望する主体なる規定性には大いに有効性があるといえる。つねに人間は他者を通じてしか自己充足できない。というよりも、自己と充足は不可分であり、充足することで自己となるのである。したがって、まず自己があり、欲望があり、欲望の対象が他者にあって、自己のモノを他者に差し出してみる、ということではない。まず他者が自己とは区別され現れ、その他者のモノが欲望の対象として意識され、自らの欲望に気づく、そうした人間が欲望する「主体」（＝s）なのである。そこからsは、自ら提供しうるモノを定めてゆく。このような「主体」を本稿では〈持たざるモノ〉と概念化したい。sとして現れる「主体」は、つねに他者を必要とする〈持たざるモノ〉であり、他者を介して人間はそれ自身として主体化するのである(26)。すなわち、「所有」者になるのである。

等価形態という他者との関係においてはじめて、相対的価値形態の側にある商品は、その主体にとってまさに自己のモノであるという認識が主体に生じる。この意味で、相対的価値形態の主体は〈持たざるモノ〉なのである。青木はこの事態を、価値形態論の端緒に所有者を想定すべきでない、というかたちで主張したのだと考えられる。

最後に、所有と欲望の連関を整理して、インセンティブと所有についてまとめておこう。

第18章　市場における主体の生成―インセンティブ論を契機として―

おわりに――本源的インセンティブとしての欲望――

　所有する主体が市場によって成立する、この機制を明らかにするためには価値形態論冒頭の主体に欲望を導入して考えた方が良い、というのがこれまでの結論である。欲することは、他者を媒介するがゆえに、はじめから自明のこととしてあるわけではない。そして、欲望が交換によってのみ満たされる場に立たされた「主体」は、他者との関係性において、なんらかのモノを持ち（持たされ）、交換を欲する。そして、最終的には貨幣との交換によって、所有する主体として成立するのである。

　本稿で青木の議論を追ってきたのは、所有することの事後性は、欲望主体を前提に考えた方が所有成立の契機をより明確にできるということからである。市場という場におかれた主体は、所有者とならざるをえない。この始原が s なのである。

　第1節で考察した契約理論の所有のとらえ方は、交換する場（市場）においてこそ所有者という存在がありうる、ということをみていなかった。さらに、所有者をあらかじめ設定しておくことがインセンティブを持つ主体を確保する手段であるとされていたが、本稿での欲望を究極のインセンティブととらえれば、インセンティブこそが所有を成り立たせるのである。確かに所有とインセンティブの連関は契約理論においてとらえられていたが、あくまでそれは市場の与件であった。本稿では所有（者）は市場で成立し、端緒の s には根源的な貨幣（他者）への欲望、すなわちインセンティブが存在することを明らかにした。インセンティブ論は、プリンシパルがエージェントにいかに動かすか、という議論ではあるが、その二者関係の極限である価値形態論においてインセンティブをまず考えるべきなのである。欲することがなければ、所有も生まれない。所有者を設定すればインセンティブが生じるというのは、市場の原理的な他者との関係性をみていない、ということなのである。

［註］
（1）人間、企業など。
（2）地位、名誉などあるが、基本的には金銭的な報酬を指す。ただし、そうした誘因自体ではなく、それによって引き起こされた主体の意思を含意する

場合もある。
（3） 総じて、「情報の非対称性」から生じるインセンティブの問題である。［伊藤 小佐野, 2003］、参照。
（4） ［清水 堀内, 2003］、参照。
（5） 契約理論においては私有財産制度を「残余請求権」と「残余コントロール権」の二つを持つことと解釈する。［清水 堀内, 2003］
（6） 所有権、コントロール権の無制限の拡張を契約理論が認めているわけではない。
（7） 患者と医者、企業と労働者など、依頼する側と代理する側。
（8） 「隠された情報」と「隠された行動」。
（9） 進化論的ゲーム理論がこの議論を展開。
（10） シカゴ学派に制度分析を導入した、新制度学派の代表的論者。［Coase, 1992］、参照。
（11） 特に取引費用概念の曖昧さである。所得分配の軽視をもたらした点でも批判がある。
（12） 『コミュ』, 第 3 章 ,p.217。
（13） 『コミュ』, 第 3 章 ,pp.220-221。
（14） 『コミュ』, 第 3 章 ,p.222。
（15） 宇野弘蔵は、「形態が実体を包摂する」という観点と、商品交換は共同体の外部であるという基本認識を前提にして『資本論』を再構成した。すなわち、労働実体（論）を前提とせずに、価値形態論を起点とした流通論をその原理論の端緒におき、その後に実体論（労働・生産過程論、生産論）を展開した。宇野のこの方法は、形態（流通関係）の認識が可能となるのは資本制社会においてであり、だからこそ実体もそれとして把握できるととらえた点で理論的な画期となった。
（16） ［新田滋, 2004］では、青木の議論は「私的所有者」の発生論ではないのか、という批判がされている。［青木孝平, 2005］にてあくまで「主体への構造的規定性」を説いていると反批判している。青木・新田の論争は、［青木孝平, 2008］、参照。
（17） 『コミュ』, 第 3 章 ,p.253。
（18） 交換を求められるという受動性。
（19） ［山口系一, 1999］、参照。
（20） この点で宇野とは大きく異なる。しかし、欲望論としての価値形態論の可能性を拓いたのが宇野であると考えている。［山口系一, 1999］、参照。
（21） さらに貨幣所有者が登場することになるが、この「貨幣」所有者が、市場の内部に起源を有するのかについてはさらなる論考が必要である。価値形態論を貨幣生成論としてとらえるべきなのか、という問題である。

(22) 欲求レベルと欲望レベルの差異については、[見田宗介1996]のバタイユ解釈を参照。
(23) [植村高久, 1997]、参照。
(24) 『コミュ』, 第3章, p.270.
(25) 関係を主体の外側において主体化の論理をたどると、関係そのものが実体視されてしまうのではないか。関係の関係化、構造の動態化と反復の基点は「主体」にある。
(26) これ市場があろうがなかろうが普遍的にいえることだが、ここではひとまず価値形態論という市場を原理的に考察する場に限っている。初期マルクスの「労働」概念によっても自己の生成・確立に他者を不可避とする機制を論ずるのは可能だが、ここでは触れない。

[参考文献・引用文献]

Coase, R. [1992] 『企業・市場・法』, 東洋経済新報社
Marx, K. [1972] (1867) 『資本論』, 国民文庫
青木孝平 [1992] 『ポスト・マルクスの所有理論』, 社会評論社
青木孝平 [2002] 『コミュニタリアニズムへ』, 社会評論社
青木孝平 [2005] 「コミュニタリアニズムとしての宇野理論」季刊経済理論, Vol.41, No.4
青木孝平 [2008] 『コミュニタリアン・マルクス』, 社会評論社
伊藤秀史・小佐野広 [2003] 『インセンティブ設計の経済学』, 勁草書房
植村高久 [1997] 『制度と資本——マルクスから経済秩序へ——』, 御茶の水書房
宇野弘蔵 [1964] 『経済原論』, 岩波全書
清水克俊・堀内昭義 [2003] 『インセンティブの経済学』, 有斐閣
新田滋 [1998] 『段階論の研究』, 御茶の水書房
新田滋 [2004] 「交換過程と価値形態」季刊経済理論, Vol.41, No.1
見田宗介 [1996] 『現代社会の理論』, 岩波新書
山口系一 [1999] 「経済主体にとっての貨幣と信用」(小幡道昭編著『貨幣・信用論の新展開』, 社会評論社, 所収)
山口系一 [2006] 「マルクス欲望論の可能性——「労働／生産」概念による消費分析——」(SGCIME編『マルクス経済学の現代的課題 第Ⅱ集 現代マルクス経済学のフロンティア』, 御茶の水書房, 所収)

[2009年10月脱稿]

山口系一（やまぐち けいいち）横浜市立大学国際総合科学部等の非常勤講師
東京大学大学院経済学研究科、第二種博士課程単位取得退学。
論文：「経済主体にとっての貨幣と信用」(小幡道昭編著『貨幣・信用論の新展開』社会評論社、1999年)、「経済学における欲望—— C・メンガーの経済社会」(星野富一・奥山忠信・石橋貞男編『資本主義の原理——新しいパラダイムを求めて』昭和堂、2000年)、「エネル

ギーの商品性と電力自由化——電源の分散化による社会の変容」(SGCIME 編『マルクス経済学の現代的課題 第Ⅰ集 グローバル資本主義 第 6 巻 模索する社会の諸相』御茶の水書房、2005 年)、「マルクス欲望論の可能性——「労働／生産」概念による消費分析」(SGCIME 編『マルクス経済学の現代的課題 第Ⅱ集 現代資本主義の変容と経済学 第 3 巻 現代マルクス経済学のフロンティア』御茶の水書房、2006 年) など。

第19章 「シーニアの節欲説」批判と「スミスのドグマ」批判
―― 数式による解釈 ――

栗原春樹

概　要

　一商品に一工程が対応するレオン・チェフモデルにおいては、価値Λと価格pとの間には次の関係式がなりたつ（数学的補遺）。

$$p = (1+\pi)\, w \sum_{i=0\to\infty} (1+\pi)^i \Lambda_{-i} \tag{1}$$

$$\Lambda = \sum_{i=0\to\infty} \Lambda_{-i} \tag{2}$$

ここでΛ_{-i}は、i期前に商品に固着した価値、πは利潤率、そしてwは時間当たり賃金である。

　マルクスが資本論において行った「シーニアの節欲説」批判（文献1）と「スミスのドグマ」批判（文献2）は、この関係式を用いることでその意味が理解しやすくなる。なお「シーニアの節欲説」批判の意味解釈にあたっては、ウェーバーの著書『プロテスタンタンティズムの倫理と資本主義の精神』（文献3）からの引用も利用した。

1　シーニアの節欲説

（1）問題の所在

　マルクスはシーニアたち俗流経済学者が唱える節欲説を痛烈に批判している。すなわち「（シーニアいわく）『私は、生産用具として考えられる資本という言葉に代えて、節欲という言葉をもってする』と。これこそ俗流経済学の「発見」の絶好の見本である！」と述べている（文献1の1024ページ）。

　一方で（1）（2）式の意味するところは、「生産物に固着した労働すなわち価値は、その固着した時点がi期だけ前であれば$(1+\pi)^i$倍の価格評価を受ける」とするものである。このような価値価格転形が社会において持続的に成立するには、それが拠って立つ価値観が一般市民に受け入れられていなければならないだろう。それは「消費を我慢して投資することつまり節欲に対する代償が

利潤」とみなす価値観である。ウェーバーがその著書で論証した「世俗的節欲の精神」こそが、この価値観であったと私はかつて論じた（文献4）。

そこで「シーニアの節欲説」と「世俗的節欲の精神」との差異が問題となる。

(2) 問題の解明
二つの節欲説はそれぞれが対象とした時代が異なる

結論的に述べるならば、二つの節欲説はそれぞれが対象とした時代が異なるのであり、それゆえ「シーニアの節欲説」は時代錯誤のものとして批判されるべきであり、いっぽう「世俗的節欲の精神」は西欧における資本主義創成期の精神を的確に説明するものとして評価されるべきなのである。

すなわち、利潤を実現するには市場において商品が現実に売れなければならず、その際の売買価格は適正利潤を補償するに足りるものでなければならないが、16世紀の西欧において生じた世俗的節欲の代償としての利得の肯定は、この適正利潤を道徳的に認める社会的合意を成立させた。この社会的合意はその後の西欧資本主義の開花に是非とも必要なものであった。なぜなら、それ以前の西欧においては、利潤・利子の取得を道徳的には敵視するカトリックの影響が強かったからである。カトリックの道徳が支配的であった中世においては、利潤・利子の取得は、喜捨などの善行を代償としてお目こぼしされるにすぎなかったのであるが、世俗的節欲の肯定がこの精神状況を変えたのである。世俗的節欲の肯定は、このように資本主義創成期に歴史的役割を果たした価値観である。

しかしシーニアのようにこの価値観を後世の機械制大工業の時代において唱えることは、時代錯誤であるばりでなく、機械制大工業のもたらした非道徳的なまでの社会的不公正を隠して美化するものと批判されるべきである。

私は「このような結論は、実はマルクスが『資本論』において、またウェーバーが『プロテスタンティズムの倫理と資本主義の精神』において、それぞれ述べていることである」と解釈するものである。以下、それぞれの著書から抜粋して、この解釈の論証に充てる。引用箇所については、それぞれの抜粋の後に、文献のページ数等を記して示すことにする。引用における略記「(資)」は、社会科学研究所 監修・資本論翻訳委員会 訳『資本論』新日本出版社初版を表わす。また、略記「(プ)」は（文献3）を表わす。

第19章 「シーニアの節欲説」批判と「スミスのドグマ」批判—数式による解釈—

『資本論』と『プロテスタンティズムの倫理と資本主義の精神』からの抜粋
□　機械制大工業時代とそれ以前とでは労働時間が著しく異なっていた。

　中世の労働倫理の影響が残っていたマニュファクチュアの時代には労働時間は比較的に短く、労働時間延長に対する労働者の抵抗を打ち砕いた機械制大工業の時代には労働時間は著しく長かった。このことを、資本論の第一部第3篇第8章「労働日」においてマルクスは詳しく記述している。

　　＊十八世紀の大部分のあいだ、大工業の時代にいたるまでは、資本はまだ、イギリスで、労働力の週価値を支払うことにより労働者の一週間をまるまる領有することには成功していなかった——とはいえ、農業労働者たちは例外をなしていたのではあるが。四日間の賃銀でまる一週間生活できたからといって、労働者たちにとっては、そのことが残りの二日間をも資本家のために労働しなければなる十分な理由になるとは思われなかった。（資）第一部第3篇第8章第5節、第2分冊 p472

　　＊われわれの時代のイギリスの工場立法を、十四世紀から十八世紀中葉すぎにいたるまでのイギリスの労働者規制法と比較されたい。現代の工場法は労働日を短縮するのにたいして、これら諸法はそれを強制的に延長しようとする。（資）第一部第3篇第8章第5節、第2分冊 p466

　　＊「理想的労役場」、すなわち1770年の恐怖の家では一日に十二労働時間！六十三年後の1833年に、イギリス議会が四つの工場部門で十三歳から十八歳までの児童たちの労働日をまる十二時間に引き下げたときには、イギリス産業の最後の審判の日が始まったかのように思われた！（資）第一部第3篇第8章第5節、第2分冊 p478

　　＊同じこのトーリー党員は、さらに次のことをも認めている——「労賃を労働者に不利に、雇い主に有利に規制する議会法は、四百六十四年の長期にわたって存続した。人口は増大した。この法律は、いまや不必要で厄介なものとなった。（資）第一部第3篇第8章第5節、第2分冊 p470

□　労働に精励する労働者はプロテスタントによって用意された。

　上述の「残りの二日」をも労働する労働者がプロテスタントによって用意されたのである。

＊宗教的な禁欲の力、冷静で良心的で、すぐれた労働能力をもち、神のよろこび給う生活目的として労働に精励する。そうした労働者さえも彼の掌中にあたえた。（プ）p356
　　＊（プロテスタンティズムは）そうした労働を天職（Beruf）と見、また、救いを確信しうるための最良の……ついにはしばしば唯一の……手段と考えることから生じる、あの心理的機動力を創造したのだった。（プ）p360
　　＊バックスターがはじめてキッダーミンスターを訪れたとき、（中略）同時に、禁欲がどのようにして大衆を労働に……マルクス主義的にいえば「剰余価値」の生産に……徹するように教育し、そしておよそ資本主義の労働関係（家内工業、綿布業）のなかで彼らを使用することをどのようにしてはじめて可能ならしめたか、それを示す典型的な事例でもある。（プ）p362
　　＊プロテスタントは、伝統的な休日のほとんどすべてを仕事日に転化したことだけですでに、資本の発生史において一つの重要な役割を演じている。（資）第一巻第３篇第８章第５節、第２分冊 p477

□　蓄積に必要な剰余価値の搾取という工場経営者の欲求も、プロテスタントによって肯定された。
　すなわちプロテスタントは、剰余価値の搾取はまっとうなものとして受け入れられたのである。
　　＊この宗教的禁欲の力は、現世における財の分配の不平等が神の特別な摂理のわざであり、神はこの差別をとおして、恩恵の予定によってなし給うのと同じに、われわれのあずかり知らぬある秘密の目的をなしとげ給うのだという、安心すべき保証をあたえたのだ。（プ）p356
　　＊（プロテスタンティズムは）そうした労働を天職（Beruf）と見、また、救いを確信しうるための最良の――ついにはしばしば唯一の――手段と考えることから生じる、あの心理的機動力を創造したのだった。また、他面において、この禁欲は企業家の「営利」をも天職と解して、それによって、この独自の労働意欲の搾取をも合法化した。（プ）p360

□　大工業時代には労働は生理的限界を超える過酷な長時間労働になった。

320

第19章 「シーニアの節欲説」批判と「スミスのドグマ」批判―数式による解釈―

「労働日」と題された資本論の第一部第3篇第8章は、少年と婦人をも対象とした過酷な長時間労働の実態の記述に殆どのページが充てられている。その中から、生理的限界を超えた長時間の労働が労働力の再生産を困難にするほどであったことを、直接的に述べた記述を抜粋しよう。

 ＊「過度労働をする人々は異常な早さで死亡する。しかし、死亡した者の席はすぐにふたたび補充されて、登場人物はひんぱんに交替しても舞台の上にはなんの変化も生じない」『イギリスとアメリカ』、ロンドン,1833年、第一巻、55ページ（著者はE.G. ウェイクフィールドである）（中野正訳、『世界古典文庫』、日本評論社、（一）60-61ページ。(資) 第一部第3篇第8章第5節、第2分冊p464）

 ＊「住民の健康は国民資本のきわめて重要な要素であるにもかかわらず、遺憾ながらわれわれは、資本家たちがこの宝を保存し大切にする用意がまったくないことを認めざるをえない。……労働者の健康への考慮が工場主たちに強制された」(『タイムズ』1861年11月5日)。「ウェスト・ライディング（ヨークシャー）の人々は人類の毛織物業者になった。……勤労大衆の健康は犠牲にされ、そのためこの種族は二、三代のうちに退化してしまったであろうが、しかし一つの反動が生じた。児童労働の時間が制限された……」(『（イングランドにおける）戸籍本署長官代22次年次報告書』1861年[10月])。(資) 第一部第3篇第8章第5節、第2分冊p465

☐ 資本家の得る富が増すに従って世俗的禁欲の精神は次第に宗教色を失う。まず醒めた職業道徳へと変わり、ついには偽善的な題目に変質した。

 ＊エイキン博士が1795年に公刊した著書には、次のように述べられている――「マンチェスターの工業は四つの時期に区分することができる。第一期には、工場主たちは自分たちの生計のために激しく労働せざるをえなかった。」（中略）平均利潤率が低く、蓄積には多大の節約を必要とした。彼らは貨幣蓄蔵者のような暮らしをし、自分の資本の利子を食いつぶすことなど一度もなかった。「第三期には奢侈が始まり（中略）「十八世紀の初期のころには、マンチェスターのある工場主が一パイント（約0.57リットル）の国産ワインを客に出したといって、近所中の酷評と非難を浴びた。」機械が出現するまでは、工場主が居酒屋に集まったときの一晩の出費が、

一杯のポンス第六ペンスと一包みのタバコ代一ペンスを超えることは決してなかった。(中略) 十八世紀最後の三分の一期である「第四期は、大いなる奢侈と浪費の時代である。これは事業の拡張により支えられていた。」
(資) 第一部第7篇第22章第3節、第4分冊 pp1020-1021
＊ウェストミンスターに住む商人たちが富裕ではなく、やっと「食物と衣服」を稼げるだけだ、手工業を営む親方たちも自分の雇う労働者たちと同様「口から手へ」の生活をしなければならない、といった事実があった。
(プ) p314
＊ピュウリタニズムの生活理想が、ピュウリタン自身も熟知していたように、富の「誘惑」にあまりにも強大な試練に対してまったく無力だったことは確実である。(中略) そのなかの「恵まれた裕かな人々」は、クエイカーのあいだでさえ、古い理想の否定に傾きはじめていることが少なくなかった。(プ) p351
＊すでにカルヴァンが「民衆」——すなわち労働者や手工業の大衆——は貧しいときにだけ神に従順であると言っていたことは、しばしば引用されているとおりだ。オランダ人はこれを「世俗化」して、民衆は窮乏に強いられたときにだけ労働すると言っているが、資本主義経済の基調のこうした定式化は、のちにさらに、低賃金の「生産性」という理論の中に流れ込んでくことになった。このばあいにも、すでにくりかえし考察した発展の図式そのままに、思想の宗教的根幹が死滅するとともに、それに代わって功利的な傾向が知らず知らずのうちに入り込んでいったのだ。(プ) p356
＊資本主義的生産様式、蓄積、および富の発展につれて、資本家は資本の単なる化身ではなくなる。彼は自分自身のアダム(欲望)に「人間的感動」を覚え、禁欲に熱中するこおを古風な貨幣蓄蔵者の偏見として嘲笑するようになる。古典的資本家は、個人的消費を、自分の職分に反する犯罪であり、かつ蓄積の「節欲」だと刻印を押すのにたいし、近代化された資本家は、蓄積をみずからの享楽活動の「禁欲」だと理解することができる。
(資) 第一部第7篇第22章第3節、第4分冊 pp1018-1019

☐ 機械制大工業時代の搾取を「節欲・禁欲」で正当化することは、偽善・独善である。

第19章 「シーニアの節欲説」批判と「スミスのドグマ」批判─数式による解釈─

＊調査委員ホワイトは、ユア、シーニアなど（中略）すなわち、自分の貨幣の支出における資本家たちの「節欲」、「禁欲」、および「倹約」と、また人命にかんする資本家たちのティームール・タメラン的な「浪費」とに心を動かされた者たち──とはまったく違って、次のように答えている──「規則的な食事時間の保証の結果、ある分量の熱が現在の程度以上い浪費されるかもしれないが、しかしその浪費は、貨幣価値で表わしてみてさえも、生命力の浪費（中略）とはとうてい比べものにならない」（資）第一部第3篇第8章第5節、第2分冊 p453

＊他の全ての事情を不変とすれば、この分割（栗原注：剰余価値の資本と収入への分割のこと）が行われる割合は蓄積の大きさを規定する。ところが、この分割を行う者は、剰余価値の所有者、すなわち資本家である。したがって、この分割は資本家の意思行為である。彼が取り立てる供物のうち、彼が蓄積する部分のことを、人は、彼がそれを節約するのだ、と言う。なぜなら、彼がそれを食い尽してしまわないからであり、資本家としての自分の機能、すなわち自分を富ませるという機能を果たすからである。（資）第一部第7篇第22章第3節、第4分冊 p1015

＊1835-1860の大工業部諸部門の驚くべき発展は、工場労働者の肉体的および精神的再生と手をたずさえながら、どんな弱視の目にも映った。労働日の法律による制限と規制とを、半世紀にわたる内乱によって一歩一歩奪い取られた当の工場主たち自身が、〔法律の規制を受ける工場と〕まだ「自由」である搾取領域との対照を自慢げに引き合いに出したほどである。「経済学」のパリサイ人〔偽善的独善者〕たちは、法律による労働日の規制の必然性に対する洞察こそ彼らの「科学」の特徴的な新発見であると宣言した。（資）第一巻第3篇第8章第5節、第2分冊 p513

(3) 結　論

資本主義創成期におけるささやかな搾取・剰余労働を社会的に容認する論理として、「節欲・禁欲」は歴史的役割を果たしたと言える。この歴史的役割とは、「より高度な社会形態の現実的土台となりうる物質的生産条件を創造させる」（文献5）資本主義社会への扉を開いたことである。

しかし、機械制大工業時代における長時間労働は余りに過酷であり、富の偏

在は余りに不公平であった。それゆえ、「節欲・禁欲」の論理で合理化することは、もはやできない（文献6）。それにもかかわらず、これを唱える経済学者がいるとすれば、彼は社会悪が見えない独善者であるか、社会悪に目をつぶって美化する偽善者である。いずれにせよ、「節欲・禁欲」はもはや利潤の獲得を正当化する価値観とはなりえない。つまり、大多数の人々が納得する価値観とはなりえない。これがマルクスの考えであると、私は解する。

2　スミスのドグマ

（1）問題の所在：価値・価格転形関係はスミスのドグマを支持するようにも見える

スミスは、著書『国富論』において、どの商品の価格も労賃・地代・利潤の三つの構成部分に分解されると説く（文献7）の第1篇第6章、第1分冊 pp95-96。マルクスはこれをスミスのドグマと呼び、このドグマは「商品価値が v + m、すなわち前貸し貨幣資本プラス剰余価値に等しいということに還元しうる」ことを説くものであることを論証している（文献8）。そのうえで、スミスのドグマは不変資本 c を不当にも見落としていると批判をする（文献9）および（文献8）。

一方、(1) 式において均一利潤率 π をゼロとおくと、

$$p = w[\Lambda_0 + \Lambda_1 + \Lambda_2 + \cdots] = w\sum_{i=0}^{\infty}\Lambda_i = w\Lambda \tag{3}$$

を得る。この式の意味するところは、価格 p は（w を換算係数として）価値 Λ すなわち過去に固着した労働量 Λ_i の合計に等しいということである。ところで Λ_i は、i 期に投下された必要労働 v_i と剰余労働 m_i に分解できる、すなわち

$$\Lambda_i = v_i + m_i \tag{4}$$

であるから、これを (3) 式に代入して、

$$p = w\sum_{i=0}^{\infty}(v_i + m_i) \tag{5}$$

を得る。

この式は、商品の価格が賃金と利潤に分解されるとするスミスのドグマを正しいと証明するものではないか？マルクスの批判が正しくないことにならないか？この点が問題となる。

第19章 「シーニアの節欲説」批判と「スミスのドグマ」批判―数式による解釈―

(2) 問題の解明

(3) (5) 式は、マルクスの主張を数学的に表現したものであることを、二点について論証する。

第一に、(3) は $\pi = 0$ においてのみ成立することに注目する。そもそも法的あるいは身分的強制に拠らずに利潤の獲得が実現するのは、資本家が固定資本を独占することによって生じる経済的優位があるからである。$\pi = 0$ の仮定は、この資本家による固定資本の独占の意味を無視するものであり、よって資本主義社会の分配の分析には適当でない。したがって、スミスのドグマは固定資本を無視するものであるとして、「これ以上に大きな誤りはない」としたマルクスによる批判は的を得ている（文献 9 の p1011）。

第二に、(1) は価格 p と価値 Λ との量的関係を示すものであって、それは明らかに単純な比例関係にはない。それゆえ価格 p に基づく等価交換によっても剰余価値の取得＝搾取が可能になるのである。つまり、資本主義社会における分配を議論するには価格 p による解析が必要となる。しかるにスミスは「賃金と利潤と地代とは、すべての交換価値の本来の源泉であるとともに、すべての収入の三つの本来的源泉である」（文献 7 の pp98-99、文献 11 の p574 に引用）と述べているように、価値 Λ と収入とを同列に扱っている。この文脈における収入は階級間の分配にかかわる数量であるから価格 p で測られるべきものである。すなわちスミスは、収入と言う言葉で価値と価格という異なる二つの概念を扱うという間違いを犯している。この点で、「収入という言葉の二義性」(レヴェニュー)によりスミスの議論が曖昧になっているとのマルクスの批判（文献 11 の pp576-577）は正しい。

マルクスの論証には少し間違いもある

マルクスは次のようにスミスのドグマを批判する。「しかし、彼(スミス)は言う――これらすべての生産手段そのものの価格も、穀物の価格と同様に、やはり v + m に分かれる、と。……中略……彼は、一つの生産部門から他の生産部門を見よと指示する。商品の全価格が「直接に」かまたは「究極において」v + m に分解されることが空虚な言い逃れでなくなるのは、次のことが立証される場合だけであろう。すなわち、その価格が直接に c (消費された生産諸手段の価格) + v + m に分解される商品諸生産物が、結局は、この消費された資産諸手段

……中略……可変資本すなわち労働力に投じられる資本の投下だけによって生産される商品諸生産物によって補われるということが、それである。その場合には、後者の価格は直接にv＋mに等しいであろう。それゆえ、前者の価格c＋v＋m——ここでcが不変資本部分として現れている——も、結局はv＋mに分離されるであろう。」

ここでマルクスが言っていることは、(1) 式の右辺が収束するにはある$i < \infty$において$\Lambda_i = 0$となることが必要である、ということである。しかしこれは正しくない。なぜなら、マルクスの指摘に反する場合も考えられるからである。つまり、投入行列 A の Frobenius 根 a_0 が $a_0 < 1$ を満たす場合には、(1) 式の右辺は収束することが証明できる（数学的補遺参照）。この場合、(1) 式の右辺は収束するが、どのように大きな i に対しても$\Lambda_i > 0$である。$\lim_{i \to \infty} \Lambda_i = 0$ではあるけれども。

以上

数学的補遺

n 個の工程で n 種類の商品を生産するとするレオンチェフ・モデルを想定する。

n 行 n 列の投入行列を A とする。そして i 番目の商品の一単位を生産するのに直接必要

な労働時間を li としたとき、1 行 n 列の投入労働ベクトルを $L = (l_1, l_2, \ldots, l_n)$ と定義する。さらに i 番目の商品の価格を pi としたとき、1 行 n 列の価格ベクトルを $p = (p_1, p_2, \cdots, p_n)$ と定義し、単位労働時間あたりの貨幣賃金を w とする。

次の関係が成立する。

「均一利潤 $\pi > 0$ と価格 p ＞が存在」

⇔ $p = (1 + \pi)(pA + wL)$

⇔ $p(\rho I - A) = wL$

ここで $\rho = (1 + \pi)^{-1} < 1$

⇔ $(\rho I - A)^{-1} > 0$ の存在

⇔ $1 > \rho > \lambda(A) > 0$

ここで $\lambda(A)$ は行列 A の Frobenius 根である（文献 12 の pp127-128）。

第19章 「シーニアの節欲説」批判と「スミスのドグマ」批判―数式による解釈―

最初から二番目の式の両辺に、右から $(\rho I-A)^{-1}>0$ をかけると、
$$p = wL(\rho I-A)^{-1}$$
この式に、
$$(\rho I-A)^{-1} = (1/\rho)[1+(A/\rho)+(A/\rho)^2+\cdots\cdots]$$
を代入すると（文献12の pp129-132）
$$p = (w/\rho)[L+L(A/\rho)+L(A/\rho)^2+\cdots\cdots]$$
$$= (w/\rho)[L+LA/\rho+LA^2/\rho^2+\cdots\cdots]$$
$$= (1+\pi)w[\Lambda_0+(1+\pi)\Lambda_{-1}+(1+\pi)^2\Lambda_{-2}+\cdots\cdots] \quad (1)$$
を得る。

この式で、$\Lambda_{-i}=(\lambda_{i1},\lambda_{i2},\cdots\cdots,\lambda_{ij},\cdots\cdots\lambda_{in})$ は1行n列の価値ベクトルであって、その成分 λ_{ij} は、今期生産された商品jに含まれるi期前に投入された労働時間である。したがって、商品jの価値を λ_j とすれば、
$$\lambda_j = \sum_{i=0}^{\infty} \lambda_{ij}$$
である。これをベクトル表現に改めれば、
$$\Lambda = \sum_{i=0}^{\infty} \Lambda_{-i} \quad (2)$$
である。ただし Λ は次式で定義される1行n列の価値ベクトルである。
$$\Lambda = (\lambda_1, \lambda_2, \cdots\cdots, \lambda_j, \cdots\cdots\lambda_n)$$

[文献]
1. K.Marx, Das Kapital（社会科学研究所 監修・資本論翻訳委員会 訳『資本論』新日本出版社初版、第一部 第7篇 第22章 第3節、第4分冊、pp1,014-1,028）
2. K.Marx, Das Kapital（社会科学研究所 監修・資本論翻訳委員会 訳『資本論』新日本出版社初版　第二部 第3篇 第19章 第2節、第7分冊、pp574-619 とくに p587以後）
3. M.Weber, Die Protestantische Ethik und Der Giesit des Kapitalismus（大塚久雄 訳『プロテスタンティズムの倫理と資本主義の精神』岩波文庫（白 209-3）改訳第41刷）
4. 栗原春樹［2009］「労働価値悦の再検証とマクロ・モデルの修正――世俗的節欲に基づく価値・価格転形関係――」上武大学大学院経営管理研究科修士課程論文
5. K.Marx, Das Kapital（社会科学研究所 監修・資本論翻訳委員会 訳『資本論』新日本出版社初版　第一部第7篇第22章第3節、第4分冊、pp1,016）
「社会的生産諸力を発展させ、そしてまた各個人の完全で自由な発展を基本原理

とする、より高度な社会形態の唯一の現実的土台となりうる物質的生産条件を創造させる」

6. F.Engels, Ludwig Feuerbach und der Ausgang der Klassischen Deutschen Philosophie（松村和人 訳、『フォイエルバッハ論』岩波文庫（白128-9)、p17)「すべての認識の領域においても……実践的活動の領域でも……つぎつぎとあらわれてくるすべての歴史的状態は、低いものから高いものへと進む人間社会の果てしない発展の行程における一時的な段階にすぎない。それぞれの段階は必然的であり、したがってその段階を生みだした時代と諸条件にたいしては正当である。しかし、それは、それ自身の胎内でしだいに発展してくる新しい、より高い諸条件にたいしては、存在理由と正当性を失い、より高い段階に席をゆずらなければならなくなる。」

7. A.Smith, An Inquiry into the Nature and Causes of the Wealth of Nations（永田洋監訳、杉山忠平 訳、『国富論』岩波文庫（白105-1))

8. K.Marx, Das Kapital（社会科学研究所 監修・資本論翻訳委員会 訳『資本論』新日本出版社初版、第二部 第3篇 第19章 第2節2、第7分冊、pp587-592 とくに p592)

9. K.Marx, Das Kapital（社会科学研究所 監修・資本論翻訳委員会 訳『資本論』新日本出版社初版、第一部 第7篇 第22章 第2節、第4分冊、pp1,008-1,014)

10. K.Marx, Das Kapital（社会科学研究所 監修・資本論翻訳委員会 訳『資本論』新日本出版社初版、第二部 第3篇 第19章 第2節3、第7分冊、pp592-601 とくに pp594-495)

11. K.Marx, Das Kapital（社会科学研究所 監修・資本論翻訳委員会 訳『資本論』新日本出版社初版（1983)、第二部 第3篇 第19章 第2節1、第7分冊、pp574-587)

12. 二階堂副包（1960)『現代経済学の数学的方法』岩波書店

[2009年10月執筆]

栗原春樹（くりはら はるき）
2003年3月、明治大学政治経済学部経済学科卒
2009年3月、上武大学大学院経営管理研究科修士課程修了。
経済理論学会会員、政策科学会会員
論文：「カレツキーの価格理論の一貫性」（学士論文、2003年）
「労働価値説の再検証とマクロモデルの修正」（修士論文、2009年）

第20章　ホモ・サピエンスの交換性向
―― 類人猿の比較研究 ――

中村宗之

はじめに

　アダム・スミスはその主著『諸国民の富』の冒頭第1章において、分業が生産力を向上させる大きな要因であることを指摘した。続く第2章で、分業はモノとモノとを交換する人間の性向の必然的な帰結であるとした。分業をおこなうためには、生産したモノを交換する必要があることは確かであろう。この交換性向や、さらには個体間での協力関係は、親と幼い子どもとの関係を除けば他の動物には観察されず、人間のみが持つ能力であるとし、これを経済学の起点として置いたのであった。しかし現在では、チンパンジー（Chimpanzee, Pan troglodytes）やボノボ（Bonobo, Pan paniscus）の野外観察の結果から、食物と毛づくろいといったモノとサービスの交換関係が彼らには存在することが判明している。また有名な例では、チスイコウモリは、必ずしも血縁のある個体にとどまらず、同じ住処にいる他の個体とえさである血をやりとりすることも知られている。さらに、チンパンジーも含めて、明らかに共同行為として狩りをする種がいる。

　このように、モノとサービスとの交換行為は他の類人猿にも見られるし、個体が協力し合う行為も他の生物種に見られる。依然として、モノとモノを交換するのは、現在のところ我々ホモ・サピエンス（Homo sapiens）のみであるといえるが、スミスのようにヒトと他の動物を単純に切断するとらえ方は、すでにその一角を崩されている。さらに注目すべき事柄として、すでに死滅した人類の中で、我々ホモ・サピエンスに遺伝的に近いネアンデルタール人（Homo neanderthalensis）には、遠距離の交易をおこなっていた痕跡がないことがあげられる。それに対してホモ・サピエンスについては、アフリカ、ヨーロッパ、日本等で、古くは12万年ほど前から、フリント（火打石）や黒曜石、象牙、琥珀、貝殻といった産地が特定できるモノが、場合により数百キロも離れた遠くの地域まで広範に、精緻な石器や装飾品として加工された形などで出土して

いる。例えば香川や伊豆諸島、信州、北海道などの産地の特定された黒曜石が、遠くの地まで広範に見つかっているということからは、黒曜石が一方的に移動したのではなく、おそらく食物や別の特産物などとの交換によって移動したことが示唆される。[6]農業やそれに伴う定住の開始、個人資産の形成、古代文明の成立より前に、ホモ・サピエンスの社会には広範な交易のネットワークが存在していたと考えられるのである。

　以上のことから、チンパンジーやボノボに交換の萌芽がみられつつも物々交換がないこと、ネアンデルタール人が遠距離の交易をおこなわなかったこと、そして我々ホモ・サピエンスは遠距離のものも含む交換行為をしてきたこと、これら一連の事実をうまく組み合わせ説明するという問いが成立するであろう。スミスのように、交換性向をそれ以上遡れない前提として扱うのではなく、どのような環境、能力、行動、集団生活の差異が、これらの種と我々との違いを形作っているのかをこれから述べていきたい。交換性向を理性一般の結果と済ますのではなく、どのような要素が組み合わさることで、ホモ・サピエンスの交換性向が成立しているかという問題である。

1　類人猿の生態と社会構造

　ビッグバンにより宇宙が誕生したのが現在よりおよそ137億年前、そして地球が太陽系の一惑星として形成されたのが約46億年前と考えられている。最初の生命が地球に生まれたのが40億年前であり、12億年前には多細胞生物が発生し、その後さまざまな種に分岐し発展した。3億年前には恐竜の時代が始まり、哺乳類は2億年ほど前に出現する。6500万年前に巨大隕石が地球に衝突したとき、陸上で最も栄えていたのが恐竜などの爬虫類であったが、隕石衝突の影響やその他の原因（いまだ明確ではない）により、大型の恐竜はほとんど死に絶えた。それに代わって繁栄するようになったのが哺乳類である。

　哺乳類の中から主に樹上を生活範囲とする霊長類（恐竜による捕食を避けるため、もともとは主として夜行性）が生じ、原猿類、新世界猿類、旧世界猿類と時代を下りながら分岐し、そこから類人猿が生じた。現生の類人猿は、テナガザル、オランウータン、ゴリラ、チンパンジー、ボノボ、ホモ・サピエンスから構成される。人間との共通祖先から分かれた時期は、テナガザルがまず分かれ、

第20章　ホモ・サピエンスの交換性向―類人猿の比較研究―

続いてオランウータン、次にゴリラ、そしてチンパンジーおよびボノボと人間との共通祖先がわかれたのが約700万年前である。人間の祖先は東アフリカにおいて、大規模な地形の変化を受けて熱帯雨林が乾燥化していく、サバンナ地帯で発生し進化してきたと考えられている。チンパンジーとボノボは、熱帯雨林がコンゴ川で隔てられることにより約200万年前に分かれたと考えられている。類人猿の共通する身体的特徴としては、いずれも長い尾を持たないことがあげられる。しかしその生態や社会構造は、相当異なっている。

　テナガザルは単婚で、一定のテリトリーを作り生活する。したがって、雌雄と子どもとに経済的関係は限定され、それ以上個体間で複雑な関係や経済関係は生じない。テリトリーを維持するための衝突はある。オランウータンは普段単独で行動し、樹上で生息している。繁殖期にはオスとメスが一緒に生活するが、やはり個体間の複雑な経済関係はない。ゴリラは一夫多妻的集団を形成し、そこからあぶれた若いオスは別の集団を形成して、優位オスの地位を奪取する機会をうかがう。

　チンパンジーの生殖活動は乱婚的（複雄複雌）であり、雌は短い発情期間のうちに群れのオスを積極的に誘い、複数のオスと交配する。オスには厳しい序列があり、アルファオス（序列トップのオス）の地位を争い、ときにその闘いの中で死に至るような傷を負う。またそこでは、例えば2位のオスと3位のオスが連合し、1位のオスの座を奪うといった協力行動が見られる（ドゥ・ヴァール［2006］などを参照）。争いにおける協力関係を維持するために食物を与えたり、毛づくろいをするなどの行為が見られる。また、食物を多くくれた個体に対しては長い時間毛づくろいするなどの行動が見られる。アルファオスは、劣位のオスが発情したメスと交配するのを邪魔し、最も多い交配の機会を持つ。DNA分析により、アルファオスは最も多く自分の子供を持つことが判明している。

　チンパンジーは緩やかな群れをなして、主に熱帯雨林の中を移動し、果実を食べたり、あるいは小型の猿（アカコロブスなど）を集団で追いつめて、殺して食べるという狩りもする。チンパンジーはおおよそまとまって移動し、その中で食物を得ていくので、とくにおとなのチンパンジーの間では、交換行為はあまり必要とされない。その場で自分で果実や木の実を取って食べればよいはずである。しかしそこでも、食べ物を持っている個体に食べ物をねだるこ

とがある。ねだられた方は、やや消極的にだが食べ物を渡す。このような分配は、アカコロブスの肉についてもおこなわれる。そして食べ物を多くくれた個体に対しては、多く毛づくろいしたり、序列争いのときに味方として加勢する。また、食べ物をねだることには、群れの中の序列を確認する役割もあるようだ。このようにチンパンジーの食物とサービス（毛づくろいや争いへの加勢）との交換は、個体間の関係をよくしたり維持したりという文脈と重なっている。政治的関係や、個体間の親密度を高める要素と、交換行為が明確には分離していない場合がかなりあると言える。遺伝子の利益という観点からすれば、経済的関係も政治的関係もとくに分けて考える必要はなく、その増殖に有利でありさえすればよい。[7]

　チンパンジーの集団間の関係は悪く、なわばり付近では主にオス同士が激しく争い、死に至らしめることもある。[8] 集団間の関係は険悪であるにも関わらず、メスは性的に成熟するとその生まれた集団を必ず離れ、近隣の別の集団に移っていく。このようなメスの行動は、各個体がどのように意識しているかは不明だが、近親交配を避ける効果を持つことは明らかである。オスは生まれた集団に生涯とどまる。近隣集団との争いにより、集団が消滅することも観察されている。

　乱婚的な交配では、メスは、父親はわからないけれども自分が産んだ子どもは自分の子どもであることは確実であり、子育てをする。また群れの中での食物分配については、血縁者への分配が86％と多い。そのうちメスが自分の子どもに与える行為が92％と多くを占めている。非血縁者への分配（14％）の中では、オトナのオスからオトナのメスへが73％を占める（マックグルー[1996] 168-175頁）。このように、メスと子どもとの間で食物分配が多いこと、さらにオトナのオスがオトナのメスに（とくに発情しているメスに）多く与えるということからは、チンパンジーの社会では、人間社会における経済単位としての家計の萌芽が見られるととらえてよいだろう。集団生活から各個体が利益を得つつ、それをなるべく血縁に沿って分配するという複雑な利益の交換行為、利害対立が生じているのである。

　チンパンジーのオスは、どれが自分の子供であるかはっきりとはわからず、メスも自分の子どもの父親が誰なのかはわからないのであった。このような集団内の関係において、遺伝子の増殖を追求する場合、メスは上述のようにその

第20章　ホモ・サピエンスの交換性向―類人猿の比較研究―

子どもに資源を集中的に分配することが利益となる。オスは自分の子どもがわからないので、どれか特定の子どもに集中的に資源を分配することは利益とならない。オスが遺伝子の増殖を目的におこなう効果的な行動は、チンパンジーの場合、オスの中での序列争いに勝ち、メスとの交配の機会を増やすこととなる。

　チンパンジーのメスの発情期間は短く、群れの中で発情しているメスの数は少ない。それとの交配機会をめぐってオスは争うわけだが、メスの側は自分から積極的に誘うこともあるが、基本的にオスの要求を拒めないようである。これに対してボノボは、実際には受精しないのに似せの発情期間というものがあり、その期間が長い結果として、群れの中で同時に発情しているメスが数頭いる。ボノボにも序列はあり、アルファオスが他のオスの交配を邪魔する行動はおこなわれるが、片時ももらさず複数の発情したメスを監視することはできないので、序列の低いオスでも比較的交配しやすくなっている。また、チンパンジーのメスはオスの要求を拒めなかったが、ボノボはメスがその点で優位に立ち、メスの気に入らないオスとは交配しないという。ボノボのメスには似せの発情期があることにより、メスがオスに対して交配相手の選択で優位に立ち、またオス同士の序列争いはチンパンジーよりも穏やかで、殺し合いにまでは至らないようである（古市剛史［1999］第8章を参照）。

　ボノボは、さまざまな組み合わせの個体間で、性器を使ったコミュニケーションを多く使うことでも知られる。たくさん実がなっている木を見つけたときや、群れ同士が接触した場合等、何らかの緊張関係があるときにそれを和らげるためにおこなうことが多く観察されている。さらに、食べ物と毛づくろいの交換だけでなく、メスと交尾したいオスが食べ物を渡し、その後交尾がおこなわれる場合もあるという。これは性的サービスあるいは受精機会の提供と、食物との交換と言いうる。近隣集団との関係については、ボノボの場合チンパンジーほど悪くなく、別の集団とでもメス同士は毛づくろいなどをおこない、オス同士はそれほど仲は良くないようだが、激しく争うことはないという。

2　直立二足歩行の利点と欠点

　脳の巨大化や、火や石器の使用に先立ち、人類はまず直立二足歩行を始めた

とみられている。熱帯雨林が乾燥化に向かいサバンナ化していく中で、人類の祖先は直立二足歩行を開始することにより、行動範囲が拡大し、サバンナ地帯でも食物を確保することが可能になった。直立二足歩行は四足移動よりも消費カロリーの点で効率的であり、持久走にも向いている（草食動物を狩る場合などに有効）。またいくつかのグループにわかれて狩猟採集した食べ物を、両手で持って一時的なキャンプ地まで帰ることができた。そして、その場ですべて食べてしまうのではなく、住処に持ち帰ることは、共同体内での食物等の分配・交換行為を生じさせやすい状況といえる。狩猟や採集で取得した食べ物を、そのグループがすべて食べてしまうよりも、狩猟や採集への貢献度と、血縁関係に従い分配しあうことには、食べ物の獲得が不安定であるときの保険の意味で互いの利益となるし、栄養上の利益もあるかもしれない。このように直立二足歩行には、食物を広い範囲から採集さぜるをえないサバンナで、効率的に食べ物を取得し、それを住処に持ち帰るという利点がある。しかし、次のような欠点も同時に存在する。

　熱帯雨林ではライオンやヒョウなど肉食獣の脅威を、樹上に逃れることでかわすことができる。チンパンジーやボノボ、オランウータン、テナガザルは、樹上を移動することで肉食獣による圧力を逃れている。ゴリラは、とくにオスの体が大きいので、肉食獣に対抗できる。ゆえに基本的には地上で生活しているが、群れのオスが密猟者等に殺されたときには、新たなオスが群れに入るまで、メスは樹上にベッドを作り夜間そこで過ごすという。人類の祖先は木には登れなくなった代わりに、自由になった手を用いて集団で投石したり、棍棒で叩くなどしてその脅威に対抗したであろう（チンパンジーも捕食者に対して、やや弱いがそのような行動が見られるという）。投石用の石は加工された石器である必要はなく、肉食獣に攻撃をためらわせるくらいの適当な重さの石であればよい。このようにして手を用いうることも、直立二足歩行の利点である。後には火の使用も大きな利益となった。初期の人類の骨には、肉食獣に食べられたとみられる痕跡が比較的多くあるが、しかし時代を下るとそのような痕跡が少なくなる。人類は肉食獣の圧力という生存・繁殖にとっての不利益を、こうして克服したのではないかと思われる。また、棒や石や火を使っても、肉食獣に対して人間が一人で対抗するのは難しいであろう。狩猟のときだけでなく、肉食獣に襲われたときにもとくに男性は協力して立ち向かう必要がある。血縁関係

のない者同士も連帯して戦う必要があり、そのような性向を人間はかなり根本的なところで備えているのかもしれない。

3　集団生活かつ単婚という社会構造

　チンパンジーやボノボの社会構造と、ホモ・サピエンスのそれとの大きな違いは、前2者が集団生活をしつつ乱婚（複雄複雌）という婚姻形態をとるのに対し、ホモ・サピエンスは集団生活をしつつ単婚（一夫一婦）が基本という点である。これはマントヒヒやゲラダヒヒと比較しても、なおかなり複雑な社会構造といえる。チンパンジーはオスが群れの中で順位を争い、それにより交尾の機会を増やすが、ホモ・サピエンスは自分の子どもだと確信できる個体に食物などを集中的に投資するように、オスの行動が変化し、家族と、その経済単位である家計が成立した。共同で狩猟・採集をおこない、モノを分配しながら、なおかつその中で家族を単位とする利害対立が生じる。この経済計算をうまくできない個体とその家族は、生き残りにくくなる。他の個体と協力しつつも、計算高く自分と家族の利益を増やすことが、ホモ・サピエンスの行動の原則となる。

　ネアンデルタール人の婚姻形態は不明である[15]。ホモ・サピエンスとの違いとして指摘されているのは、発声機能が劣ったのではないかということである[16]。喉頭部の大きさや形態が異なることから、そのように推測されている。

　他の動物もある程度将来のことを思考しているとみられる事例もあるが、過去の記憶だけでなく、将来のものごとについて思いをめぐらし、将来の利益を得るために、あるいは将来の不利益を避けるために、現在の行動を変化させる、このような能力をホモ・サピエンスは非常に強く持つと考えられる。劣悪な飼育環境でのストレスから自傷行為をおこなう家畜はいるが、病苦や飢えの不安を理由に自殺する種は観察されていない[17]。病苦や貧困などを背景に、将来を悲観して自殺してしまうホモ・サピエンスは残念ながら少なくないが、将来のことをそれほどまでに強く考え、現在の行動を決定するという能力を示しているのかもしれない[18]。また逆に、将来にもたらされるであろう快楽についても、ホモ・サピエンスは強く想像し、それに基づき行動する能力を持つ。宝くじをまだ買ってもいないときにも、当たったら何に使おうかと考え、心地よくなる。

あるいは、8時間働けば1万2千円の賃金がもらえることを確信し、労働することもできる。快・不快を感じる脳の報酬系が、将来のものごとについても強く反応する。そのような抽象的思考と快/不快の感情、そしてそれを行動に結びつける強い回路が存在すると思われる。[19]

このように将来のことを考え、それに基づいて現在の行動を決定する能力を持つためには、いま目の前にないものごとについても思考し、あるいは別の個体とそれについて議論し、情報をやりとりするという諸要素が不可欠であろう。これを可能にするのは、言語であり、その発話能力であろう。ホモ・サピエンスは、短い音をつなげて単語を作り、主語・述語・目的語・接続語などの規則を持つ文法にあてめることにより、目の前にない多様なものごとを考え、相手と情報を共有することができる。この発話能力が、ネアンデルタール人には欠けていたと推測される。

目の前にないモノや、将来のことについて意思疎通が可能であれば、共同体間で次のような交渉ができるであろう。「この火打石を明日の朝に5個持ってきてくれれば、代わりにこのあいだ持ってきた果実を20個あげよう」というやりとりである。目の前にない将来のものごとを会話に出す能力、数を扱う能力、経済的利益の量を比較する能力、相手の計算や感情を推測する能力、時間を計る能力、そのモノを計画的に採集・生産する能力などが求められる。そしてこれらの能力の重要な基礎となるのが、発話能力である。

チンパンジーやボノボにも交換の萌芽が見られることや、サバンナで進化してきたことから推測すれば、ネアンデルタール人やそれ以前の各種人類は、おそらく集団の中で何らかの経済的利益の交換（その日取れた食べ物の分配や、多少の時を隔てた贈与交換）はおこなっていたと思われる。しかし、会話能力が欠けていると、上述のようなやりとりを他の集団との間でおこなうことは難しく、それゆえ遠距離交易の跡がみられないのではなかろうか。その場合、他集団との関係は、なわばりをめぐって敵対関係にあるか、相互に無関心ということになろう。

4　子殺しの圧力

メスのチンパンジーがその子どもと一緒に何らかの理由で別の群れに移動す

るとき、新たな集団ではオスたちによる子殺しという深刻な事態が発生する。メスは抵抗するが、子どもを守ることには成功しない。オスたちから見れば、その子どもは自分たちの中の誰かの子どもではないことが明らかだから、子どもを殺し、メスの発情期を早めることには繁殖上の利益がある。このような子殺しは、別のオスが新たに群れを乗っ取ったときのゴリラや、ライオン等にも見られる。

　ここから類推すると、ホモ・サピエンスの遠い祖先にとっても、メスがオスによる子殺し圧力をどうかわすかは大きな問題であったと考えられる。チンパンジーのメスは、群れの中にい続ける限り、誰が本当の父親なのかはわからないが、子殺しの圧力からは逃れられる。その子どもが自分の子どもである確率が多少ともあるようなオスには、子どもを殺すことに繁殖上の利益はない。ボノボは、メスが気に入らないオスとの交配を拒否できる。発情期を長くし、群れの中につねに複数の発情メスが存在することにより、オス同士の競争を緩和させ、相対的にメスの決定権が強くなる。しかも単婚ではなく乱婚的でもあるので、複数のオスがそれを自分の子どもかもしれないと考える（あるいは本能的にそう判断する）から、別のオスによる子殺しには対抗するであろう。メスが交配相手を選択できるという相対的にメスの力が強い関係となっていることと、かつ乱婚的という要素がボノボの群れ内での子殺しを防いでいる。

　ホモ・サピエンスはそのような意味での女性の決定権が、ボノボよりさらに強い。これは古市［1999］の考えに従えば、発情期（性交可能な期間）が極端に長い、言い換えれば成人女性は望めばいつでも性交可能なことに基盤を持つ。また、男性は自分の子どもではないからといって、他人の子どもを殺すことによっては繁殖上の利益を得にくいのである。

　また、狩猟に出かけた間などに、自分とペアを作っている女性が浮気し、他の男性の子どもを産むことは男性の繁殖上の利益に著しく反する。貞操や性的羞恥心を強く持つ（あるいは少なくともそのふりをする）女性は、男性からすれば利益がある。浮気を繰り返す女性よりも、そうでない女性に対して魅力を感じる男性は、自分の子どもを残しやすい。これらの観念は、人類、あるいはホモ・サピエンスにとって婚姻や繁殖と結びつく非常に強いものだと考えられる。

5　理性一般と交換性向

　アダム・スミスは交換性向について、言語や理性という構成要素を示唆したが、言語を用いる能力やさまざまな理性により開発し使うことができるようになったものとしては、例えばテレビやパソコン、携帯電話、自動車、鉄道、飛行機、電波望遠鏡などいくつもあげることができる。それらを製造することができるのは技術者など限られた人々ではあるが、作られたものを使う能力はホモ・サピエンスは共通して持っている（あるいは、複雑な機構を簡単に操作できるように変える能力がある）。またクロマニヨン人は、ネアンデルタール人にはおそらく不可能だったであろう、洞窟の壁に驚嘆すべき美しさを持つ絵画を描き、楽器や漁撈の用具を開発した。交換性向もこのような理性や言語の組み合わせにより、後から獲得した行動様式であって、特別視すべきものではないという見解が成り立つ。

　しかし私は、交換性向はそのように各種の理性の発達が後からもたらしたものではなく、むしろ他の種とホモ・サピエンスとを分ける、かなり根底的な要素であり、むしろ経済的利益の交換をも重要な契機として、社会脳としての脳の発達が促されたのではないかと考える[20]。

　ネアンデルタール人との比較で考えると、言語の使用[21]は、共同体を越える交易には不可欠と思われる。しかし群れの中での交換行為は、ホモ・サピエンス以外の人類も古くからおこなってきたのではないか。それは乾燥したサバンナでは非常に利益のある行為であり、また食物などの経済的利益の計算が下手な個体は生存繁殖上不利だと考えられるからである。

　物々交換のない中での集団間の関係は、攻撃し相手の集団にダメージを与え、自集団の狩猟採集のテリトリーを広げるか、あるいは相互に無関心ということになろう。しかしホモ・サピエンスは、物々交換といった経済的利益の交換関係をも他集団との間で結ぶことができる。

　他集団との間で経済的利益の交換をおこなうにあたっては、それ以前に集団の中での利益交換が存在したはずである。集団内では交換行為はなく、異なる集団が接するときにだけ突然物々交換が生じるわけではないと考えられる[22]。そしてそのような集団内での経済的利益の交換単位となるのは、家族であり、ここに家計が成立する[23]。これは人類ないしホモ・サピエンスの種としての特徴と

とらえられる。食べ物の交換比率の計算がよくでき、他人の心をよく読める個体は有利である。このようにして、協力しつつも計算高いヒトの個体ができあがった。

また、人間社会においても序列や階級・階層などの秩序は良かれ悪しかれ存在するが、チンパンジーやあるいはゴリラほどにはオスの間での序列争いが激しくない理由は、自分の子どもであることが確実な子どもを育てる、そのような行動を促す遺伝子が引き継がれていくからであり、子どもを残すために激しく争う理由が生物的な基盤に存在しないからであろう（とはいえ、場合によって、集団内やあるいは集団間での激しい暴力は存在する）。

結　語

もとをたどれば、乾燥化の進む環境の中で地上に降り直立二足歩行を始め、広範囲を歩く狩猟採集による共同生活をしてそこから各個体が互恵的に利益を得て、かつ単婚を基本とする社会構造になったことが、人間（あるいはホモ・サピエンス）の交換性向を生み出したといえる。このような環境や社会構造の中で進化してきた生物は、おそらく人間以外にはいない。そして単婚や、集団内での経済的利益の交換は、人間という種にとって個体の生存と繁殖に密接につながる根本的な要素であり、交換性向にはパソコンやテレビを用いる能力とは異なる位置づけを与えるべきである。パソコンの使用能力の有無は、個体の生存繁殖に多少の影響を与えるかもしれないが、その存在の有無により婚姻形態や社会構造が変化するわけではない。それに対して交換性向は、ヒトの生物種としての不可欠な特徴の一つをなしてきた。アダム・スミスは、「この性向は、人間の本性の中にあるところの、これ以上説明のできない本源的な諸原理の一つなのか」と問題を提示したが、以上のような意味で、交換性向は、パソコンを使う能力等とは次元の異なる、生物としてのヒトの持つ本源的な原理と考えることができる。またこれまで見てきたように、その原理を成立させている諸要素をある程度分析し、説明することができるのである。[24]

[註]
（1）「これほど多くの利益がひきだされるこの分業というものは、もともとそれがひきおこす一般的富裕を予見したり、意図したりする人間の英知の所産ではけっしてない。それは、このような広大な効用をまったく眼中におかぬところの、人間の本性の中にある一定の性向、つまりある物を他の物と取引し、交易し、交換するという性向の、非常に緩慢で漸進的ではあるが必然的な帰結なのである。／果たしてこの性向は、人間の本性の中にあるところの、これ以上説明のできない本源的な諸原理の一つなのか、それとも、この方がいっそう確からしく思われるが、理性や言語という諸能力の必然的な帰結なのか、それは我々の当面の研究課題には属さないことである。それは、いっさいの人間に共通で、しかも他のどのような動物類にも見出すことができないものであり、動物類は、この種類の契約も、また他のどのような種類の契約も知らないように思われるのである」（スミス［1950］第2章）

（2）生物の個体とその遺伝子との関係、および遺伝子の包括適応度についてはじめにふれておく。人間など多くの生物では両性生殖がおこなわれるが、精子や卵子が形成される際には、遺伝子の減数分裂が生じ、また対になっている染色体間で遺伝子のランダムともいえる組み換えが生じ、同じ人が作る卵子や精子は一つひとつ異なった遺伝子の組み合わせを持つユニークなものである。そしてそれらが受精により結合する。自分の遺伝子量を1として考えると、両親とはそれぞれ半分ずつつまり0.5の遺伝子を共有している。また、平均的にいって兄妹とも0.5の遺伝子を共有している（減数分裂時に組み換えが起こるので、いつも厳密に0.5とはならない）。自分の子どもも0.5を共有しており、残りの0.5は配偶者の遺伝子となる。同様にして姪や甥とはおよそ0.25の遺伝子を共有する。このようなとらえ方は、W. D. ハミルトンにより遺伝子の包括適応度として提示された。例えば、自分が死んでも、その後の世代が1以上の自分の遺伝子を抱えて（つまり子どもであれば2人、姪や甥であれば4人）繁殖していけば、それは遺伝子の観点からすると増殖に最低限の成功をしたといえる。個体の存在は、遺伝子の増殖に役立つ限りで使用される道具にすぎないという、遺伝子を中心とした見方が成立するのである（ドーキンス［2006］による紹介がよく知られている）。

ただし、生物の中でもとくに人間の個体は、遺伝子の増殖という利益に反するような行動を意識的にとることが可能であり、遺伝子からみればそれは不適応な行動となる。しかし、そのような行動の中には道徳的に称賛に値するものも含まれている。

また、遺伝子の観点から利己的行動と利他的行動をとらえると、親が自

第20章　ホモ・サピエンスの交換性向―類人猿の比較研究―

分の子どもに衣食住等の資源を与えるのは、遺伝子の増殖を目的とするまったく利己的な、遺伝子の自己実現的活動そのものである。しかし血縁関係にない者に対して、その生存繁殖確率を高め、かつその行為により自分の生存繁殖確率を低下させることは、利他的行動となる。生物界においては、純粋な利他的行動は基本的に存在しない。

　生物学においてはこのように、利己的行動とは自分の生存とその遺伝子の繁殖確率を高め、かつ相手の生存増殖確率を低下させるものと定義される。利他主義は上述のものである。また、重要な個体間の関係にはもう一つ互恵的利他主義がある。これは自分の生存繁殖確率を高め、かつ相手のそれをも高める行動をいう。その行為から得られる自分と相手との有利さには違いが存在することが多いであろうが、例えば市場における取引は、原則的にはその互恵的利他関係ととらえられる。双方が取引に合意し、自分の利益を取引しないときよりも（少なくとも主観的には）高めるはずだからである。このような遺伝子の観点からの個体間関係の分類については、長谷川寿一・長谷川真理子［2000］（120頁）を参照されたい。

　市場取引だけでなく、社会保障制度や再分配の問題を検討する際には、人間の持つこの互恵的利他主義の性質を十分にふまえる必要がある。純粋な利他的行為は生じにくいが（とはいえ、無視はできない。どの社会でも、見知らぬ人に道を教え、バス賃をあげる人の割合は高い）、互恵的利他行動は比較的生じやすいこと、見返りの見込めない他者への支援には賛同が得にくいことなどが指摘できる。ジョン・ロールズはその『正義論』において、能力も運に左右されるものであり、能力差による経済的格差も事後的に是正されるべき対象として扱った。しかし、能力が劣ると予想する者（また返礼をしないだろうと予測される者）に対しては積極的には支援したくないという心理は、一定の合理性を持つ。機会の均等化を徹底することには賛同は多くても、結果の平等まで求める人はどの社会においても比較的少ないことは、生物学からある程度説明できる。また、長期的な無私の献身を必要とする経済システムは、持続しにくいこともいえる。これらの点に関しては、ピーター・シンガー［2003］も参照されたい。本稿では互恵的利他主義を主題として取り上げてはおらず、別の機会に検討したいと考える。ひとまず、その行動原理と密接に関連している交換性向を考察する。

　経済学においても、利己主義、利他主義、互恵的利他主義について、この生物学における分類を用いるか、あるいはそれとの関係を明らかにする必要があると思われる。例えば、他人のために行為することで本人が満足を覚えるときに、それは利他的行為なのか利己的行為なのかという問題に対して、個体の生存と遺伝子の繁殖という観点を用いれば比較的整然と分

類し評価しうるであろう。またここには、進んで協力行為をする個体であると周囲に知らしめ、自分の評価を上げることにより間接的に利益を得るという間接互恵の考え方も絡んでくるが、詳細は省略する。なお、遺伝子の観点を前面に出して人権の基礎付けを論じた内藤淳［2007］と、それに対する私の書評［2009］もあわせて参照されたい。

（3）そしてこのような種の場合は通常、えさの血をもらうだけで他の個体には与えないフリーライダーを検知し排除する能力を各個体が備えている。

（4）しかし他方でスミスは、交換性向や協力行為は他の動物にはまったく見られない、人間に特徴的な性質だと述べることで、交換性向や互恵的利他行動を生物学的に解明すべき課題として設定したといえるかもしれない。また、スミスが『道徳感情論』で考察した共感という感情については、脳神経科学の領域で発見されたサルや人間に共通するミラーニューロンを軸として再考される必要がある。おそらく程度の差はあれ霊長類に共通してみられるこの共感の感情は、ベーシック・インカムや負の所得税など今後の社会保障制度を組み立てていくにあたり、重要な位置づけを与えられるであろう。

（5）現在では遺伝子情報などの解析が進み、人類はチンパンジーおよびボノボとの共通祖先から分かれた後、一直線にホモ・サピエンスへと進化してきたのではなく、全部でおよそ20種類ほどに枝分かれしつつ進化し、そのうち現存するのが我々ホモ・サピエンスのみと理解するのが正確だと考えられている。ホモ・サピエンスと一番近い枝の先にいたのが、ネアンデルタール人であり、2万数千年前に死滅した。およそ700万年前ほど前に、サヘラントロプス・チャデンシスが直立二足歩行する人類として登場し、その後アウストラロピテクス類がいくつか枝分かれしつつ生じた。それらの中から脳容量の大きいホモ・ハビリスやホモ・エレクトスが200万年前前後に出て、石器や火の使用が始まる。そしてホモ・ハイデルベルゲンシスが50万年前頃に登場し、そこからネアンデルタール人が生じ、またホモ・サピエンスはおよそ20万年前にアフリカで登場し、5万年ほど前から世界各地に急速に生息域を広げたと考えられている（内村［2005］序章、および古市［1999］第1章などを参照）。

（6）旧石器時代の日本列島における黒曜石の分布等については、長和町立黒曜石体験ミュージアム編［2004］、木村英明［2005］を参照。

（7）なおホモ・サピエンスの場合にも、贈答品など、交換・分配行為が相手との関係を維持するために用いられる場合は多々ある。

（8）なわばり付近での争いは、つねにその場に多数いる集団が、少ないかまたは単独でいる相手の集団の個体を攻撃するという。多い方は攻撃し、少ない方は逃げるのが基本的な争い方となる。西田［2008］170頁を参照。

第20章　ホモ・サピエンスの交換性向—類人猿の比較研究—

(9) 直立二足歩行は、後に社会脳として人間の脳が巨大化していく際に脳重量を支えるため、たまたま都合よくできていた（前適応）。チンパンジーやボノボと、ヒトとの共通祖先がどのような体格をし、行動をし、どんな社会構造を作っていたかは明らかではない。しかし、チンパンジーらは環境の変化が少なかったであろう熱帯雨林に概ね住み続けたのに対して、ヒトは乾燥化の進む地域でそこに適するような体や行動を形成せねばならなかった。そこから考えると、チンパンジーらの方がいろいろな面で共通祖先に近いととらえることもできる。そして脳容量をみると、初期人類はチンパンジーらとほとんど変わらず、異なるのは直立二足歩行に適した骨格であ
る。つまり初期の人類は、チンパンジーがそのまま直立しているような外見と思われる。

(10) 熱帯雨林では果実などの食物は比較的近い距離に大量にあるので、チンパンジーやボノボは緩やかな群れを作り、群れ全体で遊動域を移動して食べていく（古市［1999］第8章を参照）。しかし、サバンナでは食物分布の密度が低く、広い範囲を移動しないと十分な食物が得られない（長谷川眞理子編著［2002］13-17頁）。また、熱帯雨林ではなくサバンナで生活するチンパンジーは、遊動域が広いという（山極編［2007］48頁）。熱帯雨林におけるチンパンジーやボノボのように、常に群れで比較的狭い範囲を移動することでは、ヒトの経済は成り立たないのである。ヒトの直立二足歩行は、長距離の移動や、獲物を追っての持久走に優れている。男女いくつかのグループにわかれ、広範囲を狩猟し、採集し、食べ物を手を用いてキャンプ地に持ち帰る。この持つという行為も、二足歩行により可能になったものであった。現在の狩猟採集民の社会では、食べ物の分配は、まずその獲得に対する貢献度により分けられ、次に家族や親族に分配され、おおよそ集団の成員全員にいき渡る。資産もほとんどなく、かなり平等な社会ととらえることはできるが、経済的利益が重要でないわけではまったくない。

(11) ボノボはチンパンジーよりも後ろ足2本で立って移動することがよく観察されるが、それは食べ物を手に持って移動しているときに最も多く見られるという。直立二足歩行の利点については、山極寿一［2007］（第5章）も参照されたい。

(12) 人類は400〜500万年ほど前までは足の親指の付き方が手と同じで、木をしっかり握れる骨格になっている（他の現生の類人猿も同じである）ので、木に登る高い能力があり、実際登っていたと考えられる。人類が木に登る必要がなくなり、足の指が現在のように変化するのは、夜間でも火を使用することにより肉食獣に対抗できるようになってからかもしれない。

(13) 肉食獣からの圧力に対して、河合雅雄［1998］（第8章）もこのような指摘をしている。

(14) マントヒヒやゲラダヒヒは一雄複雌の群れを作り、とくに夜間は捕食者対策のため、それらの群れが集合して大きな集団となる。しかし群れの間での食物などの利益交換はない。食べ物は昼間その場で食べ、持ち帰ることはない（自由になる手がないゆえに運べない）。
(15) ネアンデルタール人は体格の男女差が大きくはないので、一夫多妻ではなかっただろうが、乱婚か単婚かはこれまでのところ判別できていない。ホモ・サピエンスは基本的には単婚だが、一夫多妻を認める社会は存在する。しかしそのような社会でも、実際に複数の妻を持つ男性の割合は5%程度である。なお、ヨーロッパに生息していたネアンデルタール人は、クロマニヨン人（現生のヨーロッパ人につながると考えられるホモ・サピエンス）と数万年間共存していた。彼らの間でどのような関係があったのかは不明だが、クロマニヨン人の作る精緻な石器をネアンデルタール人が模倣し作製しようとした形跡があるという。しかし遠距離の交換については、それを示唆する痕跡はない。
(16) ネアンデルタール人とホモ・サピエンスの喉頭の違いについては、タッターソル, I. [2005] を参照。また、チンパンジーも含めたホモ・サピエンスとのその違いについては、馬場悠男 [2004] を参照。
(17) レミングというネズミが集団自殺的行為をおこなうことについては、確かに個体数が増えすぎると、いくつかの集団に分かれて別の場所に向かって移動することは観察されるが、そのとき途中に川や池などがあると、一群で入って溺れてしまうアクシデントだと現在では考えられている。
(18) ネアンデルタール人に自殺がみられたかどうかは確認しにくい事柄だと思われるが、もしそのような痕跡が発見された場合、彼らも未来に関する強い想像力と、それに基づいて現在の行動を変える高い能力があったと解釈できるだろう。
(19) ターナー [2007] 第2章では、経済的利益と感情との関係が考察されている。
(20) ヒトの脳は、体全体との重量比では2%ほどであるのに対し、基礎代謝量（カロリー消費量）では20%を占めている。エネルギー消費に見合うだけのメリットがなければ、このような器官は淘汰されてしまう。ヒトの脳が巨大化せざるをえなかった要因を説明するものとして、従来は道具使用のため等と説明されてきたが、脳容量の増加と道具の使用は関係が希薄であり、脳は巨大化してきていても用いている石器など道具にはほとんど変化が見られない時期が長い。そこで近年では社会脳仮説がとなえられ、集団内での複雑な個体間の関係（人間関係）をうまく処理していくために、脳が巨大化したとされる。集団内での関係維持のたいへんさはチンパンジーやボノボ（また霊長類全般）にもあてはまるが、ヒトは集団生活と共同行為から利益を得つつ、さらに単婚が基本という複雑な社会構造をなしている。

自分と配偶者と自分の子どもの利益増大をはかりつつ、集団での経済活動に参加・協力し、分配や再分配をおこなうには、複雑な情報処理と適切な判断をおこなう能力が必要とされるであろう。そして経済的利益を計算し、それをうまく交換する能力は、きわめて重要な要素であり、社会脳としての脳の巨大化自体が、そのような経済計算の必要をも一つの大きな要因としていたといえるのではないか。人間関係の維持と経済生活のためには、単なる果実の採集や、死肉あさりよりも高度な知能が求められる。ある時は協力し、ある時は（分からないように）裏切ってただ乗りしたり、あるいは公然と争い、フリーライダーに対して懲罰を加えるといった、人間関係の複雑さとその中でうまく生活していくことの難しさは、我々も日々の社会生活で経験していることである。

(21) チンパンジーやボノボ、ゴリラの発声能力には強い限界があるが、飼育され教育された彼らは、抽象的なマークがたくさん描かれたボードを用いて、飼育員と日常会話をする。また、英語を話すことはできないが、飼育員に英語で指示されるとその意味を理解し、行動する（例えば、遠くのバナナではなく、冷蔵庫の前にあるバナナを取ってきてと英語で言うと、そのバナナを持ってくる。また、一種の冗談を言って笑うゴリラも観察されている）。発声能力とは別に、言語のようなものを用いて考える能力が存在し、その能力を彼らは備えていると思われる。また文脈からはやや外れるが、オトナのヒヒをだまして食べ物をうまく手に入れる子どものヒヒが観察されている。

(22) マルクスは商品交換の発生について、『資本論』で次のように述べていた。
「とはいえ、このように互いに他人であるという関係は、自然発生的な共同体の成員にとっては存在しない。その共同体のとる形態が家長制的家族であろうと古代インドの共同体であろうとインカ国その他であろうと、同じことである。商品交換は、共同体の果てるところで、共同体が他の共同体またはその成員と接触する点で、始まる。しかし、物がひとたび対外的共同生活で商品になれば、それは反作用的に内部的共同生活でも商品になる」（マルクス, K., I, S. 102）

共同体内における経済的利益（モノやサービス）の分配・交換と比較すると、共同体間の交換は不安定であり、長期的な交換関係が続くかどうか不確定な場合が一般的に多いと想定してよいだろう。そのときには、時を隔てた贈与交換ではなく、即時に取引が完結する商品交換に利点がある。ここにみられるマルクスの指摘は、その意味では妥当と考えられる。しかし、共同体内ではまったく経済的利益の計算や交換がおこなわれず、他の共同体と接するときに突然商品交換が始まり、その関係が共同体内に反作用的に持ち込まれると読むことは、ヒトの進化や経済行為に対する適切な

理解とはいえない。共同体内の家族間で、まず経済的利益の計算と交換が始まり、それを基盤として他の共同体との間での交換行為が生じる、というのが本稿の見方である。

なお、F.エンゲルスの『家族、私有財産および国家の起源』では、農業開始以前の婚姻形態にも言及があるが、その検討は別の機会におこないたい。同じくエンゲルスの『猿が人間になるについての労働の役割』では、人間が獲得してきた身体的形質や、種々の能力について一通り説明されている。マルクスの『資本主義的生産に先行する諸形態』では、主として農業開始以後の社会形態や所有のあり方が検討されている。

(23) ヒトの共同体内では、狩猟や採集で多く食べ物を得た者は他の家族に分け与え、自分の収穫が少ないときには他の家族からもらうという互恵的な経済関係が生じるであろう。

(24) 本稿の論旨は、次のようにまとめられる。
　(1) 熱帯雨林がサバンナ化していく中での直立二足歩行化と、行動範囲の拡大、共同体内での自然な分業の発生。
　(2) 集団生活をして共同で狩猟採集をおこない、かつ単婚という社会構造から、共同体内部の家族間で経済的利害関係が生じ、各個体は経済計算をうまくおこなう必要があった。複雑な個体間関係の中で、適切に判断し行動する必要から、社会脳として脳が巨大化した。
　(3) 目の前にないモノ、将来のものごとにも強く反応する脳の報酬系。
　(4) (3)を可能にする、言語の獲得。
　(5) 以上のことから、共同体間での経済的利益の交換、物々交換が可能となった。

なお、従前から検討されてきており、また今後解明されるべき課題としては、集団生活をしてそこから利益を得つつ、単婚が基本という人間の社会構造、とくに家族がどのように成立したかというものがある。1つには、チンパンジーやボノボ的な集団生活かつ乱婚という集団の中から、固定的婚姻関係（少なくとも4～5年程度は続く）を結び、経済計算に長けた男女のペアが発生し、それが群れの中で支配的になった（進化的安定戦略となる）、という説明がありうる。2つめには、ゴリラ的な一夫多妻制の群れが、肉食獣圧力等により集団で生活するようになり、一雄一雌の婚姻形態となった、という道筋も考えられる。しかし、チンパンジーやボノボのメスは性皮を腫らして発情期をはっきり示すが、霊長類でそのような発情を示すようになった種が性皮の膨張をなくした例はないという。これが正しいとすれば、もともと一夫多妻的な群れと、若いオスだけの群れが存在していたヒトは、地上に降り立つとともに、肉食獣圧力に対抗するために群れを結合させ大きめの集団を形成したという2つめの説明を採用することにな

第20章 ホモ・サピエンスの交換性向―類人猿の比較研究―

る。そしてマントヒヒやゲラダヒヒの集団生活との違いは、直立二足歩行によって食べ物をキャンプ地に持ち帰ることができ、分配・交換しうること、肉食獣に対して手に武器をもって立ち向かえることとなろう。この点も含めて、ホモ・サピエンス以外の過去の人類の生態や社会構造、ゴリラやチンパンジーとの共通祖先の生態や社会構造は、依然大きな謎として残っている（山極寿一編［2007］でもこの点が議論されている）。さらに言えば、ゴリラやチンパンジーも、共通祖先から分岐した後にそれぞれに生態や社会構造を多少とも変化させているだろう。また、共通祖先がすでにホモ・サピエンスのような集団生活かつ単婚という社会構造だったとは考えにくい。

［参考文献］

内村直之［2005］『われら以外の人類－猿人からネアンデルタール人まで－』，朝日新聞社

エンゲルス，フリードリヒ［1965］『猿が人間になるについての労働の役割』，大月書店（国民文庫）

エンゲルス，フリードリヒ［1971］『家族、私有財産および国家の起源』，マルクス＝エンゲルス全集第21巻，大月書店

河合雅雄［1998］『サルからヒトへの物語河合雅雄著作集7』，小学館

木村英明［2005］『北の黒曜石の道－白滝遺跡群－』，新泉社

シンガー，ピーター［2003］『現実的な左翼に進化する』，竹内久美子訳，新潮社（原題 *A Darwinian Left: Politics, Evolution and Cooperation*）

スミス，アダム［1950］*An Inquiry into the Nature and Causes of the Wealth of Nations*, edited by Edwin Cannan, 6th edition. 大内兵衛・松川七郎訳『諸国民の富』，岩波文庫（1）-（5），1959-66年

タッターソル，I.［2005］「現生人類への道－私たちはいかにして人間になったか－」，馬場悠男訳，『別冊日経サイエンス』151, 日経サイエンス

ターナー，ジョナサンH.［2007］『感情の起源－自立と連帯の緊張関係－』，明石書店

ドゥ・ヴァール，フランス［2000］『ヒトに最も近い類人猿ボノボ』，加納隆至監修，藤井留美訳，TBSブリタニカ

ドゥ・ヴァール，フランス［2006］『チンパンジーの政治学－猿の権力と性－』，西田利貞訳，産経新聞出版

ドーキンス，リチャード［2006］『利己的な遺伝子〈増補新装版〉』，日高敏隆・岸由二・羽田節子・垂水雄二訳，紀伊國屋書店

内藤淳［2007］『自然主義の人権論－人間の本性に基づく規範－』，勁草書房

中村宗之［2009］書評「内藤淳『自然主義の人権論－人間の本性に基づく規範－

(勁草書房，2007 年)』，上武大学『ビジネス情報学部紀要』7-2
長和町立黒曜石体験ミュージアム編［2004］『黒曜石の原産地を探る－鷹山遺跡群－』，新泉社
西田利貞［2007］『人間性はどこから来たか－サル学からのアプローチ－』，京都大学学術出版会
西田利貞［2008］『チンパンジーの社会』，東方出版
西田正規・北村光二・山極寿一編［2003］『人間性の起源と進化』，昭和堂
長谷川眞理子編著［2002］『ヒト、この不思議な生き物はどこから来たのか』，ウェッジ
長谷川寿一・長谷川眞理子［2000］『進化と人間行動』，東京大学出版会
馬場悠男［2004］「言語の起源に迫る人類学」，『大航海』52，新書館
古市剛史［1999］『性の進化、ヒトの進化－類人猿ボノボの観察から－』，朝日新聞社
マックグルー，ウィリアム C.［1996］『文化の起源をさぐる－チンパンジーの物質文化－』，中山書店
松沢哲郎・長谷川寿一編［2000］『心の進化－人間性の起源を求めて－』，岩波書店
マルクス，カール［1962, 63, 64］*Das Kapital*, Band I, II, III, in *Marx-Engels Werke*, Band 23, 24, 25, Dietz Verlag. 岡崎次郎訳『資本論』，(1) －(9)，大月書店（国民文庫），1972-75 年
マルクス，カール［1963］『資本主義的生産に先行する諸形態』，手島正毅訳，大月書店（国民文庫）
山極寿一［2007］『暴力はどこからきたか－人間性の起源を探る－』，日本放送出版協会
山極寿一編［2007］『ヒトはどのようにしてつくられたか』，岩波書店
山極寿一［2008］『人類進化論－霊長類学からの展開－』，裳華房

[2010 年 10 月脱稿]

中村宗之（なかむら むねゆき）編者紹介参照

第21章　法における「後期近代」と段階論
―― 厳罰化と「世間」をめぐって ――

佐藤直樹

はじめに

　日本では1990年代後半より、刑事司法において厳罰化が顕著になっている。たとえば80年代と比較して、人々の「体感治安」が悪化し、検察官の求刑が引き上げられ、裁判所の量刑の相場が引き上げられている。また、死刑や無期懲役の判決が増加している。この現象は、明治期の「近代化」による刑法の成立以来、刑事政策の根底的転換として、時代を画するような大きな歴史的出来事であるといってよい。

　じつはこのような厳罰化への刑事政策の転換は、世界的な傾向として、とくに先進産業諸国において、70年代より顕著になっている。社会学者のJ・ヤングは、20世紀終わりの1/3にはじまるこの時代を「後期近代（Late Modernity）」と名づけ、それまでの福祉国家的な包摂型社会から新自由主義的な排除型社会への転換があったとみる。

　しかし、ヤング自身が「おそらく日本を除けば」（Young [1999]：邦訳311）といっているように、各国で排除型社会にいたる大きな要因となった犯罪発生率の増加という現象は、日本ではまったくみられない。日本では70年代以降を考えても、犯罪発生率は一貫して減少傾向にあり、治安は悪化していない。

　阿部謹也が指摘するように（阿部 [2006]、佐藤 [2001]、佐藤 [2004a]）、日本においては明治期以降に科学技術や諸制度の「近代化」を達成したにもかかわらず、人的関係の「近代化」がおこなわれず、societyたる社会やindividualたる個人が形成されなかったために、「世間」という歴史的・伝統的人的関係を残してきた。日本社会が依然として安全な社会といえるのは、この「世間」の犯罪抑止力が根底にあるからである（佐藤 [2008a]：254、佐藤 [2011]）。

　しかし90年代後半以降、「第二の黒船」ともいえる新自由主義の浸透と拡大に象徴されるような、「後期近代」の波が日本を襲い、それによって「自己責任論」が台頭し、「世間」が厳罰化を要求するようになったことは確かである。

本稿では、宇野弘蔵のいう「重商主義―自由主義―帝国主義」という歴史的段階論に触発されつつ、日本における「後期近代」への突入が、刑事司法においてどのような刑事政策の転換を招いたかを検討し、それが歴史的にみて、新たな段階規定を意味するかどうかについて、若干の素材を提供したい。

1　「第一の黒船」としての刑事司法の「近代化」
——自由主義刑法と帝国主義刑法

　日本の刑法は伝統的に、ドイツ刑法の影響を強く受けてきた。そのドイツでは18世紀終わりから19世紀初めにかけて、とりわけフォイエルバッハによって罪刑法定主義の原則、すなわち「法律がなければ犯罪も刑罰もない」という原則が確立した。そこでは、すべての人間は、法的な契約主体となりうる自由な人格として認められ、法を破ったものは、自らの行為にたいする責任を負わせられると考えられた。

　その後に続くルーデンやベルナーやビンディングなどの古典的な自由主義刑法学は、旧派刑法学とよばれる。そこでは処罰が、客観的な犯罪行為にもとづいて決められ（客観主義）、刑罰は応報刑として、あくまでも犯罪行為の軽重にもとづいて科せられた。つまりここでは、自由な意思で理性的に犯罪をおかす犯罪者が措定されている。パシュカーニス流にいえば、それは犯罪と刑罰を交換する理性的な主体の存在を前提とし、そこでは刑法において「犯罪と刑罰の等価交換」（応報原理）への純化傾向が認められる（佐藤［1989］：79、佐藤・田中［1990］：60以下、佐藤［1993］：121）。

　しかし科学的実証主義の台頭を背景として、19世紀末に台頭してきたイタリアのロンブローゾやドイツのリストなどの新派刑法学は、刑罰は応報ではなく、一定の目的のための目的刑ないし教育刑でなければならないとした。またその場合の犯罪者とは、自由な意思をもつ主体ではなく、実証主義のもとで科学的に分析可能な決定論的な主体である。

　しかも新派は、それまでの旧派の客観主義の主張にたいして、犯罪から社会を防衛するという観点から、犯罪を防止するためには、犯罪行為ではなく犯罪者そのものに注目しなければならないとする主観主義の立場を強調した。そのためには、犯罪者を科学的に分析し、矯正や教育や治療によってその危険性を取り除かなければならないとした。この新しい流れが帝国主義刑法学である

第21章　法における「後期近代」と段階論─厳罰化と「世間」をめぐって─

（佐藤［1991］：64-7）。

　20世紀初めには、台頭してきた新派とビルクマイヤーなど旧派との間でいわゆる「学派の争い」が生じる。ここで重要なことは、新派の台頭によって、刑事司法における主題が犯罪行為から犯罪者に転換し、犯罪の予防、犯罪者の教育・治療のために実証科学のテクノクラートが動員され、犯罪者は「修正、再適応、社会復帰、矯正などにかかわる技術と知にとっての客体」（Foucault［1999］：邦訳24）となったことである。

　つまり、ここでは罪刑法定主義が否定され、犯罪の重さではなく、犯罪者の危険性によって刑罰が科される。罪刑法定主義とは「犯罪と刑罰の等価交換」そのものを意味するから、これは、刑事政策や社会政策の介入によって、「犯罪と刑罰の等価交換」が不純化してゆくことを意味する（佐藤［1989］：161-71）。

　この刑事司法過程への刑事政策や社会政策の介入を、D・ガーランドは「処罰福祉主義（penal-welfarism）」（Garland［2001］：34-9）とよぶ。これがレッセ・フェールを背景とした自由主義的刑法から、福祉国家的な帝国主義刑法への転換を意味する。そこでは犯罪者の処罰は、自由主義刑法におけるように「法学的（judicial）」に判断されるのではなく、「行政管理的（administrative）」な技術上の問題となる（Garland［1985］：190-2、大竹［2008］：151-2）。この「処罰福祉主義」こそ、帝国主義刑法の特徴といえる。

　ところで「第一の黒船」の襲来といえる、日本での刑事司法の「近代化」過程においては、まず旧刑法が1880年に成立する。旧刑法が特徴的なのは、罪刑法定主義の原理を明記し、たとえば殺人罪でも謀殺、毒殺、故殺、便宜殺、誤殺といったように、犯罪類型を細かく区分し、それにしたがって法定刑も細かく定めていた点である。

　つまりここでは旧派が主張する自由主義刑法の影響を受け、犯罪類型を細分化し、それにしたがって、法定刑を明確にし、裁判での裁量の幅をきわめて狭くした点が重要である。それは、「犯罪と刑罰の等価交換」が純粋に貫徹されたことを意味する。

　ところが、犯罪行為より犯罪者に注目する新派刑法学の主張に沿って、ただちに刑法が改正されることになる。現行刑法となった1907年新刑法がそれである。当時新派の刑法学者は、同じ殺人を犯したとしても、人には千差万別の事情があり、その個別的な事情を考慮しなければならないが、旧刑法ではそれ

が不可能であると主張した（芹沢［2001］：43以下、芹沢［2009］：32）。

その結果新刑法では、罪刑法定主義の規定が廃止され、殺人罪の類型はたった一つとなり、法定刑も「死刑または無期、もしくは3年以上（05年改正で5年以上）の懲役」となった。つまり裁判所の裁量の余地が大幅に拡大した。ようするに帝国主義刑法の「処罰福祉主義」によって、刑法への刑事政策や社会政策の介入がはじまり、「犯罪と刑罰の等価交換」が不純化してゆくのである。

日本の刑事司法は急速な「近代化」によって、自由主義段階の刑法も帝国主義段階の刑法もほとんど同時に輸入することになった。つまり、ヨーロッパ諸国においては200年ほどかけて形成された近代刑法が、わずか30年やそこらで作られたのである。しかも刑法における自由主義段階から帝国主義段階への移行が、きわめて短い期間におこなわれた。

もちろん学説史的には、20世紀初頭「学派の争い」として、きわめてクリアだった旧派刑法学と新派刑法学との対抗軸が、現在では、折衷の折衷の折衷というかたちで、客観主義も主観主義も対抗軸自体が曖昧になっている。いまでは「純」客観主義派も、「純」主観主義派も存在しない状況となっている（佐藤［1991］：71-82、佐藤［2006a］：173）。

しかしここで問題なのは、自由主義段階をほとんど経ずして唐突に導入されたこの帝国主義的な刑法の枠組みが、今日にいたるまで受け入れられてきた理由である。端的にいってそれは、日本の「世間」が「共通の時間意識」という原理をもち、そこから同じ「世間」に生きるとみなされる人間にたいしては「ゆるし」を発動するという包摂の原理に、この福祉国家的な「処罰福祉主義」が親和的であったからである。

いいかえれば、制度的なものは「近代化」されたにもかかわらず、人的関係がきわめて古いままであったために、犯罪と刑罰の関係として、「応報原理」といういわばドライな自由主義刑法より、「ゆるし」を作動しうる「処罰福祉主義」といういわばウェットな帝国主義刑法のほうが、日本の「世間」という土壌に根づきやすかったということである。

つまり「ゆるす」ためには、刑法の犯罪類型や法定刑はなるべく裁量の余地が大きいほうがよい。裁量の余地が狭いと、「ゆるす」範囲が限定されるからである。たとえば刑事訴訟法248条には、「犯人の性格、年齢及び境遇、犯罪の軽重及び情状並びに犯罪後の情況により訴追を必要としないときは、公訴を

第21章 法における「後期近代」と段階論─厳罰化と「世間」をめぐって─

提起しないことができる」とある。この日本独特の検察官の起訴便宜主義は、この「ゆるし」の原理で運用されてきた。ようするに日本の刑事司法は歴史的にみて、「なるべく刑務所には入れない、入れてもすぐに出す」（河合［2009］：38）という原則で運用されてきたのである。これは「世間」の包摂的側面であるといえる（佐藤［2006b］：194-7、白井［1998］：146）。

しかしそれだけではない。「世間」は同時に、排除的な側面をもっている。「世間」は犯罪をおかした者をケガレた者とみなし、「世間」から排除してきた。それは「世間」に「呪術性」という原理があるからである。たとえば河合幹雄が指摘するように、日本では殺人を犯し刑務所で服役を終えた者が、出身地に帰るのはきわめて困難である。「世間」がその家族を受け入れないからからである（河合［2009］：176）。このような「世間」の排除的側面が、日本において犯罪率の低さを支える、犯罪抑止力となってきたことは確かであるといえる。

2 「後期近代」とは何か──包摂型社会から排除型社会へ

では「後期近代」とはいったい何か。ヤングはいう「一九六〇年代には逸脱にたいして無節操なほど寛容であった人々とまったく同じ人々が、九〇年代になると、今度はビクトリア朝の道徳読本の登場人物のように、逸脱にたいして不寛容になった」（Young［1999］：邦訳52）と。

ヤングは20世紀の終わりの1/3の時代になって、第二次世界大戦直後からの「同化と結合を基調とする」包摂型社会から、「分離と排除を基調とする」排除型社会への移行があったとみる（Young［1999］：邦訳30）。そして先進産業国では、1970年代以降犯罪発生率が上昇しはじめ、その後景気が後退するにつれてますます加速していったと指摘する。

この排除型社会へ移行した理由について、第一に、60年代から70年代にかけて、個人主義の台頭によって私的空間が拡大し、さらにコミュニティが解体し、これが他者を排除することにつながったこと。第二に、80年代から90年代にかけて、労働市場の再編による失業者の構造的な増大と、それによって増加した犯罪を制御することで、他者の社会的排除がおきたためだとする（Young［1999］：邦訳28-30）。

しかも、犯罪発生率の増加は、60年代から70年代中葉の完全雇用が実現し

た時代に生じており、これは「犯罪は劣悪な社会的条件から生じる」とする社会的実証主義では説明がつかないとする (Young [1999]：邦訳94)。結局ヤングは、それは誰もが平等になるとそれまで以上に小さな差異が気になるという平等のパラドックス、すなわち「相対的剥奪感」にその理由があるとする。しかもこの「相対的剥奪感」が個人主義と結びついたことで、「ホッブズ的無法地帯」をつくり出したという (Young [1999]：邦訳124-5)。

そして犯罪発生率の増加にたいして、それまでの福祉国家的「処罰福祉主義」的なさまざまな犯罪対策では効果がなく、「何をしても無駄」というスローガンすら生まれたという (Young [1999]：邦訳312)。時代は福祉国家的な理念から新自由主義的な理念への転換の時代であった。この新自由主義を背景として登場したのが、「ゼロ・トレランス (不寛容)」や「割れ窓理論」とよばれる「新行動主義」(Garland/Young [1983]：邦訳166-74) の犯罪防止策である。

大竹弘二によれば、この防止策にあっては、犯罪統制の実践は、犯罪発生の確率が最小化するように、人々の行動パターンを規定するような環境デザインが問題となる。またそれが対象とするのは、自由主義段階にあらわれた旧派的な犯罪行為でもないし、帝国主義段階にあらわれた新派的な犯罪者でもない。そこにおいて問題となるのは、ある環境において一定の確率で不可避的に生み出される偶然的偏差としての「犯罪の出来事 (the criminal event)」(Garland [2001]：16) にすぎない (大竹 [2008]：156-7)。

つまりここでは、統計的な手法がとられることで、個々の犯罪者、つまり「処罰福祉主義」が対象としたような矯正や、教育や、治療の対象となる犯罪者が消滅している。いいかえれば、犯罪者の個々の事情などどうでもいいことになる。ただ、そこで犯罪がおきる確率だけが問題であり、そこでおきる犯罪をいかに抑止するかだけが問題となる。そうなると、犯罪者はたんなる「応報的処罰の対象」(大竹 [2008]：156) としかみなされなくなる。

「ゼロ・トレランス」や「割れ窓理論」に代表される厳罰化政策は、この意味で、犯罪者の個々の事情をまったく斟酌しなくなる、つまり「福祉処罰主義」的な考え方の否定を意味する。ヤングが「後期近代」とよんだ事態の本質は、まさにここにあった。

第21章　法における「後期近代」と段階論—厳罰化と「世間」をめぐって—

3　日本における「後期近代」と「世間」
——なぜ厳罰化がおきたのか

　とすれば、この「後期近代」における世界的な厳罰化の動きが、日本ではどうあらわれたか。日本では90年代初めに「バブルの崩壊」があり、その後の90年代後半以降、厳罰化の傾向が顕著になっている。

　少年法の領域では、97年の神戸連続児童殺傷事件をきっかけとして、「少年法は甘すぎる」という議論が「世間」で沸騰した。この神戸の少年は14歳であったために医療少年院送致になったが、事件の衝撃を受けて、2000年に少年法の検察官への逆送年齢（大人と同様の裁判を受ける年齢）が、それまでの16歳から14歳に引き下げられるというきわめて重大な変更が加えられた。さらに07年には、14歳未満であっても、場合によっては少年院送致が可能となる改正がおこなわれた。

　世界的には、20世紀初めに福祉国家的な「処罰福祉主義」のもとで、少年には処罰ではなく保護が必要であることが意識されるようになり、包摂的な保護主義が確立された。つまり犯罪をおかした少年は、「まだ未熟」であり「教育可能」であるとして、処罰ではなく保護の対象となった。戦後の日本の少年法も、そうした基本線の上にあった（佐藤［1993］：253以下、佐藤［1998a］：155以下）。しかし、その「処罰福祉主義」的な考え方が明らかに後退をはじめ、排除的な「自己責任論」がそれにとってかわり、14歳の少年であっても、場合によっては大人と同様に処罰可能となり、14歳未満であっても、少年院送致が可能となったのである。

　犯罪をおかした精神障害者の処遇についても、01年におきた大阪教育大付属池田小事件をきっかけとして、「社会には危険な精神病者が徘徊し、そうした人間は処罰を受けることがない」という「世間」の非難が高まり、当時の小泉政権によって、03年に「再犯防止」という治安的観点をもった「心神喪失者等医療観察法」が成立した。

　この歴史的ともいえる日本での保安処分制度の成立は、犯罪をおかした精神障害者にたいして「処罰より医療を」という、それまでの包摂的な「処罰福祉主義」的枠組みを変更し、「危険な人間は処分する」という排除的な方向に、社会全体が舵をとりはじめたことを意味する。ここでもまた、「処罰福祉主義」が明らかに後退し、「自己責任論」が席巻しはじめたのである。

さらにこの種の事件の場合に、犯人の劣悪な社会的・家族的な環境が「世間」の同情や共感を得ることがこれまでしばしばあったが、この池田小事件ではたんなる「人格障害」であるとされ、犯罪者の個々の事情は切り捨てられる傾向が強まった。つまり「処罰福祉主義」的な包摂的視点が消滅していった。
　また裁判の量刑においても、2000年ぐらいから死刑や無期懲役の判決が明らかに増加し、01年の刑法改正で危険運転致死傷罪が新設され、05年改正で、併合罪等で加重された場合に、有期懲役・禁錮の上限が20年から30年へ大幅に引き上げられた。つまり「八〇年代から現在にいたるまでに、ざっと見て量刑が倍になったとみなせるほど、刑期がどんどん長くなっている。これは、犯罪の内容自体が凶悪化したのではなく、同じような犯罪に対する量刑の相場が、従来に比べて厳しくなったからとされる」（河合 [2009]：65）という厳罰化の現象が生じている。
　こうした「処罰福祉主義」の後退と厳罰化の背景には、とりわけ1980年代終わりの「社会主義の崩壊」による、アメリカ型グローバル資本主義の全面化、すなわち全世界的な新自由主義の台頭があった。すでに94年には経済同友会の「現代日本社会の病理と処方——個人を活かす社会の実現に向けて」において、新自由主義にもとづく規制緩和や構造改革の必要性が強調されていく。
　日本ではこの新自由主義の浸透と拡大によって、職場で成果主義が導入され、すでに97年頃には年功序列制や終身雇用制の日本型雇用が崩壊したとされる。とくにその後の01年の小泉政権の誕生によって、規制緩和や構造改革が叫ばれ、「自己責任」が強調されるようになった。04年におきたイラク人質事件では、「世間」によって、人質家族にたいして「自己責任論」に基づくバッシングがおこなわれた。これなどは、同じような人質事件があった外国では考えられないことであった（佐藤 [2004b]：53-7）。
　また他の国と同様に、日本における厳罰化は犯罪被害者家族の運動とのつながりで、一種のポピュリズムをともなって生じた。たとえば99年におきた山口県光市母子殺人事件では、被害者の夫がマスコミを通じて、当時18歳だった加害者の少年の厳しい処罰を求め、少年は一審、二審で無期懲役だったものの、06年最高裁において審理が広島高裁に差し戻された。
　この間、差戻し審を担当した弁護士たちが、マスコミに社会の敵として描かれ、「世間」からの激しいバッシングを浴び、前代未聞の弁護士への懲戒請

第21章　法における「後期近代」と段階論―厳罰化と「世間」をめぐって―

求がおこなわれた。そうした「世間」の空気を背景として、08年広島高裁は原判決を破棄し、死刑を言い渡した（石塚［2008］：93-4）。「世間」はもともと「共通の時間意識」という「共感の構造」をもっているが、犯罪被害者家族の感情に過剰同調した結果であるといえる。

　ヤングは、先進産業国における厳罰化の背景には、70年代以降の犯罪発生率の増加があったという。しかし、日本においては、たとえば暗数の少ない殺人の発生件数でいっても、1950年代以降一貫して減少傾向にある。その検挙率も95％水準を維持している。暴力犯罪など軽微な犯罪についても、同様の傾向がみられる。世界的にみても、日本は依然として治安がきわめていい安全な国なのである（浜井・Ellis［2009］：93-95）。

　しかも、1で述べたように、日本の刑事司法においては「なるべく刑務所には入れない、入れてもすぐに出す」という原則が働いている。すなわち、近年事件数がもっとも多かった04年に、検察庁に約220万人が送検されたが（交通事犯を含む）、そのうち起訴されたのが約14万人、裁判で実刑になったのはわずか3万人である。つまり送検されても、日本独特の起訴便宜主義によって、そのほとんどが起訴猶予か、略式起訴で罰金となる。また起訴されても、執行猶予がついて実刑にならないことが多く、実刑になったとしても刑務所では仮釈放の制度があり、満期にならなくとも釈放される（河合［2009］：39-41）。

　ここでは明らかに「逮捕―起訴―判決―服役」の刑事司法過程の各段階において、「ゆるし」の原理が作動している。刑事司法という「世間」は、罪を認め反省し、謝罪をおこなう被疑者・被告人には寛容である。つまりここには、「世間」の包摂的側面があらわれているのである。それは、排除型社会に転換し、厳罰化したといわれる現在においても、基本的には変わらない。その意味では、日本の刑事司法は依然として、一種の「処罰福祉主義」に貫かれているといってもよい。

　しかし同時に、90年代後半以降の日本の厳罰化の流れをみれば、「世間」の排除的側面が露出しているということもできる。「世間」ではいったん逮捕されれば、それはケガレとみなされ、「世間」から排除される。権利や人権という概念が通用せず、無罪推定の法理がまったく作動しない。前にのべた通り、刑務所で服役を終えても、出身地に帰ることができないのは、いったん「世間」から排除されると、よほどの事がないかぎり同じ「世間」には復帰できな

いからである。これが犯罪抑止力となっているのは、人々が「世間を離れては生きていけない」と思っているからである。

　では犯罪発生率が減少傾向にあるのに、いったいなぜ、日本において刑事司法における厳罰化という刑事政策の転換がおきたのか？

　もちろん「治安が悪化している」という、事実に基づかないマスコミの報道等によって、人々の「体感治安」が悪化したというのが理由の一端である。たとえばこの「体感治安」の悪化を背景とし、01年の池田小事件に後押しされて、02年に大阪府で「安全なまちづくり条例」が制定され、この生活安全条例が全国に拡大する。それは新自由主義の台頭を背景として、「自分たちの街は自分たちで守ろう」という「防犯の自己責任化」をあらわしている。そして、警察とボランティア住民の連帯が必要だとする呼びかけに、住民たちが防犯パトロールに大挙して参加しはじめたのである（浜井・芹沢［2006］：141-3）。

　また、「割れ窓理論」にもとづき、全国の小学校では「地域安全マップ」作りが行われ、子どもたちは周辺地区のフィールドワークを通じて、その地域で不審者が潜む「危険な場所」を学習するようになった。マップの作成は、大人たちを含む参加者の防犯意識を高め、地域コミュニティの再生をもたらす。しかもその成果として、かかわった人間が、文化祭やスポーツと同じように、「全員が感動できる」達成感を得ることができるという。つまりここでは、もともとウチとソトを区別する排他的な原理をもつ「世間」が動員され、不審者の排除という排除的側面を露出させている（浜井・芹沢［2006］：166-171）。

　それだけではない。90年代後半以降、治安が悪化していないにもかかわらず、このように「世間」の排除的側面が露出してきた大きな理由は、individualたる「強い個人」を前提とする新自由主義の台頭により、それとは違う原理をもつ「世間」が、いわば花粉症のようなアレルギー反応をおこし、「世間」が肥大化することよって、その抑圧性が強まっているためである。近年の「世間」の「息苦しさ」の理由は、ここにある（佐藤［2009］：5-6、佐藤［2011］：100-3）。それが、光市の事件に示されているように、一種のポピュリズムをともなって、「世間」の厳罰化要求としてあらわれているのである。

　浜井浩一とT・エリスは、厳罰化をまねいた西欧社会の「ペナル・ポピュリズム（penal populism）」とは、「法と秩序」の強化を求める市民グループ、犯罪被害者の権利を主張する活動家やメディアが、一般市民の代弁者となり、政

府の刑事政策に強い影響力をもつようになり、司法官僚や刑事司法研究者の意見が尊重されなくなる現象であるとする（浜井・Ellis［2009］：92）。

　その上で、光市の事件をめぐる一連の事態に代表されるような日本におけるペナル・ポピュリズムが、現象面では西欧社会のものと共通性があるものの、司法官僚たる検察官の抵抗をほとんど受けずに厳罰化が進行しているのは、「日本の国民性として、官僚もいわゆる『空気を読む』傾向が強いことに加えて、検察官もそれを望んでいるからにほかならない」（浜井・Ellis［2009］：119）と指摘する。

　まさに「空気を読む」とは、「世間」の空気を読んでいるという意味であろう。運動にかかわる市民の側も、検察官の権限の縮小を望んでいるわけではなく、まさに「お上」が「空気を読んで」行動することを期待している。この点では、日本の「世間」は、西欧のように確固たる主体として、国家の機関に介入しそれをコントロールしようとするのではなく、依然として「大岡裁き」を期待していると考えられる（青木［2005］：163 以下）。

4　「第二の黒船」としての「後期近代化」
——新たな段階規定を意味するか

　以上のように日本における「後期近代」への突入は、ひとことでいえば「世間」への新自由主義の浸透と拡大であるといえる。とはいえ日本社会は、「世間」のもつ犯罪抑止力によって、依然として治安がよく安全な社会であることも確かである。

　しかし構造改革や規制緩和という新自由主義の手法は、それまでに経験しなかったような徹底性で、日本固有の「世間」という人的関係を根こそぎ動員し、それを大きく変容させてきた。90 年代後半以降あらわれた厳罰化の流れがそれを象徴している。この意味で「後期近代」への突入、すなわち、そういってよければ「後期近代化」は、明治期に経験した「第一の黒船」としての「近代化」に比定しうるような、「第二の黒船」とよびうる大きな歴史的出来事である。

　では、日本におけるこのような「第二の黒船」としての「後期近代」への突入は、宇野の段階論でいう資本主義の新しい段階規定を意味すると考えるべきなのか？

　周知のように宇野は、1870 年代から第一次世界大戦・ロシア革命までの段

階をいわゆる古典的帝国主義の段階と位置づけ、それ以降の資本主義の世界史的発展を、社会主義に対抗せざるをえなくなったという意味での、社会主義への「過渡期の資本主義」であるとした。そして、それを段階論とは区別される現状分析の対象とした（宇野［1962］）。

しかし、グローバル資本主義の台頭や、80年代終わりに始まる「社会主義の崩壊」は、この宇野の段階論をめぐって様々な議論をよびおこした。半田正樹の整理するところによれば、宇野が段階論的に新しい時代ではなく、金融資本主義段階の一時期にすぎない、と規定したロシア革命以降の資本主義のとらえかたについては、「過渡期資本主義説」と「歴史的資本主義説」との二つの立場があるという（半田［2005］：6以下）。

すなわち「過渡期資本主義説」は大内力や降旗節雄などに代表される。それは、ロシア革命以降、「現代資本主義」は二、三度変わってきたし、とくに1970年代あたりからのグローバリゼーションの時代を区別する必要はあるものの、基本的には宇野の過渡期資本主義というとらえかたを踏襲するものである。つまり新たな段階規定は必要ないと考える（半田［2005］：7-9）。

これたいして「歴史的資本主義説」は、宇野の立場に修正をせまるものである。たとえば加藤栄一は、自由主義を含む19世紀末までを「前期資本主義」、帝国主義を含む20世紀の70年代までを「中期資本主義」、80年代以降を「後期資本主義」であると規定する。また馬場宏二は、19世紀末から20世紀末までの一世紀を資本主義の爛熟期ととらえる。そのなかで、いわゆる第三次産業革命以降の資本主義を日本で支えたのが「会社主義」であったという（半田2005］：9-12,27）。

さらに野口真は、70年代以降の資本主義を、相対的安定期における「福祉資本主義（Welfare Capitalism）」に替わる「企業者資本主義（Entrepreneurial Capitalism）」としてとらえる。それは、政策的教義の中心が福祉の充実から企業者精神の高揚へ移行したことを意味する。その原因として、ＭＥ技術の急速な発展を背景とし、コンピューターが労働過程にあまねく導入されたことをあげる。80年代に日本資本主義が国際的競争力を発揮することができたのは、そのせいであるという（半田［2005］：12-5、野口［2000］：170以下）。

以上を総括した上で半田は、両大戦以降70年代までを「福祉国家段階」とし、その後の70年代以降のグローバリゼーションの展開を、情報化をふまえ

第21章　法における「後期近代」と段階論―厳罰化と「世間」をめぐって―

た上で二つに分け、70年代から90年代までを「脱福祉国家段階」、90年代以降を「競争国家段階」と特徴づける（半田［2005］：16-17）。

　もちろん本稿で問題にしているのは、金融資本的蓄積様式という帝国主義段階を基礎づける資本形式の変化ではなく、いわゆる上部構造における厳罰化という刑事政策の転換である。ヤングの「後期近代」という仮説も、「近代」との対抗概念として語られているだけであって（Young［1999］：邦訳51,121-3）、宇野のいう「重商主義―自由主義―帝国主義」の歴史的段階論を踏まえたものではない。

　しかし日本でも90年代後半以降、新自由主義の浸透と拡大によって、「世間」の厳罰化要求を背景として、刑事政策の排除的方向への転換がおこなわれ、ガーランドのいう福祉国家的な「処遇福祉主義」が後退をはじめていることは明らかである。すなわち、これは加藤のいう「後期資本主義」（80年代以降）への転換、野口のいう「企業者資本主義」（70年代以降）への転換、半田のいう「脱福祉的段階」（70-90年代）「競争国家段階」（90年代以降）への転換に対応すると考えてよいであろう。

　また「犯罪と刑罰の等価交換」（応報原理）からいえば、自由主義段階の応報刑としての純化から、帝国主義段階では、国家の刑事政策等の介入による不純化と位置づけられる。だが、近年の「ゼロ・トレランス」政策などの新自由主義的手法の台頭によって、復讐観念や応報思想の復活といった現象があらわれていて、それは再び自由主義段階の応報原理への純化という、時代の逆転現象ととらえられるかもしれない。

　つまり新自由主義の台頭は、文字通り「自由主義」段階への逆転を意味するといえるかもしれない。たとえばS・コーエンは、世界史の発展段階として、18世紀以前は包摂型の社会であり、19世紀に排除型の社会へと転換し、その後20世紀半ばまでは包摂型の社会であったとする（Cohen［1985］：16-7、Young［1999］：邦訳148）。だとすれば、「後期近代」とは、ある意味で19世紀の自由主義段階の排除型社会への逆転であるといえるかもしれない。

　しかし日本の場合には、「世間」の排除的側面において、厳罰的傾向はつねに通奏低音のように存在してきた。そうした意味では、自由主義段階というよりは、近代以前のきわめて古い復讐感情のようなものが、表向き新自由主義という衣をまとってあらわれているだけだといえるかもしれない。

この変化を、宇野の段階論でいう新たな段階規定ととらえられるかどうかは、更なる検討が必要である。しかしいずれにしても、90年代後半以降の日本での新自由主義の浸透と拡大は、厳罰化というかたちであらわれた「世間」の変容という意味において、「第二の黒船」とよべるような、時代を画するものであることは間違いない。これをどのような歴史的段階のなかに位置づけるべきなのかが、依然として焦眉の課題であるといえる。

[参考文献]

Cohen, S. [1985] Visinos of Social Control, Polity Press
Foucault, M. [1999] Les anormaux: Cours au Collège de France (1974-1975), Gallimard/Seuil（慎改康之訳『異常者たち』、筑摩書房、2002年）
Garland, D. /Young, P., ed. [1983] The Power to Punish: Contemporary Penalty and Social Analysis, Heinemann Books（小野坂弘・鯰越溢弘・佐藤直樹訳『処罰する権力――今日の刑罰性と社会的分析』、西村書店, 1986年）
Garland, D. [1985] Punishment and Welfare, Gower
Garland, D. [2001] The Culture of Control, Oxford University Press
Young, J. [1999] The Exclusive Society: Social Exclusion, Crime and Difference in Late Modernity, Saga Publication（青木秀男・伊藤泰郎・岸政彦・村澤真保呂訳『排除型社会――後期近代における犯罪・雇用・差異』、洛北出版, 2007年）
青木人志［2005］『「大岡裁き」の法意識――西洋法と日本人』、光文社新書
阿部謹也［2006］『近代化と世間』、朝日新書
石塚伸一［2008］「刑事裁判における被害者の役割」、『現代思想』2008年10月号
宇野弘蔵［1962］『経済学方法論』、東京大学出版会
大竹弘二［2008］「処罰と正常性――例外状態のなかの司法と犯罪統制」『現代思想』2008年10月号
河合幹雄［2009］『終身刑の死角』、洋泉社新書y
佐藤直樹［1987］「刑法学における段階論の基本的視座――宇野／パシュカーニス刑法論の可能性」、『新刑法学会会報』2号
佐藤直樹［1989］『共同幻想としての刑法』、白順社
佐藤直樹・田中史郎［1990］「パシュカーニス経済・法理論の可能性――共同研究のひとつの試み」『福岡県社会保育短期大学研究紀要』、23号
佐藤直樹［1991］『刑法総論』、現代書館
佐藤直樹［1993］「少年法の『保護主義』の相対化のために」、『法政理論』25巻4号
佐藤直樹［1995］『〈責任〉のゆくえ――システムに刑法は追いつくか』、青弓社
佐藤直樹［1998a］『増補版大人の〈責任〉、子どもの〈責任〉』、青弓社
佐藤直樹［1998b］「刑法における『責任ある主体』の問題――責任能力概念の成

第21章　法における「後期近代」と段階論─厳罰化と「世間」をめぐって─

立を手がかりとして」、『法政理論』30巻4号
佐藤直樹［2001］『「世間」の現象学』、青弓社
佐藤直樹［2003］「隣人訴訟・再考──現象学的「世間」論の立場から」、『法政理論』35巻4号
佐藤直樹［2004a］『世間の目』、光文社
佐藤直樹［2004b］「イラク人質へのバッシングはなぜおきたのか──法と「世間」という視点から」、『法学セミナー』、2004年9月号
佐藤直樹［2006a］「現象学からみた刑事司法」、和田仁孝編『法社会学』、法律文化社
佐藤直樹［2006b］『刑法39条はもういらない』、青弓社
佐藤直樹［2008a］『暴走する「世間」』、バジリコ
佐藤直樹［2008b］「『暴走する世間』の正体」、『月刊・現代』2008年11月号
佐藤直樹［2009］『暴走する「世間」で生きのびるためのお作法』、講談社+α新書
佐藤直樹［2011］『なぜ日本人はとりあえず謝るのか──「ゆるし」と「はずし」の世間論』、PHP新書
白井駿［1998］『白井教授の刑事訴訟法講義』、白順社
芹沢一也［2001］『〈法〉から解放される権力──犯罪、狂気、貧困、そして大正デモクラシー』、新曜社
芹沢一也［2009］『暴走するセキュリティ』、洋泉社新書y
田中史郎・佐藤直樹［1993］「形態としての刑法学──犯罪という事実なんて存在しない」、佐藤直樹編著『ぼくたちの犯罪論』、白順社
野口真［2000］「アジア経済危機と現代資本主義のゆくえ」、伊藤誠・降旗節雄編著『マルクス理論の再構築』、社会評論社
浜井浩一・芹沢一也［2005］『犯罪不安社会』、光文社新書
浜井浩一・Ellis, T.［2009］「日本における厳罰化とポピュリズム──マスコミと法務・検察の役割、被害者支援運動」、日本犯罪社会学会編『グローバル化する厳罰化とポピュリズム』、現代人文社
半田正樹［2005］「情報資本主義としての現代資本主義」、村上和光・半田正樹・平本厚編著『転換する資本主義：現状と構想』、御茶の水書房
降旗節雄・青木孝平・佐藤直樹［1993］「法学と経済学のあいだ──刑法原理論の世界」、佐藤直樹編著『ぼくたちの犯罪論』、白順社

［2009年10月脱稿］

佐藤直樹（さとう　なおき）九州工業大学大学院教授
著書：『なぜ日本人はとりあえず謝るのか』（PHP新書、2011年）『暴走する「世間」で生きのびるためのお作法』（講談社+α新書、2009年）『刑法39条はもういらない』（青弓社、2006年）など。

追悼 金研究家・高橋靖夫

奥山山脈に孤峰なす独創の人

谷口智彦

はじめに

　長い学究生活を反映し多くの門弟を抱える奥山忠信教授にとっても、今や鬼籍に入った異色の民間エコノミスト、高橋靖夫氏との交流と別れは、ひときわ忘れがたいものであり続けているに相違ない。

　本稿は奥山山脈に断然異彩を放つ高橋氏の早世を惜しみ、生前の旺盛な執筆業績と探求努力を偲んで記録に留めておこうとするものである。

　初めに、筆者がある媒体（ウェブ・ベースの「JBPRESS」）に高橋氏の訃報に接してすぐ掲載したオビチュアリーを、以下に再掲することを許されたい。後の行文はここに現れる内容といくらか重複するけれども、まず高橋氏の人となりについて、読者の理解を一通り得ておきたいと思うからだ。

＊　　＊

金本位制の復活を予言した人
異色の民間エコノミスト、高橋靖夫氏逝く（JBPRESS、2009年12月24日）

　異色の民間エコノミスト・高橋靖夫氏が12月20日午後10時、東京都渋谷区広尾の日赤医療センターで息を引き取った。

　遺作となった『金本位制復活！　アメリカ復活のスーパーシナリオ』を上梓したのが11月末。その月25日、見本刷りができたと喜んで現れた表情には、今にして思えば、既にただならぬ様子が看取できた。

　東洋経済新報社から出たことをことのほか喜んでいた。経済書の版元として老舗中の老舗から出版できたことは、氏にとっては、自身の仕事が正当な認知を得たことを意味した。人生の報奨だったろう。ほどなくして売れ行きの好調と、増刷の話がもたらされた。何よりの薬だと言っていた。

　独学、独行、独断の人だった。

若くして貸しビル業に手を染め、都心や東中野に5棟まで増やした。
　これをすべて売り払い、現金化したのは、バブル経済が崩壊する直前のことだ。
　あたかも、「日米構造協議」が米ブッシュ（父）政権と日本との間で始まろうとしていた。日本経済には米国産品の浸透を阻む構造的障壁があるとして、米国はその撤廃を迫る圧力をかけようとしていた。
　ある日の新聞に、何が協議の問題とされ、取り上げられることになるのか列挙したスクープ記事を見出す。そこに「土地問題」の文字を認めた高橋氏は、政策的バブル潰しの予兆を嗅ぎ取った。
　それを潮に、すべての不動産を売り切り、手仕舞いをした相場観の冴え——。のちに高橋氏を知ることになる友人の多くは、ここに異能の才を見出した。
　生涯、金（ゴールド）と貨幣について勉強し、たくさんの本を書きながら、金投資を自ら手がけた形跡はない。「手張りをすると目が曇る」からだと言っていた。
　その方法とは、ある着想を強く思い念じ、裏づけとなる情報や側面支援材料を本と人脈によって集め、形をなし始めた仮説を、誰かをつかまえては開陳し、検証するやり方だった。筆者は、好んでつかまった一人だ。他人に聞かせることは、自らに信じ込ませ、言い聞かせるプロセスだったに違いない。
　仮説とその検証、といえば学問的に過ぎる。氏はのちに世の中が外形規準でばかり人を見たがることを憤り、60過ぎてみごとに経済学博士号（埼玉大学）を手に入れるけれども、そのアプローチとは、もともと学問と親和性のないものである。学問が扱うのは既往の現実であるのに対し、氏は未来に起き得ることにしか興味がないからだった。
　米国はニクソン政権のとき、金ドルの交換を止めた。可能にしたのは、大統領命令という行政指揮権によってであった。
　それなら、米経済がいつか本当に行き詰まり、ドルの地位が地に落ちんとするまさにその利那、同じ行政指揮権を逆向きに行使することによって、ドルを再び金と結び付けることができるのだし、米国は必ずそうしようとするに違いない。そのとき金は、人類史を通じ占めてきた玉座に立ち戻る。すなわち貨幣としての役割を取り戻す——。
　高橋氏が繰り返し世に問うたのは、こういう見方だった。

初めに米国の衰退を予定する。下降曲線の「陰の極」で、米国は不死鳥さながら復活を遂げるとする仮説には、独特のダイナミズムがあり、そこが魅力だった。
　一方で米国の国力放散とその衰退を待ちつつ、他方に米国の復元力を深く信じようとする態度は、救世主の再臨を望むあまり災厄を多とする黙示録信者の心情にも似て、おのずと氏の米国観を屈折させた。
　氏は生涯、米国の動きに注意を怠らなかったけれども、その視線はそれゆえどこかやぶにらみの色合いを呈したのは、やむを得ざるところだったかと思う。友人に向ける視線はまっすぐで、トゲとも剣とも無縁だったが。
　未来に起こるかもしれないこと、起きたとして驚くべきでないことを、材料を整え、いまから論理的に事前構成しておく。そこにこそ価値ある営為があると信じた高橋氏のやり方は、実をいうと石油会社のシェルなどが好んで使うシミュレーションの方法に近い。
　それを面白がるよりはキワモノ視しがちな風土にありながら、埼玉大学に、それでも学位をやろうという教授（奥山忠信氏）がいたことと、遺著となった上掲の本を出そうと決めた編集者が東洋経済にいたことは、まことに稀な幸運だったというほかない。
　権力現象として説明のできない経済現象はないとするのが、高橋流アプローチの真骨頂だった。といってマルクシズムとはもとより無縁、スーザン・ストレンジなどに近い。「（タダの政治学でも、タダの経済学でもない）政治経済学」こそが重要だと認めた最も初期の人の一人と言ってよく、日本ではおよそ見向きもされなかった金の意味を、いちばん早くから考え続けた人である。
　あるいは高橋氏が、日本にヨガをもたらした中村天風生前最後の弟子だったことも、どこかで氏の考え方を規定していたのだろうか。そのあたりはわからない。米国の政治と経済について、ドルと金についてあれほど多弁だった氏は、興味がなかったせいだろうか、自分を語ることが少なかった。
　生涯独身を貫き、母親孝行に、それが崇高な使命でもあるごとくに尽くしていた高橋氏が残した遺族は、大連から一緒に生還したその老いた母ただ一人だ。「ちょっと長い海外出張に出てくる」と言って入院したとのことだったが、齢90を超し施設に暮らす母は葬儀をどう出しただろうか。だれか気のつく人がいて、真新しい新著を、棺に納めてくれただろうか。──合掌。

　　　　　　　　＊　　　＊

　高橋氏は2009年も押し詰まった12月20日の夜10時過ぎ、東京都渋谷区広尾の日赤医療センターで息を引き取った。死因は膵臓ガン。享年66歳だった。
　日赤にはその月の1日、生前かかりつけだった赤坂の鍼灸院から救急車で担ぎ込まれた。なんでも、鍼治療を受けようと現れた高橋氏の急変にただならぬものを感じた治療師が、無理やり救急車に押し込んだといった事情のようだ。
　入院時の所見は既に末期の症状を呈し、その1年前に一度は手術によって止めたはずの膵臓ガンが再発し、手の施しようがないまで進んでいたことを示していた。
　12月16日水曜日、日赤の東病棟806号室を筆者が見舞った時、高橋氏は暗い大部屋の左奥隅、カーテンの向こう側に病身を横たえていた。看護婦の呼びかけに「はーい」と答えたいくらか高音の声は常の通りだったけれども、カーテンの中へ入って見たその衰弱ぶりはさすがに甚だしく、ベッドから起き上がるにも介助の手を必要とするほどだった。
　恐らく死期を悟っていたものと思われるが、事情をつかみかねて当惑気味の筆者に向かい高橋氏は気丈にも、「腹水を抜いて随分楽になった」ことや、筆者が持参した差し入れの雑誌が入った紙封筒を少し手に取るようにして、「こういうものも、やっとめくってみる気になった」のだと言った。
　が、持ち重りのするその月刊誌を、結局高橋氏は本当に手に取ったかどうか。先が長くないかもしれないと感じた筆者があれこれ尋ねたためでもあろう、会話に疲れた様子を見せながら、それでも手にしっかり力を込め握手した高橋氏と別れて1週間経つか経たぬうち、死去の知らせを聞くこととなる。
　電話で悲報を伝えてくれたのは、奥山教授その人だった。高橋氏死去の報せを、氏の従姉妹筋に当たる縁者は誰より先に奥山教授に伝えたのである。手帳か何かに、教授の連絡先を特筆した記述でもあったのだろうか。

1　奥山門下におけるその位置

　奥山門下における高橋氏とはまずもって、学生のうち最年長の各種記録保持者だった。

最年長の修士課程修了者であり、博士課程修了者であるとともに、還暦を過ぎてから経済学博士号の授与を受けるめでたい実績をつくった人物だった。教授自身より年長であって、その証拠には、奥山教授が東北大学経済学部を卒業した年に当たる1974年、高橋氏は既に第一作を世に問うて、その後の長い著作歴を始めていたほどである。

　最初の本は『金ブームを狙え・一グラムから儲かる』（KKベストセラーズ、ワニの本245）という投資入門書だ。当時は高橋氏、31歳。白面の青年だったこのとき以来、亡くなるわずか一月足らず前の刊行となった最後の著作、前出『金本位制復活！』に至るまで、高橋氏は実に35年間、金（ゴールド）とは何か、その国際通貨体制に占める役割を米国はどうしようとしているかだけを考え、発言し、著作として世に問うた人だった。

　この長期にわたる独学独習ぶりと仮説構築の独自性、かつまた孤塁を守って左右にぶれなかった一徹さこそが、数ある奥山門弟の中にあって、高橋氏を出色たらしめた最大の要素である。アカデミズムの産ではおよそない。自分で自分をこしらえた人だった。

　ただし高橋氏における独自性とは、こう言ってよければ「定義によって」保証されていた。それはパイオニアにのみ与えられる特権だったともいえる。

　なんとなれば金をインフレヘッジ財として認識するには、なにより石油危機を契機とした世界的規模での物価上昇が前提として存在していなければならなかったし、投資対象としてこれを捉えるには、米国が公的金とドルの交換停止という挙に出て、金廃貨がなされていなくてはならなかった。

　このいずれの前提条件ともが相次いで整ったのが、高橋氏が第一作を上梓し、5年後に第二作を著した1970年代の前半から後半にかけての情勢だった。

　金と金投資にまつわる一般読書人向け入門書が必要とされた初めての機会をとらえ、独自の分析をいち早く世に問うたのが高橋氏だったといえる。いわば高橋氏の前に、高橋氏のような仕事をした人はあり得なかったわけである。

　こうして高橋氏を金研究における草分けであり少数専門家の一人として位置づけるなら、奥山教授とはいずれどこかで巡り合わねばならない定めであったといえる。

　金を銅やニッケル同様、単なるコモディティーとみなし、いわばその王位を簒奪しようとする支配的風潮に強い抵抗を覚え、金とは貨幣であってその地位

は世界経済の危機に必ずや復権すると見立てる一点において、高橋氏と奥山教授には見事に重なり合うものがあったからにほかならない。

　これは金のうちに政治性を読もうとする視点といってよいが、後の用語に従えば金に対する政治経済学的アプローチであった。高橋氏の独創であり、その最大の業績でもあるものとは、米国と英国で生まれたポリティカル・エコノミーなる一ディシプリンが、なお日本においてその存在すら満足には知られていない当時において、事実上同様の接近法を金研究に導入した先見性にある。

　しかもこの視点たるや、今に至るも独創性を失っていない。日本における金研究、というより金論評の言説空間を占めるのは、圧倒的に相場分析的アプローチだからである。

　チャートを用いたテクニカル分析から、需給の強弱を勘案するものまで方法にいくらかバリエーションはあり得るものの、日本の論者は金を論じるに際し、あまたの市況商品に対する場合と寸分違わぬアプローチを用いようとする。これは、日本経済新聞における金関連記事が、まず滅多なことではその商品面の埒から外へ出ていこうとしないことを想起すれば足りよう。

　高橋氏が金を見る際その根底にあったのは、かかる相場分析的接近法への根強い違和感だった。

　金とは確かに、少なくとも見かけ上、市況商品の一つかもしれない。けれどもその大口所有者が圧倒的に各国中央銀行に偏在している一事をもってするだけで、極めて政治性に富んだ商品であることは説明を要しない。政治的視角をあえてタブー視したがる本邦経済ジャーナリズムの偏見こそは、高橋氏が生涯かけて対抗したところのものだった。

　そんなとき、高橋氏は友人のネットワークに現れた奥山教授と出会う。そして、初めて学界に同志を得た思いを抱くのである。教授を生涯の恩師としたいとの念願はいやますばかりとなり、遂には高橋氏をして文字通りの五十の手習いへと向かわせ、修士号を経て経済学博士号の獲得へと自らを鞭打ち歩む道へと踏み込ませることとなる。

　私事ながら、両氏邂逅から幾分経った1990年代末の某日、筆者は高橋、奥山のお二人に、当時筆者が赴任・滞在中だった英国ロンドンで会う機会を得た。筆者にとっては、これが奥山教授との出会いであった。

　お連れしたのはフリート・ストリートを一歩入り、「ジョンソン博士の家」

からほど近い路地にある古いパブ（Ye Olde Cheshire Cheese）である。どれほど古いかは店の看板に「Rebuilt 1666」とあることで知れる。すなわちロンドン大火の後、「再建」された店だというわけだ。

ジェームズ・スチュアート研究で一家をなし、英国と英国経済史に親しんできた奥山教授は、当然このような場所の存在を面白がっておられた。筆者にとっては、ローストビーフの食卓を囲んだ会話のくさぐさのうち、いまに残る記憶がある。心から驚いたという記憶である。

奥山教授は、高橋氏が熱意を込めて説いただろうロジックをつとに理解した様子であった。そのうえで、一定の条件が整った場合、氏の見立ては実現し得る、少なくとも実現可能性を排除できないと明言されたからだ。

高橋氏と生前の交誼をもたぬ読者のため付記するならば、氏には、世に広く聞き入れられない人、それでいて、強い確信に固執してやまない人に特有の語り口があった。

百万言を費やしても、世間は振り向こうとしない。時に注意を向ける人あらば、またもや振り出しから同じ百万言を費やさざるを得ない——。

このような状態におかれた人は、焦りや苛立ち、不安や憤懣のないまぜになった口調をつい用いがちになるのであろう。高橋氏は、折節そのような口吻で金について、またその政治性について語り、語り始めれば際限を知らないふうだった。

奥山教授はこれに一通り耳を傾けたに違いない。そのうえで、高橋氏にアカデミック・クリデンシャルズがあるとかないとか、その立論が時として飛躍に満ちているとかといった表層には一切構わず、氏が言わんとする核心部分を把握し、のみならず直ちにこれへ興味を抱いたのである。

筆者を驚かせたものとは、学者たる奥山氏の、その学問的雅量にほかならなかった。繰り返すようだが、高橋氏にとって奥山教授とは、アカデミズムにおいて初めて得た理解者だったと言っていいだろう。

2　金研究に向かわせた原点

それにしても生涯変わらぬ関心対象となる金への興味を、高橋氏はいかにして育てたものだろうか。ここからは、若干の紙数を用いて高橋氏の伝記的素描

をしておきたい。

　それというのも、氏の原体験が、高橋氏に金への興味を育ませたと見てまず間違いないと思われるからである。例えば生前の高橋氏本人から、以下のエピソードにつき幾度となく聞かされたのは筆者一人に留まるまい。

　引用は、氏にとって第三作に当たる『金・ゴールド・新時代への架け橋』（総合法令出版株式会社、1995年）にある「まえがき」冒頭の一節である。

＊　　＊

　昭和22年、母と祖母と私の一家3人は満州の大連から引き揚げてきました。私が3歳のときです。

　母は大連で美容師をしていました。満鉄総裁夫人や有名料亭の女将、売れっ子の芸者衆といった方々に贔屓にしていただいていたそうです。母には将来は大連と東京に家を1軒ずつ買い、残りで世界の船旅をしたいという夢がありました。そのために、昭和15年から25年満期で5000円の生命保険に入り、国債をせっせと買いつづけていたのです。

　しかし昭和20年8月15日の敗戦の日を境に、すべての価値体系が崩壊してしまいました。国債は文字どおり紙クズと化し、住宅が何軒も買える購買力があった5000円は、数万から十万倍にも及ぶインフレのため、母の生命保険は購買力という価値を保存することができず、夢ははかなくも破れてしまったのです。

　母の美容院では何人もの中国人のお手伝いさんを雇っていましたが、彼女たちはお給金がたまると、目方で売っている純金のネックレスやブレスレットを買いつづけていたそうです。日本の敗戦により満州国が消滅しても、満州国紙幣が価値を失っても、彼女たちの純金のネックレスやブレスレットは確実にインフレにスライドし、価値を保存させていたのです。

＊　　＊

　あらゆる政変に耐え、通貨価値の変動を乗り越えて、なお輝きを失わない超国家的貨幣としての金——。これが、無一文となって内地へ引き上げてきた母から、高橋氏が繰り返し刷り込まれた金の原像——母子相伝になる——であったといえる。金を持つ者は人であれ国家であれ最後に勝つという信念のルーツ

は、ここにあったと見てよかろう。

　母一人、子一人、新橋近くに居を構えて始めた戦後生活は決して楽なものではなかったろうが、母の細腕に頼りつつ、高橋氏は日比谷を落ちたとて駒場東邦高校へ進む。そこからは一浪の後、慶応義塾大学へ進んで同大法学部を卒業した。

　けれども高橋氏は、当時の景況とこの学歴からすれば簡単になれたであろう大手企業勤め人の道を選ばない。なぜだったか、今となっては確かめるよすがとてないけれど、1つの理由は大学卒業に前後して貸しビルを1軒もち、零細規模とはいえ早くも不動産業に手を染めつつあったことである。

　がそれ以上に決定的だったかもしれないのは、いささかトートロジーになるのを承知で言うなら高橋氏は既にして一種の規格外であり、勤め人の枠などに収まりきらない人になっていたということではなかったか。

　というのも高橋氏は多感な十代に、1人ならず2人までも破格の人物に出会い、少年の眼には得体の知れない大物と見えたに違いないこの2人から金言・箴言の数々を直接幾度となく聞かされるという体験をしていた。同世代日本人に、あまり類例を見ない閲歴をもつのが高橋氏なのである。

　一人は日本にヨガを伝えたとして名高く、各界に多くの弟子をもった中村天風、そしていま一人は、羅文斡なる人物である。

　高橋氏が高校1年生のとき「ノイローゼが縁で」（『新世界秩序（下）・甦るパクスアメリカーナと日本』総合法令出版株式会社1999年の「あとがき」）出会った当時、既に中村天風は80の坂を越えた老翁だった。高橋氏は翁にとって孫同然の年恰好であったからか、政財界から宮中にまで人脈を築いたこの巨人に、高橋氏は随分と可愛がられたようである。

　護国寺で開かれていた「修練会」に高橋氏はいつしか日参するようになり、全国7カ所で開く会にも同伴して行ったそうだ。そんな暮らしが、高校から大学まで続いたという。明治という時代にしか生まれなかっただろうスケールの大きないわゆる大人が説く説教の何が、若い高橋氏の思想をいかに形作ったかはいまさら知る由もない。

　けれども思想だの、世界観だのといったことよりは、むしろ生き方のスタイルにより強い影響を受けただろうことは想像がつく。自分で考え、判断し、自分で行動することを尊ぶようなスタイル、と言っておいたらいいだろうか。

「天風先生のような生き方がしたかった」のだと、高橋氏は最後の病床で筆者にそう言った。

してみると雇われ人となるのを拒否し、不動産経営で身過ぎ世過ぎをしながら米国経済や金の研究を本業とし独学独歩の道を選んだのは、「天風先生」を高橋氏流に生きようとした選択だったのかもしれない。

もう一人、羅文軾なる人物について調べを尽くすことはできなかった。それゆえ高橋氏から聞いたところを再現するしかないが、なんでも「京都帝国大学哲学科を卒業し、日本に留学中に西園寺公望の知遇を得て」(前掲書)、後に蒋介石重慶国民党政府の顧問となった人物であり、序列は共産党側の周恩来と同格だったという。第2次国共合作の際には、周恩来と同じ執務室を使っていた由だ。

戦後生活を日本で送ったこの人に高橋氏は18歳で出会い、「以来ずっと指導を受けた」という。東洋的大人の風貌をもっていたのか、「長江はあまりに広く、流れがどちらを向いているかはよほど眼を凝らさなければ分からない」といった式の教えを説いたようだ。

もっとも、不動産への興味はこの中国人から得たのではないかと思われる。「資産は1箇所に集めず世界中5箇所に分散するものだ」などと高橋氏に話したというから、利殖の要諦を知らず知らず高橋氏はこの人から体得していたかもしれない。

が羅氏とは実のところどんな人物だったのか、高橋氏を通じてより詳しく知る道はもはやない。

伝記的記述を終えるに当たり、高橋氏自身が掲げた略歴を『金・ゴールド・新時代への架け橋』から引用しておく。新著を出すたび巻末に掲げられる略歴を氏は少しずつ変えていたけれども、以下は最も氏の人となりをよく伝えている。

*　　*

昭和18(1943)年、東京都に生まれる。慶應義塾大学法学部を卒業後、キャピタルゲインとインカムゲインの両面性に着目し、24歳の時、貸しビルのオーナーとなる。70年代前半に、「東京の不動産の先行指標はマンハッタンとシティとホンコンをミックスしたものだ」と確信し、千代田区の好立地に集中して

貸しビルを建てた。…日米構造協議のテーマに不動産が入っていたことに着目し、いよいよ不動産価格に黒船の到来を予見して90年に貸しビル会社を売却、不動産業より身を引く。

74年、アメリカの金自由化直前に、「石油が上がれば並行して金も上がる」という仮説を立てて『金ブームを狙え』（KKベストセラーズ）を上梓、79年、仮説が歴史により追認されたとして『金投資入門』（同社）を上梓、日本に金ブームを巻き起こす。81年8月、日本経済新聞社主催「世界の金市場視察」（第1回）の講師を務める。70年代にアメリカ内陸部の石油開発会社に参画、オーストラリア金鉱山会社に投資。80年代、ボストンでコンドミニアム投資、自ら実践する…（後略）。

＊　　＊

　第一作『金ブームを狙え』を大学出たての頃に読み、とある勉強会で著者・高橋氏と近づきになって以来35年の交友関係を続けた有澤沙徒志氏の記憶によれば、1970年代の末、高橋氏は東京・九段下に構えたビルを事務所兼住居とし、最上階のフロアを書斎にしていた。そこへ訪ねて行ったら、フィナンシャル・タイムズ紙やウォールストリート・ジャーナル紙を堆く積み上げてあったという。

　ここからは二つの観察を導出できる。一つは、幾分かは知的装飾物を身の回りに置こうとする動機に出てのことだったにせよ、英字紙の堆積に囲まれて金の研究をするなどは、いかにも世界の解釈を己の頭脳と目によってなさずんばならずと、高橋氏の勇んでいた姿を想像させるということだ。

　当時のわざとしてこれを見るに、非常な金銭的コストを自ら払ってなした行為だったことは疑いを容れない。大企業お抱え、もしくは有名大学お雇いの身と違い、氏には何もかも自分で始め、始末をつけようとする志があった。

　ところが氏の英語力とは実のところ、それら英字紙をスラスラと読めるほど達者でない。にもかかわらず——これが第二の観察だ——、後、ニューヨークに赴任した有澤氏に高橋氏が浴びせてくる質問は、ウォール紙が某月某日載せていた例の連銀に関する話について、など、ツボを突くもので、新聞を読みこなしていなければできない類の問いかけだった。

　有澤氏はこの間の事情を想像し「読めないけれど読んでいる、というのか、

金に関わりのあることは直感的に分かるから、それをきちんと読んでいたのか」と推測する。

　ある種の仮説と読み筋があるので、そこに引っかかってくる情報はベタ記事でも見逃さないところが確かに高橋氏にはあった。高価な英字紙をめくるだけでも、そうしたセンスを磨き、維持しておくのに有益だったのかもしれない。

高橋靖夫氏（右）と有澤沙徒志氏。有澤氏のニューヨーク自宅で（写真は有澤氏提供）

　加えて言えば、この姿勢は死ぬ直前まで変わらなかった。

　亡くなる1月足らず前、11月25日のことだ。（後、病床を見舞った際、高橋氏はこの日がいちばん苦しかったと言っていたが、）氏は筆者が紹介したさる経済誌デスクと会い自分の本を説明するため、日比谷公園内のレストラン、南部亭に出てきた。

　ランチの皿を前に高橋氏は当日の経済紙をテーブルに広げ、「オマハの賢人」ウォーレン・バフェットが米国鉄道運輸業セクターに投資を増やしたことを伝える記事に我々の注意を促した。

　「米国には無尽蔵の石炭がある。石炭は最新の技術で液化すればクリーンなエネルギー源になる。21世紀は、もう一度石炭の時代になる。すると貨物列車の利便性が、連れて見直される。バフェットが鉄道株を買うのはそのためだ」が、高橋氏の見立てだった。「そんなアメリカは、だから決して弱くならない」。

　バフェットが買った鉄道株とはバーリントン・ノーザン・サンタフェ（BNSF）といい、確かに石炭輸送を大口需要としている会社である。同社の資料によれば、BNSFが運ぶ石炭によって作られる電力は、全米の総電力需要の1割に当たるという。

　鉄道と石炭を直ちに結びつけるところ、高橋氏のよく鍛えられた観察眼を大

いに感じさせるものだった。

3　金本位制復活信じた根拠

　さて石炭や米国経済への高橋氏における関心に言及したところで、いまもし高橋理論としてまとめられるものがあったとしたら、それはどのようなものだったかを概観しておき、小論の締め括りとしよう。
　高橋説はまず何よりも、「合理的市場仮説」などを笑止とする。戦略的商品の多く——石油や天然ガスから金、希少金属など——は供給サイドが著しく寡占であるか、国有化されている。すなわち経済外的動機や思惑がその価格形成に少なからず介入しやすい。
　この一事をもってしても、市場がつける値段などに合理性を見ようとするのは誤っていると考えるのが、高橋氏における大前提だ。
　もう一つの前提とは、米国に、ある種の意思の存在を見ようとするところである。
　米国の意思とは、高橋氏が信じるところ、世界における覇権の保存と伸長に向けてのそれである。ここであり得べき疑問に答えておくと、これは、米国には隠れた計画とか陰謀めいたプランがあるのだとする、世上よく聞く見方とは一見似ているようで根本的に違う。
　なぜなら高橋氏によれば、米国とは国益の保全、追求を必死になって考えるエリート層が、日本とは違って分厚く存在する国であるからだ。それらエリートたちは目先の政策に関してこそ党派別に分かれるのだとしても、中長期の米国国益を考える点にかけては極めて同質的な集団である。
　米国の意思という場合、高橋氏が考えていたのはこのようなエリート層における一種の集合意思だったのだからである。この点、ずばりと指摘した文献に欠けるけれども、氏との累次にわたる会話から得た知見として疑いのないところだ。
　さて高橋氏の見るところ、通貨とは次の二層構造を持つ。
　すなわち一般的決済通貨としてのドルがある。ドルの一般的決裁力とは、かかる戦略的商品の建値、インボイシング、ならびに決済がいずれもドルを第一の媒介通貨として実施されるところにその信頼性の根拠をもつ。

言い換えればドルとは何よりも石油を一手に決裁できる通貨であるところに、他にない強みをもっている。
　ところがそのドルを、相対化する力をもつ唯一の通貨があるのであって、それが金にほかならない。なんとならば金こそが超時代的、超主権的な、言ってみれば本源的な一般的通用性をもつ通貨だからである。
　この辺りのつながりを、高橋氏は早くも70年代に発表した第一作、二作の双方において見抜いていた。「石油が上がれば金も上がる」法則性を強調したのがそのよい証拠である。
　これを普通は「石油が上がるとは、インフレを示す。インフレヘッジに最も向く金に、投資家が資金をシフトさせるから金が上がるのだ」と説明したがる。今日の経済ジャーナリズムにおいてすら、この種の「説明」がむしろ主流を占めていよう。
　けれどもこうした解釈は、まるで解釈にすらなっていない単なる同義反復である。それよりも高橋氏が当初からしたように、油価上昇とはドルの購買力が下がったことを意味し、ドルが下がれば、究極の通貨であるところの金との関係において、当然ながら金高ドル安になるのだと、金・ドル通貨間関係として理解しておくほうがよほどダイナミズムの正確な描写になる。
　かつ筆者には、金ドル関係を通貨対通貨関係としてそもそもの初発からとらえていたところに、高橋氏ならではの独自な着眼が最もよく表れていると思われる。
　そして、米国は将来、あるタイミングを見計らってドルと金の関係を復活させると高橋氏は考えていた。遺作『金本位制復活！・アメリカ復活のスーパーシナリオ』も、題名が示唆するとおり同じ見方に立っていた。
　もちろん実務的にこれをどんな手順で実施するかとなると、解かれていない問いはある。ブレトン・ウッズ体制のときのように、対外債務の増大によってドルが流出し、そのドルとの交換を迫られた場合米国に十分な金準備がないという難問（トリフィンのジレンマ）が発生しないよう、新たな制度設計が必要となる。
　この点を高橋氏なりに回避しようとした解決策の提案が、遺著には詳述されている。
　「25パーセント部分的金本位制」がそれである。元はといえば第三作『金・

ゴールド・新時代への架け橋』に早くも述べられていたものだが、略説すると、10ドル札について2.5ドル相当の金兌換に応じるとするものだ。これの利点とは、

「金の市場価格が公定価格の4倍になるまで、損するから誰も金兌換の請求をしない。ということは、アメリカ財務省は四倍になるまでの間、金兌換請求による『金の流出を心配しないですむ』ということだ」（『金本位制復活！』141ページ）。

さらに金本位制が通貨供給量に上方硬直性をもたらすとの批判に対しては、数年おきに金平価を修正する「変動金本位制」なる提案も試みている。

こうしたことを、高橋氏は早すぎた晩年の15年間ほど、倦まずに考え、かつ説いた。

そのような氏にとって、奥山教授が与えた次のような示唆とはまさしく得たりや妙だったに違いあるまい。

奥山忠信教授は、「マルクスの『資本論』のなかの貨幣論のメッセージは二つあり、ひとつは『世界貨幣は金しかない。その理由は国家間ではどの国もお互いが相手国を信用できないからだ』であり、もうひとつは『富として蓄える貨幣は金しかない。その理由は、金は素材が不滅であり、価値が安定しているからだ』」とマルクスの考えを整理してくださった。このマルクス貨幣論の珠玉の要約は、筆者個人に特別ご教示いただいたものである（前掲書139ページ）。

＊　　＊

以上本稿は、奥山山脈に孤峰をなす独創の人、高橋靖夫氏の記憶をわれわれのうちに留めるため、そのプロファイルを紹介するところに力点を置きつつ記してきた。

高橋氏は不動産業から足を洗った際、数億円のキャピタルゲインを得たという。これを20年かけ蕩尽したところで、いささか早い幕を自分の人生に降ろしてしまった。

その間ごく短い時期、奥山教授が学長を務めていた上武大学に教授として奉職したときのこと、「ほらなにしろね、僕にとっては生まれて初めての勤め人暮らしでしょ」と少しうきうきと話してくれた。

けれどもこれを唯一の例外とし、あとは定職に一切つかず、自分のための勉

強に終始した。仮説をつくっては不断にブラッシュアップしつつ、友人をつかまえてその検証を図った。だから高橋氏との電話は、いつも長かった。高橋氏を失ったことが、長電話する相手の喪失として意識されている人は少なくあるまい。

　自分以外のことで高橋氏がしたことというと、母親孝行だけだ。ところが高橋氏の母、高橋加奈江さんは、齢九三にして最愛の息子に先立たれてしまった。まさか自分が老母の死を見とれず、先に旅立つこととなろうとは。これだけは、高橋氏の悔やんで悔やみきれないところであっただろう。

[2010年10月執筆]

谷口智彦（たにぐち ともひこ）
1957年6月生、東京大学法学部卒、2013年2月より内閣審議官
2008年より慶應義塾大学大学院SDM研究科特別招聘教授
2008-13年、明治大学国際日本学部客員教授ほか
2005-08年、外務省外務副報道官、大臣官房参事官
1985-2005年、日経BP社日経ビジネス記者、主任編集委員など
同期間中プリンストン大学フルブライト客員研究員、米ブルッキングズ研究所招聘給費研究員など

あとがき

　本書はさまざまな分野で研鑽を積んできた著者たちによる、貨幣と金融をめぐる論稿から成っているが、まえがきにも記されている通り、この企てのきっかけとなったのは奥山忠信先生が還暦を迎えられるということであった。本書の内容はバラエティに富んでおり、多様な切り口で分析対象に迫っていると編者は自負するが、この試みが成功しているとすれば、それは著者たちを結びつけている奥山先生の思考や来歴が多様で豊かなゆえに他ならない。本書の成り立ちの解説として、ごく簡単に紹介したい。

　奥山先生は1950年4月宮城県仙台市に生まれ、仙台一高から東北大学経済学部に進学し、卒業後の一時期宮城県庁に勤めた後、東北大学大学院経済学研究科に入学、貨幣論を中心に経済理論、経済学史の領域で研究を進められた。この頃にはマルクス価値形態論や価値論、チュルゴーの貨幣論に関する論文などを発表され、その内容は後に、初めての著書『貨幣理論の形成と展開 ——価値形態論の理論史的考察』（社会評論社, 1990年）として刊行される。

　1986年埼玉大学経済学部に着任されて以降は、経済学部長、大学院研究科長、学長補佐などを歴任し、中でもサテライトキャンパスである「埼玉大学東京ステーションカレッジ」の創設と運営には力を入れられた。そのような多忙な間を縫って、サミュエル・ベイリーの貨幣論、貨幣の原理的考察、貨幣数量説、金貨幣、電子マネー、ジェームズ・ステュアートの貨幣論などをテーマとした論文を数多く発表されてきている。この時期の主な著書としては、『富としての貨幣』（名著出版, 1999年）、『金の魅力 金の魔力』（社会評論社, 2002年。高橋靖夫氏との共著）、『ジェームズ・ステュアートの貨幣論草稿』（社会評論社, 2004年）などが挙げられる。

　2006年上武大学の学長に迎えられ、任期を全うした後、2008年には埼玉学園大学経営学部に招かれ、現在、経営学部長、大学院研究科長の任に着かれている。また、政策科学学会会長としても活躍されている。こうして重責を担う中にも論文の発表を続けられ、『ジェームズ・ステュアート「経済学原理」草

あとがき

稿 —第3編 貨幣と信用』（御茶の水書房，2006年。古谷豊氏との共著）などの著書が刊行されている。

　奥山先生は本務校の他にも東京大学では幾度も授業を担当し、さらにエジンバラ大学やタイ・チュラロンコーン大学、中国何開大学、中国社会科学院で客員教授あるいは研究員を務めるなど、国際経験が豊かであり、海外にも人脈は広がっている。

　本書の著者たちは、こうした奥山先生の来歴のどこかで出会い、薫陶を受け、交流を続けてきた者である。そして、我々著者の間では次のような共通の認識がきっと存在するのだが、それはこのような公的な履歴によっては、奥山先生のごく一部を紹介するにとどまるということである。ゼミ室で、あるいは北浦和の飲み屋で、仙台の居酒屋で、北関東の料理屋で、八重洲や本郷、上野で繰り返し語られたこと、こうしたことが非常に得難いものであったと、あらためて感じられる。

　先生のますますのご健勝を祈り、我々もそれぞれの場で歩みを続けることをもって、あとがきに替えたい。

　　2012年9月

　　　　　　　　　　　　　　　　　　　　　　　　　編者を代表して
　　　　　　　　　　　　　　　　　　　　　　　　　　中村 宗之

編者プロフィール

勝村　務（かつむら・つとむ）北星学園大学経済学部准教授
1968年8月、東京都に生まれる。1992年3月、東京大学経済学部卒業
2000年3月、東京大学大学院経済学研究科博士課程修了
2004年4月より現職
主要論文：「労働力商品論の課題」、『北星論集』第46巻第2号、北星学園大学経済学部、2007年3月。「ミッション志向企業としてのNPO」、SGCIME編『模索する社会の諸相』所収、御茶の水書房、2005年11月。「地代論研究の問題群」、『東京大学経済学研究』第40号、東京大学経済学研究会、1998年2月。

中村宗之（なかむら・むねゆき）立正大学経済学部准教授
1969年7月、神奈川県に生まれる。1993年3月、埼玉大学経済学部卒業
2000年3月、東京大学大学院経済学研究科博士課程修了
2006年4月～2012年3月、上武大学ビジネス情報学部専任講師および准教授
2012年4月より現職
主要論文：「価値の生産と分配をめぐって」、SGCIME編『現代マルクス経済学のフロンティア』所収、御茶の水書房、2006年8月。「搾取論と自己所有権」、『経済理論学会年報』第38集、経済理論学会、2001年9月。「貨幣の流通と価値──D.ヒュームとマルクスの貨幣論をめぐって──」、『社会科学論集』第91号、埼玉大学経済学会、1997年6月。

貨幣と金融──歴史的転換期における理論と分析
────────────────────────
2013年4月15日　初版第1刷発行

編　者：勝村務・中村宗之
製版・装幀：閏月社
印刷・製本：倉敷印刷
発行人：松田健二
発行所：株式会社社会評論社
　　　　東京都文京区本郷 2-3-10　tel.03-3814-3861/fax.03-3818-2808
　　　　http://www.shahyo.com